航空
經濟概論

An Introduction to Airline Economics

張哲銘◎著

陳　序

　　本學院空運管理學系張哲銘博士為其教學需要及累積研究經驗蒐集、整理與演繹完成《航空經濟概論》一書，敬佩其勤奮精神，欣然應允為書寫序。全書共十一章內容涵蓋航空運輸業、經濟學基本概念、空運市場分析、航空公司成本、油價及燃油避險、票價策略艙等規劃、營收管理、航空公司財務報表分析、與飛機租賃與購買，內容很豐富，理論與實務兼備，航空運輸界寶典。

　　航空運輸業的興盛與全球經濟的景氣與否息息相關，只要全球經濟陷入衰退，航空運輸業的發展幾乎毫無例外的都會陷入困境。自從進入到21世紀以來，全球經濟景氣持續低迷，再加上燃油價格的持續攀高，對於航空運輸業的發展可謂是雪上加霜。從2001-2011年全球航空公司共計虧損249億美元，而美國航空公司的虧損更高達530億美元。這些數字在在都告訴我們航空運輸業正面臨一個重大的挑戰，就是獲利日益微薄而營運成本卻不斷增加，以往的營運模式已經無法應付未來的發展，如果想要持續存活，全球航空公司勢必要做出改變。

　　全球航空客、貨運輸已有超過兜年以上的歷史，可謂相當成熟的產業。其相關的配套設施如公路、鐵路、港口、通信、倉儲、貨櫃集散場，各國政府也都有相當重大的投入。對於全球經濟的發展，航空運輸業扮演著極為重要的推手角色，因為航空運輸業的興盛可以帶動的週邊服務業如餐點、倉儲、保險、報關、貨運承攬業、旅遊業等跟著興旺。對於促進全球經濟繁榮，提升全球GDP，航空運輸業的貢獻實不可忽視。

　　近年來受到美國航空公司管制法解禁及自由化浪潮的影響，數以百計的廉價航空公司在全球各地不斷加入市場營運，對於原已飽受營運成本上升壓力的主要大型傳統航空公司深感腹背受敵，那些無法及時做出營

運策略調整的航空公司，例如東方及泛美航空，都因為營運不善而宣告破產。

本書對於前述航空運輸業發展榮景、困境與願景等問題均有完整分析、討論，做精闢演繹，提供航空運輸業者經營管理參考，也是喜歡航空運輸學域的年青學子的值得詳讀的參考書籍。

謹誌

開南大學觀光運輸學院院長

2013 年 10 月 10 日

自　序

　　航空運輸與其他平面運輸工具比較起來，歷史最短但是對於人類旅遊、經濟繁榮甚至是文化社會的影響卻是最大。個人於開南大學空運管理系任教十年餘，對於充滿變化的航空運輸業一直十分熱衷，雖然在加入空運教育之前，亦曾擔任過航空運輸的實務工作，但由於從事職務所見有限，對於航空運輸業的真實情形一直無法做全面完整窺視。自個人參與航空運輸教學工作以來，深覺航空運輸業的博大精深，可謂包羅萬象，恐怕窮個人畢身之力，亦難以對航空運輸業做透澈之瞭解。

　　個人教學期間亦發現國內在這領域研究的學者雖然為數不少，但真正能夠將理論與實務結合者卻十分有限。坊間雖有若干航空運輸教科書本的撰寫，但其內容多著重於理論或是規範之闡述，對於航空業之營運狀況探討實屬有限。鑑於以上所見，個人於2012年曾撰寫《航空運輸管理概論》一書，而今再接再厲撰寫完成《航空經濟概論》專書，希望能為有志於航空運輸發展的同學提供幾本合適之教材，加深同學對學習航空運輸之興趣。

　　航空經濟範圍涵蓋甚廣，個人雖從事空運教育多年，然撰寫時間倉促以及個人所學有限，在撰寫過程當中難免有掛一漏萬不夠完善之處，尚請各位先進及有志從事航空運輸業的同仁對於文章不當之處能夠不吝指教。本書適合作為航空運輸相關科系學生瞭解空運業之入門書籍，而本書當中有若干章節，例如第五章〈油價及燃油避險〉、第九章〈財務報表〉及第十一章〈飛機租賃與購買〉等，對於大一、大二學生來說可能過於生澀，教授該課程老師可以針對學生之狀況加以調整，以增進學生對本課程學習之興趣。

航空 經濟概論

最後，個人要感謝家人在撰寫期間的支持與容忍，並希望與有志從事航空運輸的同仁及學生們互勉，航空運輸業博大精深，持續努力必能獲得成功。

張哲銘 謹誌

目　錄

航空經濟概論

CHAPTER **1**

航空運輸業

全球第一次商用客機載客飛行是發生在美國，由聖彼得堡─坦帕飛船航空（St. Petersburg-Tampa Airboat Line）於1914年1月1日，乘客只需付5美元就可以搭乘全長18英里由聖彼得堡飛往坦帕的航線。當時的創舉並沒有引起美國政府對於航空票價、航線，甚至是乘客安全的重視。

為了能夠讓郵件快速的送達全美國，1926年，郵電部長（Postmaster General）開始按照各航空公司投標來獲得他們的經營航線，1927年，郵政部門更將全美國的郵件服務外包給美國的航空公司。在當時，航空公司如果沒有獲得補助，僅靠客運是不可能存活的。由於郵政部門擁有給予補助的權利，郵電部長自然就成為商用航空運輸業的主導者。

在1930年代，當時的郵電部長瓦特‧布朗（Walter Brown）想要發展全美國航空運輸系統，他公然與當時美國最大的四家航空公司──美國（American）、東方（Eastern）、聯合（United）及環球航空（Trans World）聯合企圖將美國航空運輸獨占，結果遭到美國司法部門調查，最後被羅斯福（Franklin D. Roosevelt）總統罷免，並將郵政部門擁有航線補助權利取消。

為了將處於成長階段的航空運輸業加以管制，1938年美國通過了民用航空法案（Civil Aeronautics Act），促使民用航空委員會（Civil Aeronautics Board, CAB）於1940年成立，其主要限制三個事項：新進航空公司的進出管制、旅客票價的控管，以及分配航路給予各航空公司。對於既有的航空公司而言，CAB的存在能夠保證他們的航線不會受到過多的競爭，亦即只要按照既定營運政策經營，航空公司自然會有獲利，但是對於想要新加入的航空公司以及乘客來說，CAB的存在阻擾了市場的公平競爭，讓乘客的權益受到傷害。

1978年美國國會通過航空公司管制解禁法案（Airlines Deregulation Act），將原來由民用航空委員會設訂票價、航線以及航班之規定撤銷。在公平競爭的基礎下，新航空公司不斷地加入空運市場，美國民航發生重大改變，航空公司間的競爭加速，進而導致航空運輸業進入一個全新時代。

✈ 第一節　前言

　　1903年12月17日，萊特兄弟駕駛飛機「飛行家」（flyer）搖搖晃晃地從小鷹鎮（Kitty Hawk）起飛，升到了離地面約3公尺的高度，並向前飛行了120呎左右後平穩地著陸，雖然只有短短十二秒鐘的飛行卻改變了世界的未來，也成功的將人們的運輸載具由地面推向高空。

　　1914年1月1日，全球第一次利用商用客機實施固定航班載客飛行發生在美國，乘客只需付5美元就可以搭乘聖彼得堡—坦帕飛船航空（St. Petersburg-Tampa Airboat Line）的Benoist XIV飛船（**圖1-1**），由聖彼得堡飛往坦帕全長18英里的航線。

圖1-1　Benoist XIV飛船1913年由Benoist公司製造

資料來源：維基百科

　　從1926年開始，美國政府開始著手彙整航空運輸業的各項營運資料，**表1-1**顯示在1930年時美國搭機旅客人數只有42萬，但是到2011年增加到7億3,000萬，增長1,748倍。若用通過航空公司管制解禁法案的時間分成兩段，1930-1980及1980-2011年來看，分別為增長710及2.5倍；明顯看出1930-1980年的成長驚人，這是因為在1930年代商用客機的進步還十分緩慢，但是到1980年代，商用客機的發展已經相當成熟，航空公司的運量大幅增加。

表1-1　1930-2011年美國航空運輸業發展概況

時間	搭機旅客人數（百萬）	RPM（十億）	乘客收益（十億）
1930	0.42	0.09	0.06
1940	2.97	1.15	0.64
1950	19.22	10.24	3.65
1960	57.87	38.86	11.66
1970	169.92	131.71	28.40
1980	296.90	255.19	49.19
1990	465.56	457.93	64.61
1996	581.24	578.65	66.57
1997	599.31	605.65	70.86
1998	614.11	618.77	72.06
1999	638.23	652.07	74.69
2000	669.28	692.81	83.02
2001	625.07	651.71	72.04
2002	616.17	642.37	67.33
2003	647.47	657.32	66.78
2004	703.69	733.99	72.28
2005	738.63	779.04	78.59
2006	744.72	797.43	86.45
2007	769.62	829.44	92.03
2008	743.31	812.38	96.24
2009	703.90	769.41	79.46
2010	720.50	798.04	91.81
2011	730.78	814.35	102.36

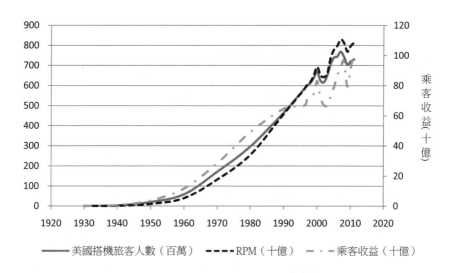

圖1-2　1930-2011年美國航空運輸業發展概況圖

　　由**圖1-2**不難看出，從1930-2000年時的搭機旅客人數、收益乘客英里（**RPM**）及乘客收益都呈現穩定上揚，但是從2000年以後，美國航空運輸業的上述各項數據都呈現出相當大的波動，充分反映出航空運輸業的不確定性不斷升高。

　　自從航空公司管制解禁法案通過以後，一向執世界牛耳的美國航空運輸業更是開始蓬勃發展，根據維基百科報導在解禁法案通過後的十年間，消費者確實享受到了票價降低的好處，航空業的聘僱人員增加約32%，而搭乘旅客更增加了55%，而在主要大城市間的旅遊花費卻減少了17%。法案通過後的二十年，上述效果更加明顯，真實的票價更是下降了20%，而搭乘旅客更從1978年的2億7,500萬增加到了6億，增加了218%，而由於競爭激烈導致的低票價讓消費者每年節省約194億美金。然而，美國航空（American Airline）執行長羅伯‧克蘭德（Robert Crandall），在2008年6月卻表示解禁法案的後果非常嚴峻，他認為從各個層面來看，解禁後的航空公司都變得很差，包括機隊老舊、服務品質及國際形象等都變

差，而航班的誤點及機場的擁擠，幾乎是家常便飯，更別提旅客行李的遺失或是弄錯了，旅客的抱怨更如排山倒海而來。總之，不管用什麼標準來看，都無法讓人接受。

解禁法案後航空公司之間的競爭更加劇烈，對於美國航空運輸業造成了很大的衝擊，例如在1970年代末期及1980年代初期，成立的人民航空（People Express）（1987年停止營運）、佛羅里達航空（Air Florida）（1984年停止營運）等都對當時美國傳統航空造成挑戰。這種新加入者挑戰既有者的現象到了1980年代後期，美國航空運輸業吹起激烈的合併風，迫使想要加入美國州際航空運輸市場的新航空公司競爭更加困難，但是許多傳統航空公司也紛紛傳出經營不善而宣告破產，在這些結束營業的傳統航空公司當中，不乏曾是美國歷史悠久的知名航空公司，例如成立於1930年的環球航空（Trans World Airlines, TWA）於2001年被美國航空併購；而成立於1927年的泛美航空（Pan American World Airways, Pan Am）也在1991年宣告倒閉；成立於1926年的東方航空（Eastern Air Lines）在1991年倒閉。

隨著航空公司管制法案的解除以及美國大力推動自由化之雙重影響，全球航空運輸市場快速的成長，由於有過多新興航空公司加入全球航空運輸市場，造成國際航空公司面臨激烈競爭，而廉價航空的加入競爭，使得原來就已經十分擁擠的航空運輸市場更加惡化，結果造成許多原本保有良好市場形象的老牌航空公司紛紛宣告破產或是被合併（**圖1-3**），例如泛美航空（Pan Am）、東方航空、環球航空（TWA）等，其中環球航空由於經營不善分別於1992年和1995年提出破產，最後在2001年被美國航空併購結束營運，而環球航空三次破產的經歷在航空運輸業也創下了一個奇蹟。

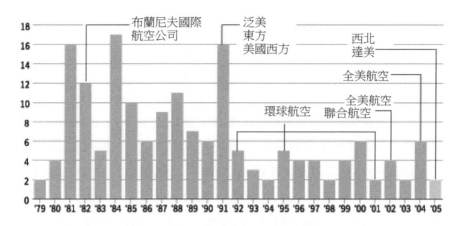

圖1-3　1979-2005年每年美國航空公司宣告破產數量

資料來源：摘自航空運輸協會（ATA）

 第二節　全球航空運輸業的發展演變

　　航空公司管制法案的解除以前，美國航空公司基本上是在一個穩定又沒有競爭的環境中營運，有時會有一些虧損發生，但是大體上都還能夠維持相當不錯的獲利。當管制法案解除以後，美國甚至是全球航空運輸業的營運環境都發生了極大變化。

一、日趨嚴重的微薄獲利

　　對法國航空（Air France）來說，1993年是十分不快樂的一年，因為每一天法航平均都要發生400萬美元的虧損，而整年的虧損更高達15億美元。其實法國航空只是一個例子，全球航空公司在1990年代初期都遭遇到不同程度的虧損。

　　無獨有偶的是十年之後，也就是2003年聯合航空（United Airlines）

同樣也發生重大虧損，每一天聯航平均都要發生770萬美元的虧損，而整年的虧損更高達28億美元。實際上聯合航空只是另外一個例子，全球航空公司在2000年代初期也都遭遇到不同程度的虧損。

根據國際民用航空組織（International Civil Aviation Organization, ICAO）會員國家航空公司從1990-2011年發布的淨利（net profit）（**圖1-4**）得知，全球航空公司在過去二十一年當中共計虧損66億5,000萬美元，而如果分為兩個階段，從1990-2000年全球航空公司的淨利為182億5,000萬美元，而從2001-2011年全球航空公司共計虧損249億美元，換句話說，近十年幾乎是全球航空公司的夢魘，如果這種趨勢無法改善，很難想像全球航空公司還能持續營運下去。

美國航空公司在過去二十一年當中的營運又是如何呢？同樣的，我們也可以根據ICAO從1990-2011年發布的淨利來看（**圖1-5**）。

從**圖1-5**得知美國航空公司在過去二十一年當中共計虧損405億6,000

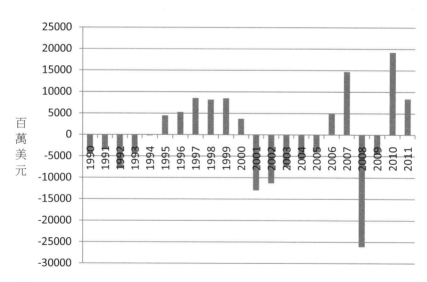

圖1-4　全球航空公司淨利變化

資料來源：摘自ICAO

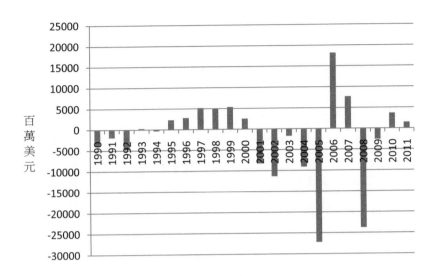

圖1-5　美國航空公司淨利變化

資料來源：摘自ICAO

萬美元，而如果分為兩個階段，從1990-2000年美國航空公司的淨利為120億4,000萬美元，而從2001-2011年美國航空公司共計虧損530億美元。

比較2001-2011年，全球航空公司淨利變化虧損，美國航空公司超過全球航空公司2.13倍（249億美元與530億美元）。

由圖1-4及圖1-5的圖形變化可以得知，全球航空運輸業除了呈現出上下波動的本質，也具有微利的特性，尤其是在過去二十年來，全球航空運輸業微利的特性更是明顯。這種上下波動且微利的特性幾乎已成為全球航空公司的宿命，除了少數營運仍能保持獲利之外，大多數航空公司都是處於微利或是虧損的狀態。

如果將時間拉得更長，分別從1948-1978年（航空公司管制法案的解除以前）（圖1-6）及1979-2011年（圖1-7）來看，可以得出以下幾點有趣的事實。

首先從1948-1978年的三十一年間，只有三年美國航空公司的淨利出

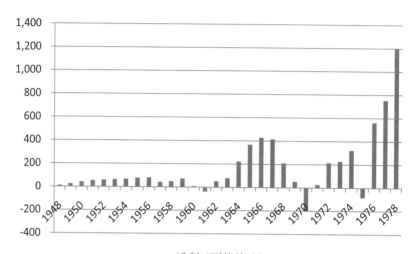

圖1-6　1948-1978年美國航空公司淨利變化

資料來源：摘自ICAO

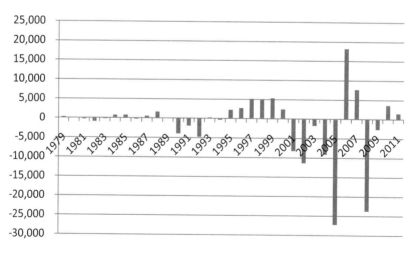

圖1-7　1979-2011年美國航空公司淨利變化

資料來源：摘自ICAO

現負值，其餘二十八年皆為正值，而虧損最多的1970年也不過是2億美元左右，而1978年的淨利最高為12億美元，這三十一年美國航空公司的淨利54億7,000萬美元，淨邊際利潤率（net profit margin）為3.04%。整體來說，這三十一年美國航空公司的獲利是不錯的。

但是從1979-2011的三十三年間，有十五年美國航空公司的淨利出現負值，其餘十八年為正值，而虧損最多的2005年是272億美元，而2006年的淨利最高為182億美元左右，這三十三年美國航空公司的淨利為-377億4,000萬美元，淨邊際利潤率為-0.88%。尤其是從2000-2011年，美國航空公司的淨利出現戲劇性的上下震盪，但是整體來說，這三十三年美國航空公司是虧損大於獲利的。

造成全球航空運輸業獲利出現上下波動的特性，實際上與全球經濟景氣與否有相當大的關係，因為當全球經濟成長減緩時，對於航空運輸業的需求，不論是客運或貨運，都會隨之減緩。例如在1980年代初期，當兩伊戰爭爆發時，由於燃油及能源價格飆漲，導致全球經濟陷入嚴重衰退，結果是航空公司遭受到油價高漲及乘客需求減少的雙重打擊；同樣的，在1990年代初期及2003年美國攻打伊拉克爆發的波灣戰爭，都導致美國航空公司的營運陷入衰退。

全球航空運輸業的獲利常會因地區不同而有差異，也就是說，即使當全球經濟成長減緩，造成航空運輸業獲利衰減時，某些地區卻仍然能夠保持獲利，例如1997-1999年，亞洲金融風暴發生時，許多亞洲國家貨幣重挫，重創亞洲經濟，連帶也使得亞洲航空公司乘客需求量大減，導致亞洲航空公司產生大量虧損，例如日本航空在1997年就虧損5億1,300萬美元，而菲律賓航空幾乎陷入破產的命運。但反觀美國的1997-1999年，幾乎是從1979年以後淨利連續最好的三年，這三年的淨利高達154億4,000萬美元，淨邊際利潤率更高達4.5%。

由於全球航空運輸業獲利具有上下波動的特性，有些時候有高的淨利，但有些時候又會遭遇大的虧損，在這種情形下，如何能夠讓航空公司

的營運維持平衡,例如說當淨利高時,將獲利保存以便用來應付大的虧損,就成為航空公司必須重視的課題。

除了全球經濟景氣循環對航空運輸業獲利會造成影響外,突發的重大事件,例如2001年的911恐怖攻擊,以及2003年的嚴重急性呼吸道症候群(SARS)等事件,對於航空運輸業獲利也都造成重大影響。例如當911事件發生時,航空運輸業獲利嚴重受創,美國政府做出的挽救措施除了直接補助航空公司50億美元外,另外還提供100億美元的貸款。雖然有這些補助,但是美國航空運輸業自2001-2003年的總虧損就高達213億4,700萬美元,政府的補助仍然不能完全彌補航空運輸業遭遇的損失。

二、危機變成災難

很多人認為2001年的911恐怖攻擊事件,是導致美國航空運輸業獲利逐漸降低的重要因素。我們要問的是「真的是如此嗎?」從**圖1-7**來看,在2000年時,美國航空運輸業的邊際淨利率,已經從1997-1999年淨邊際利潤率4.5%,下降到只有1.9%,降幅高達57.8%。雖然2000年航空運輸業仍保持有正的獲利,但是從獲利急速下降來看,已經透露出了新一波向下修正的經濟循環正要開始。如同以往造成全球經濟向下修正的原因一樣,全球主要經濟體,例如日本、德國及美國的經濟都出現遲緩現象,當然導致客、貨運的成長隨之減緩。

除了全球經濟陷入衰退外,全球許多地區的航空運輸市場也發生運量過多的問題,尤其是在長程航線方面,而世界各國爭相放鬆航空公司管制,及逐漸壯大的全球航空公司聯盟都是造成航空運輸市場運量過剩的主要可能因素。由於運量過剩,全球航空公司在面臨競爭壓力下,只得犧牲獲利,來換取獲得市場占有率。雪上加霜的是,在歐洲及美洲市場由於有許多廉價航空的加入,他們為了吸引乘客擴大市場占有率,採取低票價早就是既定的策略,此舉也迫使傳統航空公司不得不提出妥協策略——降低

票價，來穩固既有的市場，當然也會進一步的讓獲利更加降低。不幸的是，在獲利降低的同時，營運成本卻因為外部因素的干擾而逐漸增加，例如燃油價格從1998年的每桶16.9美元，2000年時大幅上漲到每桶35.7美元，漲幅高達2倍以上。其次是勞工成本的上漲，在1990年代中期及末期（1995-1999），五年期間美國航空公司的淨利高達205億8,400萬美元，在美國航空運輸史上創下獲利最高的紀錄，當然也鼓舞美國航空公司的員工及工會大力要求增加薪資待遇，迫於壓力美國航空公司不得不同意增加薪資，而這股要求增加薪資的做法，也蔓延到許多歐洲航空公司。

然而好景不長，從2000年開始，全球經濟景氣出現減緩跡象，美國航空公司的獲利急遽下降，2001年發生的911恐怖事件更是讓航空運輸業的危機變成為災難。根據歐洲航空公司協會（Association of European Airlines）統計，從911發生到2001年底，北大西洋航線交通運量下降30%，相當於歐洲及美國航空公司各損失300萬旅客。而美國泛太平洋航線交通運量也減少35%。911事件後四個月，歐洲到東亞航線交通運量下降17%，歐洲內部航線交通運量下降12%，美國國際航線交通運量下降20-25%。

2002年全球航空運輸業仍然處於相當不安狀態，在2003年初正準備恢復之際，不單是2003年3月爆發美國攻打伊拉克戰爭，年中在東亞又爆發嚴重急性呼吸道症候群（SARS）傳染性疾病。伊拉克戰爭導致飛往或是經過中東地區航線的班機大量減少，而因為害怕受到SARS的感染，導致飛往東亞地區的乘客大量萎縮，據統計，許多亞洲航線的乘客減少幅度高達50%以上。

直到2004年，全球許多主要航線的需求量才恢復到2001年911事件前的水準，然而美國航空運輸業自2001-2003年除了有高達213億4,700萬美元的巨額虧損外，還面臨著1990年代末期，美國航空公司創下史上最高的淨利205億8,400萬美元，在大幅增加員工薪資後，美國航空運輸業的成本大增。更慘的是，美國國內市場面臨來自廉價航空的競爭壓力，許多乘客

——包括商務及休閒乘客，紛紛轉往搭乘提供廉價機票的航空公司，造成美國廉價航空的運量快速成長。

若以收益乘客英里（RPM）之大小表示航空公司之市場占有率，由**圖1-8**可以明顯看出，美國傳統航空之RPM由1995年的93%，到2011年一路下滑到74%，在十七年間減少19%。反觀美國廉價航空由1995年的5%，到2011年一路成長到21%，在十七年間增加16%。

在這種美國傳統航空及廉價航空相互消長的狀況下，美國六大主要傳統航空公司〔美國航空（American）、大陸航空（Continental）、達美航空（Delta）、聯合航空（United）、全美航空（US Airways）及西北航空（Northwest）〕的其中四家（美國航空、達美航空、聯合航空及全美航空），遭遇到重大虧損，而全美航空及聯合航空更分別於2002年及2004年提出「破產法」第十一章（Chapter 11）。

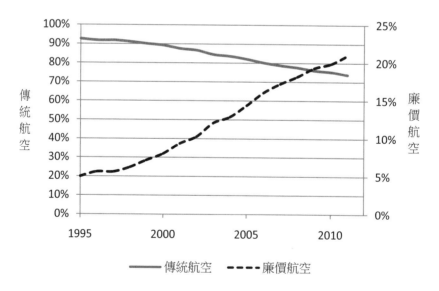

圖1-8　1995-2011年美國傳統及廉價航空公司收益乘客英里（RPM）占美國航空運輸市場RPM之變化

資料來源：摘自http://web.mit.edu/airlinedata/

根據美國政府責任署（US Government Accountability Office, GAO）
2004年的報告，從2001-2003年，美國航空公司的營運成本支出已經減少
127億美元，其中主要是針對人事及佣金成本的降低。然而即使有大幅營
運成本支出上的減少，但是卻仍然無法達成恢復獲利的目標。在2004年
時，許多航空公司的營運者都認為最壞的日子已經過去，航空運輸需求量
應當會逐漸回穩，但是接下來不斷高漲的油價，又給全球航空公司帶來另
外一次嚴重打擊。

由圖1-9明顯得知，2000-2011年全球航空燃油（$US／每桶）價格，
從35美元漲到120美元，十年間航空燃油價格成長3.5倍。根據國際航空運
輸協會（International Air Transport Association, IATA）估計，假設每桶燃
油漲一塊美元，全球航空公司要多付出10億美元的燃油成本代價，若將其
換算從35美元漲到120美元，共增加85美元，亦即全球航空公司要多付出
850億美元的燃油成本代價。實際上，根據IATA統計，在2002年時全球航
空公司燃油占總營運成本的比例大約是15.8%；到2011年時，許多航空公

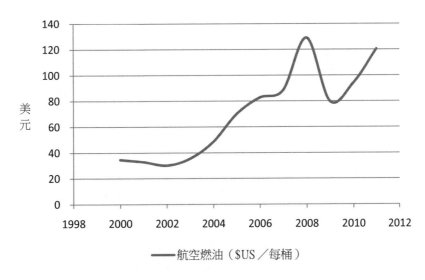

圖1-9 2000-2011年全球航空燃油（$US／每桶）價格變化

司燃油占總營運成本的比例已經漲到大約40%，全球航空公司的營運環境是益加艱困。

三、自由化及開放天空

過去二十幾年來，對於全球航空運輸業最顯著影響的就是國際航空運輸逐漸走向自由化，而市場結構及營運模式也受到相當大的影響。美國自1978年國內航空運輸管制解禁後，在1980年代初期時，跨越大西洋及太平洋的航線也開始自由化；美國追求的是更開放及限制更少的雙邊航空運輸協定（bilateral air services agreements）。

不落人後的歐洲也展開急起直追，在1984年第一個自由化的雙邊開放市場協議是發生在英國及荷蘭，接著在1987年歐盟委員會（European Commission, EC）制定出了第一個整套的自由化措施（The first package of measures）及做法。世界各國也跟著歐美自由化的浪潮，加速開放允許更多的新航空公司加入原有的市場競爭。我國長榮公司在1989年成立，也是受到全球航空公司自由化的影響。

歐洲真正自由化是在1993年，制定了第三個整套的自由化措施（The third package of measures）後，所有歐盟國家，在歐盟各國市場可以無限制進入，同時也取消所有運量及票價管制。對於全球航空運輸業為人詬病已久的航空公司所有權人限制（ownership constraints），所有歐盟國家也完全取消。也就是說，全球航空運輸業只有歐洲從1993年開始，就允許歐盟會員國之間可以自有買賣航空公司，而第三個自由化的相關約束也明定要幫助低成本航空的興起，總部設於英國盧頓（Luton）成立於1995年10月的易捷航空（easyJet），就是一個明顯的例子。

從1992年開始，美國展開與全球航空公司簽訂一連串開放天空的航空運輸協定。在協定中明定取消市場進入限制，但是與歐盟國家不同的是「航空公司所有權人必須是本國人」、「大部分擁有」（substantially owned）以及「有效控制」（effectively controlled）的限制仍然保留。

在這些經濟規範自由化的浪潮下，對全球航空公司的市場結構發生了一些重大變化，例如：

1.新加入的航空公司增多。

2.對於許多航線的運量及班機架次的限制取消。

3.票價自由化的結果，使得IATA公布的票價瓦解。

四、併購及聯盟

在面臨巨大經濟壓力下，為了生存，全球航空運輸業對於併購問題都不敢掉以輕心，但是要如何做才會讓航空公司獲得最佳利益，又成為考驗航空公司經營團隊的另外一個課題。一般來說，併購可以藉由合併或是收購來達成，而併購行為的發生通常是由營運績效良好的航空公司將營運績效差的來做併購。尤其是2004年後，由於全球航空運輸業的營收變差，為了生存，併購反倒成為全球航空運輸業的另一種熱門選項。

然而受到航空公司所有權人必須是本國人的限制，跨國併購航空公司就變成為不可能的任務，為了克服這項障礙，全球航空運輸業想出了另外一個變通的做法，就是利用全球聯盟（alliance）的方式，在實際上不需做出跨國併購舉動下，卻能夠藉由彼此的結合，將航線版圖擴大。

1980年代美國航空公司在國內激烈競爭下，許多航空公司宣布破產，讓我們瞭解到一項事實，就是以低成本、廉價票價為主的航空公司不一定能夠在市場上存活；相反的，那些擁有廣大市場而又能夠持續擴展市場的大型航空公司，反倒能夠獲致成功。這就是為什麼在1980年代美國航空公司喜歡透過合併來形成更大航空公司的原因。例如在1985年彼得蒙航空（Piedmont Airlines）合併帝國航空公司（Empire Airlines），另外，成立於1949年的美國元老級大型廉價航空——太平洋西南航空（Pacific Southwest Airlines）於1986年被全美航空併購等都是。

　　1990年代航空公司併購的風潮吹向國際，但是礙於所有權人的限制，國際間的併購只能藉由聯盟來呈現，在將各國航空公司加入聯盟後，他們原本各自的航線及市場可以讓所有加入聯盟航空公司來分享，無形中等於各國航空公司在不需要投入更多資金下，就可以將經營版圖擴大，而且可以同時分享市場利益。在1990年代中期及末期，各國航空公司之間一系列的共掛班號（code-sharing）及海外股份交換（share swap）等都是最常見的做法。

　　1990年代以後，全球航空公司最常見的就是加入聯盟，目前全球有三大聯盟，分別是2000年成立總部設於荷蘭的天合聯盟（SkyTeam Alliance），目前有19家國際航空公司形成的服務網；1999年成立的寰宇一家（oneworld），初時總部位於加拿大溫哥華，於2011年5月將總部遷往美國紐約，目前有13家國際航空公司加入，是世界第三大的航空聯盟；於1997年5月成立，總部位於加拿大溫哥華的星空聯盟（Star Alliance），初期是由5家分屬不同國家的大型國際線航空公司結盟，目前成員數已發展到28個之多，除了是迄今為止歷史最悠久、規模最大的航空公司聯盟外，它的成立也掀起20世紀末期一股航空聯盟熱潮。

　　值得注意的是，全球航空公司加入聯盟並不保證一定就能帶來獲利，聯盟本身並不是穩定的，它只是提供兩個或多個航空公司相互合作的一紙協議，因此只要航空公司發覺加入聯盟後並沒有提升獲利，相當有可能會在數年後選擇退出聯盟合作。當然最理想的狀況是國際上「航空公司所有權人必須是本國人」、「大部分擁有」及「有效控制」的限制取消，那透過聯盟才能夠合作的模式就可以真正落實到跨國併購，而由單一航空公司就可以在全球各地展開營運的模式才真正能夠落實。

五、廉價航空

　　不論是傳統或是區域性航空公司，當前最嚴峻的問題都是要面對成

長快速的低成本廉價航空。由**圖**1-8，1995-2011年美國傳統及廉價航空公司收益乘客英里（RPM）占美國航空運輸市場RPM之變化當中可以看出，實際上從1995-1999年，廉價航空公司收益乘客英里（RPM）占美國航空運輸市場RPM只從5%成長到7%；然而從2000-2011年RPM占美國航空運輸市場變化，卻從8%成長到21%。廉價航空的市場占有率快速上升，除了年年獲利的西南航空以外，2000年美國航空運輸業面臨經濟景氣衰減的時候加入市場營運的捷藍航空（JetBlue Airways）也不遑多讓，從2000-2012年捷藍航空只有四年的獲利不理想（**圖**1-10），而整個十三年的淨利是5億1,600萬美元，比起美國傳統航空公司在本世紀的痛苦掙扎，差別非常大。

另外舉一個歐洲知名的廉價航空——瑞安航空（Ryanair）（**圖**1-11）。從2000-2012年瑞安航空只有一年的獲利為負值，而整個十三年的淨利是32億5,757萬歐元，比美國捷藍航空公司還要高出甚多，更別提美國傳統航空公司在本世紀的痛苦掙扎了。

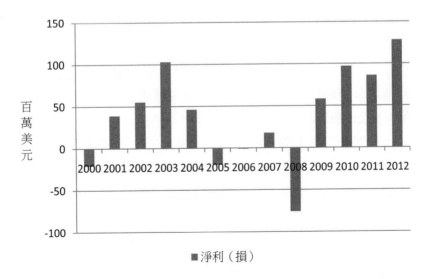

圖1-10　2000-2012年捷藍航空的淨利變化

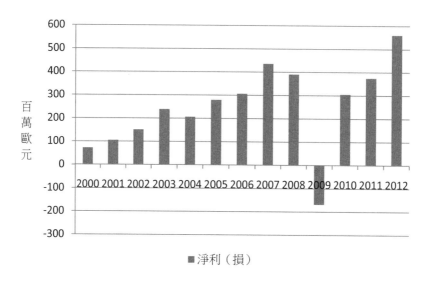

圖1-11　2000-2012年瑞安航空的淨利變化

　　我們再舉一個亞洲知名的廉價航空——亞洲航空（AirAsia）為例
（**圖1-12**）。亞洲航空於1993年成立，是亞洲主要廉價航空的先驅，2003
年亞洲航空開設首條國際航線飛往曼谷，目前在亞洲六個國家設有分公
司，根據亞洲航空公布年報之營運數據得知，2004-2012年只有一年的獲
利為負值，而整個九年的淨利是31億4,228萬馬幣（以1馬幣＝0.322美元計
算，約為10億1,364萬美元），在21世紀初全球航空運輸業處於慘澹經營
的狀況下，亞洲航空的獲利實屬難能可貴。

　　以上三個分別從美洲、歐洲及亞洲舉出之廉價航空例子，再再都
顯示出廉價航空在全球各地的營運都獲得令人鼓舞的績效，根據OAG
FACTS 2003-2012年資料，統計全球廉價航空占全球航空之總座位數及總
架次頻率比率（**圖1-13**）可以得知，全球廉價航空與傳統航空之總座位數
及總架次頻率比率由2003年的11％及9％，至2012年成長到26％及22％，在
十年間全球廉價航空成長速度之快相當驚人。另外由Skift Travel報導（**表
1-2**），2011年及2012年廉價航空在全球各地之市場占有率仍在持續成

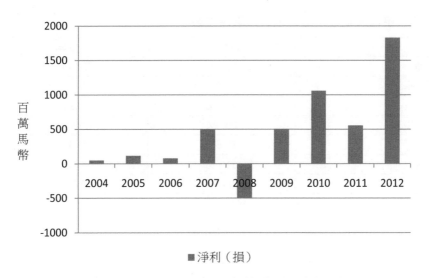

圖1-12　2004-2012年亞洲航空的淨利變化

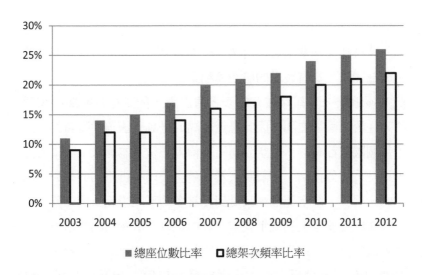

圖1-13　全球廉價航空占全球航空之總座位數及總架次頻率比率

資料來源：摘自OAG FACTS

表1-2 廉價航空在全球各地之市場占有率

	2011年	2012年
歐洲	36.5%	38.0%
西太平洋	35.5%	36.6%
北美	29.5%	30.2%
拉丁美洲	26.6%	24.9%
亞洲	16.5%	18.6%
中東	11.7%	13.5%
非洲	9.4%	9.9%

資料來源：摘自Skift Travel。

長，其中又以亞洲地區的成長幅度最大。

 第三節　走向開放天空

　　1977年美國卡特（Jimmy Carter）總統提出一系列政策，想要在未來三十年內將航空運輸業由過去封閉、缺乏競爭、受到高度保護的狀態，逐漸改正成為開放、具有競爭的航空運輸業。

　　航空運輸業一直都存在有許多矛盾之處，如果從營運層面來看，由於必須來往於國與國之間，因此毫無疑問的是具有國際性特質的；然而若從幾乎每個國家都有的「航空公司所有權人必須是本國人」、「大部分擁有」，以及「有效控制」的限制來看，航空公司不折不扣的又只能屬於某一國家的。另外，航空運輸業又受到相當多的不同規範，例如要遵守來自經濟、技術以及安全上的規定要求。其中又以經濟層面的要求最多，像是限制國際航空市場的進入，及保護本國航空業而制定的價格政策等。

　　其實早在二次世界大戰中，儘管戰事吃緊，但是在飛機、航路及機場的客運發展卻相當迅速，為了避免到戰爭結束後，造成國際民航發展技術及政治上的缺失，美國政府在1944年歐戰和太平洋戰爭即將結束

前，邀集世界各國到芝加哥共商民航發展的大計，就是著名的芝加哥會議（Chicago Conference），總共有52個國家的代表參加，會議結論簽署成一份公約，全名是「國際民用航空公約」（Convention of International Civil Air），簡稱「芝加哥公約」（Chicago Convention）。由於並沒有直接處理經濟議題，因此芝加哥會議想要開創更具有競爭力的國際航空運輸的結果是失敗的，但是「芝加哥公約」的簽訂，卻為航空運輸業建立了一種如何在國際間營運的合法架構。

一、1944-1978年雙邊航空運輸協定簽署

1940年代對於航空運輸業是一個相當具有影響力的年代，在此期間像是1944年簽訂的「芝加哥公約」、1945年4月在古巴哈瓦那成立的國際航空運輸協會（IATA）以及1947年4月正式成立的國際民用航空組織（ICAO）。

若以總體層面來看，「芝加哥公約」對於當時逐漸成形的民用航空運輸業樹立了各國遵守的規範。美國主張要朝向建立一個較為自由開放的架構，希望國際航空運輸能夠自由進出各國市場，以及航空公司間的競爭限制是愈少愈好。總之，美國希望建立一個以市場導向（market-driven）的民用航空運輸業。然而，以英國為主的許多國家，卻傾向要建立一個約束較多的國際民用航空運輸業。因為在二戰後的歐洲，民用航空運輸是一個新生的產業，需要更多的保護來逐漸成長。在雙方各懷鬼胎的心理作祟下，雖然沒有建立出一個全球標準，但是獲得了「芝加哥公約」強調航空事業必須「安全和有秩序」地發展，並使國際航空運輸「在機會均等基礎上，健康和經濟經營」的普世價值。

「芝加哥公約」為規範民用航空運輸業建立了一個框架（framework），基本上是在兩個國家之間雙邊的基礎上（bilateral basis）來達成協議，結果造成雙邊「航空運輸協定」成為國際間航空運輸業共同遵守的原則。

　　從1944-1978年全球航空公司簽署了許多雙邊航空運輸協定，也稱為傳統的雙邊航空運輸協定，最早的例子是1946年初美國與英國達成著名的「百慕達I號協定」（Bermuda I），包括對容量班次作原則性規範，及票價／費率採雙批准原則。在1946年美國與英國簽訂的航空運輸協定當中，美國做了重大的讓步，就是同意採取由國際航空運輸協會（IATA）公布的固定國際機票票價（price-fixing），雖然按照美國反托拉斯法的規定，固定票價是不合法的舉動，然而為了顧全大局，美國政府也只能採取權宜措施。有趣的是幾乎接下來的雙邊航空運輸協定簽署，對於有關票價方面都會加上一條「盡可能遵守由IATA頒布的價格為準」的說詞。

　　一個市場是自由競爭、寡占或是壟斷性競爭，主要可以由三個特性來衡量：

　　1.新加入者的容易程度。
　　2.產出多少受控制的程度。
　　3.價格掌控性。

　　而以上三者的規範恰好將國際航空運輸業塑造成為一個寡占市場，因為市場進出由政府嚴格管制、運量大小受到航空公司間協議限制，以及票價遵守由IATA頒布的價格。在這些規定下，國際航空運輸業缺乏創新及效率，許多管理差及缺乏效率的航空公司反而能夠僥倖存活。

　　二次大戰結束後的二十五年，國際雙邊航空運輸協定簽署達到高峰，然而在1970年代遭遇來自許多方面的壓力；像是西歐及北大西洋的包機及不定期班機，由於票價遠低於IATA定期班機的價格，導致成長快速。雖然北大西洋航線班機的政府祭出各種手段想要保護既有班機利益，但是到1977年還是有將近三分之一的跨越大西洋航線旅客選擇搭乘低票價航空公司。而新亞洲航空公司不顧IATA票價，紛紛以低票價及提供更好服務加入歐洲及東亞航線的競爭，到了這個時候，航空公司想要維持IATA票價幾乎已不可能，許多會員國也被迫開始打破IATA票價的規定，

而公眾、媒體及乘客群起攻擊防止低價航空公司進入市場的雙邊協議。最後的結果是傳統協議機制動搖，美國開始推動另一波的自由化。

二、1978-1991年自由化及開放市場（Liberalisation and open markets）

1978年美國通過「航空公司管制解禁法案」後，解除政府對於票價、航線及新航空公司市場進入的限制。美國卡特總統簽署一項國際航空運輸商議（International Air Transport Negotiations）中聲明：「美國的目標是要透過保持及擴大航空公司的自由市場公平競爭，以提供消費者最大利益」。

當時的做法是想要透過對雙邊航空運輸協定的商議及再商議來達成以下目標：

1.讓市場價格更具競爭性。
2.消除運量、班次、航線營運的限制。
3.消除歧視及不公平競爭。
4.讓美國航空公司能夠飛往更多的城市。
5.美國將授權更多國際入口城市（gateways）。
6.包機規定更自由及更競爭的航空貨運服務。

在1978年美國率先與荷蘭簽署更自由的雙邊航空運輸協定，雙方都同意要減少政府對運量、班次及票價的控制。按照上述版本的精神，美國接著與德國及匈牙利等國陸續簽署新的雙邊航空運輸協定。

1978年以後，美國與其他國家簽署的雙邊航空運輸協定主要是賦予更廣泛的第五航權，及無限制的包機權利，同時各國可以指派一家以上航空公司，同時對運量、班次不設限，最後對於票價則是採取「雙否定」（double disapproval）原則，亦即在不違背公平競爭原則下，票價可以自

行認定，除非雙方政府都不同意。

很明顯的，更自由的雙邊航空運輸協定對美國較為有利，因為美國有許多航空公司，他們可以從美國任一機場起飛到其他國家，而其他國家大多只有一家國際航空公司。但在1980年代初期這種不平等現象並不太可怕，主要是因為當時主要的美國國際航空公司——泛美（Pan Am）及環球（TWA）狀況並不太好，因此對於國際航線的拓展基本上是有心無力。

不讓美國專美於前，歐洲開始追趕，英國內部要求更自由及開放市場的態度迫使英國展開與其他歐洲國家談判。第一個在歐洲的重大突破是發生在1984年，英國與荷蘭簽署新的航空運輸協定，讓新航空公司能自由進入市場、指定的航空公司能夠進入所有航線，及對票價採取雙否定原則。

在新的航空運輸協定刺激下，歐洲新航空公司數量快速成長，而新航空公司以低票價方式加入營運，在票價下降刺激下運量也大幅增加。有趣的是例如在1986-1988年間，雖然倫敦到都柏林的運量增加了兩倍，但是平均乘客收益（passenger yield）卻下降約三分之一，這都是因為票價下降所導致。

到1980年代末期，雖然一些航空公司對於開放市場的航空運輸協定帶來的衝擊已經較能接受；然而，新的開放市場航空運輸協定卻不能夠完全落實，其原因如下：

1. 簽署雙邊航空運輸協定的國家，讓其他國家指定航空公司進入到本國機場數量仍然有限制。
2. 雖然同意給予第五航權，但往往受到第三國的掣肘而無法使用。
3. 國內營運權（cabotage）被排除在新的雙邊航空運輸協定外。
4. 國家指定的航空公司必須具備由該國人大部分擁有及有效控制的要求，在新的雙邊航空運輸協定仍然是重要的條件。

三、1992年開始朝向開放天空

很明顯的，在1990年代初期，自由化及開放市場的發展並沒有讓大多數國家覺得滿意，而國際上要求要有更進一步自由化的聲音就愈來愈多，其中尤其對於要求航空業要像其他國際企業一樣能夠正常的在國際上營運的聲浪最大，因為許多國家政府認為雙邊航空運輸協定雖然可以接受，但是仍然有相當大的改進空間，最簡單的就是其他在國際上營運的企業，沒有一個像航空運輸業一樣，受到各國政府及相關機構如此多的限制。

1992年美國交通部（Department of Transportation, DOT）政策及國際事務助理部長傑佛瑞‧沈（Jeffrey Shane）（Doganis, 2006），在ICAO的航空運輸研討會當中就說道：「航空運輸業的問題不是在自由化而是在正常化，只要各國政府能夠將運用的一般國際貿易企業的規範，也同樣運用到航空運輸業上就可以了。」這句話充分道出因為受到政府各種不同規範的約束，國際航空運輸業遭受到不同於一般國際貿易企業的待遇。

其次就是對於所謂「自由化」的本身，實際上仍是受到許多限制，這是因為即使簽署較自由化雙邊航空運輸協定的國家，在制訂條件上仍會傾向選擇開放較少的基礎上實施。這是因為只要透過談判，兩國之間會考量就各種條件交換來獲取較大利益，因此常常會發生本來是想要創造貿易機會，卻反而增加了更多限制的結果。最常見的就是參與談判的兩國，會根據自己的認知或是對自己有利的說法，來詮釋雙邊航空運輸協定的內容，因而引發爭議。

第三個導致要求朝向更自由化發展的因素，是與之前比較起來航空運輸業已經相當成熟，就整個航空運輸業而言，以往的雙邊航空運輸協定已經無法滿足他們的需求。尤其是一些結構上的改變：首先是美國航空業變得更集中，以及過去只能在國內營運的主要航空公司，也開始加入國際市場營運。其次，由於營運規模愈大，獲利空間愈高的關係，許多國際

航空公司已經展開併購其他國內航空公司舉動，在國際間也常見採取聯盟措施。第三，各國政府開始降低對國家航空公司的補助，導致私有化的盛行，發生在1987年英國航空公司私有化的結果就是明顯的例子。最後，不斷強調政府要減少直接或間接對航空公司補助的結果，增加航空公司財務自主壓力，導致保護主義在國內及國際市場逐漸消失。

以上各種因素加總起來，對民營或是國家航空公司都產生了一個迫切需要，就是航空公司都急於從雙邊限制中掙脫，朝建立更有效率、在營運上限制更少的方向邁進。

首先發生改變的是美國，在1980年代初期，當有更多歐洲及新亞洲航空公司加入北大西洋及泛太平洋航線後，美國泛美及環球航空逐漸喪失國際市場占有率。到1980年代末期，原本美國國內大型航空公司——美國航空、達美及聯合航空逐漸壯大，他們藉著雄厚國內航空運輸網路及龐大機隊規模的力量，提供國際航線服務，很快地就取代原來經營國際航線的泛美及環球航空。然而，當他們野心勃勃想要擴大營運規模時，此時雙邊航空運輸協定反倒成為限制他們行動的一個障礙。而美國國務院及交通部也贊同航空公司的看法，都認為開放天空對於乘客及航空公司的發展都有利。

1992年，在開放天空協議上產生了一個重大的突破，就是美國與荷蘭簽署開放天空協議，這是第一個美國與歐洲國家簽訂的開放天空協議，也開啟國際飛航服務的另外一個里程碑。而開放天空協議主要的內容包括：

1.開放航線進入。

2.無限制的第五航權。

3.開放包機。

4.每個國家可以指定航空公司數量不限制。

5.班次及運量不限制。

6.Break of gauge permitted允許雙重制度。

7.無票價管制。

8.航空公司間可以自由共掛班號或是簽署其他商業協議。

不幸的是美國與荷蘭簽署開放天空協議的這段期間，國際情勢並不穩定，例如1991年爆發波灣戰爭，導致美國及全球航空公司在後續幾年都遭遇重大損失，其中泛美及東方航空在不堪虧損下，分別於1991年12月及1991年1月宣告破產。這些不利的事件，間接也影響到美國推動開放天空的成效。

為防止航空公司破產，美國國會在1993年5月組成國家委員會（National Commission），希望能夠確保美國航空公司在國際上的強大競爭力。

在經過一連串的努力後，國家委員會做出政府應當對雙邊航空運輸協定重新談判的建議，而柯林頓政府也同意展開對航空政策的檢討。

1995年4月美國交通部長菲德瑞科‧潘尼亞（Federico Pena）首度對國際航空運輸政策發布聲明：「柯林頓政府正在試圖尋求能幫助美國航空業持續保持全球領先的做法」。

為達成上述目標，美國認為有必要無限制開放航空市場，而持續保持國際航空運輸市場需求的快速成長，尤其是長程運輸市場，將會帶領航空運輸業的結構造成改變。為發展國際航空業，美國政府採取的主要作為如下：

1.增加提供給顧客價格及服務選擇的多樣化。

2.增加由美國城市到其他國家航空運輸量。

3.根據特別市場型態需求，航空公司可以自由設計服務類型，例如航空公司可以透過商業協議發展直接或間接服務、無班次或運量限制及無票價規定。

4.取消政府補助、獨占及其他會導致不公平使用設施之做法。

5.減少任何會造成阻礙形成全球飛航體系之障礙，例如跨國投資。

想要達成上述目標，就必須要讓開放天空落實。開始時美國先選定與他們具有相同想法的國家，成功後再與較不自由或是較不友好的國家商議。

由於在1995年柯林頓政府發布政策前，美國與荷蘭已經簽訂開放天空協議，因此讓荷蘭獲得美國反托拉斯法豁免權，及同意荷蘭航空與西北航空共掛班號是最容易做到的第一步。要知道讓國際航空公司共掛班號對美國而言是一項重大讓步，因為這違反美國一向強調的公平競爭原則，而美國也將「共掛班號」給予反托拉斯法豁免權當成是在雙邊談判中的重要手段，藉以吸引其他想要與美國談判開放天空的國家。

其他歐洲國家航空公司看到西北航空與荷蘭航空的例子，都想要獲得同樣的待遇，美國抓住這個機會，利用給予反托拉斯法豁免權的做法，獲得了換取更多與世界各國航空公司開啟雙邊開放天空協議。

四、單一歐洲市場

與美國一樣，歐洲也朝向開放天空發展，不同的是美國的開放天空政策，傾向利用雙邊協議一國一國來簽訂。而歐洲則傾向藉著歐盟會員國的多邊協議，最後發展成單一歐洲市場。而在多邊機制的協議下，歐洲的開放天空政策比美國實行得更澈底。

實際上在歐盟內部對於讓會員國之間的航空運輸能走向多邊自由化發展，一直存在有兩個互補陣線。從1975年開始，能源暨運輸總署（The Directorate-General for Energy and Transport）就支持航空公司自由化，在部長理事會（Council of Ministers）也多次提出建議。競爭總署（The Directorate General for Competition）希望能確保會員國之間能公平競爭，不要被各自訂出不合理票價來扭曲。

歐盟的航空運輸自由化及公平開放競爭的兩個目標需要一步步來達成，最早的重大突破是由歐盟部長理事會在1987年12月同意的第一個整套

自由化措施（The first package of measures），其中提出票價制定更自由、放棄兩國間對等航線運量規定，以及協助新航空公司加入公開市場競爭等。由於當時存在於歐盟國家航空公司間的許多協議，既反競爭原則又不合法，因此需要制定出一個特別辦法來解套。

1990年第二個整套自由化措施（The second package of measures）對票價、運量及市場進入限制做了更進一步放寬，允許讓多家航空公司經營某一航線及歐盟會員國家之間的航線三、四航權開放。

上述第一及第二個整套自由化措施仍然不能滿足歐盟會員國的要求，經過一連串的會議後，歐盟會員國一致同意在1993年1月1日要將歐洲變成為單一市場，意思是在1992年底，所有在歐盟國家之間的關卡要廢棄，歐盟成為單一「國內」市場，而空運自由化只是「歐盟國內」市場的目標之一，這項成果是靠第三個整套自由化措施（The third package of measures）來達成。

第三個整套自由化措施是在1993年1月1日正式生效，其中對於歐盟市場採取開放政策，允許歐盟會員國可以自由進出彼此的機場；其次是取消票價管制，允許航空公司對客、貨運票價自由訂定，但不可以惡性競爭。歐盟第三個整套自由化措施的施行，較美國的開放天空更澈底，因為它是多邊協議，對所有歐盟會員國都適用；另外，只要財務狀況允許，歐盟會員國的人民可以跨國購買歐盟國家的航空公司，而不受限於航空公司所有權只有該國人民才能擁有的規定。總之，歐盟可以說是真正做到完全開放天空。

2004年5月1日，新規定賦予歐盟委員會更大權力，將「羅馬條約」（Treaty of Rome）中的81及82款〔禁止任何可能發生影響會員國間貿易競爭的協議，及禁止具有優勢支配地位（dominant position）的公司濫用權力影響會員國間的貿易〕，擴大運用到非歐盟國家，也就是任何第三國與歐盟國家達成之協議，在競爭上可能會產生影響時，委員會能夠直接進入干預。例如若第三國與歐洲航空公司企圖對某航線採取固定票價之協議

都不合法。

　　除此之外，對於航空公司併購，是否會影響公平競爭也有規定。從1989年開始，就賦予歐盟委員會對於合併、併購或是合營企業（joint venture）的規模要有效監督，防止發生獨占之情事。

　　歐盟的併購規定，同時也適用於對於可能會對歐盟競爭發生影響之非歐盟公司間的併購，例如1996年，歐洲委員會就對波音及麥道的合併案展開評估；其次，在1999年也曾對楓葉航空（Air Canada）及加拿大航空（Canadian Airlines）的合併展開調查，理由是可能會影響由倫敦到加拿大的飛航服務。

第四節　未來營運環境之變化

　　近年來全球航空公司競爭激烈及獲利不佳早已是不爭之事實，從**圖1-4**可知，進入21世紀以來（2001-2011年），在十一年間只有四年的淨利為正值，而全球航空公司共計虧損249億美元，這絕對是全球航空公司的夢魘。然而在21世紀初發生這種連續虧損是偶發性的，還是虧損的趨勢會持續下去，當然就成為全球航空公司必須關注的問題。

　　預測未來本身就充滿不確定性，而通常會對未來發展造成變化的因素常常超出預期。然而，不論如何從過去全球航空發展的演變當中，我們可以得出下列幾個值得關注的現象：

一、全球航空運輸網路及利基市場的清楚區隔

　　近年來，全球航空運輸網路及利基市場發展的區隔相當明顯，例如1990年代以後，許多航空公司為了擴大營運規模，最常見的就是加入策略聯盟，寰宇一家執行長布魯斯·阿旭必（Bruce Ashby）（2012），

於IATA發表報告指出，全球已經有超過50家以上的航空公司加入三大聯盟，而有超過三分之二以上的可用座位公里（Average Seat Kilometer, ASK）是來自三大聯盟的航空公司，目前加入聯盟已經成為全球航空公司的浪潮。

另外一種就是加入利基市場營運，這種現象常因為區域特性而產生，像是專門從事小區域的機場營運，或是提供某種特殊服務。在21世紀初，全球航空運輸市場有一種新產品問世，就是「低票價全商務艙（low-fare, all-business-class airline）服務」，例如2003年及2004年，分別在美國成立Maxjet Airways及EOS全商務艙航空公司，2006年英國成立Silverjet全商務艙航空公司。簡單的說，就是以全商務艙飛機運行主要商務航線，其票價比商務艙的市場價格要低50-75%。他們針對的目標市場非常明確，就是那些不希望花費昂貴的商務艙票價搭乘長途班機，但是又不想待在擁擠的經濟艙內的乘客，這種「低票價全商務艙」模式的出現迅速填補了市場的缺陷。一經推出，即受到市場的熱烈歡迎。然而即使一開始受到歡迎，但是很快地就因為高油價、激烈競爭以及供給過剩的狀況下，產生財務困難，在2008年以前紛紛宣告破產。

二、更多的民營化

在1980年代以前，除了美國以外，全球航空公司大都是背負著國旗在世界各地飛行。隨著航空公司管制解禁法案的解除，以及在自由化聲浪高漲的推動下，原來屬於國家的航空公司逐漸轉型為民營化，像英國航空及法國航空都是典型的例子。然而以往眾所周知國營企業缺乏競爭的問題，並沒有隨著民營化而有太大改善，其中最引人注目的就是歐盟委員會及美國司法部，早在2005年就開始對多家航空公司，將空運貨物部分價格固定的做法是否有違背公平競爭的部分展開調查，接著對於長途客運部分也展開類似的可能在價格上勾結的調查，特別是對於多家航空公司推出的

在正常票價之外,加收燃油附加稅(fuel surcharges)是否違背不可以私下達成共同協議的問題。

　　雖然民營化不可能可以將以往國營企業的問題完全解決,但是不可否認的就是民營化在取得資金方面會更有效率,而在執行政策上也比國營企業更有彈性。

三、西南航空成功模式的複製

　　西南航空從1973年迄今的三十九年裡,所有的營運獲利都是正值,不僅在美國受到各航空公司的讚嘆,對全球航空運輸業來說都可以說創下一個絕無僅有的紀錄。由於西南航空獲得空前的成功,在全球各地興起了模仿的風潮,紛紛想要向西南航空學習,而綜合西南航空成功的模式,不外乎短航程、點到點、市場規模夠大、密集班次、選擇二線機場、高的飛機使用率、單一機種機隊及準時起降等,除了上述做法外,再搭配上低營運成本及低廉票價,果然就達到吸引更多乘客的目的,最後是持續獲得令人羨慕的報酬率。

　　除了美洲以外,在複製西南航空成功的模式下,歐洲及亞洲的廉價航空數量也不斷的在成長,在全球各地的營運都獲得令人鼓舞的績效,根據**圖1-13**顯示,全球廉價航空之總座位數及總架次頻率,一直都處於成長狀態。

　　很顯然的,目前全球經濟的疲軟不振,更利於廉價航空的存在。可以預期的是,除非全球經濟能夠重新恢復,否則廉價航空的持續成長似乎不容易結束。

四、更多的破產、合併或接收

　　在1980年代,也就是航空管制法案解禁以前,很少聽到有航空公司

宣布破產，或是被其他航空公司併購。但近二十年來，航空公司破產或是被其他航空公司併購，則是時有所聞，已經到了見怪不怪的地步了。

圖1-3顯示從航空公司管制解禁法案解除以後，到2005年將近有200家美國航空公司宣告破產，而歐洲也不遑多讓，從2000年到2009年，總共有77家美國航空公司宣告破產。Hilde（2011）統計光是2009年，在歐洲宣告破產、合併或是被接收的航空公司就有14家之多，顯示航空公司的破產絕不是僅在美國發生。歐洲宣告破產的大都是中型國際航空公司，道根尼斯（Doganis）（2001）認為若要加入全球營運，他們的規模太小，若要加入利基市場營運，他們的規模又太大。這些航空公司的定位不清，很難做出正確的市場營運策略，大多時候他們常遭遇營運資金短缺的問題。

與歐洲航空公司不同的是，美國航空公司可以向法院提出「破產法」第十一章保護，此舉可以保護經營不善之航空公司不讓債權人提出清算舉動，同時也可以提出降低成本結構，加強競爭優勢的重整計畫，再重新加入營運。

近年來全球航空公司不斷傳出破產的消息，絕非偶然，也就是說如果整體經營環境無法獲得改善的話，未來申請破產的航空公司將會持續出現，很有可能在國際上將會剩下少數大型全球網路的航空公司，而那些不願意或是無法加入策略聯盟的航空公司，很可能就是下一個會提出破產的航空公司。

五、更少的政府介入

1980年代以前的航空運輸業在營運上並沒有多大自由空間，因為幾乎所有的市場營運規定都有政府或是相關主管機構掌控，航空公司只要按照政策規定去做，大致上就不會出錯，雖然可能不會獲得高額利潤，但是穩當的營運及適度的報酬並不會太困難。1980年以後，以往政府或是相關主管機構包山包海的監督權利逐漸受到挑戰，在開放市場及自由化逐漸成

為普世價值後,以往大多由國家營運的航空公司也逐漸式微,目前只剩下兩個地方還可以見到政府或是相關主管機構能夠發揮作用:提供完善的基礎機場建設,以便讓航空公司能安心營運;以及防止在競爭當中出現價格、落地時間帶以及進出市場或航站等有獨占之行為。

近年來,由於環保意識高漲,為了減少二氧化碳排放量,歐盟委員會擬定了一套對航空公司按照二氧化碳排放大小,準備加收碳稅的計畫。IATA也擬定未來航空業要朝向零排放二氧化碳的目標邁進。雖然對於歐盟委員會要對航空公司加收碳稅的做法充滿爭議,但是不可否認的環保議題,很可能是另一個未來政府或是相關主管機構對國際航空公司要制定規範的地方。

六、競爭更激烈

由於國際長程運輸市場已經出現運量過剩的現象,因此當任何一家新航空公司想要加入某一市場營運時,原來已經在該市場營運的航空公司,為了保持市場占有率,很有可能會採取激烈的反制措施,最常見的做法是增加班次及降低票價,直到將新加入市場的航空公司擊退為止。

然而當廉價航空與傳統航空公司發生爭奪市場時,以往傳統航空公司採取降低票價的做法就不容易收到效果。歐洲的英國航空及漢莎航空為了與廉價航空抗衡,採取之做法是將短途飛行航線班機徹底改變,採取類似廉價航空之做法,例如將班機改成為全經濟艙、採用線上訂位、取消旅行社佣金以及機上餐點付費等。

在市場競爭日漸激烈的狀況下,可以預期的是未來航空公司間之競爭將更激烈,而一些以往不常見或是無法預期的航空公司策略,將會成為航空公司為求生存而不得不採取之手段。

七、營運成本愈來愈高

由於受到油價持續走揚趨勢影響，未來可以預見的是航空公司的營運成本會愈來愈高，以華航為例，2010、2011及2012年油料成本占總營運成本的比重已經高達43%、47.4%及46.2%，總營運成本也從2001年的665億台幣，到2011年增加到1,338億台幣，十年間成長幾乎兩倍。其實不論是廉價或是傳統航空公司都同樣會遭遇燃油價格高漲的問題，因此可以預見的是在未來航空公司的營運成本愈來愈高。因此如果想要能夠永續經營，對於營運成本之控制，航空公司一定要當作首要目標來處理，否則非常容易陷入營運資金不足的困境，想要繼續生存將會發生困難。

CHAPTER 2

經濟學基本概念

經濟學是一門研究人類行為，及如何將有限或者稀少資源進行合理配置的社會科學。經濟學是一種思考人類如何生存的科學，而經濟學的研究對象是社會現象，由於個人也是社會現象的一份子，因此經濟學的研究也包含自己本身可能遭遇的問題。

由於經濟學是一門研究人類經濟行為的社會科學，因此經濟行為可以解釋為在面臨抉擇時，如何做出選擇的行為。對許多商管學系的學生而言，經濟學是一門必修課程。然而可能是面對繁重課業壓力下，及或許是出於對經濟學上艱深難懂的名詞產生畏懼的心理，許多學生常常會在讀完經濟學後，仍然不知如何將從經濟學上的知識應用到日常生活中，有的學生甚至將經濟學教導的觀念完全拋諸腦後。

為了幫助同學加深學習效果，在教導本課目之前，先將一些經濟學當中的基本概念作一些回顧，但由於經濟學範圍太廣，無法在一章節中完全涵蓋。因此本章僅就供需原理、成本及彈性係數等做一整理，希望能幫助同學喚醒記憶，加強學習效果。

第一節　供需原理

對於經濟學家來說，需求（demand）與兩個經濟變數有關：商品或服務的價格，及在特定期間內消費者願意以這個價格購買商品或服務的數量。簡單來說，第一個變數就是價格，第二個變數是需求數量。我們也可以用圖示的方式將需求與消費者願意在某個價格下購買商品或服務的數量關係表達。

表2-1是假設有一樣商品的價格與需求的變化關係，由表中明顯看出當價格上漲時，需求數量會往下降。例如說商品價格由160元漲到190元時，需求數量會由13減為11個。同樣的當商品的價格由280元降到250元時，需求數量則會由5增為7個。

表2-1　價格需求表

價格	100	130	160	190	220	250	280	310	340	370
需求數量	20	16	13	11	9	7	5	3	2	1

　　在**表2-1**中列出的商品價格與需求數量的變化關係就是需求定律（law of demand）的例子，需求定律告訴我們當市場上商品的價格上漲時，需求數量會下降。同樣的當商品的價格下降時，需求數量則會上升。由需求定律也可以看出在其他條件不變的狀況下，商品價格與需求數量是呈現負向關係。

　　根據**表2-1**中我們可以得出需求曲線（**圖2-1**），需求曲線的斜率為負，也告訴我們價格與需求數量是呈現負向關係。需求曲線的斜率往下的道理很簡單，就是消費者本身的資源（金錢）有限，他必須在想要購買的商品或服務當中做出選擇，因此當商品或服務的價格下降時，會刺激原來就有意願購買的消費者前來消費。但要注意的是，在經濟學家做出此項

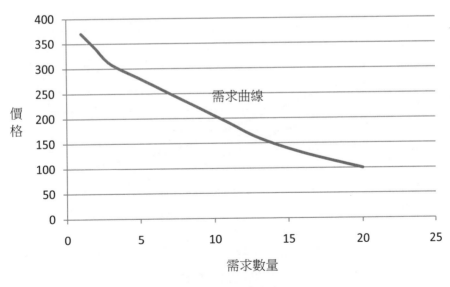

圖2-1　需求曲線

說法時，是假設當該商品或服務降價時，其他商品或服務的價格維持不變。

一、需求曲線的移動

當價格不是唯一讓消費者決定要購買某個商品或服務時，也就是說在其他條件發生變化的狀況下，**圖2-1**中的需求曲線會發生向左或是向右的移動，例如假設**表2-1**顯示的是玫瑰花需求數量與價格在平日的變化關係，如果當情人節來臨時，亦即其他條件發生變化時，明顯的看出需求曲線會發生向右的移動，也就是說即使價格上漲，玫瑰花需求數量也會隨著增加（**圖2-2**）。

能夠對需求曲線造成移動的影響因素非常多，例如：

1.消費者偏好：當消費者對市場上某一個商品有特殊偏好或商品在市場上造成風潮時，即使價格上漲仍能夠吸引消費者的購買，例如蘋

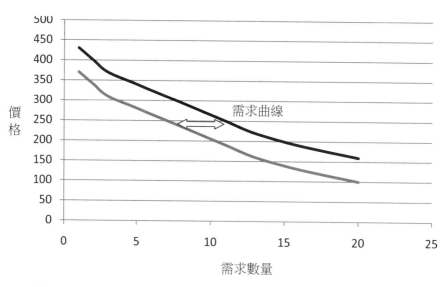

圖2-2　需求曲線的移動

果的iPhone 5，未上市就已經引起轟動。

2. 消費者訊息：當消費者知道市場訊息對某種商品不利時，會以低於售價的情況下將商品拋出，例如蘋果推出iPhone 5時，原來的iPhone 4價格立即降低。

3. 消費者的收入：當消費者的收入增加時，航空公司的機票需求會隨著增加。

4. 市場上消費者的數量：市場上消費者的數量增加時，需求會隨著增加，例如老年人口的逐漸增加，造成健康食品的需求增加。

5. 消費者對未來價格的期待：消費者對未來商品價格的期待是上漲時，需求會隨著增加，例如當美國推出QE3時，人們預期會有通貨膨脹發生，黃金的價格就跟著上漲。

6. 其他替代品的價格：當消費者無法購買價格高昂的蘋果iPhone 5時，其他三星Galaxy III以及宏達電的HTC One X由於價格較低，功能又十分相似，需求量當然會增加。

在介紹完需求的產生後接著介紹供給的產生原理，如之前**表2-1**的價格需求表一樣，**表2-2**為價格供給表。

與**表2-1**不一樣的是**表2-2**價格供給表中假設有一樣商品的價格上漲時，供給數量會往上增加。例如商品價格由160元漲到190元時，供給數量會由7增為11個。同樣的當商品的價格由280元降到250元時，供給數量則會由15減為13個。

當商品價格上漲，供給數量會增加的道理很簡單，例如市場上房價上漲時，建商當然會願意建造更多房子出售，同樣的，市場上房價下跌時，建商當然會減少興建房子的數量。

表2-2　價格供給表

價格	100	130	160	190	220	250	280	310	340	370
供給數量	1	4	7	9	11	13	15	17	18	19

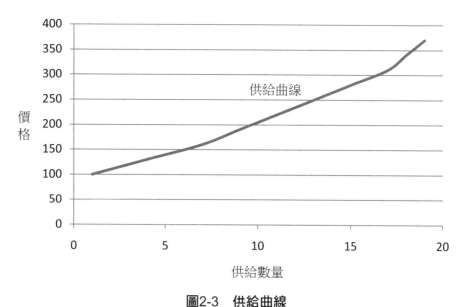

圖2-3　供給曲線

　　與需求曲線不一樣的是供給曲線的斜率為正,也就是說價格與供給數量是呈現正向關係。

　　如同需求曲線一樣,供給曲線也會發生向左或是向右的移動(圖2-4)。

　　同樣的,對於造成供給曲線移動的原因也有很多,例如:

1.科技:科技的進步會導致單位時間生產數量的增加,同時也可以做到成本的降低,因此會造成即使在價格不變或是降低的情況下,生產數量還是增加的可能。例如LED電視螢幕尺寸不斷變大,價格反而更便宜。

2.生產所需原物料價格改變:如果用來從事生產商品所需要原物料價格上漲,而商品本身價格卻無法調漲時,廠商生產的數量自然會降低,此時供給曲線會向左移動。

3.市場上生產廠商數量:如果某項商品在市場上熱賣,例如葡式蛋

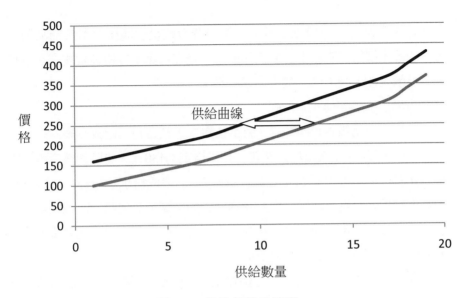

圖2-4　供給曲線的移動

塔，市場上會有許多廠家加入蛋塔生產行列，此時就會發生即使價
格不變但是供給數量還是會增加，供給曲線會向右移動。

4.對未來價格的期待：如果廠商預期未來某項商品會漲價，廠商很可
能會減少該項商品的銷售，會將商品囤積，此時市場商品的供給會
減少，供給曲線會向左移動。

5.政府規範的制定：政府的法規會對商品造成影響，例如在環保法規
的要求下，許多以往對於環境會造成汙染的商品自然會減產，供給
曲線會向左移動。

二、供需曲線及市場平衡

之前我們已經介紹過市場價格對消費者需求及廠商供給數量的關
係，接著要探討市場上如何將消費者需求及廠商供給數量結合，也就是說
消費者願意花多少錢到市場上購買廠商供給的商品。

首先要瞭解在市場上不是由一個消費者或是生產廠商對於商品制訂出一個固定價格，實際上許多商品的價格是在市場上經由買賣雙方在不斷討價還價之後，雙方同意最後完成交易。

市場價格是如何決定的呢？

我們再利用**表2-1**及**表2-2**，將供給需求表結合在一起成為**表2-3**。

在**表2-3**當中如果市場玫瑰花一打價格定為130元，這時消費者需求數量為16打，而廠商供給數量為4打，在市場上造成需求短少12打，也就是說需求數量大於供給數量，由於受到缺貨的影響，想要購買玫瑰花可能願意花更多錢來購買，而商家因為受到奇貨可居的影響，很可能會將玫瑰花的售價調高，因此很容易發生漲價情事。

同樣的如果市場玫瑰花一打價格定為280元，這時消費者需求數量為5打，而廠商供給數量為15打，在市場上造成供給過多超過10打，也就是說需求數量小於供給數量，由於受到供過於求的影響，想要購買玫瑰花可能更不願意花錢來購買，而商家因為受到商品囤積的影響，很可能會將玫瑰花的售價調降，因此就很容易發生降價情事。

而如果市場玫瑰花一打價格定為200元，這時消費者需求數量為10

表2-3　價格與供給需求表

價格	需求數量	供給數量	供需差異	價格變化
100	20	1	需求短少19	漲價
130	16	4	需求短少12	漲價
160	13	7	需求短少6	漲價
190	11	9	需求短少2	漲價
220	9	11	供給多2	降價
250	7	13	供給多6	降價
280	5	15	供給多10	降價
310	3	17	供給多14	降價
340	2	18	供給多16	降價
370	1	19	供給多18	降價

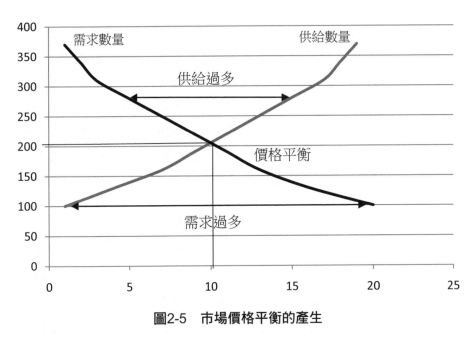

圖2-5　市場價格平衡的產生

打，而廠商供給數量為10打，在市場上供給與需求相等，造成供需平衡，此時在市場上的價格平衡就產生了（**圖2-5**）。

✈ 第二節　總成本、變動成本、固定成本、邊際成本

史迪芬‧哈勒維（Stephen Holloway）（2003）按照生產及銷售航空公司的可用座位英里（ASM）將營運成本分為固定成本及變動成本，而區分之依據通常與「產出」有關。

一、固定成本

是一種「往回看」的成本，它代表的是購買用來執行生產用途固定資產資金的一部分，例如航空公司的飛機及維修裝備等。從會計面來

看，固定成本（fixed costs）可以用資產的生命週期呈現在企業的資產負債表中，例如折舊費用。在企業現有的設施裝備下，只要產出數量（外界對於機位需求量）不會超過供給量（航空公司現有機隊可以提供的座位數量），那固定成本就不會因為產出數量之不同而發生變化。然而當外界對於機位需求量增加，超過航空公司之機隊可以提供的座位數量時，為了可以提供更多的座位數量，導致航空公司必須擴充機隊，此時固定成本就會增加。固定成本又可分成下列兩類：

(一)約束性固定成本（committed fixed costs）

指管理當局按照既定計畫執行時無法控制之成本，例如飛機租賃、辦公室、登機門、機場櫃檯及貴賓室等的花費就是約束性固定成本。值得注意的是不管飛機有沒有營運，有關租賃及折舊費用都與約束性固定成本有關。反之，除非航空公司停止營運，否則一定會有約束性固定成本的支出。

(二)酌量性固定成本（discretionary fixed costs）

指管理當局的決策，可以影響固定成本之數額者。亦即此項成本可以透過航空公司本身的運作加以改變，例如廣告及公司人員訓練費用，其他像是管理費用，這些在某種程度上航空公司可以自行決定是否要精簡，因此都屬於酌量性固定成本。固定成本與沉沒成本不同，沉沒成本指的是一旦花費出去就無法回收的成本；而固定成本則是與產出數量無關的成本支出。

二、變動成本

在企業現有的設施裝備下，會因為產出數量之不同而發生變化者，例如航空公司之燃油、落地費、助導航設施費、飛行時數及週檢產生之維

修費用等。一般來說，變動成本之高低與航空公司之產出數量成正比，但並不是成直線比例變化，這也可以說明產出之平均單位變動成本，會隨著產出數量多少而改變，例如每一百萬可用座位英里（ASM）的變動成本，不會正好是每五十萬可用座位英里（ASM）變動成本的兩倍。

　　許多小型或是廉價航空公司喜歡將許多公司的作為，例如將地面勤務像是搬運、餐點或維修等外包，其目的除了是要降低成本外，也想要將一些固定成本轉變成為變動成本。尤其是在航空管制解禁及自由化的追求成為普世價值後，航空運輸業的競爭日趨嚴重，因此如何降低及控制成本當然會成為航空公司努力的方向。

　　泰勒（John B. Taylor）（2004）對於固定成本及變動成本的說法是，固定成本是在短期內（short run）不會隨著產出數量改變而變動之成本；變動成本是在短期內會隨著產出數量改變而變動之成本。所謂短期是指在某一段時間內，不可能會發生所有生產要素都產生變化者（至少有一個輸入因子是固定的），亦即如果將時間因素加入考量，只要時間夠長，最終將沒有固定成本與變動成本之區別，因為所有生產要素都會發生變化。

　　至於長期或是短期的定義，基本上是視企業的形態而定，一般小型的（非資金密集的）企業，長期的時間較短，以下是幾個觀點：

　　第一，對於航空公司來說，發生的時間愈短，航空公司的固定成本比例愈高，因此當突然發生問題，例如911恐怖攻擊事件，導致產品需求銳減（乘客不敢搭乘飛機），收入減少。但由於飛機、員工、管理成本等龐大固定成本不能輕易更動，而固定成本所衍生的孳息，航空公司必須要按時支出，因此只要意外事件發生航空公司就會變成一個錢坑，根據弗林特（Flint, P.）（2001）對成本研究發現，就短期而言，傳統航空公司的固定成本大約高達80%。

　　第二，當時間拉長以後，大部分的成本就逐漸轉變成為變動或是可避免成本，也就是說航空公司的經營階層有時間可以將公司營運方式及成本結構加以調整，例如在短時間內公司擁有的機隊數量無法改變，因此是

屬於固定成本，但是隨著時間拉長，公司有足夠時間可以改變機隊數量及飛機組合，此時固定成本也會發生變化。當然航空公司想要購買或是出售一架飛機所需要的時間一定相當長，因為這不單是要考量航空公司財務的來源，還要考量飛機製造廠商、租機公司或是二手機市場等是否有新機生產或是現貨供應而定，因此往往需要花費數年。

第三，與小型廉價的航空公司比較起來，傳統航空公司的營運部門大而複雜，所謂的「長期需要的時間」就愈長，總之就是說無所謂標準的長期或短期時間定義。

幾乎所有的營業項目都可以分成為固定及變動成本兩類。在前面我們也對固定成本及變動成本的本質做過探討，表面上看固定及變動成本是相對的，當產量增加時，固定成本維持不變，但變動成本卻會增加。但是若從每一單位平均分配到的成本來看時，若變動成本維持不變，平均固定成本會隨著產量增加而降低，例如自來水公司配管線要支出龐大固定成本，如果將其轉換到每一個家庭時，平均固定成本就會變小（**表2-4**）。

泰勒（2004）對於總成本（TC）、固定成本（FC）、變動成本（VC）及邊際成本（MC）等做了詳盡的說明。總成本是企業用來生產產品或是提供服務需要花費成本之總和，其大小與產出數量及服務多少有關。而固定成本及變動成本則是構成總成本的重要因素，一般來說：

總成本（TC）＝固定成本（FC）＋變動成本（VC）

邊際成本（marginal cost）又稱增量成本（incremental cost），是指每增加一單位產出數量引起的總成本變化量。邊際成本的計算公式如下：

$$MC = \frac{\Delta VC}{\Delta Q} = \frac{\Delta TC}{\Delta Q}$$

除了上述成本外，還有幾個重要的成本概念——平均（單位）成

表2-4　固定成本、平均固定成本、變動成本、平均變動成本

工人數量	固定成本（FC）	變動成本（VC）	平均固定成本（AFC）	平均變動成本（AVC）
0	5000	0		
1	5000	150	5000	150
2	5000	300	2500	150
3	5000	450	1666.67	150
4	5000	600	1250	150
5	5000	750	1000	150
6	5000	900	833.33	150
7	5000	1050	714.29	150
8	5000	1200	625	150
9	5000	1350	555.56	150
10	5000	1500	500	150

本（average cost or unit cost）、平均總成本（ATC）、平均固定成本
（AFC）及平均變動成本（AVC），計算公式如下：

$$ATC = \frac{TC}{Q}, \ AFC = \frac{FC}{Q}, \ AVC = \frac{VC}{Q}$$

　　在做進一步探討之前，我們先說明邊際報酬遞減法則（law of diminishing marginal returns）與短期邊際成本及平均總成本曲線間之關係。

　　邊際報酬遞減法則主要是說明當投入更多變動成本所多生產出的產品，到某一個點時，額外生產產品帶來的報酬率最終反而會下降。例如有一間洗衣工廠，為了要增加洗衣量，可以僱用更多的工人，在多僱一、兩個人時，可能會增加洗衣量，這可以由分工來增加效率，例如一個人專門將衣服分類，而另一人專門從事清洗，而另一人負責晾曬衣服。但是這個

效率的提升只能到一個程度，再多增加人手報酬率反而會下降，這可能是因為工作場所中的裝備或空間有限，更多的人手只會造成相互干擾，最後導致報酬率下降。

● 例題2-1

假設張三從事農業生產種植大豆，在既有的田地上逐漸增加僱用工人的數量，在一開始時，總產量、平均產量及邊際產量都呈現上升現象，但是當僱用工人的數量增加到某一數量之後，總生產數量反而開始下降，此時就發生邊際報酬遞減率。

表2-5顯示一開始當僱用工人的數量增加時，總產量、平均產量及邊際產量都呈現上升，當僱用工人的數量增加為4人時，邊際產量已經由3個工人的14噸，減少到4個工人的13噸，此時邊際報酬已經開始遞減。如果再持續增加僱用工人的數量，邊際報酬則會持續遞減。

表2-5 邊際報酬遞減率　　　　　　　　　　　　　　　　　　　　單位：噸

變動輸入（勞工數量）	總產量	邊際產量	平均產量
0	0		
1	10	10	10
2	22	12	11
3	36	14	12
4	49	13	12.25
5	60	11	12
6	70	10	11.67
7	75	5	10.71
8	78	3	9.75
9	76	-2	8.44
10	70	-6	7

　　邊際報酬遞減法則也可以運用到決策制定上，就以上例來說，張三應當僱用幾名工人最符合經濟效益，由**圖2-6**得知，在到達邊際報酬遞減區

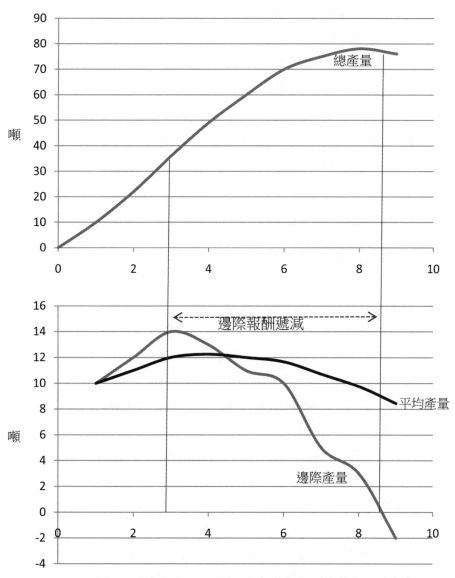

圖2-6　總產量、平均產量及邊際產量曲線

域之前，每多僱一個工人邊際產量可以增加（3個工人以前），當然張三可以繼續增加僱用工人數量，但至多也只能到邊際產量為0的那一點（8-9個工人之間），因為超過此點不但邊際產量為負，而且總產量也會減少，因此究竟張三應當僱用工人的數量就落在圖2-6的邊際報酬遞減區域內。

如果要求得最大報酬，那就要考量僱用工人的數量與工人的成本，假設工人的薪資等於4個單位產量，張三應當比較每個工人的邊際產量與薪資的關係，例如說僱用第四個工人能夠增加13個單位產量，但是張三只付給第四個工人4個單位產量的薪資，因此可以加以僱用；而直到僱用第七個工人能夠增加5個單位產量，就薪資與邊際產量來看，張三還有得賺。但是到了第八個工人只能夠增加3個單位產量，比支付的薪資還少，張三當然應該考慮不再僱用。因此對於一個理性的雇主而言，僱用七個工人應當是合理的決定。

三、邊際報酬遞減與短期成本關係

藉著探討邊際報酬遞減與短期成本之間的變化關係，可以得知一旦邊際報酬遞減區域確定，逐漸增加的變動輸入（每增加一個單位勞工數量）可以用來擴充產量，而如果變動輸入因子（勞工）的薪資是固定的，當報酬遞減發生時，企業的邊際成本會增加。

在固定薪資下，企業僱用愈來愈多工人會發生邊際報酬遞減的現象，也可以說是會發生邊際成本上升情形。我們也可以說當企業逐漸增加僱用工人（增加變動輸入因子），一開始邊際產量會增加接著會降低；同樣的，當產出數量增加時，一開始邊際成本會降低接著會增加。

表2-6是一個用來說明邊際報酬遞減影響企業短期成本變化的例子，其中第2、3、4欄位顯示的是在短期內當產出增加時總成本的變化，同樣的第5、6、7欄位顯示的是在短期內當產出增加時平均成本的變化。

表2-6中的例子十分簡單，其中總固定成本不因為產出數量的增加而

表2-6　短期各項成本變化

產出數量	總固定成本（TFC）	總變動成本（TVC）	總成本（TC）	平均固定成本（AFC）	平均變動成本（AVC）	平均總成本（ATC）	邊際成本（MC）
0	8	0	8				
1	8	1.8	9.8	8	1.80	9.80	1.80
2	8	3.4	11.4	4	1.70	5.70	1.60
3	8	4.8	12.8	2.67	1.60	4.27	1.40
4	8	6	14	2.00	1.50	3.50	1.20
5	8	7	15	1.60	1.40	3	1
6	8	7.9	15.9	1.33	1.32	2.65	0.90
7	8	9	17	1.14	1.29	2.43	1.10
8	8	10.4	18.4	1.00	1.30	2.30	1.40
9	8	12	20	0.89	1.33	2.22	1.60
10	8	13.8	21.8	0.80	1.38	2.18	1.80
11	8	15.8	23.8	0.73	1.44	2.16	2.00
12	8	18.6	26.6	0.67	1.55	2.22	2.80
13	8	21.8	29.8	0.62	1.68	2.29	3.20
14	8	25.6	33.6	0.57	1.83	2.40	3.80
15	8	30	38	0.53	2.00	2.53	4.40

改變，每單位平均固定成本等於總固定成本除以產出數量，而平均固定成本的值會隨著產出數量的增加而下降。

　　第3欄位的總變動成本是企業用來支出變動輸入因子（增加僱用工人）的成本，如果企業想要提高產量，總變動成本就會愈高。一開始當變動輸入因子從1增加到2時，成本支出增量1.6；當變動輸入因子從2增加到3時，增加成本支出減為1.4。這種產量增加但是成本支出增量減少的情形一直到變動輸入因子到6為止，從6以後成本支出增量會隨著產量增加而逐漸變大。由於平均變動成本等於總變動成本除以產出數量，因此它的值開始會隨著產出數量的增加而下降，直到產出數量等於7之後就逐漸上升。

在**表2-6**中可以看出平均總成本是平均固定成本及平均變動成本之和，且在一開始當產出增加時，平均變動成本及邊際成本都呈現下降趨勢，然而當產出數量持續增加時，平均變動成本及邊際成本開始呈現上升趨勢。

圖2-7(b)發覺當邊際成本曲線在平均總成本曲線之下時，平均總成本曲線呈現下降趨勢；然而當邊際成本曲線在平均總成本曲線之上時，平均總成本曲線呈現向上趨勢。

有關邊際成本曲線在平均總成本曲線之上，會導致平均總成本曲線呈現向上，而邊際成本曲線在平均總成本曲線之下，會導致平均總成本曲線呈現向下走向之情形，我們可以舉另外一個例子說明，例如說全班經濟學平均成績為60分，此時突然發現有一個學生成績漏算，如果該生之成績為90分，高於全班平均成績，如果將其納入計算當然會使得平均成績向上提升，同理若該生之成績為30分，低於全班平均成績，此時就會將全班平均成績拉下。

總之，在短期內企業的成本曲線會受到邊際報酬遞減率的影響，首

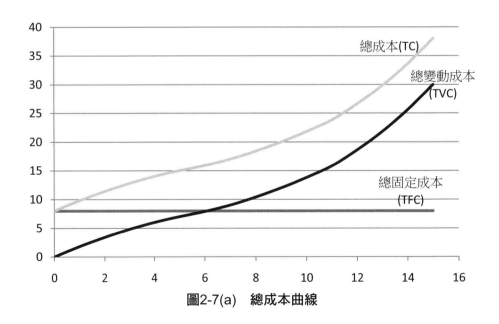

圖2-7(a)　總成本曲線

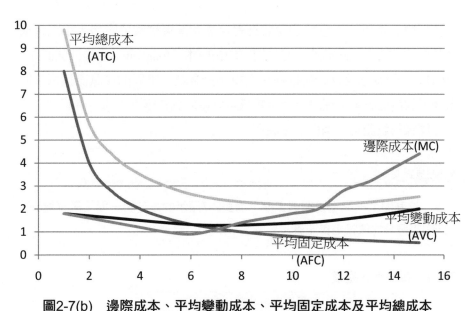

圖2-7(b)　邊際成本、平均變動成本、平均固定成本及平均總成本

先企業的固定成本不會受到產出數量增加之影響；其次，假設企業變動輸入因子的價錢是固定的，邊際成本會反映出與變動輸入因子改變下邊際產量增減之關係。也就是說一開始當產出數量增加時邊際成本會降低，這是因為邊際產量增加時，每增加一單位產量所需要的變動輸入因子（增加僱用工人）變小的原因。但是到某一個數量時，邊際報酬遞減率發生了，這時每增加一單位產量所需要的變動輸入因子就開始變大了，而此時邊際成本會開始上升。

四、長期成本（long-run cost）

就短期而言，由於企業無法立即變動廠房或是機具的數量，因此固定成本是不變的；然而就長期而言，由於企業可以增加或是減少廠房或機具的數量，因此所有的變動輸入因子都是可以改變的，也就是說沒有固定成本的存在。實際上，就長期而言企業必須調整營運規模的大小來達到

經濟規模生產效益，也就是說要針對實際狀況適度調整廠房大小或是機具數量的增減，因此另外一個長期平均總成本（long-run average total cost, LRATC）的概念就有必要瞭解，它說明企業為了不同的產量而選擇不同廠房下的最低成本，理論上廠房數量可以擴展到無限多。

　　同樣的我們舉一個例子來說明：

● 例題2-2

　　瑪莉開了一家毛衣製造工廠，而**表2-7**顯示的是若由一間工廠擴展到四間工廠時的每日毛衣產量。

表2-7　每日毛衣產量

員工	每日產出（毛衣）			
	工廠1	工廠2	工廠3	工廠4
1	6	10	13	15
2	10	15	18	20
3	13	18	22	24
4	15	20	24	26
5	16	21	25	27

　　假設有1、2、3、4號工廠，分別有1、2、3、4台毛衣編織機，另外僱用一個員工每日的薪資為40美元，租一台毛衣編織機每日需50美元。

表2-8(a)　工廠1各項成本變化

員工	每日產出（毛衣）	TFC	TVC	TC	MC	AFC	AVC	ATC
1	6	50	40	90	15	8.33	6.67	15
2	10	50	80	130	6.67	5	8	13
3	13	50	120	170	13.33	3.85	9.23	13.08
4	15	50	160	210	20	3.33	10.67	14
5	16	50	200	250	40	3.125	12.5	15.625

表2-8(b)　工廠2各項成本變化

員工	每日產出（毛衣）	TFC	TVC	TC	MC	AFC	AVC	ATC
1	10	100	40	140	14	10	4	14
2	15	100	80	180	8	6.67	5.33	12
3	18	100	120	220	13.33	5.56	6.67	12.22
4	20	100	160	260	20	5	8	13
5	21	100	200	300	40	4.76	9.52	14.29

表2-8(c)　工廠3各項成本變化

員工	每日產出（毛衣）	TFC	TVC	TC	MC	AFC	AVC	ATC
1	13	150	40	190	14.62	11.54	3.08	14.62
2	18	150	80	230	8	8.33	4.44	12.78
3	22	150	120	270	10	6.82	5.45	12.27
4	24	150	160	310	20	6.25	6.67	12.92
5	25	150	200	350	40	6	8	14

表2-8(d)　工廠4各項成本變化

員工	每日產出（毛衣）	TFC	TVC	TC	MC	AFC	AVC	ATC
1	15	200	40	240	16	13.33	2.67	16
2	20	200	80	280	8	10	4	14
3	24	200	120	320	10	8.33	5	13.33
4	26	200	160	360	20	7.69	6.15	13.85
5	27	200	200	400	40	7.41	7.41	14.81

　　圖2-8顯示假設瑪莉要生產15件毛衣，在1台毛衣編織機情形下，編織一件毛衣的平均成本為14美元；在2台毛衣編織機情形下，編織一件毛衣的平均成本為12美元；在4台毛衣編織機情形下，編織一件毛衣的平均成本為16美元；所以如果瑪莉只要生產15件毛衣，在最小成本考量下，瑪莉應當選擇2台毛衣編織機。

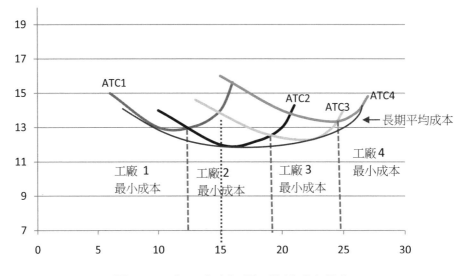

圖2-8　四個工廠之短期平均總成本變化

　　圖2-8中的ATC1，表示在1台毛衣編織機（固定成本），編織毛衣的短期平均成本；ATC2表示2台毛衣編織機（固定成本），編織毛衣的短期平均成本，以此類推。而圖2-8中的長期平均成本代表長期來看，工廠在不同產出下的最低成本曲線，也就是經濟規模（economies of scale），意思是工廠的長期平均成本會隨著產出增加而減少。

第三節　生產可能曲線及機會成本

　　在某一個水平的生產技術、資源之下，任何一個工廠、理髮店或是農田可以生產多少產品或是提供多少服務是有一定額度的。這是因為工廠生產的產品，或是理髮店提供服務，會受到可用資源數量或是技術限制，而無法任意增加。尤其是若工廠同時有兩種產品要生產時，如果要增加某一種產品生產數量，常常必須減少另外一種產品的生產，這些都是受

限於資源分配不足問題的限制。

麥可‧帕金（Michael Parkin）（2008）認為生產可能曲線（production possibilities frontier, PPF）就是可以用來表示在生產有效率的情況之下，所有可能的最佳生產組合。以下舉出一個工廠能夠同時生產車床及DVD的例子來說明。

假設有一個工廠能夠同時生產車床及DVD的數量如**表2-9**。

表2-9　在不同狀況下，工廠生產車床及DVD數量

	車床	DVD
A	0	150
B	1	140
C	2	120
D	3	90
E	4	50
F	5	0

在可用資源不變的狀況下，生產可能曲線上之A、B、C、D、E、F點代表生產車床及DVD數量的組合，例如B點是生產1台車床及140台DVD，而D點是生產3台車床及90台DVD。

生產可能曲線表示的是在資源有限的狀況下，工廠生產車床及DVD數量的可能組合，任何在生產可能曲線以外（右邊）的車床及DVD產量是不可能做得到的，因為受到有限資源的限制；而任何在生產可能曲線以內（左邊），或是在生產可能曲線上的車床及DVD產量則是可以做到的產量。

任何在生產可能曲線上的車床及ＤＶＤ產量稱為達到生產效率（production efficiency），此時如果想要提升車床產量時，一定會要犧牲DVD的產量。生產效率只會發生在生產可能曲線上，而在生產可能曲線以內的產量稱為非效率生產（production inefficiency），這意味著原來的

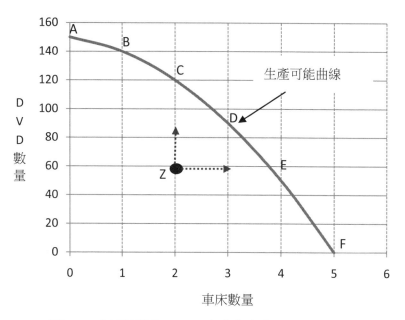

圖2-9　在不同狀況下，工廠生產車床及DVD數量圖

資源配置還沒有達到最佳狀態，還有剩餘的資源（可能是工人還有剩餘工時，也可能是機器的產能還沒有完全運用）可供運用，例如在**圖2-9**中的Z點，工廠可以運用剩餘的資源來生產更多的車床或是DVD，此種作為稱之為提升效率。然而如果是在生產可能曲線上的車床及DVD產量，例如由**圖2-9**中的B點（生產1台車床及140台DVD），變成為C點（生產2台車床及120台DVD），此種對於要多生產車床，會減少DVD產量的做法稱之為取捨（trade-off）。

實際上，任何沿著生產可能曲線上之A、B、C、D、E、F點的改變，都會牽涉到取捨的行為，也就是在增加某一產品產量時，會造成對另一產品產量的減少。在現實社會中，由於投入的生產要素——勞工、土地、資金及企業家的數量都是有限的，因此不論在從事生產製造或是提供服務時，都會產生上述的生產可能曲線。換句話說，在現實社會中因為資源的有限，在做某一些決定時很容易發生要做出取捨。例如說有兩個研究計

畫——提升能源效率或是改進國民義務教育。在資源有限的狀況下，當決定要多做提升能源效率研究時，一定會犧牲掉某些改進國民義務教育研究的經費，這就是取捨。

任何取捨的決定都會產生成本的支出，這就是機會成本。機會成本的定義是在做出取捨行為時，被迫放棄選項當中具有最高價值者。生產可能曲線恰好可以用來說明及計算出機會成本的大小，這是因為在生產可能曲線上只有兩種產品會被生產，因此任何一個被迫要減少產量之產品數量就是機會成本。

例如由**圖2-9**中的B點（生產1台車床及140台DVD），變成為C點（生產2台車床及120台DVD），此時多生產1台車床，會減少20台DVD產量，換句話說1台車床花費20台DVD。同樣的如果我們改為由C點（生產2台車床及120台DVD），變成為B點（生產1台車床及140台DVD），此時多生產20台DVD，會減少1台車床產量，換句話說1台DVD花費1/20台車床。

在許多狀況下，機會成本可以看作是一個比值，也就是說如果沿著生產可能曲線移動，將減少產品之數量當成分子，將增加產品之數量當成分母，相除之後就可以得到機會成本之比值。

由於機會成本可以是一個比值，因此多生產1台DVD的機會成本，就等於多生產1台車床機會成本的倒數，反之亦然。我們還是用前面的例子來說明，**圖2-9**中的B點（生產1台車床及140台DVD），變成為C點（生產2台車床及120台DVD），此時多生產1台車床的機會成本是20台DVD。如果我們減少車床生產數量，增加DVD產量，也就是由C點（生產2台車床及120台DVD），變成為B點（生產1台車床及140台DVD），此時多生產1台DVD的機會成本就是1/20台車床，正好等於20的倒數。

多生產1台車床的機會成本會隨著生產車床數量增加而增加，同樣的說法也適用於多生產1台DVD的機會成本會隨著生產DVD數量增加而增加。造成這種現象的最主要原因是因為生產可能曲線的形狀是呈現弓形向外（bowed outward）。當大量DVD及少量車床被生產時，也就是在生產

可能曲線上之A及B點之間時，此時生產可能曲線弧度的斜率相當平緩，如果增加車床產量，造成減少DVD生產數量相當有限，所以增加1台車床產量的機會成本也相對較小。

然而當大量車床及少量DVD被生產時，也就是在生產可能曲線上之E及F點之間時，此時生產可能曲線弧度的斜率相當陡峭，如果增加車床產量，造成減少DVD生產數量相當多，所以增加1台車床產量的機會成本也相對較大。

之前已經介紹過在生產可能曲線上的產量組合稱為達到生產效率，例如在曲線上之A、B、C、D、E、F點，但是哪一個點是最佳的生產組合，哪一個生產組合最符合消費大眾的需求？類似的這種問題在現實社會中也相當常見，例如之前提到的提升能源效率或是改進國民義務教育研究計畫，在資源有限狀況下，這兩個計畫應當各分配多少，才能符合社會期待。

針對上述問題，我們可以試圖由付出成本及獲得利益之比較來回答。由前所述，我們已知道某一產品的邊際成本等於多生產一個產品的機會成本，如**圖**2-10。

生產車床邊際成本的計算可以利用生產可能曲線的斜率來獲得，由**圖**2-10得知，當曲線上由A往B、C、D、E、F點方向移動時，也就是車床產量由1台逐漸增加至5台時，斜率的變化是由平滑（邊際成本較低），逐漸變為陡峭（邊際成本變大），邊際成本由小變大，也可以由**圖**2-10的矩形由A點向B、C、D、E、F點移動，逐漸變大得知。例如生產第1台車床的機會成本是10台DVD，生產第2台車床的機會成本是20台DVD，以此類推到生產第5台車床的機會成本是50台DVD。

同樣的生產車床邊際利益（marginal benefit）（考量犧牲DVD的生產），當車床產量想要由0台增加為1台時，此時是在生產可能曲線上的A點（0台車床及150台DVD），因為已經有許多台DVD，而完全沒有車床，出於對車床的渴望，很可能會願意付出更多來獲得，假設說願意犧

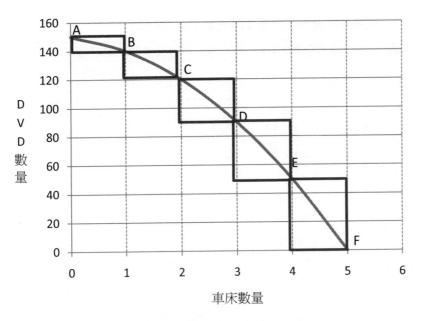

圖2-10　生產可能曲線及機會成本圖

牲100台DVD來換1台車床，此時生產車床邊際利益（效用）就是100台DVD；同樣的，在生產可能曲線上的B點（1台車床及140台DVD），因為已經有140台DVD，而只有1台車床，雖然希望能有多一台車床，但是卻不會像完全沒有時的渴望，因此很可能只會願意付出80台DVD來換1台車床，此時生產車床邊際利益（效用）就是80台DVD；以此類推，可以獲得**表2-10**。

　　由**表2-10**生產車床邊際成本及邊際利益（vs. DVD）的比較下，可以得出**圖2-11**最佳的生產組合點，也就是在針對犧牲多少DVD的產量下，當生產車床邊際成本等於生產車床邊際利益時（D點），就達到生產效率下的最佳生產組合點。

表2-10　生產車床邊際成本及邊際利益（vs. DVD）

車床	生產車床邊際成本（vs. DVD）	生產車床邊際利益（vs. DVD）
0	10	100
1	20	80
2	30	60
3	40	40
4	50	20

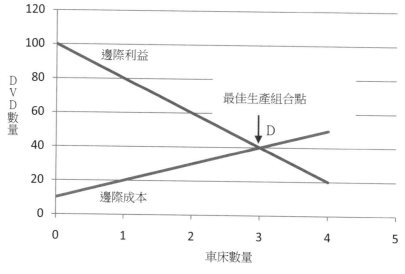

圖2-11　最佳生產組合圖

✈ 第四節　彈性係數

如果有資料顯示未來幾年的全球經濟會好轉，個人收入有可能會上漲5%，而你正好有一筆資金想要用來投資做生意，在這種狀況下你會選擇從事何種行業呢？

要回答這個問題，決策者在做出決定前最好能對當收入以及價格改

變時的反應為何，換句話說就是當價格或收入發生變化時，對於消費者採購商品數量的影響，對於這種現象，經濟學家用需求價格彈性（price elasticity of demand）來說明。

簡單的說需求價格彈性（ε_d）是需求數量變化的百分比除以價格變化的百分比：

$$\varepsilon_d = \frac{需求數量變化的百分比}{價格變化的百分比}$$ 公式2.1

經過計算後得到的需求價格彈性會是一個數字，實際上需求價格彈性永遠會是負值，這是因為由需求定律告訴我們當市場上商品的價格上漲時，需求數量會下降，商品價格與需求數量是呈現負向關係。但為了在運算上的方便，除了有特殊聲明外，我們會捨棄需求價格彈性的負值，而用正值取代。舉例來說，如果電影票價格下降10%，會導致增加15%觀眾買票看電影，我們可以計算需求的彈性係數為：

$$\frac{15\%}{10\%} = 1.5$$

我們得到電影票價的彈性係數為1.5，它說明消費者對於價格變化時在需求數量上產生的反應。

公式2.1可以改寫為：

$$\varepsilon_d = \frac{\Delta Q/Q}{\Delta P/P} = \frac{\Delta Q}{Q} \times \frac{P}{\Delta P} = \frac{Q_2 - Q_1}{Q_1} \times \frac{P_1}{P_2 - P_1}$$ 公式2.2

如果假設市場上一朵玫瑰花的價格與需求數量變化如**表2-11**。

表2-11　玫瑰花的價格與需求數量變化

價格	10	9	8	7	6	5	4	3	2	1
需求數量	0	4	8	12	16	20	24	28	32	36

當價格由8元降為6元時，其價格彈性係數利用公式2.2求出為4（取正值）。

$$\varepsilon_d = \frac{Q_2 - Q_1}{Q_1} \times \frac{P_1}{P_2 - P_1} = \frac{16 - 8}{8} \times \frac{8}{6 - 8} = -4$$

當價格由4元降為2元時，其價格彈性係數求出為0.67（取正值）。

$$\varepsilon_d = \frac{Q_2 - Q_1}{Q_1} \times \frac{P_1}{P_2 - P_1} = \frac{32 - 24}{24} \times \frac{4}{2 - 4} = -0.67$$

由價格彈性係數值我們可以知道消費者對於價格由8元降為6元做出

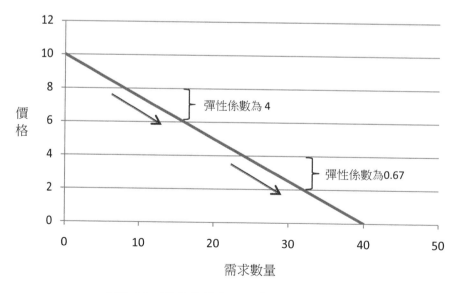

圖2-12　需求曲線上不同之價格彈性係數

的反應較價格由4元降為2元時更為強烈。

公式2.2的計算過程十分簡單，但是會產生一個缺點就是當價格由8元降為6元時，其價格彈性係數為4，相反的若當價格由6元上漲為8元時，其價格彈性係數則變為1.5，造成缺乏一致性。

為了改正上項缺失，公式2.2可以修改為：

$$\varepsilon_d = \frac{Q_2 - Q_1}{(Q_2 + Q_1)/2} \div \frac{P_2 - P_1}{(P_2 + P_1)/2}$$

公式2.3

決策者通常必須要知道當提出價格增加或減少時，消費者對於產品數量購買增加或減少的比例，如果有以往的歷史資料，當然就可以用來計算價格彈性係數，進一步就可以預估需求數量的變化。

就常識來判斷企業的收入或是消費者用來購買企業產品的花費應該都有一定的金額，因此將所有消費者購買商品的數量乘上各項商品的價格，應當就等於所有廠家售出商品數量乘上售出各項商品的平均價格；因此，彈性係數應當與消費者的總支出及廠商的總收益有關。為了說明上項關係，我們再舉一個例子來看。

假設表2-12為張三對某項商品當價格發生變化時對商品需求數量的變化情形，當價格由10元一直降到5元時，張三對某項商品的需求數量及總支出都呈現增加的情況，但是當價格繼續由5元持續往下降時，張三對某項商品的需求數量增加，但是總支出卻呈現減少的情況。

為什麼會發生這種狀況呢？我們發現當商品的需求數量及總支出都呈現增加情況時，需求數量改變的比例較價格變化改變的比例來得大，而此時的價格需求彈性係數大於1，經濟學家將其稱之為有彈性（elastic），例如價格由8元降到7元時，需求數量改變的比例50%，大於價格變化改變的比例12.5%。

另外當商品的需求數量增加，但是總支出卻呈現減少的情況時，價

表2-12　某商品的價格與需求數量變化

價格	需求數量	總支出	平均價格需求彈性
10	0	0	
9	1	9	-19
8	2	16	-5.67
7	3	21	-3
6	4	24	-1.86
5	5	25	-1.22
4	6	24	-0.82
3	7	21	-0.54
2	8	16	-0.33
1	9	9	-0.18
0	10	0	-0.05

格變化改變的比例較需求數量改變的比例來得大，而此時的價格需求彈性係數小於1，經濟學家稱之為有無彈性（inelastic），例如價格由3元降到2元時，需求數量改變的比例14.3%，小於價格變化改變的比例33.3%。

　　圖2-13讓我們得知，當彈性係數大於1時，價格降低會導致需求數量及總支出（等於廠商總收益）同時增加，但是當彈性係數小於1時，價格降低雖然然會導致需求數量增加，然而總支出卻會跟著減少。

　　在當彈性係數由大於1轉變到小於1之間有一個點為彈性係數等於1，這個點的價格會讓廠商獲得的收益最大。換句話說，如果廠商知道產品在市場上的彈性係數，選擇彈性係數等於1這個點的價格將會讓廠商的收益最大。

　　我們再舉一個例子說明上述關係：

　　圖2-14說明價格彈性係數與收益的變化關係，亦即若企業追求的是利潤，那在彈性係數大於1時應當採取降價做法，反之，當彈性係數小於1時，則不能再用降價來刺激銷售額的做法，因為在此狀況下銷售愈多造成的虧損也愈多。

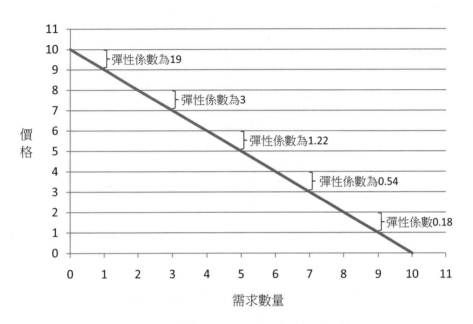

圖2-13　需求數量與價格彈性係數變化情形

表2-13　價格與需求數量及需求彈性係數變化

價格	需求數量	總支出	平均價格需求彈性
10	0	0	
9	2	18	-19
8	4	32	-5.67
7	6	42	-3
6	8	48	-1.86
5	10	50	-1.22
4	12	48	-0.82
3	14	42	-0.54
2	16	32	-0.33
1	18	18	-0.18
0	20	0	-0.05

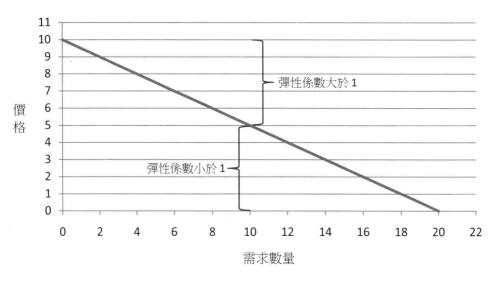

圖2-14(a)　需求數量與價格彈性係數變化

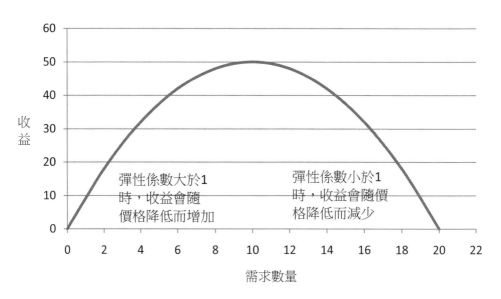

圖2-14(b)　價格彈性係數與收益變化

第五節　寡占市場介紹

　　約翰‧泰勒（2004）認為市場有四類：獨占市場（monopoly）、寡占市場（oligopoly）、壟斷性市場（monopolistic competition）及完全競爭市場（perfect competition），每個市場的特性皆不相同。由於航空運輸業特性與寡占市場類似，因此本節中僅針對寡占市場特性作探討。

一、寡占市場的特徵

　　寡占市場的特徵為：

1.自然或合法的障礙阻止新廠商的加入。

2.少數廠商彼此競爭。

　　阻止新廠商加入容易造成獨占或是寡占市場，合法的障礙形成像是需要有政府核發特許經營（public franchise）執照，以往我國常見的是有關大眾民生必需品，例如電力、水力及大眾運輸工具——鐵路及捷運等。另外，專利權（patent）及版權（copyright）也是形成獨占或是寡占市場的因素，在美國專利權往往高達二十年，對於發明或是創新產品都有很大幫助。

　　由於有進入障礙的保護，在寡占市場當中最常見的就是只有少數幾家廠商，而每一家都有一定的市場占有率，廠家之間彼此是獨立經營，而且會面臨一種合則兩利，分則兩敗的情境，因此會傾向相互合作，共同來將經濟利益做大。

　　然而空運市場究竟是否為寡占市場，哈伯（Hubbard）（2006）用自由市場競爭的市場集中程度比率（concentration ratio）來驗證，而美國人口普查局（U.S. Census Bureau）每隔五年會計算不同行業的四間公司市場集中程度比率，只要一個行業當中最大四間公司的市場集中程度比率超

過40%，就稱之為寡占市場；如果超過80%，就稱之為獨占市場。

由**表2-14**，2012年美國航空公司收益乘客英里（RPM）得知前四大航空公司（聯合、達美、美國及西南航空）之市場集中程度比率為78.4%（遠超過40%），因此毫無疑問的美國空運市場是寡占市場。

二、寡占市場的競爭行為

泰勒（2004）認為寡占市場因為只有少數廠商，因此任何一方在基於策略考量制定價格時，都需要注意其他競爭對手的反應，同時所有競爭對手的反應也都會根據某一方的決定而來。在這種狀況下，寡占市場的價格及平衡如何達成呢？

在完全競爭市場中當供給及需求相同時就達成平衡，這是因為每一廠家都想要盡最大的力量將自己的產品賣出，賺取最大利潤，而在供給及需求相同時就是廠家賺取最大利潤的平衡點。

這套每一廠家都想要盡最大的力量賺取最大利潤的理論，用在寡占

表2-14　2012年美國航空公司收益乘客英里（RPM）

公司	RPM	市場集中程度比率
United	179.4	24.3%
Delta	169.6	23.0%
American	126.4	17.1%
Southwest	103.0	14.0%
US Airways	62.4	8.5%
jetBlue	33.6	4.5%
Alaska	24.4	3.3%
Hawaiian	12.2	1.7%
Frontier	10.6	1.4%
Virgin America	9.9	1.3%
Allegiant	6.5	0.9%
Total	738.0	100.0%

市場當中就要做一些修正成為「在將競爭對手的作為納入考量下，做出對自己最有利的行為」，同樣的這套理論也適用於競爭對手，也就是說「競爭對手也會在將對方的作為納入考量下，做出對競爭對手認為最有利的行為」。這套理論在1951年時由約翰·納許（John Nash）以「納許平衡」（Nash equilibrium）理論提出，簡單的說就是在一個既有的遊戲規則下，沒有任何一方有意願去改變與其他對手競爭的現狀，換句話說，任何的改變都不會讓自己獲致更大的利益。在這種狀況下，就產生了納許平衡。

　　以上所述可以用一個例子來說明，假設美國只有聯合航空及達美航空兩家航空公司經營洛杉磯飛往桃園之航線，由於兩家航空公司所提供的機位及服務基本差異不大，因此在同一航線上票價的高低往往就成為航空公司競爭的利器，假設在其他條件不變下，有兩個價格1,200美元及900美元可供聯合航空及達美航空採用，而在採用這兩個價格策略時，兩家航空公司的每月獲利如**表2-15**所示。

表2-15　競爭雙方在不同價格下之獲利

		達美航空	
		900	1,200
聯合航空	900	50,000　50,000	85,000　30,000
	1,200	30,000　85,000	70,000　70,000

　　假設聯合航空選擇900美元作為票價，而達美航空也選擇900美元作為票價，由於對乘客來說沒有明顯差異，選擇聯合航空或是達美航空都一樣，因此搭乘聯合航空或是達美航空乘客一樣多，最後分別賺得5萬美元利潤；但是若聯合航空選擇900美元作為票價，而達美航空選擇1,200美元作為票價，由於對乘客來說選擇聯合航空較便宜，因此原來搭乘達美航空的乘客會轉而搭乘聯合航空，最後很有可能聯合航空賺得85,000美元利潤，達美航空賺得3萬美元利潤。

同理，若達美航空選擇900美元作為票價，而聯合航空也選擇900美元作為票價，由於對乘客來說沒有明顯差異，選擇聯合航空或是達美航空都一樣，因此搭乘聯合航空或是達美航空乘客一樣多，最後分別賺得5萬美元利潤；但是若達美航空選擇900美元作為票價，而聯合航空選擇1,200美元作為票價，由於對乘客來說選擇達美航空較便宜，因此原來搭乘聯合航空的乘客會轉而搭乘達美航空，最後很有可能達美航空賺得85,000美元利潤，聯合航空賺得3萬美元利潤。

很明顯的，上述例子告訴我們若聯合航空及達美航空同時選擇1,200美元作為票價，可以獲得最大利潤，但問題是他們能這麼做嗎？

有一個可能就是聯合航空及達美航空的執行長聚在一起，共同串通（collude）收取較高機票價格。然而根據美國法律規定，串通是違法的行為，也就是說兩個公司如果商議不在價格上作競爭，而採取固定價格的話，除了公司會被罰錢外，執行長很有可能要去坐牢。因此，就法律層面來說，聯合航空及達美航空的執行長不能夠就價格的制定來做討論。聯合航空及達美航空的執行長所能做的就是在某一方訂出價格後，猜測另外一方會採取的反應。而如果聯合航空的執行長猜測達美航空會訂出1,200美元的票價，為賺取最大利益下，聯合航空很可能會訂出900美元的票價（獲利85,000美元）。

同理，達美航空的執行長也會做出類似舉動，也就是為賺取最大利益下，達美航空很可能會訂出900美元的票價。在這種狀況下，兩家航空公司的執行長都有一個優勢策略（dominant strategy），就是擁有多個競爭策略當中，某一個與其他競爭對手可能採取的策略無關的最優選擇。而結果會進入一種平衡狀態（equilibrium），就是雙方執行長都訂出900美元的票價。

所謂的「平衡狀態」是在對方採取某個價格下，我方為賺取最大利益下所制定出之價格。換句話說，當對方採取某個價格後，沒有一方能夠在改變價格下獲得更大之利潤，此時就達到所謂的「納許平衡」。

　　根據上述分析，在競爭雙方無法公開達成協議下，結果會進入一種平衡狀態，也就是說在之前的例子當中，聯合航空及達美航空無法獲得7萬美元的最大利潤，最後只會獲得5萬美元，這種情形又稱之為「囚徒困境」（prisoner's dilemma）。但是在現實社會當中，我們又常常會見到公司在競爭當中不將價格壓低卻獲得最大利潤之情事，他們是如何做到的呢？

　　道理很簡單，上述利用納許平衡達成最後狀態的例子，我們的假設前提是只使用一次，一旦進入到平衡狀態就靜止不動了。但在現實的社會當中，公司的競爭是一再的發生，例如聯合航空及達美航空在採用價格策略時，兩家航空公司的執行長每月都會檢討是否應做調整，也就是說這種囚徒困境的遊戲是一再的發生，而在一再重複的過程當中，競爭雙方會發現因為不合作導致在收益上的損失，因此可能會對不願意採取配合態度的一方祭出報復手段，最後是雙方達成合作關係。

　　表2-15顯示，聯合航空及達美航空因為不敢選擇1,200美元，而採取900美元價格下，每月雙方皆損失2萬美元獲利，一年下來雙方的損失加起來可以達到48萬美元。由於不甘心白白損失，雙方執行長很可能會設法做出私下串通（這是因為害怕公開串通會受到懲罰的緣故），因此只要雙方能找出一個只做不說的方法，就能夠規避受到懲罰。例如，雙方執行長大可以做出宣告說「如果對手採取最低價格競爭，我方一定會跟進」，由於競爭者有限，此種宣告實際上是告訴對方不要在價格上作競爭，而在雙方達成默契下，雙方都可以選擇1,200美元價格，每月雙方皆獲得7萬美元利潤。

CHAPTER 3

空運市場分析

供給和需求是一個經濟學模型，它被應用來探討市場均衡價格和均衡產量。需求指大眾因需要一件產品而產生的購買要求；而供給是指企業應大眾的購買需求而提供的產品供給。與其他市場一樣，空運市場也有供給及需求的存在，想要瞭解空運市場，自然需要瞭解空運市場的供給及需求形成因素，本章即針對空運市場的存在作探討。

 ## 第一節　前言

從經濟學家角度來看，航空運輸就像是中間品（intermediate good），亦即是用於生產其他商品和服務的產品，也稱為引申需求（derived demand），例如勞工的需求是來自於對於商品或服務的需求，而勞工則是用來從事生產商品或服務需要投入的生產要素。同樣的，如果市場對於健身日益重視，那健康食品及健身教練會相對增加，這些也是引申需求。引申需求也必須符合需求定律，亦即在其他條件不變的狀況下，如果健康食品的價格下降，會有更多人想要購買健康食品。

為什麼航空運輸是引申需求呢？這道理很簡單，就是通常人們搭乘飛機的目的主要是利用飛機來達成他們的目標，幾乎沒有聽過有人搭飛機只是單純想要享受飛行的快感，也因為搭乘飛機只是達成目標的一個手段，因此航空運輸就屬於引申需求，同樣的，在其他條件不變的狀況下，如果機票的價格下降，會有更多人想要購買機票。

按照目的的不同，我們可以將搭乘飛機的旅客大致分為旅遊及商務兩大類，當然也有很多不是單純上述兩類的旅客，例如探視親友（visiting friends or relatives, VFR）的旅客，對於上述有不同目的的旅客，航空公司應當要瞭解不同族群對於需求彈性（elasticity of demand）的容忍程度，更仔細的說應當包括價格需求彈性（price elasticity of demand）及收入需求彈性（income elasticity of demand）。從經濟學的角度來看可以將需求

彈性泛指為價格彈性，也就是旅客對於機票價格變化的敏感度，例如當機票價格下降某個幅度時，乘客購買數量增加的比例，同樣當機票價格增加某個幅度時，乘客購買數量減少的比例又是多少。

值得注意的是收入需求彈性對於不同國家甚至於不同城市都會有不同之影響，尤其是對於旅遊市場，換句話說，就是當實質收入增加或減少時，對於航空運輸業需求增加或減少之影響比例有多少。當然這項探討是植基假設當人們實質收入增加時，通常在奢侈品或較高層次商品的支出花費上，會高於在民生必需品，例如食物上的開銷。洛德利格‧賈西亞維杜（Rodrigo Garcia-Verdu）（2012）舉出著名的恩格爾定律（Engel's Law）來解釋，恩格爾定律是根據對家庭的觀察，任何一個人對於所吃食物的總量是有一定限制的，因此當家庭收入所得增加時，在購買食物上的消費支出增加量，會小於在其他消費支出的增加量。

假設張三開始的收入是100美元時，他可能會花費80美元在購買食物，剩下20美元花費在購買其他物品上。然而，過一段時間後，假設他的收入增加到200美元，如果物價維持不變，他可能會花比之前多一點的錢，比如85美元多購買一些食物，剩下的115美元則會用在其他物品或是儲蓄等方面。由這個簡單的例子當中，我們可以求出當張三的收入是100美元時，相對於在購買食物方面的花費是100 × (80 / 100)＝80%，花費在購買其他物品上的是100 × (20 / 100)＝20%。當張三的收入是200美元時，相對於在購買食物方面的支出是100 × (85 / 200)＝42.5%，花費在購買其他物品上的是100 × (115 / 200)＝57.5%。

由以上簡單計算當中，明顯看出當張三的收入增加時，相對於在購買食物方面的花費由80%降為42.5%，而花費在購買其他物品上則由20%上升至57.5%。很清楚的可以看出當收入增加時，在購買食物方面的花費比率不但不會增加，反而會降低。

恩格爾定律最早是用來探討人們在購買食物方面的花費與收入高低比較，在比率上之變化，結論是在物價不變的狀況下，人們在購買食物方

面的花費與收入高低的差異並不大。如果用所得彈性來看，當家庭所得增加時糧食的支出占所得的比例會減少，即糧食的所得彈性小於1；家庭一般費用維持在所得的一固定比例，即其所得彈性約等於1；而儲蓄與其他支出占所得比例會提高，即其所得彈性大於1。

然而將恩格爾定律運用到不同發展程度國家時，會產生不同效果，例如在已開發國家如美國，假設年平均個人收入增加10%，這些增加的收入部分會用到購買食物的比例非常少，而花費在像是旅遊方面較為奢侈的享受費用比例會較大，會造成這種當實質收入增加，而花費到旅遊或是實務上不成比例的原因，是因為大多數美國家庭在生活方面的物質早已經不虞匱乏，相對的，類似到其他國家知名風景區觀光旅遊的昂貴享受，若是在經濟條件許可的狀況下，當然就會變成為優先的選項。對於航空運輸業當然也是值得期待的榮景，同時這也說明全球經濟循環好壞對於航空運輸業營運好壞的影響非常大。

同樣在經濟十分落後國家，假設年平均個人收入也增加10%，這些增加的收入絕大部分會用到購買食物，而花費在像是旅遊方面較為奢侈的享受費用比例會很少，換句話說，在經濟條件落後的國家，即使年平均個人收入增加對於航空運輸業營運好壞的影響非常小。

與休閒旅遊比較，收入需求彈性對於商業旅行的影響就沒有那麼明顯，但若是公司的營運收入減少或是發生虧損時，用於支付高昂票價的航空旅行費用往往會成為首先檢討的對象。

從價格需求彈性的角度來看，同樣的不同表現方式也會發生在休閒旅遊及商業旅行上，只是在影響的程度上休閒旅遊會高於商業旅行，例如當票價上漲時，一些公司可能會緊縮在商業旅行的預算支出，像是選擇改用其他價格較低的平面運輸模式，但是航空公司的研究發現，休閒旅遊市場對於價格彈性非常敏感，這種現象可以用廉價航空在旅遊市場的興起來做說明，例如許多廉價航空會要求必須在起飛前的若干時間（例如兩週或是一個月前）購買廉價機票，或是要求要買來回票而且必須要在當地停留

一段時間（例如週末），這些作為當然會對商務旅客造成限制，因為很多
商機都是稍縱即逝，常常無法在事前就能先行規劃。

長期的需求增加及呈現季節性變化

對於航空運輸業來說，從長期趨勢來看，需求一直都是呈現逐漸增
加的，根據美國運輸統計局（BTS）統計資料顯示，在1950及1960年代收
益乘客英里（RPM）都是呈現三倍的成長，1980年代也有70%的成長，而
1990年代雖然比較差但也有42%的成長，2000-2011年收益乘客英里的成
長變化（**圖3-1**）上漲幅度更小，只有17.5%。雖然在各個階段的成長幅
度不盡相同，但是就1960-2011年整個的收益乘客英里來看一直都是呈現
上漲的情形。

從長期趨勢來看美國收益乘客英里一直都是呈現逐漸增加，若將**圖**

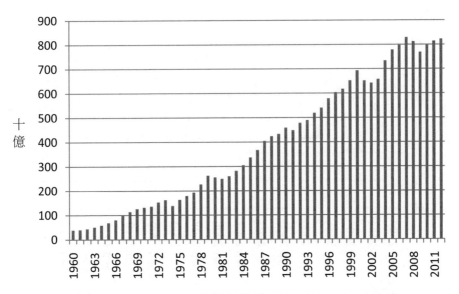

圖3-1　1960年至2011年美國收益乘客英里（RPM）變化

資料來源：BTS

3-1分成以每一季來看，明顯看出收益乘客英里是呈現季節性變化的（圖3-2）。

　　由圖3-2得知2004年至2012年美國收益乘客英里每季變化，可以分成兩個階段來看，2004-2007年時RPM呈現明顯的逐年上升趨勢，2008年由於受到國際油價飆漲的影響，發生大的向下修正走勢，但是從2008-2012年又恢復逐漸向上走揚趨勢。簡單的說，如果2008年沒有發生國際油價飆漲情事，2004年至2012年美國收益乘客英里應當會呈現逐年上揚趨勢。另外，由於每季的收益乘客英里的週期性相當規律，表示航空運輸業在淡旺季時乘客搭機需求變化相當一致，這也讓航空公司在做年度營運規劃時，可以在事前做好旺季增加班次，而淡季減少班次的方式來營運。某種程度上，出現規律性的乘客需求變化，對於營運者而言可能較容易做事前的規劃。

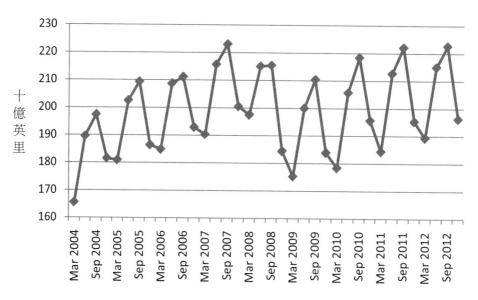

十億英里

圖3-2　2004-2012年美國收益乘客英里（RPM）每季變化

資料來源：BTS

第二節　空運市場需求特性

一、空運市場需求構成要素

崔瑟威和歐（Tretheway & Oum）（1992）認為消費者對於空運市場需求可以由下列幾個要素構成：

(一)價格

票價的高低絕對是吸引消費者搭機的一大因素，這點可以由廉價航空不斷搶占美國國內航空市場可以獲得證明。

(二)個人收入

通常由GDP的變化可以看出一個國家的經濟狀況是否成長或衰退，而GDP快速成長的國家通常亦代表人民的收入增加，例如近二十年來的中國，另外當可支配所得快速增加時，人們對於旅遊的需求會跟著增加，搭機乘客自然也就上升，**圖3-3**顯示美國從1996-2011年GDP的變化，可以看出搭機乘客數量與GDP的變化趨勢幾乎一致。

(三)票價及與其他替代運具之比較

這裡指的是當在同樣的旅遊距離，而有不同的運輸模式可作為消費者選擇時，票價會是一個消費者考量的因素。

(四)提供服務之頻率

提供服務之頻率就是每天班機出發的次數，次數愈多表示提供給消費者的方便性就愈高，當然容易吸引更多的消費者前來搭機。

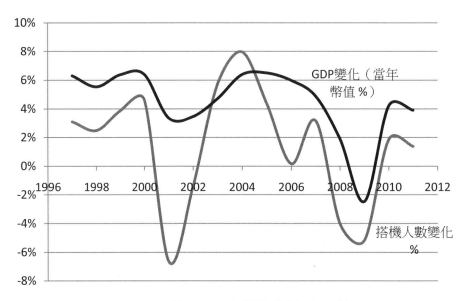

圖3-3　美國GDP與搭機乘客變化比較

(五)提供服務之時間

班機出發及到達目的地的時間,以及在週末或是週日,對於消費者都會產生極大之影響,例如對於商務人士來說週日早上的班機較受歡迎,因為他們可以安排與客戶見面及開會,而週五下午的班機則是回家享受週休族的最愛。

(六)季節性變化

通常逢年過節時搭機旅客容易客滿,同樣的,每年的7、8月也是旅客喜歡出遊的旺季,即使航空公司提高票價常常也會一票難求,但是到了11月至來年2月,搭機旅客減少,常常發生即使航空公司降價促銷也無法提高載客率(load factor)的情形。

(七)安全性

良好的飛安紀錄絕對是讓旅客願意搭乘的重要考量因素，就以華航及長榮為例，由於長榮航空在飛安紀錄上比中華航空為佳，因此在同樣的航線上，長榮航空的票價及載客率總是比中華航空高。

(八)人口結構比例

人口結構對於航空旅遊相當重要，例如剛結婚的年輕族群，由於要養家餬口，還要考慮儲蓄養老，因此不願多花錢去國外旅遊。相對的銀髮族群，由於年輕時打拚有一定積蓄，而孩子長大又不需要照顧，因此願意多出國旅遊。另外在移民國家，例如美國、加拿大等，因為有大批新移民，因此每年來往移民國家及原來國家之間的航空運輸就會增加。

(九)距離

通常距離太長或太短都不利空運業，距離太長會導致搭機時間過久，乘客感覺疲勞；而距離太短會有許多替代運輸工具選擇；但是距離長（例如超過1,000公里）對於航空運輸業來說還是較有優勢，因為其他的運輸工具花費的時間太長，空運正好可以發揮高速的優勢。

(十)旅途舒適性

如果消費者必須在搭乘的航空公司當中做一個選擇，通常在旅途當中的電影、餐點及空服人員親切的程度就會成為消費者選擇搭乘的考量因素。

(十一)顧客忠誠度

對許多行業而言，都有所謂的顧客忠誠度，例如iPhone就有死忠顧客群，只要iPhone推出新產品總是會漏夜排隊去購買。航空公司比較困難去擁有死忠顧客，但是常客飛行計畫（frequent flyer programs, FFP）也是航

空公司想要吸引更多乘客回籠的一個手段。

(十二)旅程時間

距離長旅程時間短絕對是航空運輸業快速成長的因素，這點可由噴射客機問世後全球搭機人口大幅增加印證，尤其是歐美之間的增加幅度更是驚人。目前由亞洲飛到北美的時間還是太長，超過十小時，容易造成旅客疲勞，若能製造出安全及具備環保效益的超音速客機，必能提升由亞洲飛到北美的乘客人數。

在上述影響旅客搭機需求的要素當中，究竟有哪些是最受到旅客重視，而航空公司又可以控制的呢？首先，最重要的就是價格，美國自1978年航空公司管制解禁法案（ADA）頒布之後，票價的降低結果導致乘客搭機需求大幅度上升，德・歐（Tae H. Oum）及大衛・基能（David W. Gillen）（1983）研究發現當票價下降10%時，旅客搭機需求增加約11-13%。接著下來影響旅客搭機需求的要素為航空公司提供服務之頻率，對於商務旅客而言尤其重要，史蒂文・莫瑞森（Steven Morrison）及克里佛・溫斯頓（Clifford Winston）（1996）對於美國旅客搭機需求的研究發現，當航空公司提供服務之頻率增加1倍時，商務旅客搭機需求約增加21%。但是對於價格較不敏感的休閒旅客而言，則沒那麼重要，當服務頻率增加1倍時，休閒旅客搭機需求僅增加約5%。

(十三)個人收入

另外一個對於乘客搭機需求會發生影響，但是航空公司卻無法掌控的要素為個人收入，德・歐及大衛・基能對於加拿大空運市場需求研究發現，需求的收入彈性係數為1.6-2.5之間，換句話說，當景氣好轉GDP上升10%時，空運市場需求會上升16-25%，但是反過來說，若是景氣不好GDP下降10%時，空運市場需求也會下降16-25%。由此看出空運市場的需求改變是大於全球GDP變化的幅度。

瑞格斯·道根尼斯（Rigas Doganis）（2002）認為空運市場需求主要是由商務及休閒旅客組成，而休閒旅客又可分為假日及探訪親友（VFR）兩類。由於不同空運市場旅客對於旅遊目的的不同，因此在空運需求上，商務及休閒旅客的組成比例也不盡相同，例如一份調查英國空運市場的報告顯示，在1999年共有3,750萬名英國乘客搭機旅遊，其中商務旅客僅占17.1%，約67.4%為假日旅客，另外約13.3%為探訪親友的休閒旅客。

另外一份在1995年對美國空運市場所做的調查顯示結果與英國就有很大差異，在這些航空旅遊當中，商務旅客占49.6%，約16.7%為假日旅客，另外約24.5%為探訪親友的休閒旅客。如果對全球其他空運市場去做調查，相信在不同市場會獲得不同的結果。但可以確定的是，一個國家的個人可支配所得愈高，那麼假日休閒旅客在國際航空運輸市場所占的比例一定會升高。同樣的，在所得較低的國家（個人可支配所得低），商務旅客在國際航空運輸市場所占的比例一定高。

二、消費者偏愛大型航空公司

如果在票價上沒有差異，航空運輸市場的消費者比較偏愛大型航空公司，此處對大型航空公司的定義是航線涵蓋範圍較大者，至於消費者為何比較偏愛大型航空公司的理由至少有三點：

1. 對於旅行社而言，由於大型航空公司的航線涵蓋範圍較大，較容易安排旅客行程。
2. 大型航空公司對旅客的服務品質好，如果旅程當中包含要轉機的話，由同一家航空公司來服務轉機等待時間較短，而行李也不易被延誤。
3. 由於航線及班次較多，大型航空公司提供給旅客的常客飛行計畫較容易累積。

 第三節　空運市場需求模式

　　由於想要瞭解空運市場需求模式，有許多學者專家做過許多的研究報告，也有許多學者專家利用不同的變數組合形成的數學模式想要用來解釋空運市場需求，但是數學模式本身無法涵蓋所有影響空運市場的變數，因此利用數學模式想要用來解釋空運市場的需求，充其量只能說是盡可能將各種變數引起的需求變化做出解釋而已，想要完全做到正確預估是有困難的。

　　由於所有推估空運市場需求的數學模式都有一定的假設條件，而在第二節當中我們列出對於影響在一個由出發地到目的地的空運市場（O-D market）需求要素，例如由桃園機場飛往香港，如果假設影響需求的最主要因素為票價、競爭者票價及當地收入狀況，根據這三個變數我們就可以推導出一個數學模式。由於根據此需求數學模式算出的需求只與上述三個變數有關，因此這個需求量只是說明在這三個變數影響下，我們對於需求量的事前期望值（a priori expectations）。

　　如果將上述三個變數再簡化，例如假設需求只與票價有關（其他狀況不變），根據需求定律（當價格上漲，需求量會減少）我們可以發展出兩種需求數學模式，一種是線性的，另一種則是非線性。

一、線性的價格需求數學模式

　　線性的價格需求數學模式可以寫成為：

$$D = a - b \times P$$

　　其中D是需求量，a及b代表直線的截距及斜率，P代表平均市場價

格。

例如有一架班機由桃園機場飛往香港，當票價是8,000元，需求量1,000張，而票價是7,000元，需求量1,500張，試利用線性的價格需求求出票價與需求的變化關係。

由上式得知：

$1,000 = a - b \times 8,000$ 或 $1,500 = a - b \times 7,000$

斜率 $b = \triangle D / \triangle P = (1,000 - 1,500) / (8,000 - 7,000) = -0.5$

截距 $a = 1,000 + (0.5 \times 8,000) = 5,000$

將a及b代入上式可以得出：

$$D = 5,000 - 0.5P$$

需求量	0	250	500	750	1,000	1,250	1,500	1,750	2,000	2,250	2,500
票價	10,000	9,500	9,000	8,500	8,000	7,500	7,000	6,500	6,000	5,500	5,000

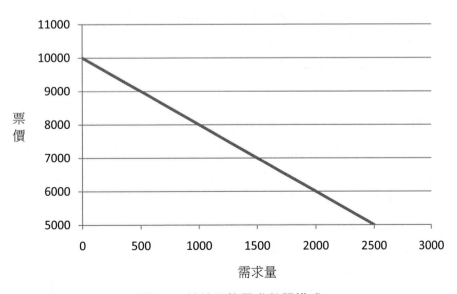

圖3-4　線性價格需求數學模式

　　圖3-4清楚顯示當票價每降低500元，需求量會增加250張。這種說法顯然過於簡陋，因為就常理而言，消費者對於購買物品的反應不可能是線性的，換句話說會加入情緒性反應，例如票價剛開始降時以及降到最低時，消費者對於購買物品的反應應當呈現非線性狀態。

二、非線性的價格需求數學模式

　　道根尼斯也提出另一種非線性計算需求量的數學模式，也稱為Log-linear數學模式：

$$D = a\, P^b$$

其中D是需求量，a是常數，b的值小於0，P代表平均市場價格。
我們再用前面的例子來計算，先求出b的值。

$$1,000 = a \times 8,000^b \text{ 或 } 1,500 = a \times 7,000^b$$

將兩式相除可以獲得$1,000 / 1,500 = (8,000 / 7,000)^b$
Ln (0.667) ＝ b × Ln (1.143)
b ＝ Ln (0.667) / Ln (1.143) ＝ -3.03
a ＝ 6.7×10^{14}

　　圖3-5算出的需求數量比較符合消費者的習慣，因為票價在一開始降低時，價格仍舊偏高，因此對於刺激消費者想要購買的慾望有限，但是隨著價格愈降愈多，消費者想要購買的慾望就隨著上升，因此降低票價就可以達到刺激需求上升的目的。重要的是如何求出正確的a及b的值，會是得出正確預估需求數量多少的關鍵。

　　實際上在$D = a\, P^b$方程式中，b的值就是需求彈性係數，我們可由需求彈性係數公式2.3來印證。

　　票價（P_1）是8,000元，需求量（Q_1）是1,000張，而票價（P_2）是

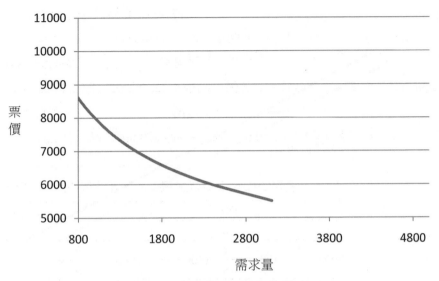

圖3-5 非線性價格需求數學模式

7,000元，需求量（Q_2）是1,500張，代入上式可得：

$$\varepsilon_d = (1,500 - 1,000) / 1,250 \div (7,000 - 8,000) / 7,500 = -3 \quad \text{與b值十分接近}$$

三、需求曲線的移動

我們仍然用前述由桃園機場飛往香港例子，假設因為航線擁擠航空公司增加了班機架次，因此也刺激了搭機旅客數量增加，假設增加數量如下：

票價	10,000	9,500	9,000	8,500	8,000	7,500	7,000	6,500	6,000	5,500	5,000
需求量1	0	250	500	750	1,000	1,250	1,500	1,750	2,000	2250	2,500
需求量2	250	500	750	1,000	1,250	1,500	1,750	2,000	2,250	2,500	2,750

圖3-6顯示，當消費者需求增加後，需求曲線會發生向右平移現象。

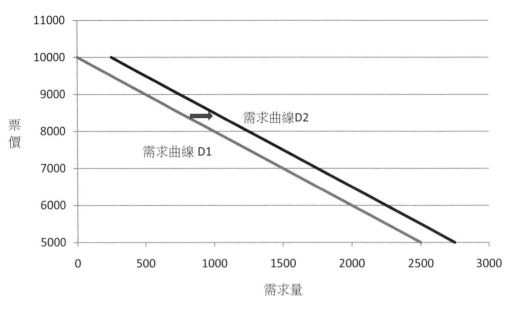

圖3-6　線性價格需求曲線平移

 第四節　彈性係數與空運市場需求

在第二章已經介紹過價格需求彈性係數，基本上是表示當市場價格發生1%的漲跌幅度時，需求量會發生多少%的變化，根據需求定律市場價格上漲，需求量會減少，換句話說，價格與需求量呈現相反狀況，因此求得之彈性係數會呈現負值（為了便於計算，在本文當中會將彈性係數用正值表示）。

一般來說商務旅客的價格需求彈性係數會小於1（$0 < \varepsilon_d < 1$），意味著當市場價格發生1%的漲跌幅度時，需求量變化會小於± 1%的量；反之，休閒旅客的價格需求彈性係數會大於1（$\varepsilon_d > 1$），表示當市場價格發生1%的漲跌幅度時，需求量變化會大於± 1%的量。

　　德・歐與大衛・基能對不同空運市場做了許多研究發現，一般的價格需求彈性係數會介於0.8-2之間。也就是說空運市場的價格需求彈性係數會趨向具有彈性，或者最少是市場價格發生1%的漲跌幅度時，需求量變化會接近±1%。加拿大財政部（Department of Finance Canada）（2008）對於六個不同空運市場做了研究，其中包括商務旅客及休閒旅客、長途及短程、國際及北美長途旅遊等，研究得出價格需求彈性係數在不同空運市場的變化。

　　研究發現當距離增加時，由於可以取代航空運輸的交通工具相形變少，使得與短程航空運輸比較起來，長途航空運輸的價格需求彈性係數變得較沒有彈性。另外，由於國際長途航空運輸比國內航空運輸花費的時間要長得多，而票價卻不是呈現等比例的增加，這點也使得國際航空運輸變得對票價的變化較不敏感。然而若是某個地區的票價調高時，休閒旅客很有可能會延後或者是改去其他願意提供較低票價的地區遊玩，總之，與商

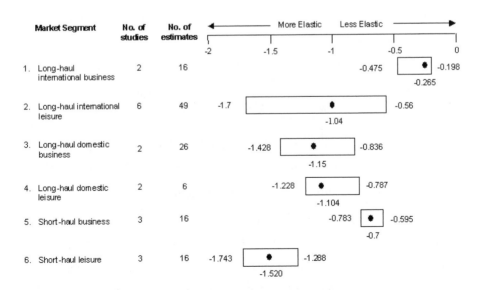

圖3-7　不同空運市場的價格需求彈性係數

資料來源：加拿大財政部

務旅客比較，休閒旅客價格需求彈性係數較高。

　　圖3-7清楚的顯示國際長途商務航空運輸的價格需求彈性係數最沒有彈性（ε_d為0.265），這代表國際長途商務旅客對於票價的變化幾乎可以說完全不敏感，他們要的是能夠在需要的時間準時到達。其次對於價格需求彈性係數較沒有彈性的是短程商務旅客（ε_d為0.7），顯示短程商務旅客為了要做生意也不得不對票價低頭。而對於價格需求彈性係數最有彈性的就是短程休閒旅客（ε_d為1.52），這完全符合休閒旅客的特性——如果票價上漲他們會考慮延後出發或是轉往其他價格較低的地區旅遊。

　　除了價格需求彈性係數外，彼得·貝樂巴巴（Peter Belobaba）（2009）認為時間需求彈性係數（ε_t）也是另外一個會影響旅客搭機意願的要素，也就是說當總旅遊時間增減±1%時，引起需求量變化大於±1%的量。同樣商務旅客的時間需求彈性係數較具彈性（$\varepsilon_t > 1$），這是因為若是總旅遊時間減少（例如增加航班架次或是引進直飛航班），會有更多的商務旅客願意搭乘飛機，相反的休閒旅客（$0 < \varepsilon_t < 1$）的時間需求彈性係數較沒有彈性，這是因為休閒旅客對於價格敏感，而願意花費較多的時間在旅途上的緣故。

　　對於總旅遊時間彼得·貝樂巴巴的定義是：

$$T = t\,(\text{fixed}) + t\,(\text{flight}) + t\,(\text{schedule displacement})$$

　　fixed指的是到達和離開機場時間及加上在機場等待的時間；flight指的是飛機飛行時間（block hour）及加上在機場等待轉機的時間（如果有轉機）；另外t（schedule displacement）＝k/frequency。

　　其中frequency指的是班機出發班次數量（一天一班等於1）。k是時間常數（小時），例如，有一架直飛班機，理想的旅客出發時間為0600-2200且呈現均勻分布（uniform distribution），假設一天只有一班飛機且出發時間為1400，無論從0600或是2200起算，旅客最大的可能等待時間是八小時，由於是呈現均勻分布，因此可以求出平均schedule displacement等

於四小時。同樣的如果一天有兩班飛機出發,則平均schedule displacement就變成為兩小時。

由於縮短總旅遊時間可以增加搭機旅客的數量,而除了上述增加班機出發頻率外,採取直飛的方式也可以同樣做到縮短總旅遊時間的目的。

當彈性係數的值等於1($\varepsilon_d = 1$),亦稱為單一彈性(unitary elastic),此時當市場價格發生1%的漲跌幅度時,需求量變化亦同樣發生±1%的增減量;然而當彈性係數的值等於1時,航空公司的總收益(total revenue, TR)最高,我們還是用由桃園機場飛往香港例子來說明。

表3-1 票價與彈性係數變化

需求量	票價	TR	MR	ε
0	10,000	0		
250	9,500	2,375,000	9,500	-39
500	9,000	4,500,000	8,500	-12.3
750	8,500	6,375,000	7,500	-7
1,000	8,000	8,000,000	6,500	-4.7
1,250	7,500	9,375,000	5,500	-3.4
1,500	7,000	10,500,000	4,500	-2.6
1,750	6,500	11,375,000	3,500	-2.1
2,000	6,000	12,000,000	2,500	-1.7
2,250	5,500	12,375,000	1,500	-1.4
2,500	5,000	12,500,000	500	-1.1
2,750	4,500	12,375,000	-500	-0.9
3,000	4,000	12,000,000	-1,500	-0.7
3,250	3,500	11,375,000	-2,500	-0.6
3,500	3,000	10,500,000	-3,500	-0.5
3,750	2,500	9,375,000	-4,500	-0.4

由**表3-1**得知當票價介於4,500-5,000之間,需求量在2,500-2,750之間時,彈性係數等於1,此時由**圖3-8(b)**得到總收益最大點。也就是說如果航空公司追求最大收益,可以將票價定在4,500-5,000之間。

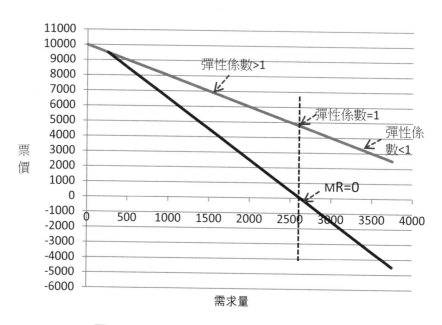

圖3-8(a)　票價、需求量與彈性係數變化

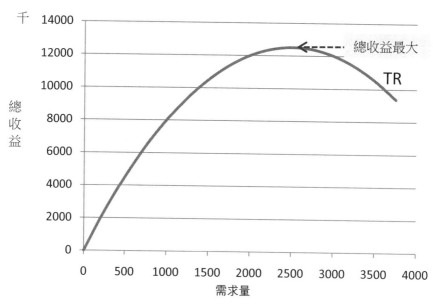

圖3-8(b)　總收益與需求量變化

第五節　空運市場供給

　　供給是生產者的行為，而供給量反映出的是廠家在不同產品價格下，有意願而且能夠將生產產品拿到市場銷售給消費者的產量。一般來說，當產品價格低時，廠家生產產品拿到市場銷售給消費者的意願低，產量當然少，理由很簡單，就是無利可圖；當產品價格高時，廠家生產產品拿到市場銷售給消費者的意願高，產量變多，理由也很簡單，就是有利可圖。供給定律（law of supply）也告訴我們，隨著產品價格的增加，生產者能夠而且有意願將產量提高。由於產量增加時，邊際成本會隨之增加，因此就賺取利潤的立場來看，廠家有意願而且能夠生產產品的數量，會在價格能夠支付成本的條件下進行，一旦價格無法支付成本，廠家會停止增加產量。

　　如同需求彈性一樣，也有供給彈性（elasticity of supply）存在，供給彈性指的是生產者對於產品價格變化的敏感度，影響到廠家願意生產產品的數量。影響供給彈性的主要因素是廠家對於生產產品或提供服務的反應時間是否充裕，也就是說如果廠家對於價格發生劇烈變動時，相對的產量可以很快跟著變化，此時供給有彈性。如果廠家需要花很多時間才能夠對市場價格發生變化做出調整產量反應，我們說供給缺乏彈性。舉蛋塔及葡萄酒為例，假設市場蛋塔價格突然大漲，因為製作蛋塔的原物料很容易取得，因此廠家很快地就可以大量生產蛋塔，我們說蛋塔供給有彈性。相反的假設葡萄酒價格突然大漲，因為製作葡萄酒需要的葡萄原物料在短時間內不容易取得，因此廠家無法很快地就可以大量生產葡萄酒，我們說葡萄酒供給缺乏彈性。

　　由上例中我們知道價格會影響供給量，但是要注意會受價格影響的是廠家是否有意願增加或減少生產的供給量，而不是供給本身。例如影響咖啡的供給有許多因素，像是氣候、土地價格、咖啡種植者數量、咖啡利

潤以及咖啡受歡迎的程度等，而不是只由一項價格因素來決定。供給量與供給不同，價格影響到的是廠家的生產意願，導致供給量會發生變化；反觀供給則會受到氣候、價格、競爭、預期價格、獲利甚至是政府介入等的影響。

一、空運市場供給量

空運市場供給就是航空公司所能提供運量（capacity）的總和，大致可分為客、貨運，茲分述如下：

(一)客運

可用座位英里（available seat miles, ASM），指的是飛機上每一個座位（不論有沒有乘客）飛行的英里（或公里）數。假設兩家航空公司擁有同樣數量及型式的飛機，如果只有飛行航線的長短不同，而其他條件相同下，以長程航線為主的航空公司的ASM比較多。

(二)貨運

可用貨物噸英里（available ton miles, ATM），指的是飛機上可用來提供貨物酬載的空間（不論有沒有載運貨物）飛行的英里（或公里）數。

由於全球航空公司所能提供的運量（供給）是固定的（短期而言），因此當發生價格變化，例如2008年的石油價格飆漲或是911恐怖攻擊事件，導致需求產生變動時，航空公司是無法在短時間內做出產量（供給）調整的，因此我們可以說航空公司的供給缺乏彈性（在短期內具有僵固性）。

運量指的是航空公司機隊可能提供的乘客及貨物的裝載量，我們用ASM及ATM來表示。對於航空公司來說，最好的狀況就是需求與產量能

夠完全吻合，換句話說就是客運－ASM（供給）等於RPM（需求），或是貨運－ATM（供給）等於RTM（需求），當然這是一個理想狀況，實際上沒有一家航空公司能夠做到。因此所有航空公司追求的是如何能夠將機隊容量（或是ASM）發揮最大效用，也就是希望能夠儘量接近消費者需求（或是RPM），因為越多的航空公司的產量（ASM或ATM）能夠被運用，代表收益愈高，將這些收益平均分配到固定成本上，當然就可以收到降低固定成本的效果。

二、影響ASM及ATM之因素

由於航空公司的購機成本很高，因此他們會盡可能的將飛機的產量運用到最大，也就是盡可能的將ASM或ATM提高，但是想要有高的ASM或ATM又會受到以下因素影響：

(一)平均航線長度

如果飛機型式相同，平均航線長的航空公司，其ASM或ATM的值會較高。

(二)傳統航空公司與廉價航空公司營運上的限制不同

基本上飛機的使用率愈高，其ASM或ATM的值會隨著升高，但是傳統航空公司由於飛機在離、到場之間有行李托運、油料補給、餐點補充、清潔衛生、安全檢查等項目較廉價航空複雜，使得傳統航空公司飛機的周轉率比廉價航空公司低；同時傳統航空公司的航路大都使用軸輻式系統（hub-and-spoke）設計，而廉價航空公司則使用點到點設計，在效率上也較高，這些都是造成傳統航空公司在產生ASM或ATM的效率上比廉價航空公司低的原因。

同樣的，如果航空公司的供給過多，也就是提供過多的ASM

或ATM，超過消費者的需求，此時班機在離場時容易發生座位糟蹋（spoilage）情事，一樣也會造成航空公司的損失。而航空公司提供的產量與需求是否接近，可以由飛機的負載率（客運是載客率等於RPM / ASM；而貨運是載貨率等於RTM / ATM），負載率的值愈高，表示飛機載運乘客或貨物的數量愈高，航空公司獲利較高。值得注意的是產量過多與座位糟蹋的意思有些類似，指的都是飛機上有多餘的閒置座位，但是產量過多有可能是因為需求不足（可能是票價過高或是其他影響乘客搭機因素）的影響，而座位糟蹋指的是產量沒有過多，需求應當足夠，但是可能因為受到乘客不出現（no show）或是其他因素影響，導致飛機起飛時有空座位的產生。

三、空運市場的產品（供給）特性

與空運市場需求特性一樣，空運市場的產品（供給）也有下列特性：

1. 當航空公司增加出發班次頻率時，除了會增加產量（供給量）外，同時也會提供消費者（尤其是商務旅客）更多選擇的機會。
2. 航空公司的產品（機位）具有無法儲藏特性，若飛機起飛前，座位沒有賣掉，就表示產品失效，可以視為壞掉的產品只能丟棄。
3. 市場上常因為產品的不同包裝而可以賣不同的價錢，航空公司的產品也是一樣，不同的包裝就好像不同艙等及提供不同服務，消費者願意付出的價錢就不一樣。
4. 在進行航空運輸的過程中，消費者（乘客）與提供服務者（航空公司地勤人員、空服員）必須發生實體接觸，因此第一線航空公司人員服務態度的好壞，會對乘客造成很大的影響，類似消費者對於使用產品的滿意狀況。
5. 就像一般服務業第一線人員一樣，他們提供服務品質的好壞，會影

響消費者對於使用產品的感受，但是這些人員對於產品本身的設計製造卻毫無影響力，航空公司也是一樣。

四、空運市場供給與需求

相對需求是消費者願意而且用能夠出得起的價格來購買某產品的數量，供給是生產者在一定期間內，在某些既定的因素下，願意而且能夠提供的產品數量。

如同需求定律一樣，供給定律告訴我們在其他條件不變的狀況下，當價格上漲時會引發產量的增加。與需求曲線不一樣的是生產曲線的斜率為正值，如果用圖形來表示，當特定市場的需求曲線由上往下加上生產曲線的由下往上，兩條曲線的相交點就得出市場平衡價格及產量。假設**表3-2**是由桃園飛往香港的票價與需求供給量。

與價格需求彈性係數一樣，供給也有價格供給彈性係數，而供給的價格彈性是用來測量價格變化對供給的反應（敏感）程度。

$$\varepsilon_d = \frac{供給數量變化的百分比}{價格變化的百分比}$$

舉例來說，如果液晶面板價格上漲10%，會導致液晶面板供給增加20%，我們可以計算供給的價格彈性係數為：

$$\frac{20\%}{10\%} = 2$$

與需求價格彈性係數永遠是負值不一樣的是，供給的價格彈性係數為正值，而如果將長期及短期的供給價格彈性係數來做比較，會發現長期的供給價格彈性係數比較大，這是因為在短期內廠商會受到投入生產變數

航空經濟概論

表3-2 桃園飛往香港的票價與需求供給

票價	需求量	供給量
10,000	0	2,500
9,500	250	2,250
9,000	500	2,000
8,500	750	1,750
8,000	1,000	1,500
7,500	1,250	1,250
7,000	1,500	1,000
6,500	1,750	750
6,000	2,000	500
5,500	2,250	250
5,000	2,500	0

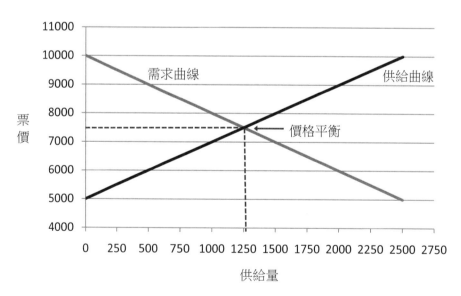

圖3-9 需求供給與價格平衡

（例如廠房或是生產設備不容易在短期內發生變化）產量限制之影響，但是就長期而言投入生產變數（例如廠房數量可以增加或是購買更多生產設備），此時產量限制因素就可以去除。

經濟學家假設公司最重要的目標就是要獲得利潤極大化，而企業的利潤極大化產量就是當總收入（TR）減去總成本（TC）時差異最大的產量，此時邊際收益（MR）會等於邊際收益（MC），例如張三賣紙風箏，一個60元，成本及收入如**表3-3**。

由**表3-3**及**圖3-10**可以得知當邊際收益等於邊際成本時的產量（取整數）可以獲得最大利潤。

上述MR等於MC可以獲得最大利潤的古典經濟學理論可以用到航空運輸業嗎？這個說法是值得懷疑的，因為在實際的狀況下決策製作者不太可能真正知道邊際成本到底是多少，同時也很難得出確實的供給及需求函數，這也是我們之前在本章曾經說過數學模式本身無法涵蓋所有影響空運市場的變數，利用數學模式想要用來解釋空運市場的需求，充其量只能說是盡可能將各種變數引起的需求變化做出解釋而已，想要完全做到正確預估是有困難的。

其次，航空公司的產量（座位供給量）通常都會大於需求，這點可由各航空公司年度報告中的載客率小於1得知，而航空公司的載客率小於1，基本上是由於航空運輸業的本質使然，航空公司的乘客搭機需求是有

表3-3 成本、收入及利潤變化

數量	總收益	邊際收益	總成本	邊際成本	利潤
0	0		50		-50
1	60	60	70	20	-10
2	120	60	100	30	20
3	180	60	150	50	30
4	240	60	230	80	10
5	300	60	350	120	-50

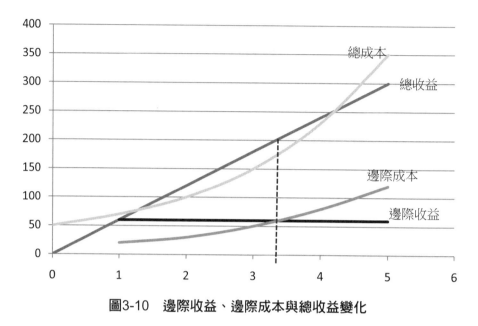

圖3-10 邊際收益、邊際成本與總收益變化

季節性的,也就是會出現淡旺季的差異,而航空公司受制於班表及飛機調派之限制,若是按照旺季時間的需求量來安排班表,在淡季時一定會出現供給過剩的狀況。

　　第三,航空公司的票價絕非只有單一價格,即使在同一個艙等,例如同樣購買經濟艙座位,票價都會出現非常大的差別,造成票價差異如此大的原因很簡單,就是因為航空公司為了追求利潤極大化下實施的營收管理(revenue management)導致,由於票價如此複雜因此想要得到確實的邊際收益(MR)就更加困難。

　　第四,如果說航空公司的產品是由A點飛到B點的座位,那僅就這條航線來說產品就有許多種,例如說艙等的不同,另外每個航空公司在旅程當中提供的音樂、電影及餐點也不相同,最後搭乘由A點飛到B點的乘客有可能要再由B點飛往C點,上述不同差異都會產生不同的產品,因此MR等於MC的古典經濟學理論當然很難用來計算航空公司的最大獲利。

第六節　空運市場需求預測

　　預測的目的是為了要降低企業對於未來消費者需求大小的不確定性，在日常生活中隨處可以見到預測的例子，例如要出門旅遊我們會先看氣象報告，瞭解未來幾天的氣象預測，以便決定是否要攜帶雨具或是厚重禦寒衣服。通常預測可以用機率來解釋，例如氣象預報員會說明天下雨的機率是多少，而既然是機率當然就會有不確定性的存在。

　　對於航空公司來說，對於未來的需求預測是一項重要的工作，因為這關係到公司策略的制定，究竟要買幾架飛機，什麼型式的飛機，甚至是哪些市場值得開發等都可以透過預測來加以規劃。

　　預測方式可以分為兩大類：定性式（qualitative）及定量式（quantitative），定性式通常是指用主觀的方式來做預測，基本上不使用統計資料來做精準計算，而由於這個方式是基於專家意見、調查資料或是主觀意見，因此無法獲得精確數字，譬如父母對子女的愛到底有多深。定量式則會根據過去的統計資料對未來做精準計算，雖然透過統計方法可以獲得一定數量的結果，但是也不能說定量式計算的結果一定較定性式來得正確。

　　雖然預測方式有上述兩種，但為了將預測簡化，本章只對定量式預測方法做介紹，相關定性式預測方法請參閱其他介紹預測方法之書籍。

　　在介紹預測之前，一些簡單的統計學概念先做複習，首先介紹平均數（mean），一般用 μ 表式，簡單說平均數就是將一組資料的值加總起來後除以總個數獲得的值。

　　變異數（variance）主要是用來觀察各個變數與平均數分布遠近的狀況，一般用 σ^2 表示。

　　標準差（standard deviation）是將變異數開根號獲得，主要是用來表示變數與平均數的緊密關係，一般用 σ 表示。

一、移動平均法（moving average）

移動平均法是用一組過去的實際資料值來預測未來一期或幾期的公司產品的需求量。移動平均法適用於即期預測。當產品需求既不會快速增長也不會快速下降，且不存在季節性因素時，移動平均法能有效地消除預測中的隨機波動，是非常有用的預測方法。

$$MA = \frac{\sum_{i=1}^{n} X_i}{n}$$

X_i：i年國內旅客需求量

n：年數

例如**表3-4**為美國國內搭機旅客需求變化，我們用三年移動平均法及五年移動平均法分別求出預測值，也可以預測得出2012年的搭機旅客需求量。

表3-4 美國國內搭機旅客需求變化

	國內旅客需求（百萬）	三年移動平均法	五年移動平均法
2000	600		
2001	560		
2002	552		
2003	583	570	
2004	630	565	
2005	657	588	585
2006	658	623	596
2007	679	648	616
2008	652	665	642
2009	618	663	655
2010	630	650	653
2011	638	633	647
2012		629	643

二、加權移動平均法（weighted moving average）

給過去固定期限內的每個變數值以不同的權重。因為考量過去各期產品需求的數據對預測未來需求量的作用不一樣，因此離目標期較遠的變數值的影響力相對較低，應給予較低的權重，而離目標期較近的變數值的影響力相對較大，應給予較高的權重。

$$WMA= \sum_{i=1}^{n} W_i * X_i$$

表3-5　美國國內搭機旅客需求變化（加權移動平均法）

	國內旅客需求（百萬）	三年移動平均法	五年移動平均法
2000	600	0.2	0.1
2001	560	0.3	0.1
2002	552	0.5	0.2
2003	583	564	0.3
2004	630	569	0.3
2005	657	600	590
2006	658	634	614
2007	679	652	634
2008	652	669	654
2009	618	661	660
2010	630	640	648
2011	638	631	638
2012		632	637

上述兩種移動平均法的準確度如何，我們可以用均方誤差（MSE）及平均絕對偏差（MAD）來解釋，MSE的計算是將實際值與預測值間差異的平方加總後的平均值，其值愈大表示實際值與預測值間差異愈大。MSE的公式為：

$$MSE= \frac{\Sigma(Y_t - F_t)^2}{n}$$

MAD表示絕對離散值的平均數，MAD的公式為：

$$MAD= \frac{\Sigma|Y_t - F_t|}{n}$$

MAD的值表示實際值與預測值間的散值狀況。

表3-6 移動平均法計算MSE及MAD

	三年預測誤差	五年預測誤差	三年預測絕對誤差	五年預測絕對誤差	三年均差	五年均差
2003	13		12.93		167.27	
2004	65		64.83		4203.10	
2005	69	72	68.94	72.43	4752.84	5246.51
2006	35	62	34.92	61.99	1219.50	3843.30
2007	31	63	30.70	63.05	942.77	3975.50
2008	-13	10	13.22	10.14	174.80	102.80
2009	-45	-37	45.03	37.20	2027.54	1383.99
2010	-20	-23	20.11	23.37	404.26	546.32
2011	5	-9	5.13	9.14	26.33	83.45

最後得出：

MSE, 3	MSE, 5	MAD, 3	MAD, 5
1546.49	2168.84	32.87	39.62

MSE及MAD的值都偏高。

表3-7 加權移動平均法計算MSE及MAD

	三年 預測誤差	五年 預測誤差	三年預測 絕對誤差	五年預測 絕對誤差	三年均差	五年均差
2003	19.55		19.55		382.04	
2004	60.63		60.63		3675.77	
2005	57.01	67.04	57.01	67.04	3250.05	4494.99
2006	24.14	44.44	24.14	44.44	582.86	1975.19
2007	26.86	45.01	26.86	45.01	721.21	2025.76
2008	-16.84	-2.31	16.84	2.31	283.43	5.33
2009	-43.23	-41.59	43.23	41.59	1868.47	1729.47
2010	-10.84	-18.79	10.84	18.79	117.41	352.97
2011	7.70	-0.14	7.70	0.14	59.36	0.02

最後得出：

MSE, 3	MSE, 5	MAD, 3	MAD, 5
1215.62	1511.96	29.64	31.33

MSE及MAD的值仍然偏高，但是比**表3-6**的值已經有改善，證明加權移動平均法較移動平均法計算的結果為佳。

三、指數平滑法（exponential smoothing forecast）

指數平滑法是生產預測中常用的一種方法，用於中短期經濟發展趨勢預測。簡單的全期平均法是對時間數列的過去數據一個不漏地全部加以同等利用。

表3-8是2011年美國國內搭機旅客需求數量。

$$F_t = \alpha Y_{t-1} + (1-\alpha)F_{t-1}$$
$$假設 \alpha 等於0.3$$

表3.8(a)　指數平滑法計算MSE及MAD

2011	期程	國內旅客需求（百萬）	預測（百萬）	預測誤差（百萬）	預測誤差絕對值	均方差
Jan	1	46				
Feb	2	44	46	-3	2.6	7.0
Mar	3	56	45.5	10	10.1	102.8
Apr	4	53	48.6	4	4.3	18.5
May	5	56	49.8	6	6.1	37.7
Jun	6	58	51.7	6	6.1	37.1
Jul	7	60	53.5	7	6.8	46.2
Aug	8	57	55.6	2	1.9	3.4
Sep	9	51	56.1	-5	5.1	26.3
Oct	10	54	54.6	0	0.4	0.2
Nov	11	52	54.4	-3	2.8	7.8
Dec	12	52	53.6	-2	2.1	4.3

最後得出：

MSE	MAD
26.5	4.4

由指數平滑法預測得出之MSE及MAD的值仍然偏高，我們可以運用規劃求解方式〔將目標函數（MSE）最小化〕加以改進。

做法如下：

1.首先將excel中的規劃求解（solver）打開。

2.將目標函數（MSE）的值置入目標儲存格內。

3.選擇最小值。

4.將α值置入變數儲存格內。

5.在限制式內新增$0 \leqq \alpha \leqq 1$，寫法如下：

$\alpha \leqq 1$；$\alpha \geqq 0$

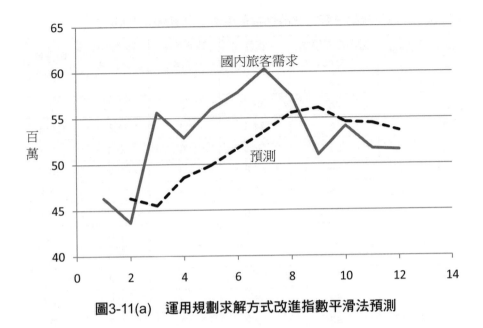

圖3-11(a)　運用規劃求解方式改進指數平滑法預測

6.最後按求解，可以獲得$\alpha = 0.72$。

　　將α值代入公式：$F_t = \alpha Y_{t-1} + (1-\alpha)F_{t-1}$

可以得到**表3-8(b)**及**圖3-11(b)**。

MSE	MAD
20.1	3.3

　　得出在$\alpha = 0.72$求出之MSE及MAD的值較原來（$\alpha = 0.3$，MSE＝26.5，MAD＝4.4）已經有改善，而由**圖3-11(b)**預測值與原來旅客需求值也相當接近。

四、迴歸法

　　相關係數（correlation coefficient）指的是兩個變數之間的相互關係，如果有的話相互影響程度如何。

表3-8(b)　運用規劃求解方式改進指數平滑法計算MSE及MAD

2011	期程	國內旅客需求（百萬）	預測（百萬）	預測誤差（百萬）	預測誤差絕對值	均方差
Jan	1	46				
Feb	2	44	46	-3	2.6	7.0
Mar	3	56	44.4	11	11.3	126.6
Apr	4	53	52.5	0	0.4	0.1
May	5	56	52.8	3	3.2	10.4
Jun	6	58	55.1	3	2.7	7.3
Jul	7	60	57.0	3	3.3	10.8
Aug	8	57	59.4	-2	2.0	4.0
Sep	9	51	58.0	-7	7.0	48.7
Oct	10	54	52.9	1	1.2	1.4
Nov	11	52	53.8	-2	2.1	4.6
Dec	12	52	52.2	-1	0.7	0.5

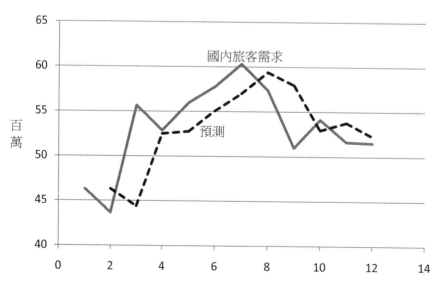

圖3-11(b)　運用規劃求解方式改進指數平滑法預測

迴歸（regression）指的是將變數用適當表達方式連接起來。

假設相關係數用r表示，當r > 0時為正相關（positive），表示兩個變數之間的變化是同向發展，亦即x增加則y也會增加；r < 0負相關（negative），表示兩個變數之間的變化是反向發展，亦即x增加則y會減少；而r＝0時為不相關，表示兩個變數之間的變化沒有關聯。

假設有一間公司過去十個月宣傳費用（x）與出售量（y）之變化關係如**表3-9**，試求相關係數為何。

表3-9　公司宣傳費用（x）與出售量（y）之變化

	x	y	x-x$_{bar}$	y-y$_{bar}$	(x-x$_{bar}$)^2	(y-y$_{bar}$)^2	(x-x$_{bar}$)×(y-y$_{bar}$)
1	50	700	21	274	441	75076	5754
2	50	650	21	224	441	50176	4704
3	50	600	21	174	441	30276	3654
4	40	500	11	74	121	5476	814
5	30	450	1	24	1	576	24
6	20	400	-9	-26	81	676	234
7	20	300	-9	-126	81	15876	1134
8	15	250	-14	-176	196	30976	2464
9	10	210	-19	-216	361	46656	4104
10	5	200	-24	-226	576	51076	5424
總和	290	4260	0	0	2740	306840	28310

其中x$_{bar}$及y$_{bar}$分別表示宣傳費用（x）及出售量（y）之平均數為29及426。

假設x － x$_{bar}$＝X及y － y$_{bar}$＝Y

相關係數 $r = \dfrac{\sum XY}{(\sum X^2 \sum Y^2)^{1/2}}$

計算得出 r＝0.976

利用迴歸方式找出符合一條直線（fitting a straight line）的公式為$F_t =$ $a + bt$，其中Ft是時間t的迴歸函數，D_t是時間t的實際需求，參數a及b可以用最小平方差法則求得。

誤差平方和SSE（sum of squared error）可以由下列公式計算：

$$SSE = \sum (D_t - F_t)^2 = \sum (D_t - a - bt)^2$$

要將SSE最小化可用：

$$\frac{dSSE}{da} = 2(D_t - a - bt) * (-1) = 0$$

$$\frac{dSSE}{db} = 2(D_t - a - bt) * (-t) = 0$$

化減得出：

$$a(n) + b\left(\sum t\right) = \sum D_t$$

$$a\left(\sum t\right) + b\left(\sum t^2\right) = \sum tD_t$$

上述方程式為最小平方常態方程式（least square normal equation），由於符合同時有兩線性方程式及兩個未知變數（a、b）條件，利用克萊姆法則（Cramer's Rule）可以求出a、b值。

$$a = \frac{\begin{vmatrix} \sum D_t & \sum t \\ \sum tD_t & \sum t^2 \end{vmatrix}}{\begin{vmatrix} n & \sum t \\ \sum t & \sum t^2 \end{vmatrix}} = \frac{\sum D_t \sum t^2 - \sum t \sum tD_t}{n \sum t^2 - \left(\sum t\right)^2}$$

$$b = \frac{\begin{vmatrix} n & \sum t \\ \sum t & \sum t^2 \end{vmatrix}}{\begin{vmatrix} n & \sum t \\ \sum t & \sum t^2 \end{vmatrix}} = \frac{n \sum t D_t - \sum t \sum D_t}{n \sum t^2 - (\sum t)^2}$$

計算a、b值時可以利用調整矩陣方式：

	ti	Di	ti×Di	ti^2
1	t1	D1	t1×D1	t1^2
2	t2	D2	t2×D2	t2^2
.	.	.	.	.
.	.	.	.	.
n	tn	Dn	tn×Dn	tn^2
total	Σ ti	Σ Di	Σ ti×Di	Σ ti^2

而利用上表可以求出a、b值。

由於上兩式在計算上有複雜度，因此如果可以令$\sum t = 0$（選擇原點再簡化），則可以用下式求出a、b值：

$$a = \frac{\sum D_t}{n}$$

$$b = \frac{\sum t D_t}{\sum t^2}$$

同樣我們用**表3-8**，2011年美國國內搭機旅客需求數量改寫成為**表3-10**。

利用克萊姆法則求出a、b值分別為50.546及0.4061。

在計算時利用克萊姆法則過於繁瑣，我們亦可以利用excel輕易的求出a、b值。

第一步先利用原有資料得出分布圖（**圖3-12**）。

第二步用滑鼠右鍵在資料點上（任一個）點一下，選擇線性趨勢線再選擇圖表上顯示方程式即可得出迴歸線性方程式，a、b值同樣為50.546

表3-10　2011年美國國內搭機旅客需求數量

2011	期程(t)	國內旅客需求（百萬）	t×Dt	t^2
Jan	1	46.305	46.305	1
Feb	2	43.658	87.316	4
Mar	3	55.649	166.947	9
Apr	4	52.859	211.436	16
May	5	55.982	279.91	25
Jun	6	57.779	346.674	36
Jul	7	60.31	422.17	49
Aug	8	57.404	459.232	64
Sep	9	50.982	458.838	81
Oct	10	54.122	541.22	100
Nov	11	51.65	568.15	121
Dec	12	51.531	618.372	144
	78	638.231	4206.57	650

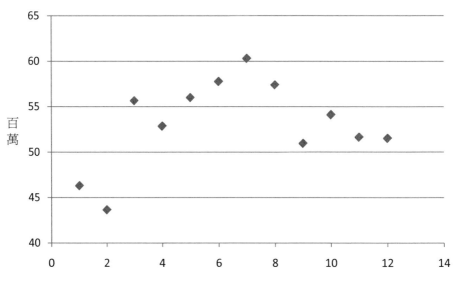

圖3-12　美國國內搭機旅客需求數量分布情形

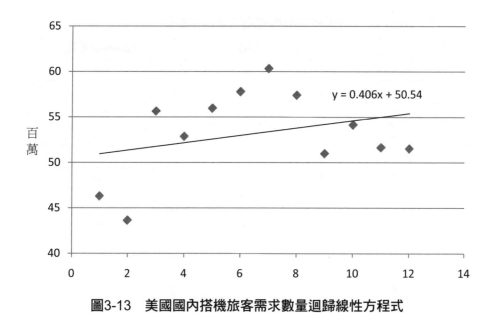

圖3-13　美國國內搭機旅客需求數量迴歸線性方程式

及0.4061（**圖3-13**）。

五、迴歸加季節因素

我們仍然用美國國內搭機旅客需求數量（2009-2011）以每季方式表示，如**表3-11**和**圖3-14**。

接著選擇線性趨勢線再選擇圖表上顯示方程式即可得出迴歸線性方程式，a、b值同樣為150.87及0.966（**圖3-15**）。

最後得出：

MSE	MAD
75.53	7.94

若將季節因素考量進來，假設第一季至第四季的季節因子分別為0.6、0.8、1.4及1.2（總和等於4），代入計算（**表3-13**）。

航空經濟概論

表3-11　2009-2011每季美國國內搭機旅客需求數量

	期程	國內旅客需求
2009,1	1	142
2	2	161
3	3	164
4	4	151
2010,1	5	142
2	6	163
3	7	167
4	8	157
2011,1	9	146
2	10	167
3	11	169
4	12	157

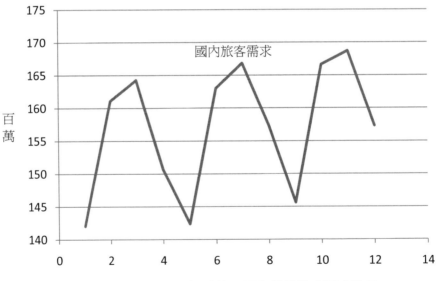

圖3-14　2009-2011每季美國國內搭機旅客需求數量

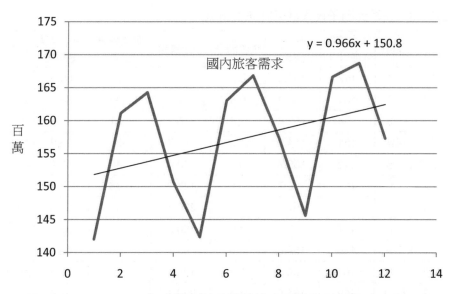

圖3-15　2009-2011每季美國國內搭機旅客需求數量迴歸線性方程式

表3-12　2009-2011每季美國國內搭機旅客需求數量誤差

	期程	國內旅客需求 （百萬）	預測 （百萬）	預測誤差 （百萬）	預測誤差 絕對值	均方差
2009,1	1	142	151.8361	-10	9.8061	96.1596
2	2	161	152.8022	8	8.2898	68.72078
3	3	164	153.7683	11	10.5037	110.3277
4	4	151	154.7344	-4	4.0774	16.62519
2010,1	5	142	155.7005	-13	13.3335	177.7822
2	6	163	156.6666	6	6.3634	40.49286
3	7	167	157.6327	9	9.1863	84.38811
4	8	157	158.5988	-1	1.2768	1.630218
2011,1	9	146	159.5649	-14	13.9529	194.6834
2	10	167	160.531	6	6.089	37.07592
3	11	169	161.4971	7	7.1989	51.82416
4	12	157	162.4632	-5	5.1602	26.62766

表3-13　將季節因子代入計算MSE及MAD

	期程	國內旅客需求	預測（百萬）	季節因子	季節預測	預測誤差（百萬）	預測誤差絕對值	均方差
2009,1	1	142	151.8	0.6	91.1	51	50.9	2593.7
2	2	161	152.8	0.8	122.2	39	38.9	1509.3
3	3	164	153.8	1.4	215.3	-51	51.0	2601.4
4	4	151	154.7	1.2	185.7	-35	35.0	1226.7
2010,1	5	142	155.7	0.6	93.4	49	48.9	2395.8
2	6	163	156.7	0.8	125.3	38	37.7	1421.0
3	7	167	157.6	1.4	220.7	-54	53.9	2901.6
4	8	157	158.6	1.2	190.3	-33	33.0	1088.8
2011,1	9	146	159.6	0.6	95.7	50	49.9	2487.3
2	10	167	160.5	0.8	128.4	38	38.2	1458.9
3	11	169	161.5	1.4	226.1	-57	57.4	3294.8
4	12	157	162.5	1.2	195.0	-38	37.7	1417.7

最後得出：

MSE	MAD
2033.1	44.37

與**表3-12**比較，MSE及MAD的誤差值似乎變得更大，這是因為代入的季節因子值需要再做修正，接下來再用規劃求解方式來進行季節因子值需要再做修正，以便將MSE極小化。

第一季至第四季的季節因子分別為0.9、1、1.1及1。

最後得出：

MSE	MAD
0.985	0.726

在**表3-14**中最底列我們用2012年第一季美國國內搭機旅客需求數量來驗算，發現實際與預測值還是非常接近。

表3-14　用規劃求解求出季節因子代入計算MSE及MAD

	期程	國內旅客需求	預測（百萬）	季節因子	季節預測	預測誤差（百萬）	預測誤差絕對值	均方差
2009,1	1	142	153.7	0.9	141.0	1.0	1.0	1.03
2	2	161	154.3	1.0	161.0	0.1	0.1	0.02
3	3	164	154.9	1.1	163.9	0.4	0.4	0.12
4	4	151	155.6	1.0	152.6	-2.0	2.0	3.88
2010,1	5	142	156.2	0.9	143.3	-1.0	1.0	0.93
2	6	163	156.8	1.0	163.6	-0.6	0.6	0.30
3	7	167	157.5	1.1	166.6	0.2	0.2	0.05
4	8	157	158.1	1.0	155.1	2.2	2.2	4.92
2011,1	9	146	158.7	0.9	145.6	0.0	0.0	0.00
2	10	167	159.3	1.0	166.2	0.4	0.4	0.17
3	11	169	160.0	1.1	169.3	-0.6	0.6	0.32
4	12	157	160.6	1.0	157.6	-0.3	0.3	0.08
2012,1	13	150	161.2	0.9	148.0			

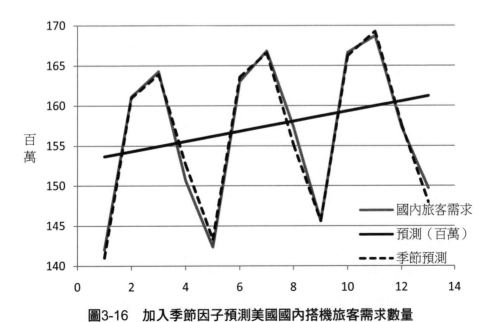

圖3-16　加入季節因子預測美國國內搭機旅客需求數量

CHAPTER 4

航空公司成本

之前我們提到不論是用一般管理或是會計項目，事實上都無法完全滿足航空公司管理階層的需求，因此各航空公司在做成本分析時，往往會按照不同的目的來製作。例如說如果某個國家對於會計項目非常重視，該國的航空公司可能就必須按照會計項目的需求來編制成本分析。另外道根尼斯表示國際民用航空組織（ICAO）為了便於對全球國際航空公司的營運狀況進行統計，也會要求所有會員國的航空公司按照ICAO公布的標準格式每年提供各項營運數據，包含資產負債表（balance sheet）及損益表（income statement），而根據他們提供的資料ICAO會編撰出財務報表「統計摘要」（Digest of Statistics）。各航空公司可以利用ICAO發布的財務報告，來比較自己與其他航空公司在營運成本效益上之差異。由於ICAO本身具有一定之公信力，因此由其所制定之財報數據格式已經逐漸被全球航空公司採用。

第一節　成本概念

企業投入購買機具成本之目的是為了要能夠賺取利潤，在市場上我們可以發現有許多高成本／高收益的行業，但是不可避免的也有許多低成本／低收益的行業。若由財務觀點來看，企業收益的高低與投入資金成本多少有關，也就是由每一塊錢所能獲得的利潤多少來決定。但是在競爭激烈的空運業裡，由於提供的服務幾乎相同，因此航空公司之間的競爭，能夠用較低的成本來創造更多邊際收益者，往往就是贏家，也才能夠在不斷變動的環境中永續經營。

成本也可以說是為了達成某一特定目標，所犧牲或放棄之經濟資源。現實社會中有一門與傳統會計不同，但對於企業營運管理有極大助益的管理會計（managerial accounting），對於成本做了不同探討，因為管理階層對於生產產品或提供服務給顧客所需要的成本必須清楚。成本的種

類有很多種，我們常用的直接或間接成本只是其中之一，而不論是小企業或是國際大企業，對於成本的瞭解及掌控，都是企業經理人要能有效經營公司的必要功課。

　　成本與價格不同，價格指的是提供給顧客產品或服務的售價，而成本指的是生產產品或提供服務所要花費的錢，而成本與價格之間的差異就是營收（revenue）。由以上簡單的敘述中很容易瞭解到企業想要賺取更多的營收，最簡單的就是將成本儘量壓低。

　　由於成本如此重要，身為航空公司的決策管理階層當然應當對投入的成本充分瞭解，但麻煩的是成本的本身也常常會因為使用者不同而變動，例如某航空公司在幾年前以四千萬美元購買了一架飛機，毫無疑問的這是一筆歷史資料，對於會計制度來說，公司在作帳時會以年度折舊來編撰資產負債表，但是對於經濟學家來說，則會將購機成本列為沉沒成本（sunk cost），因此在某種程度上應當與未來決策無關。

　　會計人員是以當前的支出及收入做導向，而且會將以往投入的歷史成本購買的設施、地面裝備及飛機等的固定資產，用分期償還或是折舊等方式來編列，換句話說，會計人員會仔細記錄說明所發生的事情，而經濟學家則對於如何運用成本來幫助決策制定較有興趣。由於成本定義十分繁瑣，為了幫助同學容易瞭解，在進入成本計算前對於財務上一些常用的專有名詞有必要做一解釋及釐清。

　　根據史迪芬·哈勒維（Stephen Holloway）（2003）對於可避免成本（avoidable cost）、增量成本（incremental cost）、沉沒成本及機會成本（opportunity cost）做出了以下定義：

一、可避免成本

　　凡是藉由決策決定不做某樣事情後可以避免支出的成本，例如航空公司決定刪除某條航線，或是不開闢某條新航線後避免支出的成本。其次

是決定少做某樣事情，例如決定將某條航線的班次減少。最後是用不同的方式來做某樣事情，例如將某條原有航線的班機改用成本較少的小型飛機，像是中華航空由桃園飛往溫哥華班機，原來採用波音747，由於成本較高，後來改由空中巴士A340來營運，就屬於這個例子。

二、增量成本

這是由於做出某種決策後跟著會多增加的額外成本，例如新開闢某條航線；或是對原有某樣事情多做一些，例如決定將某條航線的班次增加；或是用不同的方式來做某樣事情，例如將某條原有航線的班機改用成本較高的大型飛機。值得注意的是，就是針對不同決策的制定，導致衍生出的可避免成本或是增量成本都必須分別加以記載。

三、沉沒成本

凡是已經用掉而無法回收的花費，例如研究開發航線費用，或是當年的購機成本扣除掉目前二手機市場價值（殘值）後的花費等都應當視作為沉沒成本，本質上沉沒成本應當與未來決策制定無關。注意所有討論皆與時間有關，例如在決定是否要加入某條新航線之前，所有的廣告、航線規劃及新設站台費用等都屬於可避免成本；但一旦新航線服務開始後，大部分之前投入的花費就變成為沉沒成本。

四、機會成本與邊際分析

若是用價值來判斷機會成本是放棄替代選項中（好幾個選項）獲利最高的，它並不是真正的現金收益，相反的它是存在於機會當中，受到選擇影響所喪失的價值認定概念，也就是把一定的經濟資源用於生產某種產品時，放棄另一些產品生產可能帶來最大收益的部分。例如因為要觀看王

建民在大聯盟的比賽，而必須放棄到學校上課，那觀看王建民在大聯盟比賽三小時的機會成本就等於三小時學習時間的損失。

在實務上處處可見機會成本，有些機會成本是可以用貨幣來衡量。例如張三因為要去開南大學就讀空運管理碩士課程，假設一年學費10萬元台幣，如果張三原有工作之年收入為40萬元台幣，那就讀開南大學空運管理碩士課程的機會成本就是50萬元台幣（包括工作收入40萬元台幣及10萬元台幣學費）。

從投資理財面來看，機會成本是投資人放棄B股票，而花費在A股票上所得間之差異。機會成本在個人資產負債表上是無法顯現的，例如A股票及B股票的年報酬率分別為10%及20%，如果投資人選擇購買A股票，放棄B股票的機會成本就是10%。

我們已經介紹過如果用價值來判斷，機會成本是放棄替代選項中（好幾個選項）獲利最高的。簡單的說，機會成本與決策有關，問題是如何得知決策是正確的呢？如果從利潤面來看，我們可以從獲得收益及付出成本的比較得知，這種做法就是邊際分析。

從經濟學家的觀點來看，如何做出決策與「邊際」有關，也就是決策會基於再多投入多一點資源產生的變化而定，例如再多花一小時會怎樣？或是再多花一塊錢會怎樣？為了說明，我們舉出一個簡單例子來解釋如何以這種微小改變來決定做出何種決策的做法。

表4-1中工作小時薪資表示多工作一小時所賺的錢，它是邊際利益。而時間價值實際上是機會成本，表示如果這個小時休息，我感受到的價值多少，在本例中它就等於是邊際成本，也就是如果多做一小時，我要付出的成本。注意邊際成本會逐漸升高，這是因為一天有二十四個小時，如果只多做幾個小時，還有大量時間可以運用，因此我不會太在意，但是如果工作時間愈來愈長，剩下可以運用的時間就愈來愈少，相對我就必須放棄更多可能具有高價值的機會選項，此時邊際成本當然就會升高。

表4-1中我當然會選擇要做第一小時，因為邊際利益是10塊錢，而邊

表4-1　工作小時薪資與時間價值

小時	時薪	時間價值
1	10	2
2	10	2
3	10	3
4	10	3
5	10	4
6	10	5
7	10	6
8	10	8
9	15	9
10	15	12
11	15	18
12	15	20

際成本是2塊錢，可以獲得8塊錢的淨利。同樣的，由於還是8塊錢的淨利，因此我還是願意做第二小時的工作。以此類推，我會一直願意多做幾小時的工作，直到邊際利益小於邊際成本，以**表4-1**來說就是到第十一小時的時候，因此我會願意工作到第十小時，此時還有3塊錢的淨利。

第二節　生產函數及生產要素成本

　　基礎經濟學當中對於生產函數都有探討，而大多數經濟學課本中也將土地、勞工、資產及企業家視作為生產要素，而在許多實際的日常生活當中也都可以見到將不同的生產要素，用不同的比例組合在一起可以生產出不同的產品。例如在先進國家，由於機械發達，可以利用大量自動化機械及少量人工，以自動化的方式來製造產出，例如日本豐田汽車就利用大量機器人及少量勞工來生產汽車；同樣的，在一些第三世界國家，雖然機械不發達，但是可以運用大量廉價勞力加上少量機械的組合一樣可以從事

生產。

　　生產函數是探討不同輸入因子組合下，可以生產出多少產品的關係。對於一般的製造業由於產品明確，例如宏達電在投入生產要素（勞工、研發、……）就可以得出在短期內可以生產出多少手機；然而對於航空運輸服務業，由於沒有實體的產品，因此對於什麼是生產要素就值得探討。

　　對照於經濟學中土地、勞工等的生產要素，航空運輸服務業的飛機、機組員、燃油等也可以視作為生產要素。簡單的說，航空運輸服務業的生產要素是飛機、機組員、燃油及供起落的場地等，而產出則是提供人員、貨物及郵件的運輸。

　　如果以上所述的飛機、機組員、燃油及供起落的場地等確實是航空運輸服務業的生產要素，我們很容易發現在所有的航空公司之間的生產要素幾乎沒有差異存在。然而即使在航空公司之間的生產要素沒有差異，但並不表示各航空公司的生產要素成本沒有差異，道根尼斯（Rigas Doganis）（2006）列出不同地區、國家的航空公司機師及空服員薪資差異，如**表4-2**所示。

　　換句話說，如果有一條國際航線是從韓國仁川機場飛往美國舊金山，如果同時有兩家航空公司彼此競爭，一家是韓國航空，另一家是聯合航空，那光從機師及空服員這兩項生產要素的薪資成本來看，聯合航空就超過韓國航空的2-3倍，在這種情形下國際航空公司間的競爭顯然已經存在不公平的情形。但是值得注意的是航空公司的生產要素除了機師及空服員外，還有許多其他項目，因此當某些生產要素居於劣勢時，其他的生產要素就要注意加強。例如在美國農夫人工成本很高，機械就大量運用，因此在少量人力下可以完成大面積耕種；同樣的，在非洲地區農夫人工成本低，機械運用少，在大量運用人力下同樣也可以完成大面積耕種。

　　因此高薪資國家的航空公司如何能夠與低薪資國家競爭呢？就要從各個生產要素成本比較著手，例如先進國家在管理上的效率高，對於飛機

表4-2　全球國際航空公司機師及空服員平均年薪（美元）

	機師（副）	空服員
北美		
聯合航空	184,000	44,400
達美航空	180,900	42,200
美國航空	126,400	42,200
加拿大航空	99,000	29,300
歐洲		
斯堪地那維亞航空	200,300	80,000
法國航空	185,500	52,100
荷蘭航空	179,700	47,800
漢莎航空	154,500	49,600
英國航空	115,600	39,200
東亞		
國泰航空	209,200	41,000
日本航空	192,100	82,800
新加坡航空	150,400	37,800
泰國航空	83,200	17,800
韓國航空	58,800	26,900

資料來源：道根尼斯

調派、組員班表、班機航線等如果能做到有效率的安排，自然能將生產力發揮到極大，當然也就可以贏過雖然成本低但是欠缺效率的低薪資國家的航空公司。

　　威廉‧歐康納（William E. O'Connor）（2001）研究顯示拉丁美洲航空公司的成本平均比美國航空公司低25%，但對於勞工運用方面的效率相當低，因此導致在競爭力上的下降。

　　另一份由國際勞工組織（International Labor Organization）（1988）所做的研究報告顯示，北美航空公司（美國及加拿大）與歐洲、亞洲及非洲的航空公司比較，北美航空公司的員工成本與營運收入比較其比率值最

低，顯示北美航空公司每單位勞工對於公司營收貢獻度高於其他地區的航空公司。

機組員每個月的飛行時數、每架飛機的使用率及班表的安排是否有效率，這些也都是航空公司的生產要素成本。由於購買飛機的成本高，而不論使用與否，折舊費用都相當可觀。另外，航空公司是依賴飛機在天空中飛行來賺取利潤，因此每架飛機的使用率愈高，帶給航空公司的利潤就可能愈高，根據經驗值顯示8-9小時的每架飛機每日使用率是一個理想值，當然這與所飛航線有關。飛機在落地後等待起飛，在停機坪處理行李上下裝卸、飛機加油、機艙清理及餐點補充等所需花費的轉場時間，也會影響飛機的使用率。

由以上所述可以瞭解不同航空公司的生產要素本質上沒有多大差異，雖然某些生產要素會因所在地區或是國家會有差別，但是只要能夠將各別生產要素做有效率的運用，具備高人事成本的先進國家一樣能夠與低人事成本的航空公司展開競爭。

 第三節　航空公司會計成本分類

在1938年之前，在美國任何人只要有一架飛機就可以申請成立航空公司，可以飛行任何航線，對於想要經營的市場可以制定任何只要市場可以接受的價錢，更離譜的是由於缺乏管制，航空公司可以使用任何他們認為合適的裝備來進行飛機的維修。總之，在那個時代的航空運輸服務業絕對符合古典經濟學派的自由市場概念。為了保障大眾福祉提升飛航安全，美國在1938年通過民用航空法案，進而成立民用航空委員會（CAB），強制執行政府要落實飛航安全的政策，CAB提出要做到「適當的、經濟的、有效率的航空運輸業服務，以及沒有歧視、不偏袒、不公平及不破壞的自由競爭環境」。

　　依據1958年美國國會通過的聯邦航空法案（Federal Aviation Act）賦予的權力，要求各航空公司要按照CAB規定的會計成本分類將營運資料彙整交給CAB，直到1984年CAB解散之前，美國各航空公司都會按照CAB規定的格式將各項營運資料綜整交出，而CAB在彙整完畢後會將資料公布給大眾參考。

　　在CAB解散後該項業務轉交給美國交通部，各航空公司繼續將各項營運資料彙整後交出，同樣的，美國交通部在彙整完畢後也會將資料公布給大眾參考。這些資料包括航空運輸流量、營收狀況，並且將上述資料細分成乘客及貨物部分，及飛機營運的各項統計資料，各航空公司也要按時公布資產負債表及損益表。

　　有關營運成本部分必須按照一定的分類來計算各項成本的多少，由於航空公司的本質多少會有一些差異，因此對於營運成本的分類無法完全做到一致，但以下的一些成本分類原則是大多數航空公司所接受的：航務運作（flight operations）、直接維修（direct maintenance）、間接維修（indirect maintenance）、折舊及攤提（depreciation and amortization）、乘客服務（passenger service）、飛機服務（aircraft servicing）、交通服務（traffic servicing）、訂位及銷售（reservations and sales）、廣告及宣傳（advertising and publicity）和一般行政（general and administrative）等。

　　其中航務運作包括組員薪資及燃油費用；直接維修包含修護人員及直接用來維修飛機的材料，以及對飛機的歷時檢查與所需要的裝備等；間接維修指的是因為要保養及維護維修裝備衍生出的管理費用，管理零附件庫存及維修紀錄等；折舊及攤提是將購買飛機的龐大支出成本分年償還減輕航空公司負擔；乘客服務則是機上餐點及提供機上服務的空服人員薪資；飛機服務指的是對飛機及客艙的清洗但不包含機械維修部分；交通服務包含票務及行李處理；訂位及銷售、廣告及宣傳則由各航空公司自行解釋；最後一般行政則泛指凡是涵蓋超過對一個部門以上，為了幫助公司拓展業務或讓公司業務能順利進行所衍生出來的管理費用。除了上項成本

外，還有一項幾乎是各航空公司都有的旅行社佣金（西南航空自2004年以後就完全消除），許多航空公司會將該項費用列入到訂位及銷售，但也有許多航空公司將其單獨列出。

總之，關於營運成本的分類雖然大致上有一定的規範，但是在航空運輸業仍可以看見各航空公司在製作成本分類時採取不同做法，例如有航空公司只將成本分成三大類：運量成本（capacity costs）、交通相關成本（traffic-related costs）及管理成本（overhead costs）。運量成本包括機組人員、空服人員、燃油、落地費、折舊及攤提、租機費用等；交通相關成本包括票務、行李搬運、場站費用、餐點及飛機服務等；管理成本則包括維持整個公司營運，例如營運計畫、人事運作等的行政管理費用。

 ## 第四節　成本分析

前面介紹過成本分類，對於會計要求的按照功能做區別確實有用，但是對於管理階層想要依據這些成本做出決策就遭遇到一些困難，這就說明成本本身就是一件相當複雜的東西，很難只用一些專業術語就能夠將它們說清楚。

對於航空運輸業的管理階層來說，也有一些成本分類方式可以用來協助決策的制定。以下是一些在航空運輸業常見的用法：

一、共通成本及可分成本

可分成本（separable costs）指的是那些按照一些關於服務的邏輯可以明確的將成本加以分類者，例如餐點及空服人員薪資和乘客票務處理可以明確歸類到乘客服務類，而在場站處理貨運事務的成本可以歸類到貨運服務類，但是有一些成本例如機組員薪資，則可能同時包括提供上述兩

項服務，或是在客機貨艙內提供載運貨物服務的運費計算等，都很難明確的將該項成本進行分類。因此有必要將他們另外歸成共通成本（common costs），用共通成本及可分成本的方式可以解決許多在無法明確歸類的成本有了折衷的做法。

二、邊際成本、固定成本、完全分攤成本

邊際成本（marginal costs）在運輸經濟中很重要，它指的是當執行一個額外的服務，或是多增加一個旅客時所產生的成本，有時也稱為增量成本。這項成本在航空公司的帳目中很難一眼分辨出來，例如航空公司的班機在起飛前突然有一個旅客前來登機，此時多增加一個旅客的支出成本僅僅是在機上的餐點（多耗的燃油幾乎可以略而不計），另外機組員薪資、飛機折舊、管理人員薪資等都不會因為多一個乘客而改變。

但是如果航空公司的日常營運是固定的每日三班由甲地飛往乙地，因為營運績效太好，現在決定要將日常營運由三班增為四班，此時機組員薪資、燃油、落地費等都將會是因為該項決定所產生的支出成本。同樣的，如果因為這項決定導致票務處理、行李處理設施超過負荷而需要擴充，這些多產生的成本都屬於經由這個決定衍生出來的成本。

固定成本（請參閱本書第二章有關之介紹）與邊際成本不同的是固定成本不會因為決策而改變，換句話說，不論公司是否營運該筆費用是一定要支出的。

完全分攤成本（fully allocated costs）的運用是考量在載運特定數量的物品時，會涉及到邊際成本及固定成本兩部分的情形；例如出售旅遊市場的團體廉價票或是效期一個月的廉價來回票，航空公司知道出售機票的價格無法涵蓋所有的成本，但是卻足夠支付邊際成本及部分的固定成本。尤其是若廉價票能夠將原本是空著的機位補滿，對於航空公司幫助更大，當然航空公司要注意的是如何防止原來購買一般票價的旅客轉而購買

廉價票。

三、場站成本及航路運輸成本

在探討為什麼單位乘客里程（per passenger-km）總成本會隨著航程增加而降低時，將成本分成為場站成本（terminal costs）及航路運輸成本（line-haul costs）就特別有意義，會造成這種現象我們稱之為成本漸縮（cost taper）導致的費率漸縮（rate taper）。航路運輸成本直接與飛行里程及飛機真正的飛行時間有關，當然這些還要包括機組員薪資、燃油、直接維修成本及後艙空服人員薪資等；場站成本又稱為地勤成本，指的是處理場站事務產生的費用，例如對飛機及乘客在場站等待的服務費用，這些成本與搭乘飛機乘客數量多少有關，與飛機飛行里程無關。

航空公司在場站花費的成本可以平均的分攤到所服務的乘客上，因為在場站服務每一個乘客的成本不會與乘客搭機飛行的里程有關。若將該筆服務每個乘客的費用按照乘客搭乘飛機的飛行里程來分攤，很明顯的長程旅行（幾千公里）乘客分攤到的單位乘客里程成本將會遠小於短程旅行（幾百公里）乘客分攤到的單位乘客里程成本。另外，由於航路運輸成本也會隨著飛機的飛行里程增加而降低（飛機在起飛、落地及低速飛行時較耗油），因此長程航路運輸成本的單位成本也較短程低。如果將場站成本及航路運輸成本加起來，不難發現長程航路運輸成本的單位乘客里程總成本較短程航路運輸成本低。

對於航空貨運來說，場站花費的成本包括對於運送貨物的接收、秤重、分類、儲存、裝載及卸載等一連串活動，與航空客運不同的是航空貨運場站花費的成本占總成本的比例很高，因此航空貨運公司對於場站成本都會加強控制。

但是不論是對航空客運或是航空貨運，都會因為長程的飛行里程導致分攤到的單位乘客（貨物）里程成本變小。

四、座位公里成本（seat-km (mile) costs）及相關比例

對於航空公司管理階層來說，會計帳目不僅是列出成本多少，其中有許多訊息是非常重要的，例如說單位可用座位公里成本（cost per available seat-mile, CASM），代表在飛機上的一個機位每飛行一公里（英里）所要支付的成本。這項訊息對於航空公司客運部門管理者是一個重要的參考依據。同樣的另外一個重要的訊息，單位收益乘客英里（revenue per RPM, RRPM），代表在飛機上的一個付費乘客每飛行一公里（英里）所要支付的費用。如果航空公司想要有正的營運獲利，基本上RRPM一定要大於CASM。

另外，如果將收益乘客英里（RPM）除上可用座位公里成本（ASM），可以得出飛機的載客率。而如果將單位可用座位公里成本（CASM）除上單位收益乘客英里（RRPM）則可以獲得兩平載客率（breakeven load factor）。

五、短程成本問題（short haul problem）

對航空公司來說短程的單位可用座位公里成本的問題十分重要，造成這種現象有兩個因素：(1)短程的單位可用座位公里成本較高；(2)短程的乘客需求變化大（價格彈性大）。這是因為對於短程運輸來說可以選擇的替代運輸工具比較多的緣故，因此為了要吸引短程的乘客搭乘飛機，在票價方面不得不壓低。如果要能夠將座位公里成本考量在內，那航空公司訂出的票價很可能會高過平面運輸工具的價格。

會造成航空公司短程可用單位座位公里成本高的因素很多，之前在場站成本及航路運輸成本中就提過單位乘客英里總成本會隨著航程增加而降低，其中包括在場站上處理長程、短程旅客（票務及行李）或是貨物所花費的成本是一樣的；另外飛機燃油的最大消耗量是發生在起落階段，因

此短程飛行的平均燃油消耗量會大於長程飛行。同時短程飛行的機組員成本較長程飛行高，這是因為飛機平均速度較低，導致花費更多飛時，增加飛行機組員的薪資成本支出。

　　這種短程成本問題造成航空公司無法與平面運具競爭的例子隨處可見，例如國內航空公司的西部航線（北、高航線）因為高鐵的加入而全面退出，而其他國家的航空公司如果想要保持幾百公里航程的營運，幾乎也都要依賴政府的補貼才行。

 ## 第五節　航空公司營運成本

　　航空運輸業在計算總營運成本時通常會將其分成為營運（operating）及非營運（non-operating）成本，前者是指由於執行航空運輸業務所產生之成本，而後者則泛指除了航空運輸業務之外，包括決策在內凡是與支援贊助航空運輸業務相關之作為。道根尼斯根據國際民用航空組織（ICAO）及美國的要求，將全球大多數國際航空公司的非營運成本歸成五類：

1. 不論是與飛航或是與飛航無關之現有資產或裝備淘汰所獲得之利潤或是損失，而究竟是獲利或是損失，則由資產或裝備折舊後剩餘之價值，與淘汰或轉售資產或裝備後所獲得之現金相比較即可得知。
2. 因為租賃借貸而付出之利息，以及本身存在銀行資金獲得之利息，通常此種付出或是獲得之利息會與飛航營運無關，而許多航空公司會將飛機租賃之利息列為營運成本。
3. 與航空公司相關之附屬機構產生之獲利或是損失。
4. 不屬於前三類之獲利或是損失，例如由匯率變動產生之匯損或是由出售股票之獲利。
5. 任何直接或間接由政府提供之補助，或是其他有關稅賦減免之獲

益。這種現象在1990年代的歐洲最為常見。

　　史迪芬‧哈勒維將航空公司總成本概念用**圖4-1**表示，營運成本又可以再區分出直接營運成本（direct operating costs）及間接營運成本（indirect operating costs）。

　　圖4-1將航空公司總成本非成為營運成本及非營運成本兩大類，其中非營運成本與航空公司的營運好壞並無太多直接關聯，而每家航空公司的非營運成本內容亦不盡相同，因此若在比較不同航空公司的總營運成本時，將非營運成本部分包括在內，產生的意義是不大的。

　　實際上，許多航空公司當遭遇利潤減低時，他們會選擇對「非營運成本或是收入」部分來作帳，常見的做法是飽受財務困擾的航空公司會採取將飛機先賣掉，然後再「租」回來的做法，這麼做在財務報表（financial statements）上會有一筆大資金的現金流入，當然這是屬於非營運項目的收入，而可以用來將公司的損失彌補。由於這種做法存在有極大的漏洞，因此在比較航空公司的成本及營收時，最好是將非營運項目的部

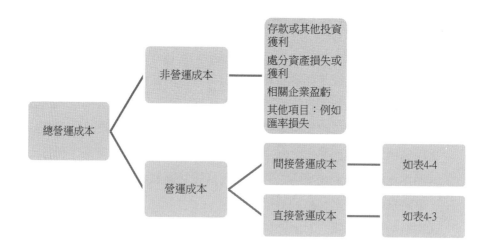

圖4-1　總成本示意圖

資料來源：Stephen Holloway

表4-3 直接營運成本

一、航務運作
　　1.組員薪資旅費。
　　2.燃油。
　　3.機場及航路費用。
　　4.飛機保險。
　　5.飛航設備租賃。
二、維修及大修
　　1.維修工程人員費用。
　　2.備份零件損耗。
　　3.維修管理（可能是間接營運成本）。
三、折舊及攤提
　　1.飛航設施。
　　2.地面裝備及資產（可能是間接營運成本）。
　　3.加速折舊。
　　4.開發成本及組員訓練費用分期償還。

表4-4 間接營運成本

一、場站費用
　　1.地勤人員。
　　2.辦公大樓、裝備及交通。
　　3.付給其他機構之處理費用。
二、旅客服務
　　1.座艙組員薪資（可能是直接營運成本）。
　　2.其他旅客服務成本。
　　3.旅客保險。
四、票務、銷售及促銷
五、一般管理費用
六、其他營運成本

分拿掉，這樣才可以很客觀的知道航空公司的營運績效好壞。

　　基本上，營運成本是航空公司為了要遂行空中運輸業務，為公司賺取收入而必須要用於投資購買營運機具的花費。營運成本又因為使用目的的不同可以分為直接營運成本及間接營運成本。理論上這兩種成本有很清

楚的定義，直接營運成本與飛機類型有關，也就是說當飛機改變時，直接營運成本也會改變。廣義來說，直接營運成本包括所有飛航支出，像是機組員薪資及燃油等。間接營運成本與乘客有關，本質上與飛機無關，也就是說當飛機改變時，間接營運成本不會改變，包括旅客服務成本、票務及銷售成本、場站及地勤人員成本以及一般行政管理成本等。然而在實務上要想將直接營運成本及間接營運成本分得清楚是有困難的，這是因為某些成本項目在認定上有一些爭議，例如某些航空公司就將維修管理及客艙組員成本列為直接營運成本，而又有一些航空公司將他們列為間接營運成本。

一、直接營運成本

道根尼斯（2002）將直接營運成本的項目分為：

(一)航務運作成本

在航務運作成本中占比重最大的就是與飛機有關的成本，而第一項就是與飛航機組員有關的成本，包含飛機組員薪資、出差旅費、過夜津貼、退休金、保險費及其他社會福利費用等。為了安全因素，在同一期間飛行員只能飛一種機型的飛機，而大型飛機飛行員的薪資往往較小型飛機高。為了節省成本空中巴士的A319及A320由於座艙儀表配置相似，因此飛行員可以同時飛兩種飛機。

第二大項是燃油，燃油消耗量與飛機大小及發動機數量有關，通常大型飛機及多發動機的飛機較為耗油；另外，每條航線的耗油量也不一樣，而燃油消耗量與航線長短、風向及巡航高度也有密切關係。

第三項是機場及航路費用，通常航空公司的班機會使用機場跑道及航站設施，因此需要付錢給機場當局，而機場的費用大致分為兩類：以飛機重量為考量的落地費以及旅客服務費（按載客數計算）。

　　另外，航空公司的航路費用是用來支付飛機使用航路導航之用，而收費之多少與飛機大小重量及飛越該國家領空航路長短有關。在航務運作成本當中比重較低的就是飛機保險費用，通常保費是以新機全額購買價格的百分比來計算，大約是在1.5-3%之間。但是如果碰到恐怖攻擊事件，像是911事件，航空公司可能要多付2%的保費。

　　許多航空公司會想用租機方式來節省成本，尤其在過去二十年租賃變得非常普遍，基本上租賃方式分成兩種：營運租賃（operating leases）及財務租賃（financial leases）。營運租賃的年數短（通常在五年以內），而飛機的債權人不變（屬於租機公司）；財務租賃租期較長，而在十年或更長時間到期以後，飛機的所有權會轉移給航空公司。

(二)維修及大修成本

　　航空公司的總維修成本包含甚廣，要將其分門別類相當耗費時間，為方便起見國際民用航空組織（ICAO）將所有維修及大修的花費放到一個不可分割的成本項目內；而英國民航局（UK Civil Aviation Authority）將其分成兩類：固定及變動，其中變動部分則是與飛行時數有關，亦即飛行時數愈高則變動成本也愈高。

　　航空公司有一系列針對飛機各系統和零件以及飛機機身的維修計畫，以確保飛機各系統能安全可靠地工作，並確保飛機內的線路、管路、機械操作機構和結構無損傷。所有規定的維修都有一個明確的執行週期或間隔，週檢單位通常用飛行架次、年、月和飛行小時來表示。為了執行方便，通常將同週期的維修計畫組合在一起同時執行，形成一系列的工作，就是：A檢、B檢、C檢和D檢。A檢、B檢、C檢和D檢分別有一個執行週期，其中飛機的D檢（大修）間隔是五至六年、C檢間隔是十五至二十一個月、B檢間隔是三至六個月、A檢間隔是五百至八百小時，在一個大修週期若以一架波音747為例，大約每天需要約一百名維修人員，共計要花費少至三週，多至兩個月的維修時間。

　　發動機是飛機最核心、也是最重要的部分，所需的維修成本也是最多的。發動機的大修週期完全取決於發動機熱段的壽命或時限。這是由於飛機在起飛時所需的發動機推力最大，使得發動機熱段受到的磨損和熱應力也最大，所以發動機零附件壽命的時限以熱段為週期。根據統計一具發動機維修和零附件更換成本超過50%的維修總成本。

　　在美國交通部（DOT）要求航空公司將飛機的維修成本分為三類：機身、發動機及維修管理費用。而這些資料都會對外公開，正好可以作為各航空公司之間對於維修成本之比較。

(三)折舊及攤提

　　固定資產長期參加生產經營創造產品價值，而企業在購買固定資產必須付出成本，這部分隨固定資產磨損而逐漸轉移掉的價值即為固定資產的折舊。

　　折舊是企業分階段（可能數年）將固定資產喪失價值記錄的流程，這種用一段時間以支出來記錄折舊的方式，其目的是要將原先購買固定資產的龐大金額（如飛機）分配到它的使用壽期當中。然而，與其他花費不同的是，折舊費用是非現金支出，簡單的說，就是在記帳的當時並沒有該筆資金的付出。

　　舉個例子來說，假設瑪莉的服飾公司在某年賺了美金10,000元，但在該年當中瑪莉為了擴大營業，她購買了一台縫衣機花了美金7,500元，並且希望該縫衣機能夠使用五年，但是如果不提折舊，那到了年底公司帳上只有美金2,500元的利潤，這個數據會讓投資者不能接受。

　　如果瑪莉將花了美金7,500元的縫衣機分五年提出折舊，則變成每年美金1,500元，這個時候公司可以在每年年底只需減去美金1,500元，而公司的獲利就變成美金8,500元，投資者當然高興。

　　以上的討論似乎有點矛盾，因為雖然公司的獲利是美金8,500元，但實際上公司卻是在一開始就付出美金7,500元購買縫衣機，也就是說公司

在銀行的實際結餘應該還是只有美金2,500元。為了彌補這項缺失,另外有一項財務報表就是現金流量表(cash flow statement),它必須清楚交代資金的流入及流出,因此投資者必須審慎觀察。

由於飛機、火車、輪船作為交通工具,與其他交通工具相比,其性能較強,價值較高,使用期限相對較長,折舊年限也相應較長;所以在中國大陸規定,此類固定資產的最低折舊年限為十年。

一般航空公司傾向使用直線折舊法,就是將購機成本分成若干年度的等比例的支出,通常在年限過後仍會有約0-15%的剩餘殘值。到1970年代中期,廣體客機問世後折舊年限加長到約為十二年左右,究其原因為:(1)廣體客機的資金成本比以前的客機為高;(2)航空科技技術的進步已經到達高峰。到目前為止,航空公司的廣體客機折舊期限約為十四至十六年左右,殘值約為10%的購機成本。航空公司使用折舊的目的有二:(1)將龐大購機成本分攤到飛機的使用年限當中;(2)折舊費用可以從公司的盈餘當中扣除,放入到公司保留資金當中,而可以用來支付其他用途。

航空公司購買飛機使用折舊的多少和期限與剩餘殘值有關,舉例來說,華航用2億美金購買一架波音B747飛機,假設採取十六年折舊,而殘值為10%,試求折舊費用多少?

年度折舊=(購買飛機價格-剩餘殘值)/折舊期限

$$= (200,000,000 - 20,000,000) / 16$$

$$= 11,250,000$$

得出每年折舊費用為11,250,000美元

二、間接營運成本

(一)場站及地勤費用

　　所有在機場為了提供航空公司服務之費用（不包含落地及機場費），包括航空公司在機場處理及提供飛機、旅客及貨物服務的薪資及費用，另外，航空公司提供給頭等艙及商務艙貴賓使用的貴賓室、地面運輸設備，以及航站大樓辦公室所使用之電話、傳真等都是。一般而言，航空公司營運總部所在地該筆費用支出最大。

(二)旅客服務成本

　　旅客服務成本最大部分是付給飛機後艙組員的薪資及津貼，像是外場過夜的旅館費及後艙組員的訓練費。第二大項是直接提供給旅客服務，像是航路中餐點、娛樂費用，以及過境轉機旅客的旅館費，加上某些時候（可能是誤點或天候引起）為了讓地面候機旅客覺得舒適的餐點費。第三是旅客責任保費及旅客意外險費用，這項費用的支出高低與航空公司的安全記錄成正相關，在每1,000收益乘客公里（RPK）大約會收取33-55美分。

(三)票務、銷售及促銷成本

　　包括所有從事票務活動職員的開支、給付及津貼等都是，國內、外零售票辦公室以及所有電話中心電話費、電腦訂位系統（computer reservation system, CRS）以及航空公司的網路費用等。然而對於國外零售票辦公室費用在認定上往往出現問題，因為他們通常除了售票之外，常常也會幫忙處理乘客其他問題，例如行李處理，這時可能又是場站及地勤費用的範圍。

　　在此項目中支付給旅行社的銷售佣金所占比例最大（西南航空例外，自2004年以後就沒有佣金項目支出），同時支付給信用卡公司及全球

配送系統對於他們在訂位上之協助也不少,最後所有促銷開支,包括廣告成本及類似提供給旅遊記者或旅行社人員的酬佣等都是。

(四)行政管理費用

在航空公司的總營運成本當中,行政管理費用所占比例相當小,基本上這是因為與各項成本有關的管理費用可以歸類到相關成本當中,因此所謂的行政管理費用只考量單純與整個航空公司或是無法放入到各項成本的管理費用才算。因此,如果航空公司之間將這項成本拿來比較的話是無多大意義的。

第六節　主要營運成本

在前節談到總營運成本分成為營運及非營運成本,而在營運成本之下又可區分直接營運成本及間接營運成本,在直接營運成本之下又可再區分出直接固定營運成本及直接變動營運成本,林林總總不下數十項,對於初次接觸或是對成本概念不深的同學在學習上容易產生困擾。

為了加強初學者的印象,本節將前述數十項營運成本當中最重要的兩項——燃油及人事成本挑出,幫助同學瞭解空運業的營運現況。

一、燃油成本

據統計1972年美國航空主要航空公司購買航空燃油的平均成本是每加侖11.5美分,到1980年每加侖航空燃油的平均成本接近1美元,成長了近8.7倍。1990-1991年因為爆發波灣戰爭每加侖航空燃油曾經高漲到1.14美元,然而整體來看從1991-2003年每加侖航空燃油的平均成本一直穩定的保持在0.5-1美元之間震盪。從2004年開始每加侖航空燃油的平均成本

就一路上漲，在2008年時每加侖航空燃油的平均成本曾高達3.07美元，雖然在2009年時曾下跌到每加侖平均1.9美元，然而很快的到2011年時每加侖航空燃油的平均成本又回到2.87美元的高檔（圖4-2）。

雖然未來的燃油價格十分難料，但是從全球供需的角度來看（圖4-3、圖4-4），從1981年開始至今，全球原油供給量就始終低於需求量，加上新興國家例如印度及中國的需求日益增加，造成供需之間的差異更為擴大。因此我們幾乎可以確定未來燃油價格的持續緩步走高很可能會成為常態，也就是說日後要想回到每加侖航空燃油的平均成本在1美元左右的機率很低。

為了要將燃油成本壓低，很多航空公司選擇購買新型具備燃油效益的飛機，然而儘管強調燃油效益較早期飛機佳，但是省下的燃油消耗量相對於支付多出的燃油成本仍然有限；航空公司的另外一個做法是航路調整，儘量避免讓航程過短；最後就是要努力做到將載客率提升，例如可以

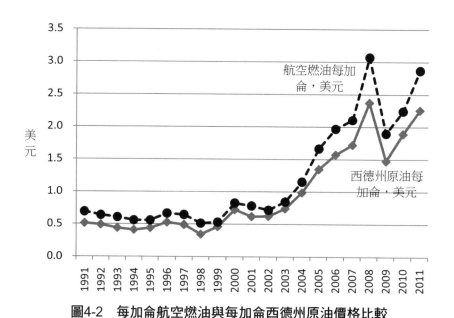

圖4-2　每加侖航空燃油與每加侖西德州原油價格比較

資料來源：Airlines for America網站

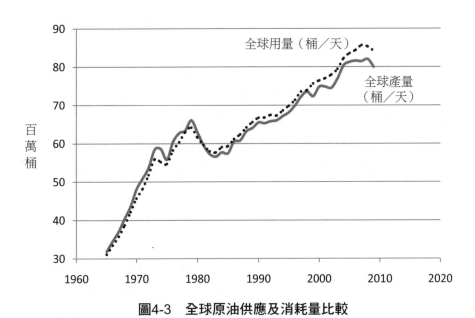

圖4-3　全球原油供應及消耗量比較

資料來源：BP energy statistics

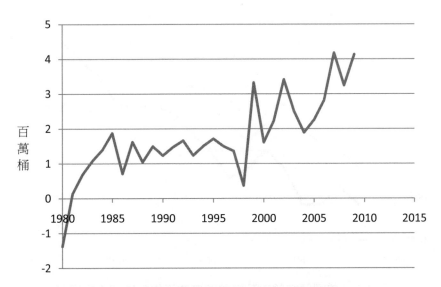

圖4-4　全球原油供應及消耗量每日短缺趨勢

資料來源：BP energy statistics

減少載客率低的市場班次及有效運用軸輻式系統。實際上，無論是傳統航空或是廉價航空都努力的要將載客率提升，從1995-2000年傳統航空及廉價航空的平均載客率分別是71%及66%；到2001-20100年傳統航空及廉價航空的平均載客率上升到79%及73%，2011年傳統航空及廉價航空的平均載客率上升到83%及82%，兩者差距已經逐漸縮小，如果沒有意外，在2012或是2013年廉價航空的平均載客率將會超過傳統航空（**圖4-5**）。

總之，從**圖4-2**每加侖航空燃油價格到**圖4-4**全球原油供應及消耗量每日短缺趨勢來看，由於全球原油供應量的有限，就長期趨勢而言航空燃油價格應該朝向穩定走高的方向發展，而為了要能夠將這種現象改善，先進國家早就已經對於航空燃油的替代能源進行規劃研究，而目前全球第一架以生物燃料（biofuel）為動力的客機——灣流G450型噴射客機使用的燃料中，有25%來自亞麻薺提煉的生物燃料，於2011年6月18日由紐澤西起飛七個小時後，飛越大西洋降落在巴黎的布爾歇機場（Paris-Le Bourget

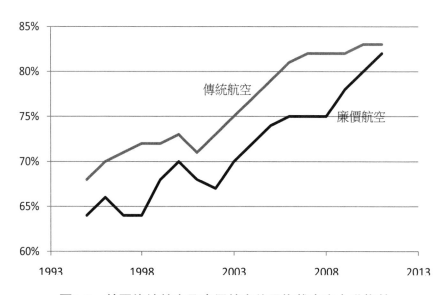

圖4-5　美國傳統航空及廉價航空的平均載客率上升趨勢

資料來源：Airline Data Project

Airport）。這次成功的飛行僅能顯示全球科學家在替代能源的這條道路上已經獲得了重大的成就，但是距離真正能夠將替代能源全面取代原來的航空燃油仍有一大段路要走，我們幾乎可以確定的是在未來幾年航空燃油價格絕對會是全球航空公司的挑戰，也希望航空公司要及早做出因應計畫，避免因為營運成本過高導致營運出現問題。

二、人事成本

美國傳統航空僱用人員數量從1995年的350,363人到2011年降為261,519人，其中機組員從1995年的39,403人到2011年降為32,369人（圖4-6），整體下降幅度分別為25%及18%。

反觀收益乘客英里（RPM）由1995年的449,622到2011年為537,318人（圖4-7），整體上升幅度為19.5%。

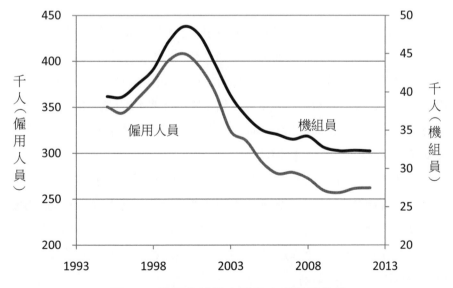

圖4-6　美國傳統航空僱用人員數量趨勢

資料來源：Airline Data Project

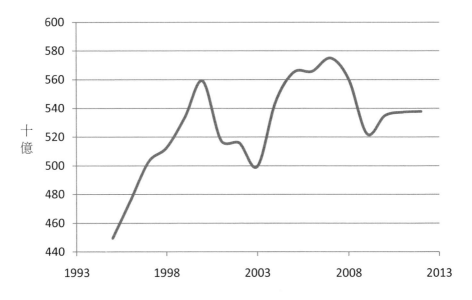

圖4-7　美國傳統航空收益乘客英里（RPM）趨勢

資料來源：Airline Data Project

　　這種代表乘客需求的RPM保持長期穩定上升，而代表美國傳統航空
公司服務乘客的人事成本在2000年達到高峰後即開始呈現下降趨勢，這顯
示在燃油成本不斷攀高後，為了壓抑營運成本美國傳統航空公司不得不選
擇將第二大的營運成本——人事成本儘量壓低（**表4-5**及**圖4-8**）。中華航
空公司燃油及人事成本自2006年開始也超過總營運成本的50%，其中燃油
成本甚至超過40%以上（**圖4-9**）。

　　與其他企業相比，航空公司與員工之間的相處關係更為複雜，部分
原因是因為航空公司員工都要擁有專門技術及擔負的責任重大，因此需要
經過專業訓練及有嚴格的標準要求，而由於工作特性航空公司員工需要
二十四小時全年無休的值勤工作，由於有這些的嚴格要求也使得航空公司
員工的薪資較其他行業高。

　　在美國大多數航空公司員工都會參加工會，有趣的是航空公司的工

表4-5 美國傳統航空公司燃油及人事成本占總營運成本比例變化

	人事成本占總營運成本比例	燃油成本占總營運成本比例	共計
1999	38.6%	9.8%	48.4%
2000	37.9%	13.6%	51.5%
2001	38.5%	12.4%	50.9%
2002	40.9%	11.2%	52.1%
2003	37.6%	12.6%	50.3%
2004	32.0%	16.3%	48.3%
2005	26.2%	21.9%	48.1%
2006	24.2%	24.3%	48.5%
2007	23.8%	24.9%	48.8%
2008	20.1%	30.0%	50.1%
2009	25.4%	21.9%	47.3%
2010	24.8%	24.2%	49.0%
2011	22.6%	27.9%	50.5%

資料來源：Airline Data Project

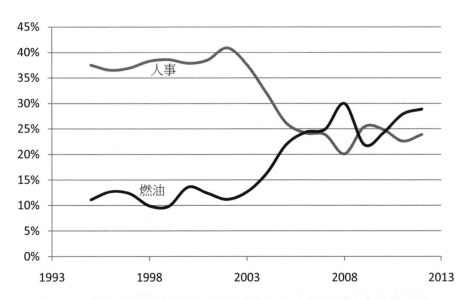

圖4-8 美國傳統航空公司燃油及人事成本占總營運成本比例變化

資料來源：Airline Data Project

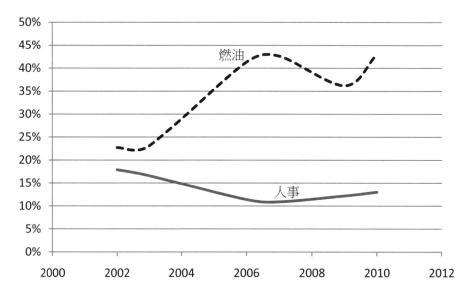

圖4-9　中華航空公司燃油及人事成本變化

資料來源：華航年報

會是按照業務特性組成，例如有機師工會、空服員工會以及地勤人員工會等，由於所屬工會不同，因此只要有一家工會罷工就往往導致航空公司無法順利運作。

　　不幸的是與其他企業相比，航空公司更容易因為罷工而遭受到傷害，這是因為其他生產製造企業的產品在罷工期間可以收藏起來以後再賣，但是航空公司的機位無法儲存，因此罷工多久就造成多大損失，尤其如果罷工是發生在尖峰時刻那損失更是龐大。

　　美國對於勞工的保護可說是相當周全，在1926年時聯邦就針對鐵路勞工制訂過鐵路勞工法案（Railway Labor Act），同樣的，在1936年時聯邦也針對航空公司員工制訂了一項聯邦法案，按照這個法案規定若勞資雙方針對工會提出合約內容無法達成共識時，一個名稱叫做國家調解委員會（National Mediation Board, NMB）的政府機構就會介入協調，該委員會

通常由三個人組成，如果經由NMB的協調雙方仍無法達成共識，那就會提交付仲裁，但是如果仲裁結果仍無法被雙方接受，最後結果就有可能會走向罷工。

美國主要航空公司——美國、東方、環球、聯合及泛美，為了要強化與工會的談判力量，在1958年撰擬了一份「相互援助協定」（Mutual Aid Pact），大家同意如果某一家航空公司的員工進行罷工，其他航空公司要將從罷工得來的獲利還給該航空公司。實際上想要精確的算出何者是多出的獲利有相當大的難度，但是基本原則是計算該段罷工期間其他航空公司多增加的獲利，當然也要扣掉該部分的成本。然而這個協定在1978年航空公司管制解禁法案實施後遭到政府部門的否定，也象徵勞工的權益獲得勝利。

美國有工會及沒有工會的航空公司在員工成本上的差異主要是在工作條款上，例如航空公司的機身及發動機維修人員都必須要經過認證，但是工會的勞工合約通常會要求發動機維修人員只做發動機維修，因此若牽涉到在飛機上裝卸發動機時，就必須要多派一名機身維修人員來執行裝卸動作，這種做法當然會造成效率上的損失。

在遭遇到燃油價格高漲及不斷發生美國主要航空公司申請破產後，工會的力量無形中也減少了，最有名的就是1983年大陸航空利用申請破產流程導致工會合約失效的例子，大陸航空在破產法下提出重整，在停飛幾天後展開小規模營運，並以低於工會薪資條件重新聘請原來員工。雖然大陸航空利用申請破產來降低員工薪資的做法造成爭議，但是卻也突顯出了一個事實就是如**圖4-8**所示，由於航空公司無法掌控燃油價格上漲，剩下的選項當然是只有將員工薪資降低。

 第七節　飛機採購成本

　　雖然前節提及航空公司營運成本當中最重要的兩項為燃油及人事成本，然而有關選擇何種型式的飛機以及要採購多少架，也是另外一項航空公司重大成本的支出。

　　航空公司採購飛機與其他企業差別很大，因為從下訂單開始到真正將飛機交給航空公司加入營運，通常需要好幾年的時間。例如根據路透社（Reuters）在2011年7月20日的報導，美國航空簽下了航空史上最大合約，預計向波音及空中巴士購買總價高達美金400億約460架飛機，其中空中巴士A320窄體客機預計2015年交機，波音公司新型B737客機將於2017年加入營運。即使A320及波音B737客機都是已經在民用航空市場營運多年的飛機，尚且需要好幾年的等待時間，因此對於研發一架新型飛機需要超過十年以上的等待時間就不足為奇了。

　　而儘管從下訂單到交機需要好幾年的時間，而航空公司也可以將購機款項分幾年來逐年交付，即使如此對於任何航空公司來說都不是一筆小數目。另外，由於航空運輸業的營運又與全球經濟景氣與否密切相關，而經濟景氣又常會出乎預料，因此若是花費大錢買到的飛機在交機時遇到經濟不景氣，對於航空公司的營運恐怕將會造成重大影響。為了改善上述情形，飛機製造商應當將生產製造飛機需要的前置作業時間儘量縮短，而航空公司則可以將購機計畫期程計量拉長，利用長合約將飛機交付時程分散，如此一來可以降低付款壓力，另一方面也可以避免發生突然有大量飛機加入營運。

　　由於採購一架飛機的成本往往高達數千萬美元，而全球國際航空公司的機隊動輒超過數十架飛機，對於任何航空公司來說都會是一項高昂的成本支出。另外，航空公司在採購飛機時，除了價格以外還有許多要考量的因素，例如銀行貸款額、機組員訓練成本、航程、未來航線需求使用

率、載客量、維修成本、燃油效率及與現有機隊相容性等，都是管理階層在做出決策前需要考量的問題。由於飛機採購問題涵蓋甚廣，宜另闢專章加以說明，本節僅針對飛機類型、飛機價格及燃油成本等加以介紹。

一、飛機類型

(一)窄體客機

窄體客機指的是在飛機座艙內只有一條走道的飛機，通常機身寬度大約在3-4公尺，而在座艙內沿著走道每一排座椅的安排大約是2-6個；而不被允許穿越大西洋，或是不允許做洲際飛行的窄體客機，一般稱之為區間客機。

在全球國際航空公司機隊當中為人熟知的窄體客機有空中巴士的A319、A320；波音公司的B717、B727、B737及B757；另外還有麥克唐納—道格拉斯（McDonnell Douglas）製造的MD80、MD90及DC9等，主要是用來做短到中程運輸。

噴射客機在1952年5月進入航空公司營運，首航班機是從英國倫敦飛往南非的約翰尼斯堡，而第一架擔負此任務的是由英國製造的噴射客機地海維蘭德慧星I號（De Havilland Comet 1），不幸的是接連發生三次意外，最後導致慧星I號在1954年退出營運。波音公司製造的707是第一架長程窄體客機（航行距離2,500-5,750海里）高乘載（可以搭乘140-189名乘客），於1958年加入營運，到1980年時總共生產約900架。

波音公司的B727、B737、B757，以及麥克唐納—道格拉斯製造的MD80、MD90、DC9等是第二代的窄體客機，與第一代窄體客機不同的是第二代窄體客機使用的是具有低旁通比的噴射渦輪發動機，而波音B727是1970年代最受美國航空公司歡迎的飛機，但卻因為有三個發動機及燃油效率差的原因，遭到波音B737的取代。波音公司在1982年推出高燃油效率能夠搭載239名乘客的B757，專門執行航程在兩小時以內的航

線。

　　空中巴士的A320於1988年進入航空公司營運，她是第一架採取線控飛操（fly-by-wire）的民用客機，線控飛操的電腦系統可以控制不讓飛行員因為操作不慎，發生超出飛機性能因而導致飛機解體或失速等情事，換句話說，該型機可以減少人為犯錯的機會。空中巴士的A320家族包括A319、A320及A321。根據波音公司發布的2011-2030年當前市場展望（Current market outlook 2011-2030）（**表4-6**），由表中得知在2010年窄體客機大約是占全球民航機的62.3%，而廣體客機則占18.7%。

(二)廣體客機

　　廣體客機一般泛指較大型的飛機，在飛機座艙內有兩條走道以上，且有不同艙等安排的飛機，通常機身寬度大約在5-7公尺，而在座艙內沿著走道每一排座椅的安排大約是7-10個，載客數量可以從200-850名，目前最大的廣體客機是空中巴士於2007年10月交付給新加坡航空公司的A380客機，機身最大寬度7.14公尺，在三級艙布置下可載客525人，或於單一經濟艙布置下搭載853人，航程為8,200海里（15,200公里）。

　　第一架廣體客機是波音公司於1969年2月引進的波音B747客機，在三級艙布置下可載客450人，或於單一經濟艙布置下搭載500人。接著在1971年8月麥克唐納—道格拉斯製造三個發動機的DC10也加入營運；在1982

表4-6　全球民航機使用狀況

	2010年	2030年
大型機	770	1,140
雙走道	3,640	8,570
單走道	12,100	27,750
區間客機	2,900	2,070
總計	19,410	39,530

資料來源：波音公司2011-2030年當前市場展望

年波音B767客機加入營運，她是第一架將傳統座艙儀表板用數位方式顯現的廣體客機，可以搭載181-375名乘客，航程為3,850-6,385海里（7,130-11,825公里）。在1990年麥克唐納—道格拉斯推出MD11加入營運；在1995年波音B777長程客機加入營運，可以搭載300名乘客，航程為5,235-9,380海里（9,695-17,370公里），B777是第一架波音公司製造採取線控飛操的客機，同時她也是第一架完全用電腦設計的商用客機。

　　空中巴士於1978年7月推出中到長程的A310客機，在兩級艙布置下可載客195人，或於單一經濟艙布置下搭載245人，航程為2,000海里（3,700公里）。接著在1994年空中巴士A330及孿生兄弟A340（差別在發動機數量），在兩級艙布置下A330可以搭載335名乘客，航程為4,000-7,250海里（7,400-13,430公里）。

　　有趣的是無論B767、B777、MD11，或是A310、A330、A340等，她們的酬載都較在1969年製造的B747小，直到在2007年10月空中巴士製造的A380正式加入營運，設計酬載才打破B747紀錄。在三級艙布置下A380可載客525人，或於單一經濟艙布置下搭載853人，航程為8,300海里（15,400公里）。

(三)區間客機

　　在1970年代末期美國通過航空公司管制解禁法案後，航空公司之間的競爭變得激烈。美國主要航空公司傾向運用輻軸系統來加強競爭力，然而與大航空公司輻軸中心連接外圍城市的短程航線，就交給以地區為主的小航空公司使用速度較慢的渦輪螺旋槳飛機來營運。到1990年代中期，為了縮短短程航線的飛行時間及提升乘客的舒適度，在加拿大、巴西及許多其他國家的飛機製造商就加入製造區間客機市場。其中最有名的就是加拿大區間客機（Canadair Regional Jet, CRJ）系列，CRJ是加拿大龐巴迪航太公司所生產的支線客機，龐巴迪航太公司於1987年決定研發20-100座級的支線客機，其產品的飛行距離相對較短，載客量也較低，但能提供一般大

型客機做不到的密集航班。

　　CRJ-100和CRJ-200是龐巴迪航太公司分別於1992年及1995年生產的50人支線區間客機，巡航速度高達515英里／小時，較渦輪螺旋槳飛機的300英里／小時高出甚多。另外，巴西生產的ERJ-145（Embraer Regional Jet），是巴西航空工業的首架支線區間客機，對於龐巴迪航太公司生產的支線區間客機構成極大威脅。

二、飛機價格

　　表4-7是波音公司及空中巴士於2012年公布之飛機價格。由表中得知不論是波音公司或是空中巴士的飛機價格都十分昂貴，因此購機成本對於航空公司來說是一筆很大的負擔，而為了減輕航空公司固定成本的支出，近年來紛紛採取租機策略，根據全球企業分析（Global Industry Analysts）報導，到2015年時全球飛機租賃金額將會高達2,790億美金，主

表4-7　波音公司及空中巴士飛機價格

空中巴士飛機	價格（百萬美元）	波音公司飛機	價格（百萬美元）
A318	67.7	B737-700	74.8
A319	80.7	B737-800	89.1
A320	88.3	B737-900ER	94.6
A320neo	96.7	B747-8	351.4
A321	103.6	B767-200ER	160.2
A330-200	208.6	B767-300ER	182.8
A330-300	231.1	B767-400ER	200.8
A350-800	245.5	B777-200ER	258.8
A350-900	277.7	B777-200LR	291.2
A350-1000	320.6	B777-300ER	315.0
A380-800	389.9	B787-8	206.8
		B787-9	243.6

資料來源：波音公司及空中巴士

要的原因就是受到近年來油價高漲，全球航空公司急於將老舊耗油飛機替換，但又不願意讓資產負債表上的帳面惡化下，不得不做出租機的選擇。

三、燃油成本

然而除了飛機的價格外，近年來航空燃油成本亦不斷升高，導致航空公司的營運成本也不斷攀高（圖4-9、圖4-10及圖4-11），因此燃油成本也應當成為航空公司在採購飛機時的重要考量事項。

由圖4-9、圖4-10及圖4-11明顯看出不論是美國或是其他國家航空公司的燃油成本近年來都大幅成長，占營運成本約35-40%以上，對於全球航空公司的營運都造成極大威脅。

因此如果全球經濟已經擺脫困境逐步恢復景氣，而預估歐、美市場

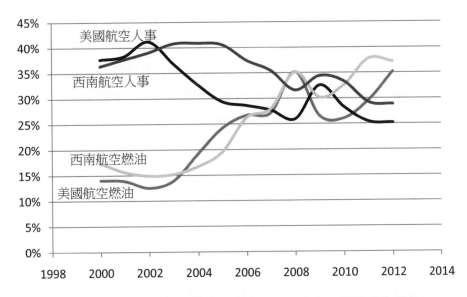

圖4-10　美國航空及西南航空燃油、人事成本占營運成本變化

資料來源：美國航空及西南航空網站

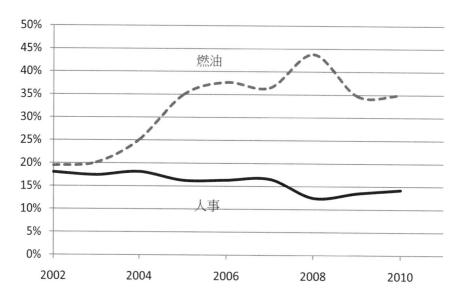

圖4-11　新加坡航空燃油、人事成本占營運成本變化

資料來源：新加坡航空網站

在未來幾年都會維持穩定成長，假設中華航空在經過仔細評估後認為就長期而言，歐、美市場會給公司帶來很大收益，有必要購買大型長程商用客機來經營歐、美市場航線，而目前市場上有波音公司的B747-8及空中巴士的A380可以作為選擇，假設預計兩年後每天增加一班由台北飛往紐約的班機，購買B747-8或者A380何者對中華航空較為有利呢？

四、每年燃油成本為何？

　　表4-8列出波音B747-8及空中巴士A380飛機的各項性能比較，另外由台北直飛紐約的航程為7,799英里（12,551公里），根據表4-8所得資料可以計算使用B747-8及A380每年需要花費之燃油成本。

　　首先由航程來看B747-8為14,816公里而A380為15,372公里，都符合由

表4-8 波音B747-8及空中巴士A380飛機比較

	B747-8	A380
三級艙等載客量	467	525
長度（公尺）	76	72.72
座艙寬度（公尺）	6.1	6.54
價格（百萬美元）	317.5	375.3
巡航速度（馬赫）	0.855（top 0.86）	0.85（top 0.88）
航程（海里）	8,000（14,816公里）	8,300（15,372公里）
翼展寬度（公尺）	68.5	79.75
單位座位燃油消耗率（公升／100公里）	2.8（0.74加侖）	2.9（0.77加侖）

資料來源：CNN International

台北直飛紐約12,551公里航程的要求。

其次在三級艙等布置下B747-8載客數量為467名乘客而A380載客數量為525名乘客，亦都符合中華航空高酬載要求。

接著要探討的就是計算B747-8及A380由台北直飛往紐約，每年需要花費多少燃油成本。

由表4-8得知B747-8及A380的每百公里單位座位燃油消耗率分別為2.8公升（0.74加侖）及2.9公升（0.77加侖），由於B747-8及A380的座位數分別為467及525，因此B747-8及A380的每百公里燃油消耗率為1,307.6公升（345.4加侖）及1,522.5公升（402.2加侖），由於由台北飛往紐約的直飛航程為12,551公里，等於125.51百公里，最後得出由台北飛往紐約的直飛單趟航程B747-8及A380分別需要43,355.08加侖及50,480.36加侖。

由於每日需要一個來回航班，以及365天全年都不間斷，因此可以得出由台北飛往紐約的直飛航程B747-8及A380全年各需要31,649,210.86加侖（43,355.08×2×365）及36,850,660.4（50480.36×2×365）加侖，亦即一架A380較B747-8每年多耗5,201,450加侖燃油。

若以2011年航空燃油每加侖平均2.86美元來計算，則B747-8及A380

全年燃油成本預算約為90,516,743.06美元及105,392,888.7美元，兩者相差14,876,145.67美元。

　　以上的計算只是單從燃油消耗來看，A380顯然較高，但是若將載客數量一併考量（在三級艙等布置下A380較B747-8多58名乘客），A380及B747-8的單位座位燃油消耗成本相差無幾。因此若是由台北飛往紐約的航班都能夠如預期的有高的載客率，即使是選擇A380，該航線獲利仍然可期。

CHAPTER **5**

油價及燃油避險

　　就營運角度來看，近年來全球航空運輸業始終處於高風險當中，燃油成本就是一個明顯的例子。根據國際民用航空組織（ICAO）2002年的統計，北美大型航空公司的燃油成本維持在總營運成本的10-15%。然而近年來隨著全球經濟不景氣及燃油價格飆漲的影響，國際航空燃油價格如脫韁野馬一樣不斷往上飆高，到2012年時燃油成本已經占到總營運成本的30%，為了要將成本降低航空公司採取了許多手段，包括努力將人事成本調降及對燃油採取避險措施，然而即使如此航空公司總營運成本還是逐漸攀高，也讓全球航空公司的利潤愈趨微薄。由於近年來全球燃油需求與供給間的差異只會逐漸加大，因此可以預期的是燃油價格將會呈現上漲趨勢，對於航空公司來說燃油成本成為航空公司營運成本中的最大單項已經出現，而在燃油成本不斷攀高的壓力下，航空公司在營運上應當採取何種策略是本章探討的重點。

第一節　油價趨勢

　　根據美國能源情報署（EIA）公布的全球原油價格的平均值，事實上在2000年以前油價的變動並不大，但從2001年發生在美國的恐怖攻擊事件之後，全球原油價格〔西德克薩斯中級原油現貨離岸價格（FOB）及歐洲布蘭特原油現貨離岸價格（FOB）〕將如脫韁野馬一樣一路往上飆漲，到了2008年7月竟然漲到每桶原油超過140美元（2008年平均每桶原油為100美元），如圖5-1所示，全球原油價格從1990-2011年的平均值，若用2011年與1980年代作比較（當年價格），油價已經上漲4.3倍。

　　實際上幾乎所有的原物料價格都有上漲，只是原油價格上漲得最多，而航空業對於原油價格上漲最為敏感，因此值得對其上漲原因作一探討。

　　首先從需求及供應面來說，由英國石油公司全球能源檢討統計（BP

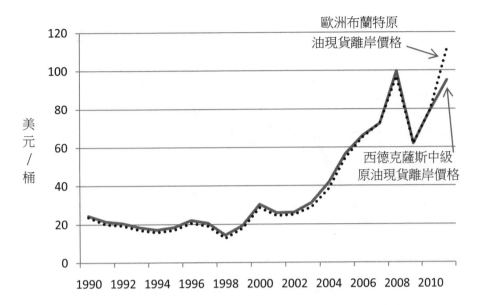

圖5-1 美國能源情報署（EIA）公布的全球原油價格平均值

資料來源：美國能源情報署

Statistical Review of World Energy June 2010）於2010年6月公布的資料得出
自1980-2009年全球原油供應及消耗量的比較圖（**圖5-2**），從圖中得知自
1982年以後，全球原油供應就始終低於原油消耗量，而如果就每年原油短
缺趨勢來看（**圖5-3**），不難發現全球原油供應量短缺之趨勢會愈來愈嚴
重。

　　為什麼全球原油供應及消耗量的短缺情形會愈來愈嚴重呢？我們可
以從**圖5-2**中發現全球原油供應基本上也是逐年在增加，但問題是全球原
油的消耗量增加的幅度更快（**圖5-3**），這點我們也可以從英國石油公司
全球能源檢討統計公布的全球各個國家及地區原油消耗量資料，得知開發
中國家如中國及印度（**圖5-4**）原油消耗趨勢，而隨著中國及印度的經濟
持續發展，可以想見未來他們對於原油的需求量只會愈來愈多。

　　根據英國石油公司全球能源檢討統計的資料顯示，中國對於原油

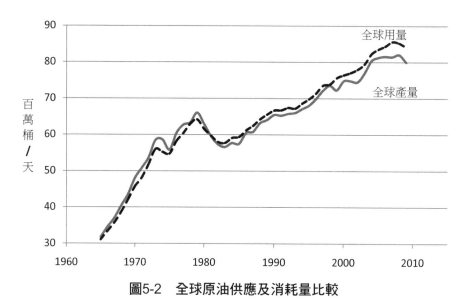

圖5-2　全球原油供應及消耗量比較

資料來源：BP energy statistics

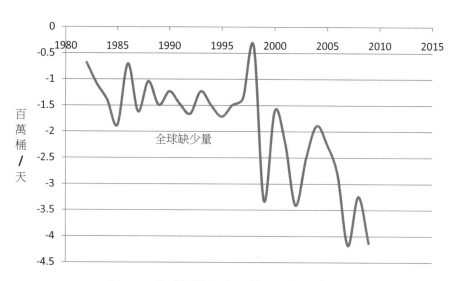

圖5-3　全球原油供應及消耗量短缺趨勢

資料來源：BP energy statistics

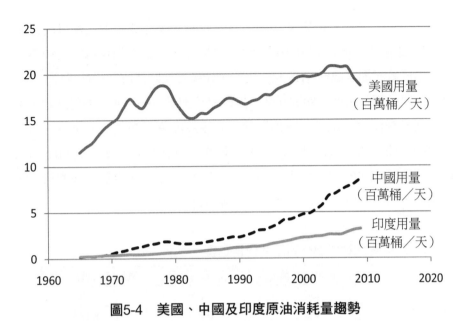

圖5-4　美國、中國及印度原油消耗量趨勢

資料來源：BP energy statistics

的需求增加的幅度相當驚人，若用2009年與2000年比較，增加的幅度為
180%，若改用2009年與1970年相比較，增加的幅度為1544%。顯示中國
在最近三十年來的成長相當驚人，另外中國從2003年開始就已經成為全球
原油需求量的第二大國（僅次於美國），而從原油需求的成長幅度來看
（用1970年及2009年做比較），美國僅增加1.3倍，而中國則成長約15.5
倍。另外高爾魯夫（Gal Luft）（2003）刊載的〈給龍加油：中國在原油
市場的崛起〉（Fueling the dragon: China's race into the oil market）文中提
到「中國有13億人口，而自90年代至今始終保持每年有8-10%的實質GDP
成長率，而為了能夠維持高的經濟成長率，必須增加原油消耗量，而預估
到2020年時，中國的原油需求量將會增加150%。」

　　另外一個會刺激油價上漲的因素就是匯率變化，由於原油價格是以
美元計算，因此當美元貶值時，原油價格通常都會上漲，這個道理很簡
單，我們可以用**表5-1**歐美兩國貨幣比較來說明，當原油價格每桶為80美

元時，若美元及歐元的匯率相同，那不論是用美元或是歐元都付同樣的錢，現如果美元升值成為0.91美元兌換1歐元，則原油價格每桶為80美元時，換成歐元則變成87.91歐元；反之，如果美元貶值成為1歐元兌換1.2美元，則原油價格每桶為80歐元時，換成美元則變成96美元。換句話說，不論美元升或貶值，以美元賣掉原油的人希望能獲得在其他國家購買同等價值物品的金額，這也是經濟學中所說的「購買力平價說」（purchasing power parity, PPP）理論，所以才會造成美元貶值時，全球原油價格上漲的結果，同時也可以杜絕「套利」（arbitrage）的產生。

表5-1　歐美兩國貨幣變化對原油價格影響

	原油每桶價格（美元）	美元／歐元	原油每桶價格（歐元）
相等	$80	1/1	€80.00
美元升值	$80	0.91/1	€87.91
美元貶值	$96	1.2/1	€80.00

　　而實際上我們將在過去十年來原油價格上漲最多的時間2007年及2008年，以及在該期間美元相對歐元貶值關係用圖5-5顯示，在2008年7月當原油價格上漲至140美元一桶時，美元相對歐元貶值約17%，也是同時期的最大貶幅。

　　最後一個會導致油價上漲的因素就是「風險」，試想當恐怖事件發生，例如恐怖分子對沙烏地阿拉伯的原油廠發動攻擊，或是全球政治或金融環境不穩定時，毫無疑問的都會造成油價大幅的波動，因此不論是原油的販售人或是生產國，為了能夠將這些風險造成的損失降低，最容易的做法就是將原油價格提高。

　　我們針對上述的幾個因素探討之後，不難發現未來原油價格即使短時間不會有大幅度成長，但是想要回到80或是90年代每桶20美元左右的價格，事實上幾乎是不可能發生，而在油價持續攀高或是每桶維持在近100美元左右成為常態時，航空公司的支出成本必然大幅提高，相對的，航空

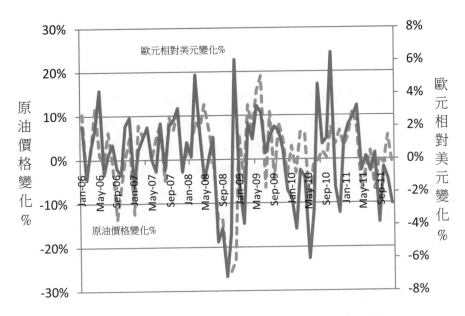

圖5-5　原油價格上漲與美元相對歐元貶值關係圖

公司的盈餘將會更加緊縮，而針對購油成本的管控，絕對會是未來航空公司重要的課題。

 第二節　金融衍生產品

　　根據國際貨幣基金組織（International Monetary Fund, IMF）認為金融衍生產品（financial derivatives）是一種與特定金融工具、指數或者是商品連結的產品，而這些在金融市場進行交易的產品，會因為各自的利益而有風險存在。金融衍生產品交易與一般交易不同，金融衍生產品的價值是從標的物（可能是資產或指數）的價格衍生出來；與債務工具（debt instruments）不同的是，金融衍生產品通常不需要事前支付大筆本金，當

然也不會產生利息所得。通常金融衍生產品主要用在風險管理、避險、市場上的套利（arbitrage between markets）及投機（speculation）等目的。

金融衍生產品可以讓某些具有特定金融風險（像是利率風險、匯率、權益及商品價格風險、信用風險等）的機構，與願意承受或是能夠處理這些風險的實體機構來交易。這些包含在衍生合約當中的風險，通常能夠用合約本身進行交易〔例如選擇權（options）〕，或者是另製一份包含風險特性的新合約，用來抵銷現有合約的風險。這種做法稱之為補償能力（offset ability），通常在期貨市場（forward markets）最為常見。

選擇權、期貨合約（Futures）及遠期契約（Forwards）都是金融衍生產品的一種，其中最基本也是最容易被大家瞭解的應該是選擇權。選擇權是一種權利，而不是義務，它給予持有人在一段期間內，以特定價格，選擇做買、賣資產的權力。最常見的是買權（call option）及賣權（put option）。

如前所述，買權是一種權利，而不是義務，它讓持有人用事前約定的價格（履約價格，strike price），在買權到期日（maturity date）前，決定是否要動用買權去購買該項資產。

也就是說買權是在契約到期日前，以約定價格購買約定標的物之權利。換句話說，如果航空公司使用買權，它就可以用一個事前約定的價格，在某一段時間（到期日）之前，就設定標的物（如航空燃油或原油）的價格與現價相比較，只要商品價格（加上權利金，option premium）高過買權的約定價格，那航空公司就可以動用買權，使用較市價低的價格購買商品。

換句話說，擁有買權的一方，與擁有特別約定的商品（commodity）或是金融工具（financial instrument）的賣方，簽訂一段時間後可以用約定價格來加以購買，由於這是一項「權利」而不是一種「義務」，因此擁有買權的一方可以就商品價格高低來決定是否要行使買權，但是對於賣方則只能對買方的決定做出反應，也就是說賣方有履約的義務。

賣權與買權正好相反，它也是一種權利，而不是義務，它讓持有人用事前約定的價格（履約價格），在賣權到期日前，決定是否要動用賣權將該項資產賣出。

賣權通常是存在兩造（買方及賣方）之間的合約，合約當中會針對一項標的資產（the underlying asset），訂定一個約定的價格（履約價格），在預定到期日前，買方（購買賣權的一方）有權利，而非義務，決定是否要動用賣權將該項資產賣出。而另一方，賣方（賣出賣權的一方）有義務在買方選擇執行賣出權利時，依約履行買進標的物（**表5-2**）。

表5-2 買方及賣方的權利與義務

	買方	賣方
買權	有買的權利	有賣的義務
賣權	有賣的權利	有買的義務

為了讓讀者便於瞭解，以下將舉一些簡單例子來對賣權與買權做進一步之說明。

一、買進買權（long call）

又稱為「買入看漲期權」的一方通常會希望「投資標的」（underlying instrument）的價格，在約定期間到達前會上漲超過擁有買權一方的履約價格，因為如果投資標的高過履約價格，動用買權不但可以用低廉的價格買到商品，同時如果商品價格持續看漲，也可以再將商品售出來獲得更多的利潤。

基本上，買進買權的操作時機是預期股價要大漲時買進，以賺取上漲差價為主。缺點則是在行情盤整或下跌時，容易失去權利金。而買進買權的最大獲利是無限，亦即漲的愈多則獲利愈大，而其最大損失就是支出的權利金。

　　假設目前家寶股票在3月31日每股為50元，張三認為股市短期內上揚有望，可能會進入大幅上漲的局面，決定採用買進買權的策略，付出權利金。張三購買4月份每股履約價格50元的買權，並付出每股6元的權利金，張三共買進10份買權（1份買權等於100股）。

　　由上例選擇動用或放棄買權之獲利或虧損表中顯示（**表**5-3、**圖**5-6），由於1份買權等於100股，而買權權利金為每股6元，因此若張三購買10份買權，總共要付出6,000元（6×100×10）權利金。

　　表5-3中每股股票價格表示當天的股票市場價格，買權價值代表動用買權之價值，例如當天的股票市場價格為40元，低於約定履約價格50元，因此買權價值為-10元，負值表示虧損，所以張三不會動用買權，此時放棄買權之虧損為支付權利金之損失（每股6元）。同理，若當天的股票市場價格為70元，高於約定履約價格50元，因此買權價值為20元，正值表示獲利，所以張三會動用買權，此時動用買權之獲利扣除支付權利金後為14元。因為張三購買10份買權，因此選擇動用買權之獲利為14,000元。

　　根據美國期權的規定，買方可以自期權契約成立之日起，至到期日

表5-3　**動用或放棄買權之每股獲利／虧損**

到期日 每股股票價格	買權價值	實際動用狀況	獲利	支付權利金	實際獲利／虧損
35	-15	no	0	6	-6
40	-10	no	0	6	-6
45	-5	no	0	6	-6
50	0		0	6	-6
55	5	yes	5	6	-1
60	10	yes	10	6	4
65	15	yes	15	6	9
70	20	yes	20	6	14
75	25	yes	25	6	19
80	30	yes	30	6	24
85	35	yes	35	6	29
90	40	yes	40	6	34

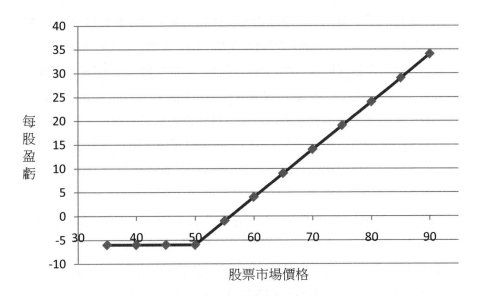

圖5-6　動用或放棄買權之每股盈虧

止，這一期間內的任一時點，隨時要求期權的賣方執行合約。而歐式期權的履約時間只有到期日當天而已，其被要求履約的機率自然遠低於美式期權。

二、賣出買權（short call）

又稱為「賣出看漲期權」，通常賣出買權的操作時機是看準市場要下跌或盤整一段時間始終漲不上去時，以賺取對方的權利金為主。賣出買權策略的使用時機在於對市場前景不甚樂觀，但又認為在到期日之前市場跌幅不會太深。賣出買權給予買進買權者在到期日時以履約價格向他購買現貨的權利，並收取權利金。在這個策略下，最大的獲利就是收到的權利金，最大的風險則很可能無限延伸，如果該標的物價格大漲，超過了損益兩平點（履約價格＋權利金），賣出買權者必須負起履約責任，負擔所有的損失。

接著我們用一個例子來解釋賣出買權的意義，假設家寶股票在3月31日每股為50元，張三認為股市短期內上揚不易，會進入小幅回檔整理的局面，決定採用賣出買權的策略，賺取權利金。張三賣出了4月份每股履約價50元，並收取每股6元的賣出買權權利金。假設張三共賣出10份買權。

由上例選擇動用或放棄賣出買權之獲利或虧損表中顯示（**表5-4**、**圖5-7**），由於1份賣出買權等於100股，而賣出買權可獲得權利金為每股6元，因此若張三賣出10份買權，總共可以得到6,000元（6×100×10）權利金。

表5-4中每股股票價格表示當天的股票市場價格，賣出買權價值代表對方選擇動用買權之價值，例如當天的股票市場價格為40元，低於約定履約價格50元，因此如果對方選擇動用買權（對方願意用約定履約價格50元來購買市價為40元之股票），此時對方之權利價值為-10元（40-50），負值表示虧損，所以對方不會動用買權，而對方放棄買權之虧損為支付權利金之損失（每股6元），相對的張三就賺到權利金。

表5-4　動用或放棄賣出買權之每股獲利／虧損

到期日 每股股票價格	賣出買權 權利價值	實際動用狀況	獲利	收取權利金	實際獲利／虧損
35	20	no	0	6	6
40	10	no	0	6	6
45	5	no	0	6	6
50	0		0	6	6
55	-5	yes	-5	6	1
60	-10	yes	-10	6	-4
65	-15	yes	-15	6	-9
70	-20	yes	-20	6	-14
75	-25	yes	-25	6	-19
80	-30	yes	-30	6	-24
85	-35	yes	-35	6	-29
90	-40	yes	-40	6	-34

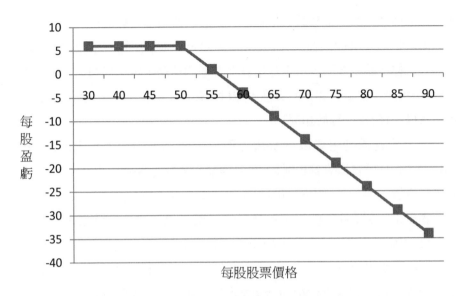

圖5-7　動用或放棄賣出買權之每股盈虧

　　同理，若當天的股票市場價格為70元，高於約定履約價格50元，因此對方會選擇動用買權（對方願意用約定履約價格50元來購買市價為70元之股票），此時對方之權利價值為20元（70-50），正值表示獲利，所以對方會動用買權，而對方動用買權之獲利扣掉支付權利金（每股6元），每股可以賺取14元，相對的張三就損失14元。若張三賣出10份買權，在股票市場價格為70元的狀況下，張三總共要損失14,000元。

三、買進賣權（long put）

　　預期股市大跌，買方在付出一筆權利金買進賣權，之後有權利以履約價格賣出約定標的物，但無義務一定要執行該項權利；而賣權的賣方則有義務在買方選擇執行賣出權利時，依約履行買進標的物。

　　買進賣權的買方在約定期間內，有權利要求賣方將標的物以約定履約價格賣出，但買方無義務一定要執行該項權利；而賣權的賣方則有義務

在買方選擇執行賣出權利時,依約以約定履約價格買進標的物。

假設目前家寶股票在3月31日每股為50元,張三認為股市短期內可能會進入大幅下跌的局面,決定採用買進賣權的策略,付出權利金。張三購買4月份每股履約價格50元的賣權,並付出每股6元的權利金,張三共買進10份買權(1份買權等於100股)。

由上例選擇動用或放棄賣權之獲利或虧損表中顯示(表5-5、圖5-8),由於1份賣權等於100股,而賣權權利金為每股6元,因此若張三購買10份賣權,總共要付出6,000元(6 × 100 × 10)權利金。

表5-5中每股股票價格表示當天的股票市場價格,賣權價值代表動用賣權之價值,例如當天的股票市場價格為40元,低於約定履約價格50元,因此賣權價值為10元,正值表示有獲利,所以張三會動用賣權,此時動用賣權之獲利扣除支付權利金後為4元,因為張三購買10份買權,因此選擇動用買權之獲利為4,000元。同理,若當天的股票市場價格為70元,高於約定履約價格50元,因此賣權價值為-20元,負值表示虧損,所以張

表5-5 動用或放棄賣權之每股獲利／虧損

到期日 股票價格	權利價值	實際動用狀況	獲利	支付權利金	實際獲利／虧損
30	20	yes	20	6	14
35	15	yes	15	6	9
40	10	yes	10	6	4
45	5	yes	5	6	-1
50	0		0	6	-6
55	-5	no	0	6	-6
60	-10	no	0	6	-6
65	-15	no	0	6	-6
70	-20	no	0	6	-6
75	-25	no	0	6	-6
80	-30	no	0	6	-6
85	-35	no	0	6	-6

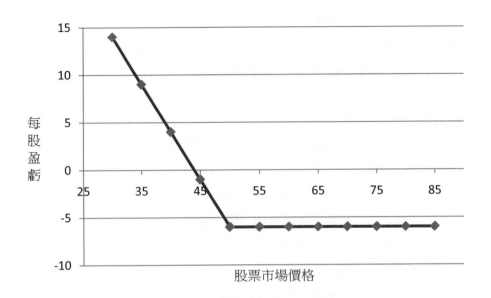

圖5-8 動用或放棄賣權之每股盈虧

三不會動用賣權,而不動用賣權之虧損為支付權利金6元。

　　當股市果真大跌時,買進賣權的買方獲利無限,但是如果判斷錯誤股市大漲時,買進賣權的買方最大損失則最多是付出之權利金。

四、賣出賣權(short put)

　　預期股市大漲,賣方在賺取一筆權利金後將賣權賣出給買方,之後買方有權利以履約價格要求賣出賣權的一方以約定履約價格將標的物賣出,但無義務一定要執行該項權利;而賣權的賣方則有義務在買方選擇執行賣出權利時,依約履行按照約定履約價格將標的物賣出。

　　假設目前家寶股票在3月31日每股為50元,張三認為股市短期內可能會進入大漲的局面,決定採用賣出賣權的策略,將賣權賣出賺取權利金。張三賣出4月份每股履約價格50元的賣權,並賺取每股6元的權利金,張三共賣出10份賣權(1份賣權等於100股)。

　　由上例選擇動用或放棄賣出賣權之獲利或虧損表中顯示（**表**5-6、**圖**5-9），由於1份賣出賣權等於100股，而賣出賣權賺取權利金為每股6元，因此若張三賣出10份賣權，總共可賺取6,000元（6×100×10）權利金。

　　表5-6中每股股票價格表示當天的股票市場價格，賣出賣權價值代表買方動用賣權後，賣方實際之價值，例如當天的股票市場價格為40元，低於約定履約價格50元，因此如果買方選擇動用賣權，此時賣出賣權的一方必須用高於市價的50元，將標的物賣出，由於實際賣價是40元，兩者之差價就是賣出賣權一方的損失（**表**5-6中用-10表示）。由於買方可以獲利，因此可以確定買方會動用賣權，相對賣出賣權的張三就損失10元，但是扣除賺取之權利金（6元）後為4元，因為張三賣出10份賣權，因此總共損失為4,000元。同理，若當天的股票市場價格為70元，高於約定履約價格50元，此時買方如果動用賣權（將市場價格70元，以50元履約價格賣出），兩者之差價就是賣出賣權一方的獲利（**表**5-6中用20表示）。由於買方不能獲利，因此可以確定買方不會動用賣權，所以張三可以賺取權利

表5-6　動用或放棄賣出賣權之每股獲利／虧損

到期日股票價格	權利價值	實際動用狀況	獲利	收取權利金	實際獲利／虧損
30	-20	yes	-20	6	-14
35	-15	yes	-15	6	-9
40	-10	yes	-10	6	-4
45	-5	yes	-5	6	1
50	0		0	6	6
55	5	no	0	6	6
60	10	no	0	6	6
65	15	no	0	6	6
70	20	no	0	6	6
75	25	no	0	6	6
80	30	no	0	6	6
85	35	no	0	6	6

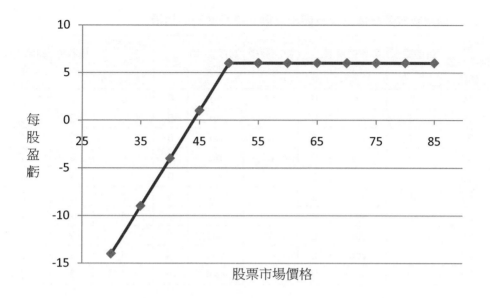

圖5-9　動用或放棄賣出賣權之每股盈虧

金6元。

　　當股市果真大漲時，賣出賣權的一方的最高獲利就是權利金，但是如果判斷錯誤股市大跌時，賣出賣權的一方最大損失則是無限。

五、買進買權及賣出買權合併使用

　　將買進買權及賣出買權合在一起的做法，又稱為牛市認購跨價期權策略（bull call spread），這個做法是在特定的履約價格下對某一商品買進買權，而在同時對同一商品用較高的履約價格賣出買權，兩者都有同樣的到期日。這種做法最好的時機就是預期商品價格不會大幅上漲時來執行，而最大的獲利就是買進買權及賣出買權履約價格間之差價，減去權利金。

表5-7 動用或放棄買進買權及賣出買權之每股獲利／虧損

到期日每股股票價格	買進買權價值	實際動用狀況	獲利	賣出買權價值	實際動用狀況	獲利	履約價格不同之獲利／虧損	權利金價差	實際獲利／虧損
44	-8	no	0	12	no	0	0	2	-2
46	-6	no	0	10	no	0	0	2	-2
48	-4	no	0	8	no	0	0	2	-2
50	-2	no	0	6	no	0	0	2	-2
52	0		0	4	no	0	0	2	-2
54	2	yes	2	2	no	0	2	2	0
56	4	yes	4	0		0	4	2	2
58	6	yes	6	-2	yes	-2	4	2	2
60	8	yes	8	-4	yes	-4	4	2	2
62	10	yes	10	-6	yes	-6	4	2	2

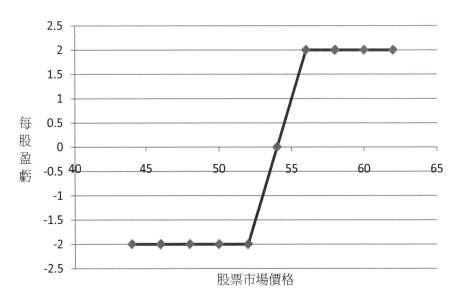

圖5-10 動用或放棄買進買權及賣出買權之每股盈虧

我們用一個例子來解釋bull call spread的意義，假設三陽股票在3月31日每股為50元，張三認為股市短期內會溫和上揚，他可以用52元履約價格購買4月30日的long call，並支付6元權利金；同時他也用56元履約價格賣出4月30日的short call，並獲得4元權利金；如此做張三可以將付出之權利金在牛市市場當中減少到2元。假設張三買進10份買權及賣出10份買權（1份等於100股）。

張三使用跨價期權策略最大的獲利是2,000元，而最大的損失也2,000元（**表**5-7、**圖**5-10）。使用這種做法的最大優點是如果市場突然發生重大變化，買進買權及賣出買權的一方不會遭遇到重大損失。然而這種做法過於保守，亦即不論股票市場發生何種改變，買進買權及賣出買權的一方的獲利均有上限不會增加。

六、買權及賣權結合

將買權及賣權結合在一起的做法又稱價格上下限期權（collar option），或是領子期權。由於若只購買買權，不論用到與否，航空公司都得支付一筆權利金。因此如果航空公司不想平白損失，可以用另一種方式來作油價避險，就是購買價格上下限期權，做法上航空公司在購買買權（call）的同時，也賣出賣權（put），實際上是對燃油或是替代品價格作一個上、下限的界定，這種做法對於總成本而言可以節省下一筆經費，就是賣出賣權權利金的收入；在賣出賣權時，航空公司其實也是對燃油價格作了一個下限的界定，與單純的買權比較起來，價格上下限期權似乎風險較大，尤其是當燃油或是替代品價格低過下限界定的時候，航空公司的損失更大。

我們用一個例子來解釋，假設三陽股票在3月31日每股為50元，張三認為三陽股票短期內會溫和上揚，他可以用52元履約價格購買4月30日的買權，並支付6元權利金；同時張三預期電子股票會大漲，假設迅雷股票

在3月31日每股為70元，他用76元履約價格賣出4月30日的賣權，並賺取8元權利金。

表5-8　動用或放棄買進買權之每股獲利／虧損

到期日 股票價格	權利價值	實際動用狀況	實際獲利	支付權利金	獲利／虧損
42	-10	no	0	6	-6
44	-8	no	0	6	-6
46	-6	no	0	6	-6
48	-4	no	0	6	-6
50	-2	no	0	6	-6
52	0		0	6	-6
54	2	yes	2	6	-4
56	4	yes	4	6	-2
58	6	yes	6	6	0
60	8	yes	8	6	2
62	10	yes	10	6	4
64	12	yes	12	6	6

表5-9　動用或放棄賣出賣權之每股獲利／虧損

到期日 股票價格	權利價值	實際動用狀況	實際獲利	賺取權利金	獲利／虧損
60	-16	yes	-16	8	-8
62	-14	yes	-14	8	-6
64	-12	yes	-12	8	-4
66	-10	yes	-10	8	-2
68	-8	yes	-8	8	0
70	-6	yes	-6	8	2
72	-4	yes	-4	8	4
74	-2	yes	-2	8	6
76	0		0	8	8
78	2	no	0	8	8
80	4	no	0	8	8
82	6	no	0	8	8

由前述得知買進買權的最大獲利無限，也就是股價上漲愈多賺愈多，最大的損失就是權利金的支付（本例是6元）（**表5-8**）；相對賣出賣權的最大獲利就是權利金的賺取（本例是8元）（**表5-9**），但是賣出賣權的損失則可能因為股票下跌會持續擴大，若是標的物下跌至0時，則會產生最大損失。

假設由於預測正確，股票市場果真上漲，三陽股票在4月30日漲至60元；同時迅雷股票也漲至80元，此時張三的股票每股獲利為10元（＝2＋8）。但是若三陽股票在4月30日漲至60元；但迅雷股票卻下跌至64元，此時張三的股票每股虧損2元（＝2 + (-4)）。

七、遠期契約及期貨合約

遠期契約與期貨合約一樣，都是採取跨越時間的交易方式，買賣雙方透過簽訂合約，同意按指定的未來時間、價格與其他交易條件，交割指定數量的商品。與期貨合約不一樣的是，遠期契約帳不需要每天結算。

最早出現的遠期契約是發生在1673年的日本大阪（Osaka），由於當地人們的主食為稻米，因此有許多農夫及穀倉的存在，農夫會擔心未來米價的高低，而穀倉則會擔心是否有足夠之稻米儲藏。由於兩者互有所需，因此就衍生出一種由稻米商人與穀倉構成的稻米市場，他們的做法是稻米商人與穀倉之間達成約定，可能是稻米商人在未來某時間以某價格提供多少公噸稻米給穀倉，也可能是穀倉在未來某時間以某價格提供多少公噸稻米給稻米商人。基本上，遠期契約是兩造之間（兩個團體或個人）講好在未來某特定時點，以現在對標的物約定好的價格進行交易的非標準化合約，因此常發生一方因為到期時市場價格高或低於約定價格時，發生違約之情事，換句話說，遠期契約容易產生交易方風險（counterparty risk）。

我們再舉一個例子來說明遠期契約，假設張三跟李四對於X股票未來六個月的價格有不同看法，張三與李四簽了一個遠期契約，講定六個月

表5-10　遠期契約買、賣雙方獲利／虧損

六個月後X股票價格	買方（張三）	賣方（李四）
30	−20	＋20
35	−15	＋15
40	−10	＋10
45	−5	＋5
50	0	0
55	＋5	−5
60	＋10	−10
65	＋15	−15
70	＋20	−20

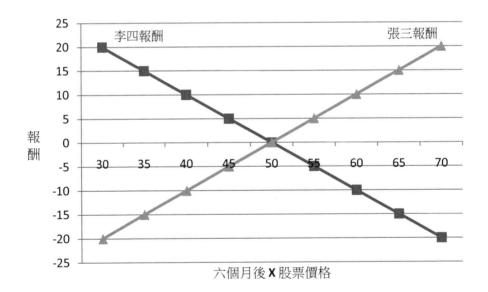

圖5-11　遠期契約買、賣雙方獲利／虧損

後張三有義務向李四購買100股X股票，而李四有義務賣給張三100股X股票，雙方約定六個月後以每股50元的價格成交X股票。

在過了六個月後，X股票價格上漲到每股60元，此時張三以每股50元

的價格向李四購買100股X股票，而張三獲利1,000元；同樣的，由於李四必須用每股60元價格在市場上購買100股X股票，然後再用每股50元的價格賣給張三，因此李四的損失是1,000元。在上例中，清楚看到買方的獲利正好就等於賣方的損失，因此可以得知遠期契約是一個零和遊戲。

不論是期貨合約或是遠期契約都可以用來當做避險工具使用，可以避險的項目包括證券、貨幣、商品合約等都可以用未來時間（某一天）來交易。期貨合約是一種跨越時間的交易方式。買賣雙方透過簽訂合約，同意按指定的未來時間、價格與其他交易條件，交割指定數量的商品。

大多數的期貨合約到期時並不會發生有真正的實體商品交易，也就是說，期貨合約與其他衍生性金融商品一樣，是用來當做投資避險工具使用的。期貨合約帳在現貨市場（cash market）每天都要結算，因此期貨合約可以賺取的獲利，就理論上來說是無限的，當然如果時機不好遭致虧損，也可能是無限的。

期貨合約所提供交易場地及競價設備讓所有交易者集中在一起，以公開競價的方式交易，而其交易的標的即為期貨合約。為了讓交易的雙方對同一商品的競價有一致的比較基礎，乃將每一期貨合約加以標準化，使買賣雙方對於交易的結果可以預先掌握，為保證期貨合約的雙方能依約履約，一般的期貨合約有以下的規定：

1. 保證金（margin）：這是保證履行期貨交易義務的資金，交易人須在交易前將保證金存入期貨公司保證金帳戶中，才能交易。
2. 原始保證金（initial margin）：交易每一份合約最少保證金的款項，用意是在確保參與者的保證金足以應付每天的價格波動。
3. 維持保證金（maintenance margin）：持有每一份合約最少保證金的款項，在我國通常為原始保證金的75%，當交易人的保證金餘額低於維持保證金時，就必須再補足至原始保證金的金額，否則就必須被強迫出場。
4. 追繳保證金（margin call）：當保證金專戶存款餘額低於維持保證

金時，期貨商必須對客戶發出追繳保證金通知，交易人應繳足保證
金至原始保證金的水準。

例如約翰在期貨市場以期貨合約方式購買（或賣出）一月期的一份
小麥期貨合約〔一份合約是5,000英斗（bushel）〕，假設目前每英斗小麥
價格是757美分，因此每一份小麥期貨合約價值為37,850美元（＝7.57 ×
5,000）。

由於期貨合約是一種投機性的高風險交易，意思是可以用較小的投
資金額獲得高報酬（或高虧損），為保證能夠順利進行交易，必須先交付
原始保證金（之前已提過這是以小搏大的交易，因此原始保證金通常遠低
於期貨合約價值），假設本題的原始保證金為2,363美元，其槓桿效應為
16倍（＝37,580 / 2,363），意思是盈虧的比例最高可以高達16倍。由於期
貨合約是每日結算，因此要設定維持保證金，假設為原始保證金的75%，
就是1,772美元。

經過計算得知只要當日每英斗小麥價格下跌超過11.82美分（＝591/
5,000）（591美元等於2,363與1,772美元之間的差異）的話，就有可能被
要求追加保證金。假設當日每英斗小麥價格下跌超過11.9美分，這時約翰
虧損595美元，交易所會自動從買方原始保證金中扣除虧損後剩下1,768美
元，低於維持保證金，此時交易所會發出追繳保證金，要求約翰繳足保證
金至原始保證金的水準，如果無法做到將被迫結束期貨合約交易。有關期
貨合約及遠期契約之差異請參閱**表5-11**。

以下再舉一個例子說明什麼是按市價計值及每日清算：

假設約翰相信標準普爾500指數（S&P 500）在短期內會上漲，因此
他以期貨合約方式購買S&P 500指數，每一份S&P 500期貨合約價值等於
250美元乘上期貨價值，為了便於計算，假設該期貨合約只有五天，而期
貨合約約定之期貨價值為1,600美元。

一開始參與期貨合約的買賣雙方都需要開立保證金帳戶，並存入一
筆保證金以確保期貨合約的順利進行，假設原始保證金等於10%的期貨合

表5-11　期貨合約及遠期契約的差異

遠期契約	期貨合約
在到期日時有義務對標的物以約定價格進行買賣	相同
合約可以依照買賣雙方需求修訂	對於到期日、合約大小、標的物等有標準化做法
不是「按市價計值」（marked to market）也不是每日清算，交易只在到期日進行	「按市價計值」及每日清算
流動性差，交易不需透過交易所買賣，在到期日前合約很難結束	流動性佳、交易所交易、市價計值逐日結算
容易發生信用危機（一方拒絕履行義務）	市價計值逐日結算，不易發生信用危機
由於沒有每日清算機制，對於價格變化無法控制	交易有價格限制，如果價格變化超過定價的若干百分比，交易可以暫停

約價值，為40,000美元（＝250 × 1,600 × 0.1）。

　　第一天假設期貨價值由1,600上升至1,605，價值增加5美元，因此約翰賺1,250美元，由於是每日結算所以保證金帳戶增加為41,250美元。當然賣方保證金帳戶就損失41,250美元。

　　第二天假設期貨價值由1,605下降至1,598，價值減少7美元，因此約翰賠1,750美元，每日結算後保證金帳戶減少為39,500美元。經過五天的買賣後，約翰的保證金帳戶為38,750美元，共計虧損1,250美元。當然賣方保證金帳戶就賺1,250美元（**表5-12**）。

表5-12　期貨合約的交易變化

天數	期貨價值	價格變動	賺（credit）或賠（debit）＝250×價格變動	保證金帳戶每日結算
0	1,600			40,000
1	1,605	5	1,250	41,250
2	1,598	-7	-1,750	39,500
3	1,602	4	1,000	40,500
4	1,603	1	250	40,750
5	1,595	-8	-2,000	38,750

八、交換

交換（swap）為一種契約，根據國際清算銀行（Bank of International Settlement, BIS）的定義，交換是指交易雙方在未來某一定期間內，產生一連串支付現金的協議。而遠期契約就是一種支付一次現金的交換，為方便解釋，我們先舉一個簡單的遠期契約做例子。

假設某公司在一年內需要買1,000單位的某種商品，為避免價格波動，公司想要在今天將價格鎖住，因此一份遠期契約可以讓公司在一年後，有責任以每單位100元的價格向賣方購買1,000單位的商品；同時賣方也有責任以每單位100元的價格賣出1,000單位的商品給買方。為了將價格鎖住，有下列四種方法可供使用，而這四種方法得到的結果都一樣：

(一)當面講定

買方直接與賣方就商品簽訂一份遠期契約，在合約當中講定到期時如何將商品送交，下表是由買方觀點來看該筆交易：

買方付給賣方每單位100元（買方的現金流為-100元）
賣方交付1單位商品給買方
結果：買方的現金流為-100元，買方獲得1單位商品

(二)金融結算

我們知道大多數遠期契約都是以現金來結算，很少會真正做到實際商品運送。在上例中，合約當中會清楚表明當到期日的價格（S_1）大於100元時，買方會付給賣方S_1-100的錢，但如果到期日的價格（S_1）小於100元時，賣方會付給買方$100-S_1$的錢。不管是哪一種情形，到年底時買方的淨現金流應當是S_1-100（可能出現正負值）。

但是公司仍然需要購買商品，因此會從賣方以市場價格S_1購買1單位

商品,而這個行為與遠期契約無關,綜整上述可得:

以金融結算的遠期契約:買方的現金流為S_1-100
買方用S_1價格向賣方購買商品
結果:買方的淨現金流為$S_1-100-S_1=-100$元,買方獲得1單位商品

(三)找經紀人

　　如果買、賣雙方因為某些理由不喜歡直接面對面商討遠期契約事宜,他們可以透過經紀人(broker)當作中間人來幫忙。此時會有兩份遠期契約產生,第一份是買方與經紀人簽署一份購買遠期契約,第二份是賣方與經紀人簽署一份賣出遠期契約。此時商品的買賣會以市場價格S_1成交,但是在兩份遠期契約之外完成。

　　如果只單純的將經紀人放在買、賣雙方中間,基本上不會發生任何改變,因為經紀人所能做的不過是將買、賣雙方之間產生的報酬傳來傳去而已,而經紀人的淨現金流為0,而買、賣雙方所處的情形與他們直接交易並不會有任何不同。

買方的現金流為S_1-100(可能出現正負值)(經紀人付給乙方的錢等於收到來自甲方的錢,經紀人的淨現金流為0)
買方用S_1價格向賣方購買商品(現金流為$-S_1$)
結果:買方的淨現金流為$S_1-100-S_1=-100$元,買方獲得1單位商品

(四)只有買方有經紀人

　　此種情形是賣方因為某些理由不喜歡商討遠期契約事宜,例如賣方喜歡以市場價格S_1將商品賣出,而不願意以約定的100元價格出售商品。而買方是希望能夠用約定的100元價格購買商品,所以他會與經紀人用金融結算方式,簽署一份購買遠期契約。

　　值得注意的是上述中的經紀人在遠期契約當中處的位置是賣方，因此經紀人可能會因為商品價格在到期日時上漲而遭受損失，這不是經紀人所想要的，所以經紀人會尋求如何避險，可能的做法是與第三者簽署一份購買遠期契約，其目的是要抵銷因為與買方簽訂遠期契約可能遭致的損失。

　　基本上所有經紀人都希望找到可以取代第三種狀況裡面的賣方的第三者來簽定遠期契約，如果這種做法成立，其結果和第三種狀況應該沒有分別。

買方的現金流為S_1-100（可能出現正負值），經紀人的淨現金流為0（經紀人跟買方簽約後變成賣方的位置，可以透過與第三方簽購買遠期契約，變成買方來抵銷）
買方用S_1價格向賣方購買商品（現金流為$-S_1$）
結果：買方的淨現金流為$S_1-100-S_1=-100$元，買方獲得1單位商品

　　之前已經提及交換契約等於是好幾個遠期契約的組合，交換契約不需透過交易所買賣，它是非標準化契約，舉凡資產、貨幣、證券及商品等都可以透過交換契約來做交易。

　　一般來說交換契約是被銀行、經紀人或是公司企業等用來做風險管理用途，而交換契約有下列特性：

1. 包含有好幾次的現金流。
2. 是好幾個遠期契約的組合。
3. 開始啟動時簽約雙方都不會有現金流，也就是說交換契約開始時的價值為0。
4. 一方選擇固定金額（利率），另一方選擇浮動金額（利率），雙方就標的物在約定時間的價格變化進行交易。
5. 交換契約不需透過交易所買賣，具有信用風險。

　　假設麥可是種植大麥的農夫，由於害怕即將在11月收成的麥仔會跌

價，因此想要對小麥價格做避險。麥可將250公噸的小麥與芝加哥商品交易所（Chicago Board of Trade, CBOT）做了一份交換契約，約定11月28日為到期日，CBOT選擇每公噸固定200美元的價格，麥可則選擇到期日之浮動價格。

在到期日可能會有兩種情形發生：

1. 如果每公噸小麥浮動價格小於200美元，CBOT要付給麥可兩者之間的差價，而這個金額正好可以用來彌補麥可，將小麥以小於200美元市價賣到市場之損失。
2. 如果每公噸小麥浮動價格大於200美元，麥可要付給CBOT兩者之間的差價，而這個金額正好可以用來抵銷麥可，將小麥以高於200美元市價賣到市場之獲利。

 ## 第三節　避險策略探討

在介紹完金融衍生產品之後，接下來就要探討如何用這些產品來做避險，而在討論避險之前，至少有三個關鍵問題要先釐清：

1. 企業是否要做避險。
2. 如何避險。
3. 要做到何種程度的避險。

對於第一個企業是否要做避險的問題，是一個相當令企業主關注的問題，因為對所有企業來說，最高的原則應當是能夠保持永續經營，而要能夠保持永續經營的首要條件就是在營運上企業要能夠獲利，而通常能夠幫助企業獲利的一項重要元素就是對於成本的掌控能力。對於航空運輸業而言，成本的控制是一項極為艱鉅的挑戰，尤其在近年來受到國際原油價格不斷飆漲的結果，已經導致許多航空公司宣告破產，許多老舊耗油的飛

機也成為航空公司不得不花費更多成本將其替換的優先考量，而造成上述問題的最重要因素，就是燃油成本的波動性太大，造成航空公司在成本管控上的困難。

眾所周知在獲利方面西南航空是航空運輸業的模範生，尤其在燃油避險面更是執行的相當積極。正如西南航空財務長蘿拉‧萊特（Laura Wright）聲稱的一樣，燃油避險是一個保險政策，它主要的目的是要將風險降至最低。因此，對於任何可能會發生大幅波動的成本，尤其是超過航空公司本身能容忍程度時，對於此類成本就應該做好避險措施。總之，避險是一個可以用來消除或減少成本大幅波動的機制，而只要航空公司在營運時能夠將成本控制得宜，這樣就能降低營運風險。

對航空公司來說，目前最重要的避險措施就是針對燃油所做的避險，這當然是因為燃油價格的波動已超出航空公司的掌控，而由於貨幣匯率之間的波動也相當顯著，因此也有航空公司利用貨幣匯率來做避險行為。

在瞭解到哪些成本可能對於財務造成風險後，企業是否要做避險仍然是一個見仁見智的問題，誠如之前蘿拉‧萊特所說的一樣，避險是一個保險政策，因此選擇要做避險並不一定保證能夠為企業創造獲利。尤其是一個成功的避險策略，首先要做的就是對於未來的避險商品（例如油價）價格要能做出正確的假設；要能做出正確的假設，對於可能對避險商品造成影響的因素就必須分析清楚，當然這麼做本身就是一個風險。

在公開市場上，對於未來商品價格造成影響的另一個重要因素就是投機，投機指的是對今天商品進行買（賣）的目的，是希望在未來該商品價格會上漲（下跌）。由於商品的交易是一種交換行為，因此如果預估未來油價會上漲，投機者當然會在今天將燃油買進，如果多數人這麼做，結果就會造成今日的油價開始上揚。

由於航空公司對於燃油的需求殷切，因此若油價上漲當然會對航空公司的營運造成極大風險，為了讓航空公司能夠不被大幅波動的油價干擾

營運，選擇燃油避險自然就成為多數航空公司不敢掉以輕心的決策。

接著來談如何避險，在第二節已經談論過許多利用金融衍生產品來進行避險的做法，例如遠期契約、期貨合約、交換契約、買權及價格上下限期權都是常被航空公司用來做燃油避險之工具。

一、遠期契約

是買、賣雙方同意在未來某一天，約定以某一履約價格對特定資產或商品進行交易的行為。之前對於遠期契約已經做了詳細介紹，本節僅舉例說明航空公司如何使用遠期契約進行避險。

假設A航空公司預估未來燃油價格可能會上漲，因此與供應商談妥以每加侖5美元，購買三個月到期10,000加侖燃油的遠期契約。到期時（三個月），不管現貨市場燃油價格為何，A航空公司將會收到供應商運送來的10,000加侖燃油，並支付50,000美元。至於A航空公司或是供應商是賺是賠，則必須視當時市場價格而定。簡單的說，A航空公司已經下定決心要用每加侖5美元的價格，購買10,000加侖燃油。

遠期契約的做法相當簡單，而它最大的風險為信用風險，尤其是當商品價格在到期日與市場價格出現大的差異時，信用風險最容易發生，因為很可能另一方已經出現破產危機。另外一個大問題就是大量的商品交易要在同一天執行，對於後勤補給運作也會是一大考驗，因此對於遠期契約的運用也就有所限制。

二、期貨合約

芝加哥商品交易所（Chicago Mercantile Exchange, CME）是美國最大的商品期貨交易所，但是對於航空公司最重要的原油期貨交易則主要是在紐約商品交易所（New York Mercantile Exchange, NYMEX）進行，這是因

為航空燃油並沒有被一般交易機構列入作為期貨標的物，因此要選擇航空燃油來作為交易項目在執行上有困難，但是航空公司可以採用其他衍生性商品（derivative instruments），例如輕原油（light sweet crude oil）或是家庭用取暖油（heating oil），來作為航空燃油的替代品。而在NYMEX市場上的紐約輕原油期貨（light sweet crude oil futures）就成為航空公司用來做期貨交易的最佳選擇。

紐約原油期貨是一個標準化合約，在合約中會載明買方同意賣方在一定時間，交付一定數量的原油（一份合約是1,000桶），根據紐約商品交易所公布2013年7月27日輕原油每桶104.70美元，如果購買一份紐約輕原油期貨需要104,700美元，所需要原始保證金等於24,081美元，如表5-13。

表5-13　紐約輕原油期貨

交易商品	一份合約大小	原始保證金（美元）
紐約輕原油期貨	1,000桶（42,000 gallons）	24,081（約23%市場價格）

對於航空公司或是原油供應商來說，由於在紐約輕原油期貨當中分別扮演買方及賣方，因此也有一定的風險存在。假設現貨供給者（原油供應商）擔心的是未來商品有價格下跌的風險，他可以在期貨市場建立空頭部位（short position）選擇空頭避險（short hedge），換句話說，他可以選擇付出一筆權利金買進賣權，如果未來商品有價格大跌，可以動用賣權來彌補損失。而航空公司擔心未來商品價格上漲的風險，他可以在期貨市場建立多頭部位（long position）選擇多頭避險（long hedge），換句話說，他可以選擇付出一筆權利金買進買權，如果未來商品價格大漲，可以動用買權來彌補損失。

對於投機者來說，如果預估未來原油價格有上漲可能，他們有可能去買進紐約輕原油期貨，相反的如果預估未來原油價格有下跌可能，他們

有可能去賣出紐約輕原油期貨。

如果投機者看多原油市場，也就是預估原油市場價格趨勢向上，可以採取買進期貨，稱為持有「多頭部位」，等到後來果真上漲時出售，獲利了結。例如A航空公司預估未來原油價格會上漲，他們用每桶輕原油104.70美元的價格買了一份一個月的紐約輕原油期貨合約，根據**表5-13**所述A航空公司只需支付24,081美元的原始保證金。

假設一週後原油價格上漲到每桶108.50美元，如果A航空公司決定將該份紐約輕原油期貨合約終止，可以獲得108,500美元，因此A航空公司的獲利為3,800美元。

相對的如果原油供應商看空市場趨勢，亦即預估未來原油價格會下跌，可以採取賣出期貨，稱為持有「空頭部位」。

假設有一家原油供應商同意於三個月後送交100,000桶原油（預估未來原油價格會下跌），雙方約定的履約價格是到期日之市場價格，而簽約當天的每桶輕原油為104.70美元。

為了怕遭致過大損失，原油供應商可以到NYMEX市場選擇空頭（short）紐約輕原油期貨，將賣價鎖定在每桶104美元，由於一份合約是1,000桶，因此他需要放空100份期貨合約。

放空的結果是保證原油供應商可以用每桶輕原油104美元的價格賣出100,000桶原油，而收到總額10,400,000美元。以下是到期日價格上漲及下跌兩種狀況分析：

【狀況一】到期日每桶輕原油下跌10%，由104.70美元下跌至94.23美元

按照原先約定以到期日之市場價格賣出100,000桶原油，共可獲得9,423,000美元。

但是另外放空（short）100份期貨合約，賣價每桶104美元，減去94.23美元，得到9.77美元，乘上100,000桶，從空頭紐約輕原油期貨共可獲利977,000美元。

　　而將977,000美元加上9,423,000美元等於10,400,000美元，恰好等於原油供應商要將賣價鎖定在每桶104美元的目標。

【狀況二】到期日每桶輕原油上漲10%，由104.70美元上漲至115.17美元

　　按照原先約定以到期日之市場價格賣出100,000桶原油，共可獲得11,517,000美元。

　　但是另外放空（short）100份期貨合約，賣價每桶104美元，減去115.17美元，得到-11.17美元，乘上100,000桶，從空頭紐約輕原油期貨共虧損1,117,000美元。

　　而將-1,117,000美元加上11,517,000美元等於10,400,000美元，也恰好等於原油供應商要將賣價鎖定在每桶104美元的目標。

　　由以上分析很清楚得知，如果採取空頭部位的做法，如果做錯方向，例如商品價格不降反升，那原油供應商在不選擇空頭部位的做法下，獲利較多。

三、交換契約

　　交換契約是指交易雙方在未來某一定期間內，產生一連串支付現金的協議。之前已經討論過交換契約可以由兩方構成，其中一方對於商品會選擇浮動價格，而另一方選擇固定價格。對航空公司來說，由於希望的是能夠將燃油價格變動降至最低，因此在交換契約中，航空公司常會選擇固定價格的一方。

　　由於交換契約並不會牽涉到實體商品的交易，因此也不會顯示在航空公司的資產負債表上。交換契約最後會透過現金交易來完成，因此一定會產生「贏家」及「輸家」，簡單說交換契約是一種零和遊戲。

　　交換契約可以不在交易所內完成，當然也可以透過某種組織性的交易，不論是何種方式，都應當有金融機構（銀行）加入，協助參加交換契約的雙方完成交易。一種可以不在交易所內完成的交換契約，稱為plain vanilla swap，它是最基本的金融商品，指雙方可以就數量、時間長短及清算條件等做客製化的約定，甚至於金融機構（銀行）都不需要加入。

假設某航空公司與另一方商談一份一年的交換契約，以每月100,000桶燃油採取每桶110美元固定價格，每月清算一次。而採取浮動價格的一方，在燃油價格計算方面則採取每月支付平均價格。

參與交換契約的航空公司，在平時仍會按照市場價格支付購買燃油，到了月底買賣雙方才展開盈虧計算。例如到月底計算出當月的燃油平均價格為每桶113美元，由於航空公司採取每桶110美元固定價格，可以計算求出：

$$航空公司盈虧＝（月平均每桶價格－固定價格）× 總量$$
$$＝(113－110) × 100,000 ＝300,000美元$$

經過計算得出第一個月航空公司可以獲得300,000美元。

同樣的如果到月底計算出當月的燃油平均價格為每桶108美元，由於航空公司採取每桶110美元固定價格，可以計算求出：

$$航空公司盈虧＝(108－110) × 100,000 ＝－200,000美元$$

表示第二個月航空公司虧損200,000美元。

利用交換契約的方式，可以讓航空公司將燃油費用支出採取固定支付方式，亦即不論未來燃油價格之漲跌，航空公司的燃油費用都將是用前述之固定價格支付。

四、買權

在前一節已經對買權做了詳細介紹，由於在一般期貨市場並沒有對航空燃油做期貨交易，因此航空公司大都選擇與航空燃油有高度正相關係數之商品，例如家用暖油及原油等當作是進行交易對象。

買權的運用大都發生在預估未來商品價格會上漲的時候，因此對航空公司來說，如果預期原油價格將要上漲，選擇運用買權就可以幫助航空公司將燃油價格鎖住，不至於遭受因為燃油價格大漲導致營運成本大增，導致無法正常營運之情事。

與前述交換契約一定會有「贏家」及「輸家」來比較，相對的買權比較溫和，因為只要在到期日時標的物的市場價格小於約定價格，擁有買權的一方就不需要動用買權，而買方最多只是損失權利金。

我們還是用上述的例子來說明交換契約與買權的差異，假設航空公司採取每桶110美元固定價格（約定價格）之方式。

由**圖5-12**很容易看出交換契約不是賺就是賠，油價下跌得愈多，航空公司的損失就會愈大，相反的當油價漲得愈多，航空公司的獲利就會愈多，只有在市場價格等於約定價格時不賺不賠。而買權則很清楚看出，最大的損失是權利金的支出，而獲利則可以是無限。

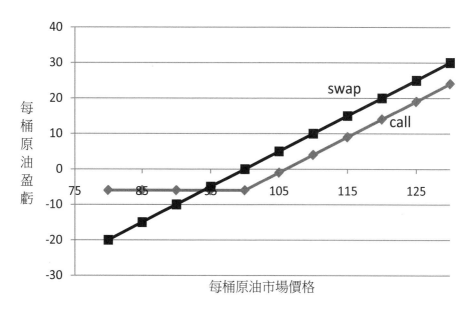

圖5-12　交換契約與買權的差異

表5-13　2009年7月紐約輕原油買權

到期日	履約價格（美元／每桶）	權利金（美元／每桶）	合約份數
Jun-09	40	12.8	0
Jun-09	50	4.8	207
Jun-09	55	2.1	4
Jun-09	60	1.03	318
Jun-09	65	0.35	10
Jul-09	67	1.3	50
Jul-09	70	0.97	2
Jul-09	75	0.5	16
Dec-09	65	6.55	4
Dec-09	73	4.3	1
Dec-09	90	1.4	2

資料來源：NYMEX data

　　表5-13中的權利金是以每桶若干美元來計算，也就是買進買權所要支付的金額。如果從避險的角度來看，履約價格則代表航空公司對於原油價格設定的上限，也就是航空公司願意支付燃油價格的上限，因為只要到期日市場價格超過履約價格時，航空公司就會動用買權，利用獲利來抵銷原油漲價造成之損失。

　　假設A航空公司以履約價格60美元買進2009年6月一份買權（=1,000桶），由**表5-13**得知權利金每桶1.03美元，我們可以就到期日不同之價格得出一份A航空公司的盈虧圖。

　　圖5-13清楚得知當到期日原油市場價格低於履約價格時，A航空公司會放棄使用買權，而最大的損失就是權利金每桶1.03美元乘上1,000桶，等於1,030美元。如果到期日原油市場價格超過履約價格時，例如65美元，此時A航空公司動用買權之獲利為：

（到期日原油市場價格－履約價格）×1,000－（權利金×1,000）

＝(65－60) × 1,000－1.03 × 1,000 ＝3,970美元

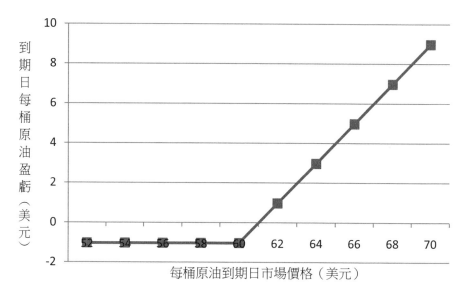

圖5-13　到期日動用或放棄使用買權之盈虧

　　當然A航空公司動用買權之獲利與到期日原油市場價格呈現正相關，亦即到期日原油市場價格超過履約價格愈多，A航空公司動用買權之獲利就愈高。

五、價格上下限期權

　　由於若只購買買權，不論用到與否，航空公司都得支付一筆權利金。因此在購買買權的同時，也將賣權賣出，可以賺取一筆權利金，這種同時支付及賺取一筆權利金的做法就稱為價格上下限期權，也對標的物的價格發生上下波動時，提供保護不讓航空燃油價格波動太大導致航空公司損失，以下三個步驟說明航空公司如何購買價格上下限期權：

1.首先航空公司購買買權保護自己不會受到價格高漲的損失：例如在上例中到期日市場原油價格為每桶65元時，航空公司動用買權，以

約定價格每桶60元的價格買進原油，說明不論到期日市場原油價格
漲到多高，航空公司不會支付超過每桶60元的價格來購買燃油。

2. 賣出賣權賺取權利金：航空公司在支付買權權利金的同時，也可以
將賣權賣出，賺取權利金，並將其當作彌補買權權利金的支付。

3. 航空公司對於購買原油的價格做了一個上下限的界定：航空公司在
賣出賣權時，他已經要承擔當市場原油價格低於每桶60元的風險，
如果到期日市場原油價格始終高於每桶60元，航空公司可以因為賣
權權利金的獲得，而將支付買權權利金抵銷。

結合**表5-13**及**表5-14**可以獲得零權利金上下限期權（zero cost
collar）的結果，所謂零權利金上下限期權如果要將買進買權及賣出賣權
之權利金抵銷，簡單的說就是兩者權利金要相等，由**表5-13**及**表5-14**得知
在2009年7月當買進買權及賣出賣權之履約價格分別為75及38美元時，權
利金都為0.5美元，如果同時買進一份買權及賣出一份賣權，所支付及賺
取之權利金正好抵銷，就達到零權利金上下限期權的結果。

由**圖5-14**清楚得知，使用零權利金上下限期權可以讓航空公司不用
支付權利金，但是可以將原油價格上漲鎖住在75美元，當然如果原油價格
下跌超過38美元時，航空公司還是會遭遇損失。

表5-14　2009年7月紐約輕原油賣權

到期日	履約價格（美元／每桶）	權利金（美元／每桶）	合約份數
Jun-09	40	0.4	13
Jun-09	45	1.07	23
Jun-09	50	2.73	12
Jun-09	52.5	3.86	24
Jul-09	38	0.5	1
Jul-09	40	0.8	1
Jul-09	41	1	2

資料來源：NYMEX data

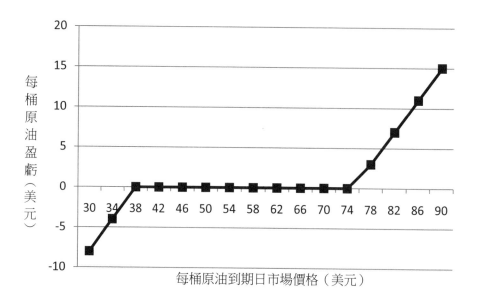

圖5-14　到期日零權利金上下限期權之盈虧

　　零權利金上下限期權是一個理想做法，大部分狀況下買進買權及賣出賣權之權利金不會相等，也就是履約價格的差異較大，在這種狀況下權利金不會抵銷為0。

　　假設航空公司為了接近市場價格，對於買進買權及賣出賣權之履約價格皆固定為50美元，由**表5-13**及**表5-14**得知買進買權之權利金4.8美元，賣出賣權之權利金為2.73美元，在兩相加減後航空公司還可以賺取2.07美元。

　　為了讓同學更瞭解權利金上下限期權之盈虧，舉出到期日三種可能的市場原油價格來做說明：

1.到期日市場原油價格60美元。

2.到期日市場原油價格50美元。

3.到期日市場原油價格45美元。

> 避險盈虧＝〔（到期日原油市場價格－履約價格）×1,000－
> （買權權利金×1,000）〕＋〔（到期日原油市場價
> 格）×1,000＋（賣權權利金×1,000）〕

【第一種狀況】到期日市場原油價格60美元

　　避險盈虧＝[(60－50)×1,000－(4.8×1,000)]＋[0×1,000＋(2.73×
　　　　　　　1,000)]

　　　　　　＝7,930美元

　　注意由於到期日市場原油價格60美元高於履約價格，因此買進賣權
的一方不會動用該權利，因此為0。

【第二種狀況】到期日市場原油價格50美元

　　避險盈虧＝[(0)×1,000－(4.8×1,000)]＋[0×1,000＋(2.73×1,000)]
　　　　　　＝-2,070美元

【第三種狀況】到期日市場原油價格45美元

　　避險盈虧＝[(0)×1,000－(4.8×1,000)]＋[(50-45)×1,000＋(2.73×
　　　　　　　1,000)]

　　　　　　＝2,930美元

　　注意由於到期日市場原油價格45美元低於履約價格，因此買進買權
的一方不會動用該權利，因此為0。

　　總之，上下限期權是一種將權利金降低的做法，而最後的盈虧就必
須視到期日市場原油價格而定。

六、交叉避險（cross hedge）

　　由於燃油價格變動太大，而如果能在正確的時機做出合適的燃油避
險策略，可以為航空公司節省下可觀的經費，因此大多數的航空公司會願

意選擇執行燃油避險策略。然而可惜的是在市場上並沒有所謂的航空燃油期貨合約（futures contract），因此只能退而求其次找尋與航空燃油具有高度關聯性的期貨合約，例如家庭用取暖油作為燃油避險的替代品。這種做法雖然不盡理想，但是在某種程度上還是可以收到避險的效果。為了讓讀者能有更深的認識，我們舉一個例子來說明。

表5-15　家庭用取暖油與航空燃油價格變化相關情形

月份	取暖油期貨價格變化	航空燃油價格變化
1	2.50%	2.00%
2	3.00%	3.50%
3	-3.50%	-4.50%
4	0.50%	1.00%
5	3.50%	2.60%
6	-3.00%	-2.00%
7	-2.50%	-1.00%
8	-3.00%	-2.00%
9	5.00%	4.00%
10	-5.00%	1.00%
11	-4.00%	-3.50%
12	-1.00%	-2.00%

根據**表5-15**可以求出取暖油期貨價格及航空燃油價格變異數，以及兩者之間的相關係數。

	取暖油期貨價格	航空燃油價格
變異數	3.39%	2.80%
相關係數		82.02%

由於相關係數代表兩組樣本之間的相關程度，其值愈趨近1，則相關程度愈高。由上表計算得知取暖油期貨價格及航空燃油價格之間的相關係

數為0.82，表示兩者為正相關，根據統計學上之定義相關係數在0.6-0.9之間屬於高度相關。

接著用兩個公式來計算在已知要購買多少航空燃油數量下，應當購買多少取暖油來作為交叉避險之手段。

$$h^* = \rho \frac{\sigma_s}{\sigma_f}$$

$$N^* = \frac{h^* N_A}{Q_f}$$

h^*為最小變異避險比率（minimum variance hedge ratio），ρ為相關係數，σ_s為航空燃油價格變異數，σ_f為取暖油期貨價格變異數 N^*為最小變異避險下之最佳合約數量，N_A為航空公司想要採購航空燃油數量，Q_f為購買替代避險期貨合約數量

假設條件如下：

航空公司想要採購航空燃油數量	1,000,000
紐約輕原油期貨（加侖）	42,000

單筆紐約輕原油期貨合約為42,000加侖。

運用上述公式分別代入可得：

紐約輕原油期貨合約數量	16.14

因此，當未來航空燃油價格上漲1元時，根據與取暖油期貨價格變化之相關係數可以求得取暖油期貨價格將上漲至1.487元或下降至0.673元。

所以當航空燃油價格上漲1元時，若航空公司想要採購航空燃油數量為1,000,000加侖，共要多支出1,000,000元。然而因為選擇紐約輕原油期貨作為交叉避險工具，在最佳狀況下共可以獲得16.14×42,000×1.487

＝1,007,635.145元。扣除掉採購航空燃油的1,000,000元，還可以結餘7,635.145元。

然而若在最壞狀況下16.14×42,000×0.673＝455,968元，扣除掉採購航空燃油的1,000,000元，還要賠544,032元。

當然由上例可以知道如果相關係數的相關程度愈趨近1，則航空公司所擔負的風險則愈低。

綜合以上所述不難得知運用燃油避險策略可以獲得的好處，接下來我們針對航空公司對於運用燃油避險策略的時機及狀況做一檢討；實際上大多航空公司在2006年以前對於運用燃油避險策略，來避開可能遭遇到高油價的損失並不十分積極，最主要的原因有兩個：

1. 大多數航空公司在現金儲備方面都不是十分充裕，在運用燃油避險策略時，事前要先準備一筆頭期款（upfront cash）來與另一方展開談判，這個目的是要防止當無法預期的狀況發生時的保證金額，但是航空公司由於資金積壓太多在固定資產上，很難再拿出多餘資金作為頭期款，同時航空公司也需要保留一些資金以備不時之需，因此燃油避險的策略並不是首要的選項。
2. 燃油避險的策略是航空公司用來預防未來油價上漲時遭遇不必要的損失，而對於未來油價的預估向來不是一件容易的事，因此當油價低時航空公司不會願意去做燃油避險策略，而當油價高漲時，航空公司又會害怕因為做了燃油避險策略反而遭致更大損失。

✈ 第四節　結論

原油價格不斷飆漲，近年來每桶超過100美元幾乎已經成為常態，對於全球航空公司來說，高漲的油價表示營運成本的大幅升高，對於原本就已經獲利微薄的航空運輸業來說，更是雪上加霜。在面對燃油價格高漲的

壓力下，航空公司如何做出合適的燃油避險策略，來幫助航空公司降低營運成本，當然就成為全球航空公司的當務之急。

本章提到有許多金融衍生產品可以讓航空公司用來做避險。對此，西南航空公司就有一套獨特的燃油避險理論，像是在油價一直向上攀高時，西南航空就不傾向使用價格上下限期權，因為一旦油價下跌帶給航空公司的損失將更多，因此西南航空寧願選擇只買買權，但是將原油的約定價格訂的很高（例如每加侖200美元），由於約定價格與現價差別較大，因此買權的權利金就會降低，而且當原油價格下降時，也不至於要去支付因為出賣賣權所要付出的差價。

當然我們還是要重申航空公司燃油避險策略的主要目的絕不是用來做投機發財，而一個成功的燃油避險策略的最大好處是可以讓航空公司能夠很安全的去制定及執行長期計畫，尤其是不需要去擔心因為油價波動帶來的困擾。達美航空財務長（目前已升任駐法副總裁）保羅・雅各布森（Paul Jacobson）就說道：「我們將燃油避險策略當作是買保險，其目的是要將燃油成本的波動變化降至最小，為了達成這個目的，我們必須積極的介入市場，並且不能對能源價格存有任何偏見。」西南航空公司之所以能夠在航空界維持有盈餘的紀錄，基本上燃油避險策略給了他們最大的安定力量，因為知道油價成本不會失控，而讓公司能夠安心的去設計需要經營的航線；反觀一些沒有或是只有少量實施燃油避險策略的傳統航空公司，一旦油價高漲，他們就只能針對航線檢討盈虧來做適度調整或是關閉的決定。

西南航空公司的經驗告訴我們，一個成功的燃油避險確實可以讓航空公司不會因為油價的波動產生成本失控的危險，但是實施燃油避險策略的時機相當重要，因為如果油價已高，這時選擇去做避險，所要付出的權利金價格一定昂貴，而一旦油價下跌，航空公司可能會因為實施燃油避險策略反而遭致更大的損失。

最後值得一提的是政府扮演的角色，在全世界航空業高度競爭的年

代，政府部門應當要仔細檢討空運政策的適當性，例如目前的許多管制
政策，像是因為反恐而加強的機場安檢，就因為旅客通過X光機的全身裸
視造成個人隱私受到侵犯，造成旅客怨聲載道，進而減低搭機意願。另
外，全球航空運輸業的供過於求（尤其是國際長程航線），也是造成航
空公司競爭激烈，獲利微薄的主因，因此許多對航空運輸業過時不當之
規範，例如航空公司擁有人的國籍及實質大量掌控的問題都應當加以檢
討。若能放寬或取消，對於促進國際航空運輸業的合併會有幫助，進而可
以減緩航空運輸業的供過於求現象，航空公司的獲利也可獲得改善。

CHAPTER 6

票價策略

　　對於常常搭乘飛機到其他國家去拓展業務或是旅遊探親的旅客來說，機票的價格高低是最令他們感到不解的事，例如某些時候在美國搭乘國內航線班機由紐約飛往洛杉磯的票價，會遠高於搭乘國際航線班機由紐約飛往東京的票價，當然這指的是同樣的艙位，例如經濟艙。很明顯的，飛機的票價應當與距離長短沒有太大關係，如果真是這樣，那航空公司在制定票價的時候，到底是根據何種因素？是根據供給與需求？或是有其他考量，本章將就航空公司票價策略作一探討分析。

第一節　商品價格制定

　　對許多組織、公司行號來說，如何對一個市場上的商品制定價格是一個很困難的決定，因為如果訂出的價格太高，消費者無法接受，商品會滯銷；反之，若價格制定太低，雖然商品的銷售量會增加，但是所付出的固定及變動成本可能會因為銷售金額過低，無法獲得應有的利潤，導致公司經營不善，最終可能還是走向結束營業一途。

　　綜合以上所述，我們不難得知對於商品價格的制定，從古到今都不是一件容易的事，它有賴於經營者對於市場的瞭解、產品的屬性、類似產品價格比較、公司的策略及對產品的定位、顧客所得支配高低，甚至要瞭解社會流行趨勢等，在綜合各種因素後才能制定出合理的價格，也才可能讓消費者願意採購公司產品。

　　在將各種理論應用到商品價格制定前，有三種方式是一般公司行號在制定價格時所經常採用的，就是成本考量法（cost of service）、市場商品比較法及產品價值考量法（value of service），以下是三種方法的簡述：

一、成本考量法

　　這個方法是使用最久，最容易使用，而且也是相當受到歡迎的方法。基本上，只要將商品的各項成本估算出來，再加上一些附加的費用，及一些固定的投資報酬率，該商品的價格自然就可以計算出來。由於該方法容易應用，因此不難想像在制定商品價格時其受到公司行號歡迎的程度。

　　但是使用這個方法也有相當多的缺失，首先就是對於各項成本的估算，若是大家對於成本的估算都相同，而且也有同樣的投資報酬率，那同樣商品的售價應當一致，市場上也不會發生競爭的狀況。另外，這個方法最大的問題是它的考量全然不顧市場的反應，換句話說，其在制定價格時全然不考量顧客的需求，只顧在製造過程所耗用的成本；成本考量法不會考量基於不同顧客需求，而將產品價格差異化，因此也無法從商品銷售上獲得最大利潤。

　　成本考量法還有一個問題就是對於固定及變動成本的區分有著太多主觀上的認定，許多成本的計算是基於歷史資料的提供，它反應出的是過去的價值，然而技術本身會隨著時間而進步，許多過去計算出的成本，會因為技術改進而減少，但是在計算成本時卻不一定會及時反應，因此也會造成價格計算上的不一致。

二、市場商品比較法

　　使用這個方法來制定商品價格的通常是一些小型的公司行號，而該項商品在市場上有價格制定者——大型領導者可以追隨，例如說從事販賣飲料的小型公司在制定飲料的價格時可以參考可口可樂在市場上的售價。

　　對於一個想要進入其他企業已有固定市場占有率的新公司而言，市

場商品比較法也不失為一種可用的方法，例如在民國78年5月由大台中地區知名建築商瑞聯建設成立的瑞聯航空，一開始瑞聯航空打破了所有航空公司的慣例，以「新台幣一元機票」造成話題，接著瑞聯航空喊出「新台幣八百元到高雄」，標榜「台北－高雄」票價只要新台幣600-800元，而當時其他航空公司的「台北－高雄」票價大約是新台幣1,000元以上。瑞聯航空並在所有客機的椅背裝上了液晶電視，讓旅客在旅程中可以享受多媒體的服務。其引進的麥道MD-82客機的機身裝有外部攝影機，可以讓旅客在飛行中欣賞機外風景。當時瑞聯航空台北到高雄的低票價策略，的確搶了不少其他航空公司的客源，而在一開始就達到擴大市場占有率的目的（載客率高達90%左右）。但是其引進的各項新裝備，增加了許多不必要的成本，再加上瑞聯航空併購了菲律賓及越南的航空公司，打算搶占兩岸三通市場，投入資金過大營運成本高（飛機皆為自購而非租賃），最後因為本身經營策略失敗，空有低價航空的票價卻無低價航空的營運方式虧損連連，導致瑞聯航空因財務狀況不佳及飛安紀錄不良，被民用航空局於民國89年勒令停飛宣告倒閉。

採取市場商品比較法來制定本身商品的價格，的確可以讓小公司在已被大公司占有的市場上，以較低商品價格的方式很快的占有一席之地，但是該方法充其量只能做到跟隨在大公司腳步之後，不可能做到讓消費者認知到本身商品的價值超過大公司的產品，換句話說，採取低於市場主流商品價格的做法，無法做到以「競爭」為手段，而讓消費者認知到本身產品更具價值的目的。

三、產品價值考量法

這個方法主要是以消費者本身對於產品價值的認知作為考量，更狹隘的說法是採取「個人化」、「一對一」或是針對特定族群所做的定價方式，也就是說確實做到在消費者主觀意願下，其個人或群體對於產品價值

的認知以及願意付出的購買價格，基本上這是一種價格差異化的策略，而就其理論來看似乎也沒有什麼錯誤，尤其是對於某些具有壟斷產品的大公司來說，而採取產品價值考量法所制定的價格，可以讓大公司獲得最大利潤。通常對於價值的認定可以從下列幾點來說明：

1. 長途旅行服務的價值高於短途旅行，例如航空運輸可以省下好幾天的其他平面運輸模式需要的時間，由於時間的節省可以讓旅客感受到空運價值。
2. 對於航空運輸價值的感受，商務旅客高於休閒觀光旅客，這點可以從商務旅客對於價格彈性較不敏感得知。
3. 通常愈有價值的商品運費會隨著增加，這是因為高單位價值商品利潤較高，因而託運人願意支付高運費之緣故。

　　但是採取產品價值考量法也有一些限制，像是要能確實做到不能讓消費者獲得「套利」的機會，也就是說在甲地買到較便宜的產品，載運到乙地以較高的價格出售，從中獲取利益。另外，由於針對特定族群有較便宜價格，其他消費者會假冒為特定族群人士，而以較低價格取得產品。其實在現實社會中常常看到這種現象發生，例如在美國的保健食品「善存」（Centrum）的售價由於低於台灣市場的二至三倍，就常見許多來往美國的旅客攜帶善存返台後銷售，從中賺取大量利潤。

　　另外就是對於「價值」認定上的差異，基本上這是一個主觀的認定，很難有一定的標準，例如說支付顧問費用的高低，就是相當好的例子。假設有兩家顧問公司在相互競爭，對某企業欲投資的專案甲顧問公司開價200萬，乙顧問公司開價100萬，雖然接受甲顧問公司的提案其結果可能會讓公司獲得更高的利潤，但在現實考量下，該公司很可能會選擇乙顧問公司的提案，這就說明產品價值考量法本身有相當大的缺失，理論上可行但在實務上卻存在相當大的困難。

　　綜合以上所述，可以得知不論是成本考量法、市場商品比較法及產

品價值考量法，都是純粹的價格制定方法，而實務上公司在採取產品價格制定時大都不會單只使用一種訂價方式，而是會依據特定時間或是地區的需求，而來修訂價格的制定。例如以擴大市場占有率為目標的公司，很可能會採取市場商品比較法來制定價格；而注重公司產品價值的公司，則很可能會重視產品價值考量法來制定價格；當然不可諱言的是採取因地制宜的彈性價格策略，確實會比單單只採用一種價格制定方法來得實際。

第二節　航空票價演進

　　美國聯邦民用航空委員會（CAB）於1937年制定規範將所有美國境內的航線視作為公用事業（public utility），屬於大眾服務業，因而認為航空票價之訂定應該受到相關機構——民用航空委員會之約束，CAB認為應當要促進民航業的發展，因此要保障民航業有一定的收益，但是又要顧及民眾在航空旅遊上的權益，因此航空運輸業的票價要訂在合理的範圍，尤其是短程航空市場的票價。

　　在CAB的強力管制下，航空公司如果想要對於票價或是航線的進行更動真的是困難重重，而且獲准的機率都不高，例如在1967年世界航空（World Airways）想要以低的票價來經營由紐約到洛杉磯的航線，CAB經過了五年的研究，最後以「毫無新意」的理由駁回。而另一個例子是美國上訴法院（United States Court of Appeals）下令給CAB要求讓大陸航空（Continental Airlines）經營由丹佛飛往聖地牙哥的航線，但是CAB在經過八年的冗長流程後才同意讓其經營。

　　到了1970年代，CAB這種官僚的做法引發了強大的反彈，先是發生在1973年的石油危機，再加上接著而來的停滯性通膨嚴重的打擊了當時的美國經濟，許多人面臨的是高失業率及高物價。在CAB對於航空公司利潤保障的政策下，民眾在搭乘飛機時得付高昂的票價。美國國會警覺到

長此以往美國空運業的前景堪憂，因為過高的票價會扼殺民眾搭機的意願，而減少搭機，航空公司的載客率如果下降又會影響到航空公司的利潤，進而產生營運困難，最後可能會面臨倒閉之命運。

就在此時一些經濟學者跳出來，他們認為造成這種現象是由於幾十年來沒有效率的管制所造成的，終於在1975年對航空公司解除管制的聽證會上開始提出討論，到1977年，卡特總統指派康乃爾大學（Cornell University）經濟學阿爾弗雷德·卡恩（Alfred E. Kahn）教授擔任CAB主席，聯合華府智庫、民間社會人士及空運業界開始對CAB業務進行整頓，在1978年獲得國會立法支持通過「航空公司管制解禁法案」，其中重要的項目為：

1.空運業者須將保持安全列為最高優先項目。
2.在提供空運服務時要盡可能保持良性競爭。
3.鼓勵空運業者除了經營主要城市外，也要顧及周遭次要或是衛星城鎮機場的營運。
4.要避免讓單一空運業者擁有過分集中的市場航線，不能讓其任意增加票價、降低服務或是獨家經營。
5.鼓勵新航空公司加入空運市場，也鼓勵現有航空公司拓展新的市場，以及持續強化小型航空公司。

一份在1996年由美國政府責任辦公室（the Government Accountability Office, GAO）發布的報告顯示與1979年相比，1994年的平均乘客旅程票價較低了9%，而在1976-1990年之間的票價大約降低30%（扣除通膨因素後），而載客率則有上升。據估計光在票價支出方面旅客就節省了約1,000億美元之多，而「航空公司管制解禁法案」也讓許多小型航空公司加入營運，尤其是對一些短程航線及大型航空公司不願經營的獲利不佳航線的乘客，則是因為小型航空公司加入營運而得以獲利。

美國旅遊網站「旅遊內幕」（The Travel Insider）的報告指出，從

1979-2010年在航空公司管制解禁法案實施後，對航空旅遊乘客來說，全球航空業發生了六個重大影響，包括飛機票價下降、航空旅遊乘客增加、新增常客飛行計畫（FFP）、創造數以萬計就業機會、飛航安全大幅改善及航空業興旺推動飛機製造公司致力發展性能更佳飛機。由於本章是針對飛機票價作探討，因此對其他五個與票價關係不大的影響暫不詳述。

首先要探討的是在航空公司管制解禁法案實施後，到現在飛機票價究竟下降了多少，若只從數字來看，在扣除掉通膨因素後，與1970年代末期來比現在飛機票價幾乎便宜了3倍。對於這個統計數字許多的報告都提出了不同的看法，例如《華爾街雜誌》（*Wall Steet Journal*）在2010年7月有一篇專題報導指出在1977年每一哩飛行的成本是8.42美分，到2009年成長到13.5美分，但是該報告表示1977年的8.42美分大約相當於現在的30美分，也就是說若用30除以13.5其結果將是2.22，換句話說，票價當然可以下降2.22倍。Airlines for America（A4A）網站公布1978年、2000年與2012年，航空旅遊票價與其他商品價格比較。在不考慮消費者物價指數（CPI）的狀況下，**表6-1**當中2012年與1978年比較，其中公立及私立大學學費上漲幅度超過10倍，另外，醫藥處方、大聯盟票價、無鉛汽油（加侖）及新車價格等上漲也都超過5倍以上。然而國內航空來回票的上漲卻只有1.9倍，與上述各個項目比較起來真的是相當微薄（注意不包含消費者物價指數變動）。

如果將消費者物價指數考慮進來，從1979-2012年的美國航空旅遊票價的變化下降幅度就更為驚人。

圖6-1，1979-2012年的美國國內航空旅遊票價的變化當中，若由當年度票價變化來看，2012年與1979年的票價差異為2.02倍（378.62 / 186.72），換句話說，2012年的票價比1979年貴兩倍多。但是若將消費者物價指數考慮進來（若以2000年的CPI為基準），2012年與1979年的票價差異為0.64倍（283.97 / 442.88），換句話說，2012年的票價居然比1979

表6-1　航空旅遊價錢與其他商品價格比較

品項	1978年	2000年	2012年	2012年 vs. 1978年	2012年 vs. 2000年
大學學費：公立	$688	$3,508	$8,655	1158%	147%
大學學費：私立	$2,958	$16,072	$29,056	882%	81%
醫藥處方	$61.6	$285.4	$440.16	615%	54%
大聯盟票價	$3.98	$16.22	$26.98	578%	66%
無鉛汽油（加侖）	$0.67	$1.51	$3.64	444%	141%
新車	$6,470	$24,923	$30,910	378%	24%
獨立新屋	$55,700	$169,000	$245,000	340%	45%
消費者物價指數	65.2	172.2	229.6	252%	33%
電影票價	$2.34	$5.39	$7.96	240%	48%
國內限時專送郵資	$0.15	$0.33	$0.45	200%	36%
全脂牛奶	$81	$156.9	$211.27	161%	35%
A級大雞蛋（一打）	$0.82	$0.91	$1.84	124%	102%
國內航空來回票	$186	$314.46	$355.75	91%	13%
國際航空來回票	N/A	$935.24	$1,205.17	N/A	29%
電視	$101.8	$49.9	$5.4	-95%	-89%

資料來源：Airlines for America

年還要便宜將近4成。相信大多數想要搭機旅遊的乘客在實際購買機票的過程中，只要悉心比較，多處詢問（例如透過網路提早訂票），大多數的旅客都可以購買到相當便宜的機票。

　　讓搭機旅客感到開心的結果，對於航空運輸業來說可就充滿了心酸，因為只在2001-2011年之間，美國航空公司的損失就高達510億美元，而自1981年開始美國航空公司的淨利處於虧損的時間就相當長，總計這段時間的虧損高達381億美元（**圖6-2**）。

　　究竟是什麼原因導致美國航空運輸業發生如此大的變化呢？最簡單而直接的答案是受到航空公司管制解禁法案實施的影響。

　　在1978年以前，美國航空運輸業幾乎是由美國政府完全掌控，之前已經說過舉凡新航空公司是否能加入某個航線，或是想要制定票價（即

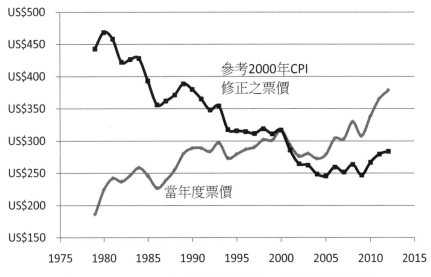

圖6-1　1979-2012年的美國國內航空旅遊票價的變化

資料來源：Airlines for America

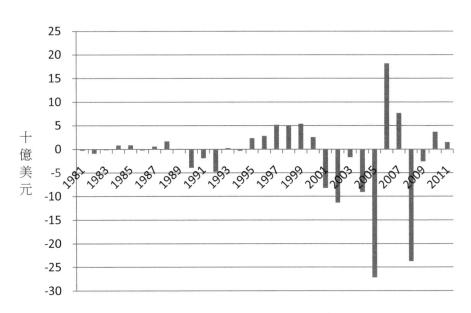

圖6-2　1981-2011年美國航空公司的淨利變化

資料來源：Airlines for America

使是對原有票價），都要受到美國政府的干預。另外，由於競爭相當有限，航空公司幾乎都能獲得不錯的報酬率，加上因為乘客付出高票價，也讓航空公司能夠提供更豪華的服務，但是由於票價太高，一般普羅大眾是無法享受搭機樂趣的。

有趣的是，當時在加州及德州是沒有施行票價管制的，因此比起其他美國航空公司票價，加州及德州的票價相對低很多，當時由舊金山飛往洛杉磯的票價，幾乎是相同航程由波士頓到華盛頓特區票價的一半。另外，由於票價偏低，在德州境內的航空公司更是鼓吹喜歡在德州境內開車旅行的人，應該選擇搭乘飛機，因為這樣做會更便宜。

加州及德州低票價帶給許多美國人的啟示就是，如果可以將票價管制取消，我們是不是都可以獲得低票價，這種想法獲得大多數人的認同，同時也逐漸朝自由化及解除管制的方向邁進，而美國國會最後終於在1978年通過航空公司管制解禁法案，將以往政府對航空公司的管制取消，而對於美國航空運輸業產生了重大影響，例如：

1在1965年之前，只有不到20%的美國人有搭乘飛機的經驗，在管制取消票價降低後，到2000年時，已經有超過50%的美國人每年至少有搭乘一次來回飛行的經驗，而美國人平均每年搭乘兩次來回飛行。

2.從1970-2011年，搭乘飛機的旅客人數成長3倍，圖6-3顯示從1980年代以後，美國搭乘飛機的旅客人數快速成長。

3.在1974年時，如果在考量通膨因素後，航空公司將從紐約飛往洛杉磯的機票訂在1,442美元以下是違法的。但現在從Kayak網站，很容易找到最便宜從紐約飛往洛杉磯的機票只要285美元。

為什麼航空公司管制解禁法案通過後對票價下跌造成如此大之影響？最簡單也最直接的答案就是搭飛機旅遊不是生活必需品，它不像日常生活不能缺少的柴米油鹽，也不是每日必須要的支出，因此當航空公司家

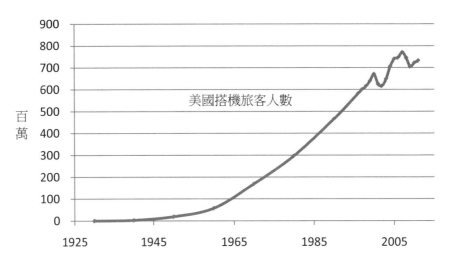

圖6-3　1930-2011年美國航空公司的搭機人數變化

資料來源：BTS

數增多競爭激烈，加上乘客對於價格敏感，導致降價變成為航空公司吸引乘客之最佳利器。

　　在資訊發達的今天，航空公司及乘客之間的攻防戰也更加激烈。航空公司利用資訊科技隨時對價格做出調整，而乘客也可以透過各種旅遊網站很快比較找出最低價格。大家都知道當飛機機門關上的瞬間，只要有空位存在，就代表航空公司的損失，因此合理的推斷，應當是離飛機起飛時間愈近，飛機的票價愈便宜才對，如果你是這麼想那你就錯了。基本上，愈靠近飛機的起飛時間，尤其是最後起飛前幾小時票價愈貴，這是因為最後一分鐘才要搭機的旅客（大多為商務旅客），通常都是出於急迫性，只要能夠搭上飛機他們願意付任何票價（大多是公司買單）。航空公司當然明瞭這種特性，因此在設計票價時都會有一些考量，例如儘早將大部分機位賣光，在支付完營運成本又可獲利的狀況下，保留一些最後一分鐘機位給要急迫搭機的旅客，來賺取更多的利潤。

　　對於乘客而言，座位就是座位並沒有任何差別，但是同樣一張飛機

票價的差異有時候是很驚人的，實際上許多便宜機票必須在兩、三個月前購買，就時間價值上來說，價值當然不能與在當天購買者一樣，這就是為什麼在搭乘飛機時，常常會發現兩個坐在相鄰座位的乘客，卻有著完全不同票價的原因。

　　大部分公司都知道調高價格可以增加獲利，為什麼航空公司做不到呢？最簡單的就是如果某一家航空公司敢提高票價，可能的結果是乘客被競爭對手搶走，損失更大。因此雖然航空公司知道價格對營收的重要性，但是不到萬不得已，他們是不敢輕易調高票價的。

　　隨著科技的進步，一般航空公司都能夠因應市場需求制定出數百種不同票價，例如大陸航空已經能夠讓乘客在飛機起飛前三百三十天預訂機票，他們甚至能夠做到每天（像是星期一、星期二、……）的價格都不一樣。

　　航空公司管制解禁法案通過後，為了能夠確保在價格透明化下的微薄利潤，航空公司最喜歡用的就是提出便宜的基本票價，然後再加上一些雜七雜八的附加費用。例如一張2013年8月16日中華航空由桃園飛往洛杉磯的經濟艙總價61,663元當中，基本票價為55,700元（**表6-2**），其他則為機場稅及各項附加費，大約為票價的10%。

表6-2　中華航空由桃園飛往洛杉磯的經濟艙票價結構

票價、機場稅及附加費	新台幣
票價	55,700
燃油附加費	3,896
台灣—機場服務費	300
美國—安檢服務費（911安檢費）	75
美國—國際抵達／出境稅	1,032
美國—動植物檢查費	150
美國—移民使用費	210
美國—海關使用費	165
美國—旅客設施費	135

目前美國航空公司的各項附加費用已經高達60億美元,與過去五年比較已經成長了4倍,對美國航空公司的收益來說也不無小補。

然而不幸的是由於燃油價格不斷攀升,伴隨發生的經濟衰退及在解禁後恣意擴張的航線等對空運業造成了許多負面的影響。而由美國航空運輸協會發布的年度原油及航空燃油價錢(**圖6-4**)當中,不難得出1991年與2012年比較原油價格上漲4.37倍,而航空燃油價格上漲4.27倍。雖然在2009年原油及航空燃油價格有下降,但到2011年及2012年航空燃油價格又漲回到平均每桶120美元以上。

實質票價下降加上航空燃油價格大幅上漲,在美國從2001年以來已經有多達47家航空公司宣告破產或是併購,其他沒有宣告破產的航空公司在營運上的獲利也是相當微薄,如果情況沒有獲得改善,可以預期的是未

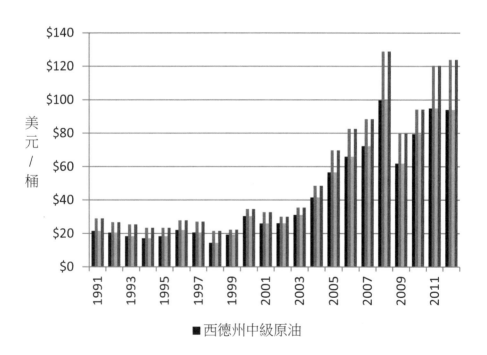

圖6-4 原油價格與航空燃油比較圖

資料來源:Airlines for America

來美國的航空公司數量還會逐漸減少，而美國航空市場供過於求的運量可能會獲得改善。

查爾斯·費雪曼（Charles Fishman）（2003）表示，過去十幾年來航空公司的票價已經降低超過40%，身為消費者應當感到開心才是。但是為什麼乘客卻似乎沒有感受呢？首先飛機票價本來就相當貴，之前提到華航由桃園飛往洛杉磯的經濟艙票價61,663元，對一般人來說不會是一筆小數目，因此即使票價與二十年前差不多，或是有降價，對乘客是不會造成太大感受的。另外，大多數乘客對於飛機票價究竟應當多少才是合理的，心中並沒有一個清楚的定見，尤其是航空公司常會以淡旺季，以及航線競爭程度來區分票價，這些都是讓乘客無法對票價合理性做出反應的因素。

航空公司管制解禁法案實施後的三十年，燃油成本大幅上漲，機票的價格卻比過去下降，雪上加霜的是許多新的低價航空公司不斷在全球各地加入營運，導致全球航空運輸市場（尤其是國際長程航線）競爭更形激烈，在面對較過去更為嚴峻的環境下，航空公司如何能夠獲得應有的利潤，將會是所有航空公司的一大挑戰。

 ## 第三節　價格反應函數與票價制定

全世界大約有90%的商用飛機票價是透過美國華盛頓清帳中心——航空公司票價登載公司（Airline Tariff Publishing Company, ATPCO）來做航空公司彼此間的票務合作拆帳工作，ATPCO是由超過20家以上合格的航空公司於1965年共同組成，ATPCO每天將超過500家以上航空公司的客、貨運最新票價透過各種管道傳送出去，其總部設於華府達拉斯機場。

航空公司選擇加入ATPCO的理由很簡單，就是對於他們的核心產品——機票的價格，需要有一個共同的形式及分送中心。因為每家航空公司都有自己的銷售管道，例如航空公司自己的網站、旅行社、收發話中

心、聯盟公司等，由於銷售管道太多過於雜亂，因此需要有一個共同的分送中心及形式，此舉可以讓航空公司隨時能夠接收到其他航空公司價格的最新訊息，以作為制定票價之參考依據。值得注意的是一些廉價小型航空公司，像是Ryanair及easyJet都沒有加入ATPCO，其原因可能是因為他們規模不大，因此不需要用到全球性的分送中心。

　　航空公司機票的票價制定，至少受到超過二十條以上的規範及限制，而且航空公司的票價往往都不是只有一個，也就是說對任一條特定航線而言，航空公司常常會有8-10個不同的票價，因此在搭乘飛機時坐在你旁邊的旅客很可能付的機票錢與你有很大的差異。通常根據旅客特性的不同，航空公司機票的票價至少有兩種類別，一種是旅遊休閒機票，另一種是商務機票；而在購買這兩種機票時航空公司會設定不同的規定，例如在購買旅遊休閒機票時，通常會要求必須在出發前十四天以上，而購買商務機票時則無此限制，當然這是因為旅遊休閒的旅客對於機票的價格十分敏感（price-sensitive），相對的商務旅客則受制於開會時程，無法過於計較機票的價格。

　　早期的航空運輸只有一種艙別及票價，相對於其他平面運輸交通工具，例如火車擁有頭等艙及經濟艙，在1930年代末期航空運輸的票價是以火車頭等艙票價為參考依據，直到1948年美國主要航空公司才引進第二等艙別，稱之為空中客車（air coach），票價則只有原來價格的三分之一。當初購買空中客車票價的乘客有一定的限制，例如說在離峰時間，或是午夜的航班，同時在這個艙等的座位安排也比較密集，而提供的餐點的精緻度也比較差。

　　到1950年，由於受到美國民用航空委員會（CAB）規定的影響，夜間飛行航班被迫取消，而餐點的服務也隨之提升。在1950年代航空公司提供了一個優惠的「家庭票價」（family fare），只有家長價格需要付全額頭等艙票價，而家庭其他成員可以享受半價優惠；到1960年代更將這項優惠擴展到經濟艙，而逐漸的在經濟艙中的乘客也開始有不同票價的提

供。其中更有青少年票價（12-21歲），後補票價以及其他一些購買來回票折扣，或者是折價券的使用等。到1960年代末期，已經很容易看到同樣坐在經濟艙的乘客，享受完全同樣的服務，卻有著完全不同的票價。

1974年，美國民用航空委員會制定了一個對於國內乘客票價調查（Domestic Passenger Fare Investigation, DPFI）的決議，要求所有票價必須根據成本來制定，而有關優待票價的價格必須符合利潤衝擊測試（profit impact test），指的是用新的優待票價吸引來的額外搭機乘客帶來的收益，除了要能夠支付該航班已經付出的營運成本外，同時還要能有足夠的盈餘來抵銷這些原來應當購買全價票，由於改買優待票造成的虧損。而以前航空公司制定的家庭優惠票價及青少年票價都不得再延用，當然這也種下了CAB受到眾人討厭，而最後被迫中止運作的主因。

1975年，在CAB內部主張要改革的做法成為主流，而其他政府機構也樂意配合，他們所持的立場是由於CAB的做法導致在航空公司之間缺乏價格競爭，因此CAB應當放棄對航空公司票價規定，此舉不單能夠促進競爭降低票價，同時也能夠提高服務品質，結果就是成就了1978年的航空公司管制解禁法案，澈底放棄對於航空公司票價的規定。

在面對票價自由化及競爭加劇的雙重壓力下，美國主要航空公司紛紛針對票價制定問題做了許多研究。因為不論是製造業或服務業，要想透過對產品定價來達到利潤最佳化的目的，就必須能夠做到透過不同管道，對不同產品，提供最適當的「價格」給不同的顧客。

由於市場狀況瞬息萬變，因此即使在某一段時間最適當的「價格」，也會因為時間及市場狀況的改變而需要隨時調整。而「管道」、「產品」及「顧客」可以說是影響「價格」構成的三大要素，例如宏碁想要將acer電腦（產品）銷售給歐洲的客戶（顧客），就需要透過適當的通路（管道）才可以做到；理論上三大要素的任何一個都會對價格產生影響，而對某些產品的價格而言三大要素也可能不會同時存在，或是說其中某些要素可以藉由某些手段而將其重要性改變。例如某個產品原來非常倚

重實體店面的管道銷售，若想要削弱實體店面管道的重要性，企業可以藉由讓顧客透過網路下單，將價格壓低的做法；鼓勵消費者放棄到實體店面（管道）來購買的目的。近年來由於電腦網路的發達，許多航空公司為達成減少成本之目標，紛紛推出網上購買較便宜之機票，誘導顧客逐漸放棄傳統旅行社購票之習慣，而航空公司也可因此節省下大筆的酬佣費用。

影響「價格」制定的另外一個因素是對顧客的承諾，通常當買賣雙方在進行交易時，對於賣方提供的商品或服務，價格中就應當隱含對於顧客的承諾，通常包括：

1.提供的商品或服務為何：在交易進行的過程當中，對於提供的商品或服務項目，買賣雙方都應當有清楚的認知，但在日常生活當中，這也是最容易發生糾紛的地方。例如在買賣房屋或是人壽保險時，常常看到預售屋提供的建材與交屋時有一些差異，以及人壽保險在發生事故時，雙方對於保單內容在認知上產生很大的分歧，這些都會造成對顧客承諾的困擾。

2.售價：通常在百貨公司或是餐廳最容易見到的就是「牌價」（list price），當消費者進入百貨公司、餐廳或是進入加油站加油時，「牌價」就是一種對顧客的承諾，換句話說，只要消費者按照牌價付款，賣方就應當交付該項商品或服務給顧客，基本上牌價已經明確告知消費者「要或不要」，它沒有協商的餘地。

3.特定一段時間的售價：通常商品或服務的售價基本上可由牌價得知，但是為了刺激商品或服務銷售的業績，賣方常常會做出一些促銷的動作，例如在週末假日歐美商家會提供折價券給消費者；另外，在某些特定的節日，例如情人節、母親節及聖誕節時，各大廠牌或商家都會推出優惠價格的促銷活動。許多消費者也會等待到節日來臨時才大肆購買，這也是對顧客的承諾。

4.特定契約內容的承諾：許多業界間的交易通常都會有特定契約內容的承諾，例如對於大量採購的優惠價格，而折扣價格通常都會隨著

數量的增加而提高。例如鴻海的富士康是Apple手機的最大零件供應商，在富士康與Apple之間對於採購價格一定會有特定契約內容的承諾。對於貨運業者而言，整車或是整貨櫃的運價，與散裝或是部分貨櫃的運價也會不同；另外對於付款的期程也都可以經由特定契約內容的承諾來達成。

5.承諾的可靠度及風險的承擔：按照行業的不同，對於商品或服務承諾的可靠度及風險的承擔有都有不同的要求，例如提供網拍平台的ebay及雅虎，對於網拍的買方及賣方都有一定的規範，如果買方得標而惡意不履行購買義務，經過認定可以禁止該買家在網拍平台上進行購買活動，同樣的，若是賣方對於出售商品有不實的行為，也會針對賣家做出禁止在網拍平台上進行銷售活動。對於航空公司而言，消費者購買機票之後若因為航空公司的「超額出售」（overbooking）而無法獲得機位時，航空公司必須安排最近之班機以及對旅客作出一定之補償，但是當持有機票之旅客無故「不出現」（no show）時，航空公司對旅客毫無罰則可言，這也是航空公司對於旅客承諾的可靠度及風險承擔的另類方式。

在前述因素都考量了之後對於價格的制定應該有了基本的認識，但是如何讓制定的價格幫助企業獲得利潤最大化還需要考量兩項因素：(1)對於影響價格制定因素的確定要有一致性的流程；(2)要有適當的工具，例如一套電腦程式軟體來輔助流程的實施。

在使用電腦程式軟體來輔助制定價格的流程上，大多數公司都會喜歡採用數學分析工具，然而運用這個方式來制定價格時量化資料的分析就顯得十分關鍵，這就是說如果無法提供正確的量化資料，那運用數學分析工具，例如作業研究所獲得的結果就會有許多的問題。

另外一項值得注意的是對於價格制定與獲得最佳利潤的因素，就是要能快速的將商品或是服務的價格訂定出來，在以往對許多企業來說一季

發生一次價格變動已經算是很快的了，但是現在一週、一天甚至一小時就發生變化也毫不為奇。當然這都是拜科技進步及網路發達之賜，因此一個能夠因應市場狀況快速反應定價的公司企業最有可能將利潤最大化。航空運輸業就是最明顯的例子，藉由電腦化的銷售系統，各航空公司才能夠具備研發、管理及對高度複雜的票價結構快速調整不同航班票價的能力。

價格對不同行業也有不同的意義，例如汽油價格的上下起伏變動很大，而且很難掌握趨勢，而流行商品如電腦、服飾等，則都是在開始上市時價錢很高，但隨著季節的過去，他們的價格就會逐漸下滑，因此對不同的行業而言，在制定價格時要採用不同的方法。

由於因應市場變化商品價格需要不斷調整，因此對於許多企業來說價格制定已經成為一項挑戰，而當價格調整變成為一種隨時都可能發生的事情時，在制定價格的過程上就不可能做到嚴謹的深入分析，而利用類似運用作業研究等複雜工具的計算就會顯得曠日費時及缺乏意義。究其原因非常可能是因為無論企業用多麼嚴謹的流程來制定價格，他們始終會發現好像總是落後市場一步，因為當他們把價格制定出來後，競爭對手已經有了新的作為，而市場狀況又有新的改變必須重新制定價格。處在這種狀況下，許多企業可能會選擇採用現成的電腦軟體輔助工具來制定價格。

在探討價格如何制定前，我們先將價格與市場關係做一說明：

一、完全競爭市場的價格反應函數

價格反應函數表示價格變化與產品需求數量產生的變化關係。由經濟學中我們知道若是在一個完全競爭市場（perfectly competitive market）中有無數個買家與賣家，因此沒有任何一個單獨的買家與賣家能夠對價格發生影響，在日常生活中常見的例子像是有數以萬計的農家生產小麥，同時也有數以萬計的顧客購買小麥，但無論是生產的農家或是購買的顧客對於價格都無法產生影響力。

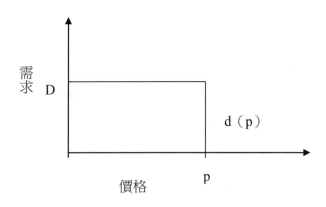

圖6-5　完全競爭市場當中的價格反應函數

　　在完全競爭市場當中個別的賣家在市場價格下面對的價格反應函數是一條垂直線，如**圖6-5**所示，當賣家的售價高於市場價格時，顧客對他的需求數量會下降至零，但如果賣家的售價低於市場價格時，顧客對他的需求數量就相當於整個市場的需求量。我們還是用小麥市場為例，因為任何一個單獨生產小麥的農家所生產的小麥與整個市場比較起來微不足道，因此其個人對市場價格完全無法發生影響，如果他想要以高於市場價格出售小麥時，沒有人會想要跟他買（因為大眾很容易從市場上購買到比他便宜的小麥）；但是如果他用低於市場價格出售小麥時，無論他供應多少小麥，都將會被大眾購買完畢（其供應數量僅占整個市場需求量的極小部分）。

　　這種具備完全競爭市場特性的商品在日常生活中並不多見，而根據維基百科對於該類商品的定義是一種對大眾有需求的物品，其在市場上的供應沒有品質上的差異，因此價格一致。

　　真正我們常遭遇到的價格反應函數應當會呈現一種平滑的價格反應，也就是說當價格增加，銷售會下降，反之，當價格減少，銷售則會上升，如**圖6-6**所示。這種具有平滑的價格反應曲線通常發生在獨占性競爭（monopolistic competition）及獨占（monopoly）市場裡，而大

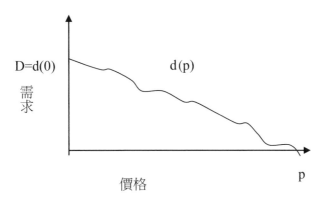

圖6-6　典型的價格反應函數

多數公司行號也都會遭遇此種狀況。此種價格反應函數通常會有負值（negative）、連續性（continuous）、差異（differentiable）及斜率向下（downward sloping）等特性。

　　然而在某些狀況下價格反應曲線的斜率向下特性並不存在，例如以「價格作為品質保證的商品」，也就是說此類商品的價格愈高表示其品質愈好，因此當價格增加時，商品銷售不但不會下降，反而還可能因為其稀有性（限量生產）而導致需求上升。此類商品在服飾、高級酒類上常見，像是LV皮包、Burberry服飾及Johnny Walker之類的高級酒品都隨處可見。另外就是「引人注目的消費行為」，從各種媒體上我們常常看到某個明星買了一件名牌大衣花了數十萬元出現在公共場所，某企業小開為了博取知名女明星的好感，一擲千金的購買數百萬元的名車。上述這兩種情形，都不適用於斜率向下的價格反應曲線。

二、價格敏感度分析

　　前述中對價格反應曲線做了一些探討，但對於在某一特定價格下的價格反應曲線變化卻未做分析，茲將介紹價格敏感度分析來對價格反應曲

線做進一步之探討。而對於價格敏感度分析常用的兩種方法，分別是斜率（slope）及價格彈性（price elasticity）。

(一)斜率

在數學運算上斜率相當容易求得，而經由價格反應曲線斜率的運算結果可以瞭解當價格改變時，需求會發生的變化。如果將價格P當作為x軸，而將需求d（p）當作為y軸，則斜率的計算可以由需求的改變量除以價格的改變量得知。

$$m(p_2, p_1) = \frac{d(p_2) - d(p_1)}{p_2 - p_1}$$

因為斜率向下表示其為負值，因此若$p_1 > p_2$，由上式可以得知$d(p_1) \leqq d(p_2)$。

由上式得知計算斜率時需要有兩個不同價格，但是如果斜率是一條直線，那計算結果將不會改變，也就是說價格反應曲線的斜率值會是一個固定值。

斜率的計算基本上相當容易，但是有兩個相當大的缺點就是，首先若兩個價格變動相差太大，利用斜率公式求出之結果可能會不夠精確；其次就是在執行斜率的計算時，不同單位的選擇會產生不同的結果，容易產生混淆。

例題6.1

有一間水果行出售蘋果一磅100元時每天可賣出2,200磅，若將蘋果價格漲至一磅150元則可賣出1,760磅，試求其斜率，若將其單位換成公斤，則其斜率為何？

$$m(p_2, p_1) = \frac{d(p_2) - d(p_1)}{p_2 - p_1} = \frac{1760 - 2200}{150 - 100} = -8.8lb/dollar$$

將單位換成公斤時

$$m(p_2, p_1) = \frac{800 - 1000}{150 - 100} = -4kilo/dollar$$

(二)價格彈性

在第二章曾經介紹過弧形（arc）價格彈性係數，其計算公式為：

$$\varepsilon_d = \frac{Q_2 - Q_1}{(Q_2 + Q_1)} \times \frac{P_2 + P_1}{(P_2 - P_1)}$$

另外有一個使用更為普遍的是點（point）價格彈性係數，其計算公式為：

$$\varepsilon_d = \frac{Q_2 - Q_1 / Q_1}{P_2 - P_1 / P_1} = \frac{(Q_2 - Q_1)P_1}{(P_2 - P_1)Q_1}$$

由於$Q_2 = d(p_2)$及$Q_1 = d(p_1)$，代入上式可得：

$$\varepsilon_d = \frac{(d(p_2) - d(p_1))P_1}{(p_2 - p_1)d(P_1)}$$

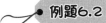 例題6.2

與例題6.1同，求點價格彈性係數為何？

解答：

以磅求點價格彈性係數為：

$$\varepsilon_d = \frac{(d(p_2) - d(p_1))P_1}{(p_2 - p_1)d(P_1)} = \frac{-440*100}{50*2200} = \frac{-44000}{110000} = -0.4$$

換成公斤求點價格彈性係數為：

$$\varepsilon_d = \frac{(d(p_2) - d(p_1))P_1}{(p_2 - p_1)d(P_1)} = \frac{-200*100}{50*1000} = \frac{-20000}{50000} = -0.4$$

不論用磅或是公斤求得之點價格彈性係數答案結果一樣，在本書當中討論價格敏感度分析時我們採用價格彈性係數。

三、線性價格反應函數

最常見的線性價格反應函數為：

$$d(p) = Q - bp$$

假設有下列票價及需求情形：

表6-3　價格與需求變化

票價	0	500	1,000	1,500	2,000	2,500	3,000	3,500	4,000	4,500	5,000
需求量	2,500	2,250	2,000	1,750	1,500	1,250	1,000	750	500	250	0

利用線性價格反應函數容易得出價格與需求之間的變化，而利用簡

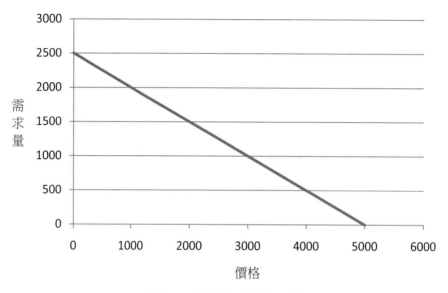

圖6-7　線性價格反應函數

單計算可以得出線性價格反應函數的價格彈性係數（ε_d）為：

$$d(p) = Q - bp \rightarrow d'(p) = -b$$

$$\varepsilon_d = \frac{(d(p_2) - d(p_1))P_1}{(p_2 - p_1)d(p_1)} = d'(p)\frac{p}{d(p)} = \frac{-bp}{d(p)}$$

　　雖然線性價格反應函數容易運用，但是在實際生活當中卻並非如此簡單，因為只要加入人性考量就知道價格與需求變化絕不可能呈現一比一關係。

四、等值彈性係數價格反應函數

　　如同名稱一樣，等值彈性係數價格反應函數就是不論價格如何變化，價格彈性係數（ε_d）的值不變：

$$\varepsilon_d = d'(p)\frac{p}{d(p)}$$

而最常見的等值彈性係數價格反應函數為：

$$d(p) = Cp^{-\varepsilon_d}$$

假設彈性係數為0.7、0.9及1.3，價格由5-110元，同時假設常數C等於100，代入上式可以得出**圖6-8**。

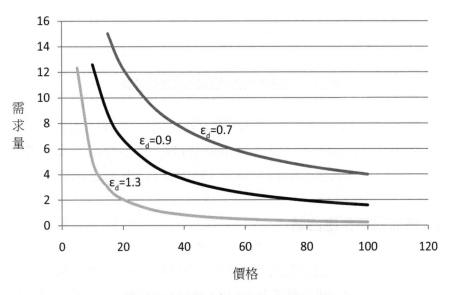

圖6-8　等值彈性係數價格反應函數

由等值彈性係數價格反應函數得出之價格與需求變化不是呈現直線變化關係，但是不論價格多高，需求量始終大於0，這也與常理相違背。

另外，等值彈性係數價格反應函數的收益可由下列公式計算得出：

$$R(p) = pd(p) = pCp^{-\varepsilon_d} = Cp^{(1-\varepsilon_d)}$$

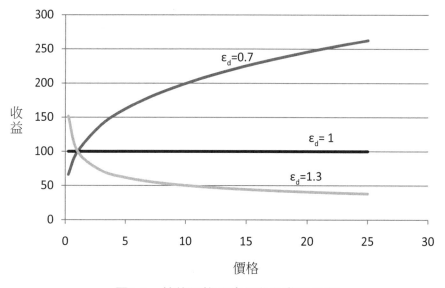

圖6-9　等值價格反應函數的收益計算

　　圖6-9可以印證前述當價格彈性係數（ε_d）的值大於1時（有彈性），若降低價格收益可以增加，而當ε_d的值小於1時（缺乏彈性），增加價格收益可以增加，最後當ε_d的值等於1時，增加或降低價格收益不會改變。

五、羅吉價格反應函數

　　由於線性價格反應函數及等值價格反應函數在運用上都有局限性，因此學者專家又發展出一種羅吉（logit）價格反應函數，試圖來解釋價格與需求量之間的變動關係。

$$d(p) = \frac{Ce^{-(a+bp)}}{1+e^{-(a+bp)}}$$

　　其中a、b、C皆為參數，b及C大於0，a則可以大於或小於0，廣義來說，C指的是整體市場的大小，而b則是價格敏感度，b值愈大表示對價格

敏感度愈高。另外一個參數市場價格 $\hat{p} = -\dfrac{a}{b}$，以下舉一個例子說明：

假設某商品整體市場的需求C值為3,000，而市場價格$\hat{p}$為400元，a=400×b，將上述參數值代入羅吉價格反應函數，並假設b1=0.01、b2=0.03及b3=0.1，可以得到**圖**6-10。

經由羅吉價格反應函數計算得出的價格與需求量變化呈現出倒S形狀，當價格在兩端發生變化時，需求量並沒有太大變化，這可以說明當價格遠高於市場價格時，即使稍有調降對於消費者來說並沒有太大吸引力，同樣的，當價格遠低於市場價格時，需求量也沒有太大變化，這可以由兩點來說明，其一可能是該買的都已經買了，其二也有可能是根本已經無商品可買。

反觀當在市場價格附近的價格有小幅變化時，對於消費者來說的吸引力最大，此時商品數量與價格變化最為明顯。

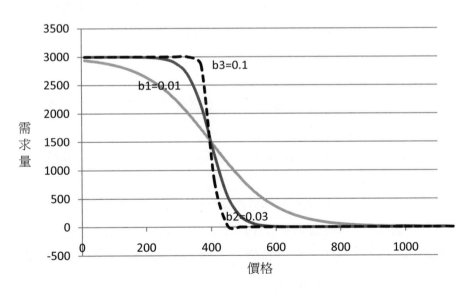

圖6-10　**羅吉價格反應函數計算**

 第四節　航空公司票價策略

　　布萊恩·舒摩斯（Brian Sumers）（2013）在撰寫〈航空公司票價策略〉中表示，假設航空公司的目標是要獲得最大利潤，如果你是執行長，你會選擇將每一班機的座位填滿，或即使是知道可能會有一些空位產生，仍然選擇要調高票價。

　　幾乎所有的航空公司都會選擇調高票價的做法，他們的目標是要賺取最多的錢，即使可能會產生一些空位。

　　美國航空網路計畫副總裁恰克·舒伯特（Chuck Schubert）講得更直接，他說：「簡單說如果將票價訂為10美元，保證每架班機都可以滿載，但是可以確定的是我們賺不到錢。航空公司票價必須兼顧載客率與獲利，同時知道乘客願意接受的價格。」

　　在經濟學中有所謂最佳利潤下的價格制定，這是因為企業追求的是「最大利潤」，而價格的制定，又是獲得最佳利潤的首要條件。對於最大利潤的計算可以藉由下列公式求出：

$$Profit\,(p) = (p - C)d(p)$$

　　其中Profit(p)代表利潤用P(p)表示，p表示價格及C表示成本，d(p)表示數量。

　　假設有一公司販售碗盤，其售價為一件48元，為刺激消費該公司採取薄利多銷政策，亦即每買多一件有2元折扣，該公司固定及變動成本分別為20元及12元（每件），而總成本、利潤、邊際成本及邊際收益詳如**表6-4**。

　　在**表6-4**中我們很容易得知該公司獲得最大的利潤是在出售第十個碗盤時，同時也是邊際成本與邊際收益最接近的時候。為什麼在出售第十個

表6-4 最大利潤的計算

數量(q)	價格(P)	收益	固定成本	變動成本	總成本	利潤	邊際成本 (MC)	邊際收益 (MR)
0	50	0	20	0	20	-20		
2	46	92	20	24	44	48	12	46
4	42	168	20	48	68	100	12	38
6	38	228	20	72	92	136	12	30
8	34	272	20	96	116	156	12	22
10	30	300	20	120	140	160	12	14
12	26	312	20	144	164	148	12	6
14	22	308	20	168	188	120	12	-2
16	18	288	20	192	212	76	12	-10
18	14	252	20	216	236	16	12	-18
20	10	200	20	240	260	-60	12	-26

碗盤時公司獲得的利潤是最大呢？這道理很簡單，先看小於出售十個碗盤時，公司只要多出售一個碗，其所獲得的利潤高於總成本，換句話說，邊際收益是大於邊際成本的；但是當大於出售十個碗盤時，公司只要多出售一個碗盤，其所獲得的利潤將低於總成本，此時邊際收益是小於邊際成本的，也就是說利潤反而因銷售量增加而減少；而只有當邊際收益等於邊際成本時，公司的利潤最大。

$$P(p) = (p - C)d(p)$$

由於上式代表在任一價格（p）下之獲利（P(p)），因此最大利潤的問題就是要找出商品在市場上獲利最大之價格。

將**表6-4**中的邊際成本、邊際收益、利潤與價格用**圖6-11**及**圖6-12**表示。

圖6-11及**圖6-12**再次證明當邊際成本（MC）等於邊際收益（MR）時的價格可以獲致最大利潤，最大利潤的計算公式簡單易懂，但是在航空

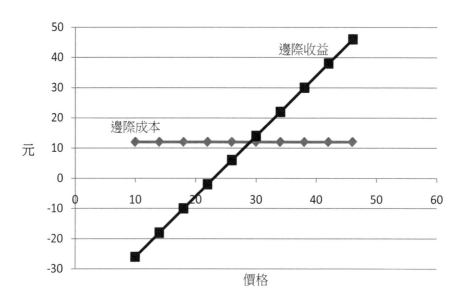

圖6-11　邊際成本、邊際收益與價格

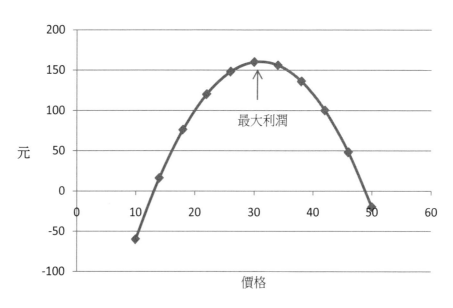

圖6-12　最大利潤與價格

公司當中卻難以運用，最大的原因是價格及成本的獲得很難固定。另外成本也會因為機型、航線等而有不同。所以若從理論的角度來看，追求最大利潤是有可能，但從實務上來看卻有其不可行的地方，航空運輸業就是典型不適用的例子。

在三十年前航空公司管制解禁法案實施後，美國航空是第一家採用多種票價的航空公司，可以讓乘客選擇他們想要的票價。如今相信大多數乘客都瞭解即使在同一班機，同一艙等，坐在兩隔壁的乘客可能付的機票價格並不一樣，而且乘客也都能夠接受這個事實。

我們都知道票價策略對於航空公司之獲利有相當大的影響，同時也知道航空公司的票價制定相當複雜。查爾斯‧費雪曼（2003）表示以大陸航空來說，每天有超過2,000個航班，而每個航班至少有十至二十種不同價格，所有的票價都可能會因為市場狀況而必須要做調整，可想而知這是一個多麼龐大的工程。

好的票價策略必須將成本、競爭者及目標利潤一併考慮，而一個正確的票價策略可以幫助航空公司在行銷當中獲得勝利，直接影響航空公司的獲利，然而什麼才是正確的票價策略，以及在許多的票價策略當中，如何做出選擇，也考驗航空公司的智慧，以下列出數種常用的票價策略及應用之優缺點，希望能夠加深同學對票價策略的瞭解。

一、差別定價策略

經濟學中認為自由市場中，決定產品或服務價格的主要因素是供給與需求，也就是說當市場的供需雙方呈平衡時，自然就決定出市場價格。然而，也有一些情形是同樣的一個賣方，可以將同樣產品以不同價格賣給不同的顧客，這就稱為差別定價（price discrimination）。

(一)差別定價之呈現方式

差別定價又可以下列方式呈現：

◆第一級差別（first degree）定價

第一級差別定價的價格會隨著不同狀況，或是按照每個消費者願意付出的價格而定；最常見的就是透過討價還價來達成，在台灣最容易在菜市場或是夜市當中見到。

◆第二級差別（second degree）定價

第二級差別定價則會按照消費者購買數量的大小而有不同的價格，這種依照購買數量多少而有不同價格的道理相當簡單，就是生產者在製造產品時會有一定的成本，當數量多時可以將平均固定成本降低，導致售價降低。

◆第三級差別（third degree）定價

第三級差別定價與第一級差別定價類似，不同的是第三級差別定價會有更多算計，及賣方享有主動權。因為賣方會透過市場研究將目標市場依照消費者性質加以區分，並將顧客分群定價。例如許多軟體公司都知道，在購買軟體時企業願意付錢，而大學生卻吝於付錢，因此在銷售軟體上，對於企業及大學生會訂出不同價錢。

(二)執行差別定價策略須具備之條件

傑夫‧賴利（Geoff Riley）（2012）認為執行差別定價策略必須要有兩個條件：

◆價格需求彈性不同

目標顧客群必須有不同的價格需求彈性，此時供應商就能對價格需求彈性低的族群收取高價格，而對價格需求彈性高的族群收取低價格。利用此策略可以幫助企業的總收益提高，而如果能在不同市場都做到邊際收

益（MR）等於邊際成本（MC）的話，就能獲得最大利益。

◆要有防止高價顧客轉移成低價顧客的機制

要知道以低價格購買產品的顧客，為了獲利可能會將產品轉賣給願意以高價格購買產品的顧客。同樣的，願意以高價格購買產品的顧客，為了省錢可能會到低價格產品市場購買產品。為了防止因為高價顧客轉移造成獲利損失，執行差別定價策略廠商要有防止機制。

(三)差別定價策略之好處

傑夫・賴利認為差別定價策略在航空公司間造成價格競爭，同時也幫助他們將收益做到極大化。傑夫・賴利表示對航空公司來說差別定價策略有下列好處：

◆增補利益

一般來說航空公司的固定成本相當高，變動成本低，因此沒有售出之空機位，如果能用較低的價格出售，至少能將變動成本涵蓋，此種策略能夠增補航空公司的利益，是符合航空公司利益的。

◆現金流來源

對於提早訂票的乘客給予優惠價格，這種做法可以讓航空公司事先知道班機的乘客搭載狀況，也能讓航空公司知道該班機可能帶來的現金流。當起飛時間接近時，票價會跟著提高，而那些想要在最後時刻搭乘飛機的乘客，也會願意付比早先訂票乘客更貴之價格。

◆利益最大化

鑑於離、尖峰時間乘客搭機需求不同，航空公司常常會祭出離峰時間低票價，來提高乘客搭機意願，同樣對於尖峰時間，由於乘客搭機需求高，當然會收取較高票價，而藉由對需求高時收取高票價的策略，可以將利益做到最大化。

二、折扣票價策略

　　對於在短期內想要達到刺激需求之目的，例如增加搭機乘客及售票數量，折扣票價策略是一個相當不錯的選擇。

　　企業常用折扣價格來將低價格產品大量售出，使用這種策略重要的是能將成本壓低增加競爭力。例如大的零售商常常能夠對供應商施壓降低進貨成本，然後再對顧客採取折扣票價策略。

　　採取折扣票價策略必須相當謹慎，偶爾採取或是對忠實顧客採取折扣票價策略通常會收到好效果，但是如果過度使用折扣票價策略，最後一定會讓企業的獲利受損，因為顧客不會再願意花全額價錢購買你的產品。

　　將產品以折扣價格提供給購買大量產品的顧客，是合理的做法，通常也可以用累計的方式，例如一個客戶下了多筆小額訂單，或是對一次下大單客戶，給予特別優惠，這種做法會增加客戶的忠誠度。

　　另外，季節性折扣也是常被企業用來獎勵客戶的方式，尤其是在淡季的時候特別有效。促銷折扣是另一種在短期內增加產品銷售的策略，但是與使用折扣票價策略類似，如果過度使用，會讓顧客養成觀望的心態，等到促銷折扣時再買，最終也可能會對企業整體獲利受到影響。

　　通常也可見到企業使用為招攬顧客而賒本出售商品（loss leaders）的策略，主要的目的是要將顧客吸引到店裡來採購，而在採購賒本商品的同時，能夠同時購買一些其他價格高的商品。知名品牌常用這種策略，而為了吸引顧客回流，他們可能會輪流將某些知名商品低價出售。

　　對購買大量商品以及常常光顧本店的顧客給予折扣獎勵，能夠建立顧客的忠誠度。對零售商來說，採用賒本出售商品的策略能夠有效的增加顧客流量。審慎的使用促銷折扣策略，能夠在短時間為企業的銷量大增，庫存壓力減輕，以及獲利增加。

　　雖然折扣策略有許多優點，但是也有一些缺點，因為一分錢一分貨

的觀念深植人心，因此低價格的商品常意味著品質差，尤其是對一些原本就不是名氣很響的品牌。因此，採用折扣價格策略的風險是有可能讓顧客認為你的產品品質差，雖然有部分人會以價格作為主要選項，但是不可否認的是很多追求高品質的顧客，可能會放棄你的產品轉而向競爭對手購買。

要注意低價格可以吸引顧客於一時，但無法讓顧客對你產生忠誠度，尤其是當市場上出現更低價格的同樣產品時，你立刻就會失去辛苦得來的市場。尤其是一直採用低價格的企業，當市場的定位固定時，想要將價格提高是非常困難的，因為顧客已經認定你的產品品質無法與高價位的產品相比。

三、動態定價策略

對航空運輸業來說動態定價策略（dynamic pricing strategy）是一個常被使用的策略，在動態定價策略當中，價格本身不是固定不變的；相反的，它會隨著環境狀況的改變而調整，例如某些時候當需求增加時，由於目標市場條件發生變化，在價格制訂上當然會做出改變。例如每年的7、8月，全球旅遊市場需求暢旺，航空公司的機位常常是供不應求，此時票價當然會調高。常見的動態定價策略包括：

(一)區隔票價

如果某些顧客對某種服務或產品，願意付出比其他人多一些錢來購買，此時就是使用區隔票價（segmented pricing）的時機。例如商務人士願意付出較高價格來購買能夠隨時出發的機票，或是一些顧客願意花多一點錢來換取快速服務。這些都是運用區隔票價的例子。

(二)尖峰時刻票價

在運輸業最常見的就是尖峰時刻票價（peak user pricing）策略的使用，在美國週一至週五的交通擁擠時間，航空公司通常會收取較高票價；其他像是電力公司對於尖峰用電時間的費用也會收取較高費用。

(三)快速服務票價

很多服務業會對要求快速服務的顧客收取較高價錢，例如當天送洗當天取件的洗衣店；而航空公司對於付高票價的頭等艙旅客，提供專人服務、快速登機服務都是。

(四)購買時間不同票價

根據顧客購買時間不同而給予不同票價，也是動態定價策略的一種，而航空公司最喜歡使用這種策略。例如經濟艙票價就會隨著購買時間不同而變動，最常見到的就是在起飛前一至二個月的票價最便宜，而隨著日期愈來愈靠近起飛時間，票價又會逐漸回復到票面價格。

四、掠奪性定價

掠奪性定價又稱劫掠性定價，是指一個廠商將價格定在犧牲短期利潤以消除競爭對手，並在長期獲得高利潤的行為。

掠奪性定價是一種不公平的競爭行為，實施該策略的企業原來占有一定的市場支配地位，他們具有雄厚資產、生產規模大、經營能力強等競爭優勢，所以有能力承擔暫時壓低價格的利益損失，而一般的新加入者勢單力薄，無力承擔這種犧牲。

美國航空公司一向是由私人擁有，大眾可以經由投資成為股東，由於航空公司要對股東負責，因此獲利就成為他們的首要目標。為了獲利使得航空公司之間的競爭變得相當激烈，為了將其他航空公司逐出他們的版

圖，一些航空公司就會不計後果的使出無情的策略，因為只要將競爭對手趕走，留下的一方就能夠擴大市場占有率，最後可以讓獲利增加。

最常見的美國航空公司掠奪性定價是將票價大幅降低，迫使小型或新加入的航空公司產生大的虧損後被迫退出，接著航空公司會將票價再度調高，搭機乘客在毫無選擇下只能接受，最後航空公司的獲利又會增加。

在美國最有名的掠奪性定價案例是發生在1999年，美國司法部對美國航空提出的控告，1999年5月13日美國司法部反壟斷局（Antitrust Division）罕見的對美國航空提出企圖壟斷達拉斯機場（Dallas）的控告，反壟斷局認為美國航空不斷的用增加航班及降低票價的方式，企圖迫使小的廉價航空公司退出達拉斯福特沃斯（Dallas-Fort Worth, DFW）國際機場，DFW是美國第三大機場，美國航空有超過70%的直飛乘客是由這裡出發。

在1979年（航空公司管制解禁法案後），美國航空將總部由紐約搬到達拉斯，並將DFW國際機場當成為樞紐中心，從1993-2000年，大約48-60%的美國航空可用座位英里（ASM）以及61-80%的利潤是來自DFW國際機場。

在1990年代初期，美國航空DFW樞紐中心的競爭優勢逐漸受到廉價航空加入，而逐漸降低。在1993-2000年，美國航空在DFW遭遇至少10家廉價航空加入17條直飛航線的競爭，例如美國航空由達拉斯到亞特蘭大（Atlanta）的航線有穿越航空（AirTran Airways），由達拉斯到丹佛（Denver）的航線有邊疆航空（Frontier Airline），而由達拉斯到堪薩斯（Kansas）及威奇塔（Wichita）則有先鋒航空（Vanguard Airlines）加入競爭。

1995年4月先鋒航空加入由達拉斯到威奇塔直飛航線的競爭，採取尖峰時刻單程票價69美元，離峰時刻單程票價39美元的低價策略。為了因應，美國航空採取比先鋒航空貴20美元的策略，但是在1995-1996年先鋒

航空搶走美國航空44%的市場。為了做出反制，美國航空不得不放棄比先鋒航空貴20美元的策略，改為與先鋒航空一樣的票價，並且增加航班改用噴射客機服務。很快的先鋒航空的乘客又被美國航空搶走，在1996年底先鋒航空結束由達拉斯到威奇塔的直飛航線。就在先鋒航空結束營運後，美國航空立即將票價調回，並且改由渦輪螺旋槳飛機飛行由達拉斯到威奇塔的直飛航線。

美國司法部介入調查，並對美國航空提出以非法、掠奪性定價逼走先鋒航空的控訴。美國司法部官員也說雖然可以對美國航空提出控訴，但是根據聯邦反托拉斯法並不允許他們向美國航空尋求任何罰鍰。另外對於掠奪性定價的定義：「在市場上有主宰力的公司採取犧牲獲利行動，例如調降價格到低於成本，並在迫使競爭對手退出後，立即將價格調漲彌補損失」，這種嚴苛的定義在實務上很容易被推翻，因此並不會對被指控的航空公司造成實質上的損失。

 第五節　結論

航空公司的票價應當如何制定一直都是十分有趣的話題，因為就運輸載具來說，舉凡公路、鐵路及海運的價格變化，都無法像航空運輸業一樣那麼複雜。由於票價的高低直接影響到航空公司的收益，為了能獲得高收益，全球航空公司對於票價的制定都極為重視。

過去的經驗告訴我們，對於乘客來說，如果想要買到便宜的機票，有一個口耳相傳的道理就是要儘量提早買票時間，而愈晚買機票的商務乘客，往往就要付高額的機票。加州大學經濟系教授簡·布魯可納（Jan K. Brueckner）（1992）說道：「大多數人都知道愈早買機票愈好，這個道理是出自於航空公司利用某種機制，像是每個人對於價格敏感度的不同，來將乘客分成為不同族群，收取不同費用。」

上述早買機票較便宜的說法乍聽起來相當正確，但是根據Kayak旅遊網站在2012年11月針對大約10億筆飛機機票價格所做研究顯示，在美國國內最佳購買機票時機是在班機起飛前二十一天，而最佳購買國際機票時機則是在班機起飛前三十四天。Kayak建議：

1. 不要太早訂位，美國國內六個月前訂位者，比在二十一天前訂位者平均貴19%。
2. 想要在國內出遊一個星期的旅客，可以選擇星期六出發而在星期一回來的班機，平均機票可以省16%。
3. 想要出國旅遊一個星期的旅客，可以選擇星期二出發而在星期三回來的班機，平均機票可以省21%。

不要太早訂位的道理很簡單，就是如果提前訂機票的時間過早，很有可能在那個時候航空公司本身對於市場的供需都不確定，當然也就無法提供一個正確的報價，因此過早訂位的乘客，有可能買到比較貴的機票。

對於同樣的產品，晚買機票的商務乘客要付高額機票是否公平一事，布魯可納表示表面上看好像不公平，但是他認為將早買機票與晚買機票這兩件事放在一起比，根本就是錯的，因為在起飛前才買機票的商務乘客很可能是為了要參加一件重要的會議，或是簽訂一筆大買賣，有機位可以乘坐遠勝過購買機票的價值。因此在最後一分鐘才購買到機票的旅客，是不會計較票價的高低的。

另外一個有趣的現象就是飛機滿載不一定會賺取高利潤，根據美國運輸統計局（Bureau of Transportation Statistics, BTS）2012年的資料顯示，美國航空公司的乘載率已經高達83%，顯示搭乘美國航空公司的乘客相當踴躍，但是這並不一定是航空公司的營運者想要的。道理很簡單，因為飛機滿載乘客是一回事，而能否帶給航空公司獲利又是另外一回事。總之，航空公司能否獲利，並不一定與飛機搭載乘客數量成正比，而是與航空公司

制定之票價，及乘客在多少票價下願意付費搭機間取得平衡而定。

史考特（Scott）（2013）撰文指出美國航空網路計畫副總裁恰克·舒伯特注意到航空公司高達70%的收益是由20%的乘客創造，剩下80%的乘客只能創造30%的航空公司收益。因此航空公司的重點應當是放在如何將這20%的乘客抓住。

史考特表示航空公司為了獲得最大利潤制定的票價，通常都不會讓飛機的座位坐滿。而某些時候航空公司還會刻意保留一些座位，發生這種情形多半是因為飛機的載重是固定的，如果有高價值貨物要運送（可賺更多運費），為了多載貨物，航空公司當然會故意少賣一些機票。

航空公司機票價格究竟應當如何制定才能有高的獲利，一直是專家學者研究的話題，即便是之前討論過的20%／70%法則，也會因為市場結構不同，無法適用於所有的航空公司，例如近年來在全球各地廣受歡迎的廉價航空公司，就因為擁有低的營運成本，因此可以採取不同的售票策略。尤其是在以休閒旅客為主的市場，廉價航空公司的策略是要讓所有班機盡可能滿載，他們的票價幾乎沒有多大變化，為的就是要讓所有休閒旅客都可以來搭機。

實際上，在這些市場根本沒有足夠的商務旅客，因此也無法做到由20%的乘客創造出70%的收益。為了生存，在這些市場的廉價航空公司不得不採取不同的票價策略，也就是之前所說的票價幾乎沒有多大變化，及高百分比低價座位的策略。總之，航空公司要瞭解市場型態，以及慎選屬於自己類型的票價策略，才能夠做到收益極大化。而廉價航空公司，像是邊疆航空或是忠實航空（Allegiant Airlines）等都不會採用20%／70%法則的票價策略。

最後值得一說的是，雖然有許多學者專家提出不同的航空公司票價制定方法，但是在實務上，很難看見某一家航空公司是只採用單一票價策略。換句話說，由於航空運輸業充滿變化，在以獲取最大利潤為前提的目標下，航空公司必須能夠擁有隨時因應環境變化而改變票價策略的能力。

CHAPTER **7**

艙等規劃

航空公司的電腦訂位系統（CRS）原本就是設計用來管理航班在每一個航段（leg）當中座位銷售的狀況。在早期時美國航空公司大多只有兩個艙等，亦即頭等艙及經濟艙，但是隨著航空公司管制法解禁以後（1978年），由於競爭變得激烈，航空公司開始在經濟艙中提供更多種可供選擇的廉價機票，因此也讓航空公司電腦訂位系統的使用變得更加複雜。

由於在一架飛機當中可以有多種艙等的安排，即使在同一艙等當中同樣的座位亦可以提供多種價格的分配，基本上這是航空公司為了達成最大收益而採取之營收管理（yield management）做法，當然這也就牽涉到如何能夠做到在不同價格下的最佳化座位分配。

第一節　機位分配管理

由於飛機上的座位數量是固定的，如果航空公司想要藉由機票出售來賺取最大的利潤，勢必要針對不同屬性乘客在票價及座位數量安排上做出區隔。究竟要採取何種做法才能夠達成航空公司賺取最大利潤的目的呢？在本節中首先用兩個極端的例子來說明，我們假設在某一架客機上有120個經濟艙座位，在經濟艙內又劃分出五個艙等，而航空公司有兩個做法可供選擇，第一個是最差的狀況，在完全無管制的方式下，放任乘客自由購買。第二個則是航空公司在運用最佳的艙等控制下，獲得最佳收益的最好狀況。

一、放任做法

假設在某一架客機上有120個經濟艙座位，乘客需求卻高達175名，此時若航空公司完全不採取任何管制措施，放任市場自由競爭，依照供需

原理在此狀況下最低價座位（V艙等座位）極有可能最早售完，由於供不應求接著H、B、M及Y艙的座位也會依序售完（**表7-1**），在此種混合艙等狀況下即使機位全部售出，所獲得之收益僅為54,750元，當然不可能達到最佳獲利之目的。

表7-1 艙等混合放任做法下之收益

艙等	票價	有意購買需求	實際購票數量	收益
Y	1,100	15	0	0
M	850	25	0	0
B	650	35	20	13,000
H	500	45	45	22,500
V	350	55	55	19,250
共計		175	120	54,750

二、理想做法

航空公司知道如果完全不採取任何管制措施，不可能達到最佳獲利之目的，因此選擇運用管制措施，儘量讓高價位機票之座位能夠優先售出，如果真正能夠做到完全理想控制，而機上座位又能按照顧客需求銷售一空，此時機票銷售狀況將如**表7-2**所示，而所獲得之收益達83,000元，超過之前放任做法之收益約28,250元，雖然可以達到最佳獲利之目的，但在實務上卻很難達成。

比較上述兩種做法，不難得知第一種放任做法是最簡單也是最容易採取的做法，然而採用這種做法對航空公司完全得不到應有的獲利，甚至很可能發生即使飛機載客率高達百分之百，但是仍然有可能會產生虧損。

採取第二種理想做法雖然成功的將最低價旅客封殺出局，而讓所有願意付高價格的旅客都能夠順利搭機，而且也能夠獲得最佳之收益，對於

表7-2　混合艙等理想做法下之收益

艙等	票價	有意購買需求	實際購票數量	收益
Y	1,100	15	15	16,500
M	850	25	25	21,250
B	650	35	35	22,750
H	500	45	45	22,500
V	350	55	0	0
共計		175	120	83,000

航空公司收益管理人員來說，這是最理想的境界，也是收益管理人員努力的目標。

不管如何，上述兩種做法實際上發生的機率都很低，因為航空公司既不會放任市場自由買賣，也不可能完全按照對自己最有利的做法，將機票完全出售給願意付高額票價之乘客。因此，採取混合艙等之做法，在固定機位數量下，收益管理人員到底應當劃分多少機位給廉價旅客，以及保留多少機位給高價旅客，就成為收益管理人員的最重要考驗。

在做混合艙等機位數量劃分時，收益管理人員通常要能夠對未來旅客需求做出正確之預測，因為如果將過多機位劃分給廉價旅客，有可能會因為願意付高價之旅客在班機出發前幾天無法購買機票，導致航空公司之收益發生「溢出」（spill）造成航空公司的獲利減少。同樣的，若航空公司為了追求最大獲利，保留過多機票給班機出發前最後時刻願付高額票價的旅客，而對於廉價機票的銷售嚴格限制，但不幸的是直到起飛都沒有夠多的商務旅客來搭機，造成有機位無人坐（原來可以賣給廉價旅客的機位）的窘境產生「扼殺」（stifle）的情形，獲利同樣受損。

航空公司在追求最大收益時，很明顯的瞭解未來旅客需求的不確定性確實存在，因此採用混合艙等的理想做法不切實際，航空公司的收益管理人員要如何做才能夠達到收益極大化之目標呢？

我們再舉另外一個例子，假設一家沒有電腦訂位系統（CRS）的航空

公司想要執行營收管理計畫,他們要怎樣做才能夠做到正確的機位劃分呢?

首先應當做的是對以往的歷史資料做分析,對過去同樣時間班機上不同艙等的座位銷售狀況瞭解,與**表7-1**同樣假設有120個機位並且分為五個艙等,在去年同一天同樣時間班機的座位購買情形如**表7-3**所示,由於在當時該班機出售106個機位,經過計算得出載客率為88.3%。

表7-3 去年同樣班機的歷史資料

艙等	票價	實際購票數量	機率分布	收益
Y	1,100	14	13.2%	15,400
M	850	8	7.5%	6,800
B	650	20	18.9%	13,000
H	500	27	25.5%	13,500
V	350	37	34.9%	12,950
共計		106	100.0%	61,650

對航空公司來說88.3%的載客率已經相當高,如果今年的全球經濟狀況不比去年差,或者是更好,則旅客的需求應當會成長,此時如再按照去年的座艙機位規劃,很有可能會產生收益溢出現象。尋求改進的做法可以是增加高價格機位保留數量(**表7-4**),以便增加航空公司收益。

表7-4 經濟狀況好之預期今年同樣班機的銷售狀況

艙等	票價	保留數量	預期銷售數量	機率分布	收益
Y	1,100	20	17	16.0%	18,700
M	850	20	17	16.0%	14,450
B	650	20	19	17.9%	12,350
H	500	28	23	21.7%	11,500
V	350	32	30	28.3%	10,500
共計		120	106	100.0%	67,500

航空 經濟概論

　　同樣如果今年的全球經濟狀況比去年差，或者是非常差，則旅客的
需求應當會減少，此時如再按照去年的座艙機位規劃，很有可能會產生收
益扼殺現象。尋求改進的做法可以是增加廉價機位保留數量（**表7-5**），
以便減少航空公司收益損失。

表7-5　經濟狀況差之預期今年同樣班機的銷售狀況

艙等	票價	保留數量	預期銷售數量	機率分布	收益
Y	1,100	12	10	9.4%	11,000
M	850	10	6	5.7%	5,100
B	650	22	18	17.0%	11,700
H	500	32	31	29.2%	15,500
V	350	44	41	38.7%	14,350
共計		120	106	100.0%	57,650

　　表7-4及**表7-5**顯示用過去歷史資料做參考，當航空公司沒有電腦訂位
系統（CRS）而又想要執行營收管理計畫時可以採取的做法，道理十分簡
單，就是根據當前的經濟發展狀況來預判可能搭機人數的增加或減少，由
圖7-1美國航空公司的營運利潤（operating profit）與國內GDP的百分比變
化來看，不難得知當美國GDP呈現正成長時，航空公司的營運利潤有可能
出現正值，但是當GDP呈現負成長時，航空公司的營運利潤卻出現大幅下
降，因此航空公司根據當前的經濟發展狀況對於**表7-4**及**表7-5**中的乘客搭
機人數做調整時（經濟發展狀況好時調升高票價搭機乘客座位數，經濟發
展狀況差時調升廉價票價搭機乘客座位數），用這種方法做預測，雖然不
可能獲得百分百之準確度，但是在收益上應當會有幫助。

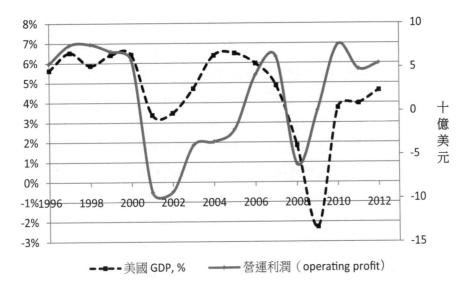

圖7-1　美國航空公司的營運利潤與國內GDP的百分比變化

資料來源：ATA

 第二節　艙等座位數量控制方法

　　在前一節當中對於如何將艙等座位數量劃分，來達成航空公司收益極大化目標做了基本探討，而不論是採取放任做法或是理想做法，都過於將問題簡化，不切實際，有必要做進一步之探討。

　　航空公司一般會將旅客劃分成為兩大類，一類是對於時間非常敏感（time-sensitive）的旅客，這類旅客通常以商務旅客居多，由於會議召開的急迫性，或者是為了要拓展國外業務，基本上都會遭受到時程的壓迫，因此常常會是在臨出發前才去購買機票的旅客，他們的特色是不計較票價的高低，只要是隨時都可以出發或是可以任意更改行程，就可以滿足他們的需求，當然他們也是航空公司財源收入上貢獻度最高的一群，也是

各個航空公司無所不用其極想要能夠留住的一群。另一類則是對價格十分敏感的旅客，這類旅客通常以休閒度假或是探訪親朋好友者居多，由於沒有時程壓力，他們通常都會在行前幾個月甚至一年前，就對各個提供同樣旅程的航空公司做出價格及服務上的比較，而由於受到價錢是他們考慮的重要因素，因此往往會對服務的品質上略作犧牲，這也就是為什麼廉價航空公司在短短的時間裡，可以將傳統航空公司已經經營數十年的航線，不斷的蠶食鯨吞，進而對傳統航空公司造成極大壓力的結果。

　　雖然對於航空公司來說，在營運效益上商務旅客貢獻較多，理論上應當多保留座位給商務旅客。但是在實務上如果將過多的座位保留給商務旅客，很可能會遭遇到飛機起飛時留有許多空位，而這些座位本來是可以用較低廉的價格賣給對價格敏感的休閒旅客，這就會產生浪費的問題，當然也會導致航空公司的收益減少。由於一架飛機上的座位數是固定的，因此若是想要讓收益增加，如何將座椅數量適當的分配到各個座艙等級當中，就成為考驗航空公司財務管理人員的一項重要課題。

　　對於如何進行艙等座位數量劃分讓航空公司收益增加之問題，在學術探討上一直有許多理論進行討論，為了讓讀者便於瞭解，本節將不同方法介紹如後：

一、賣報紙小販獲利問題

　　對於在解決製造業及服務業有關決定要製造或者是訂購多少產品能夠獲得最大利益問題時，賣報紙小販獲利問題（The newsvendor problem）是一個相當有用的數學工具，尤其是當需求量是一個變數，而決定要製造或者是訂購多少又發生在消費者實際需要之前，換句話說，就是結果有可能發生製造或是訂購「太多」或是「太少」的情形。

　　假設世界棒球經典賽（WBC）將在新北市新莊球場開打，主辦單位思考不知要訂製多少張票賣給觀眾，假設一張票價為350元，而印製一張

票成本為50元，如果站在獲利最大的立場來看，究竟應當訂製多少張票販賣才最划算。

假設蒐集過去售票歷史資料，只有下列五種觀眾買票進場的機率分配（**表7-6**）：

表7-6　五種售票機率分配

售票張數	售票張數機率分配
7,000	0.1
8,000	0.25
9,000	0.35
10,000	0.2
11,000	0.1

請問主辦單位應當訂製多少張票販賣能獲得最大淨利？

由於只有五種選擇，我們從訂製7,000張票開始做邊際分析：

(一)如果訂製7,000張票

表7-7　訂製7,000張票可能之最大淨利

售票張數, x	售票張數機率分配, f(x)	營收, R	未售完損失成本, C	淨利, P	期望值, E
7,000	0.1	2,100,000	0	2,100,000	210,000
8,000	0.25	2,100,000	0	2,100,000	525,000
9,000	0.35	2,100,000	0	2,100,000	735,000
10,000	0.2	2,100,000	0	2,100,000	420,000
11,000	0.1	2,100,000	0	2,100,000	210,000
最大淨利					2,100,000

從過去售票資料來看出售票數都大於7,000張以上，因此可以全數售完，獲利為：

$$(350-50) \times 7,000 = 2,100,000元$$

(二)如果訂製8,000張票

表7-8　訂製8000張票可能之最大淨利

售票張數, x	售票張數機率分配, f(x)	營收, R	未售完成本, C	淨利, P	期望值, E
7,000	0.1	2,100,000	50,000	2,050,000	205,000
8,000	0.25	2,400,000	0	2,400,000	600,000
9,000	0.35	2,400,000	0	2,400,000	840,000
10,000	0.2	2,400,000	0	2,400,000	480,000
11,000	0.1	2,400,000	0	2,400,000	240,000
最大淨利					2,365,000

　　從過去售票資料來看出售票數都7,000張之機率為0.1，大於7,000張以上之機率為0.9，因此若售出7,000張票（剩餘1,000張未售出），獲利為：

$$(350-50) \times 7,000 - 1,000 \times 50 = 2,050,000元$$

　　若售出8000張票（剩餘0張未售出），獲利為：

$$(350-50) \times 8,000 - 1,000 \times 0 = 2,400,000元$$

　　雖然售出8,000張票之獲利比售出7,000張票高，但是根據過去售票資料來看出售票數小於或等於7,000張之機率為0.1，大於或等於8,000張以上之機率為0.9，因此可以得知由訂購7,000張票提高到8,000張票之期望增加獲利為：

$$0.9 \times 1,000 \times (350-50) - 0.1 \times 1,000 \times 50 = 265,000元$$

　　上式可分兩部分來看，左半部表示只訂7,000張票，但是需求有8,000張票，因此應當可以再多賺1,000張（如果訂8,000張票）的獲利，這是太少的問題。後半部表示訂8,000張票，但是需求只有7,000張票，因此多虧了1,000張（如果訂7,000張票）的成本，這是太多的問題。

(三)如果訂製9,000張票

表7-9 訂製9,000張票可能之最大淨利

售票張數, x	售票張數機率分配, f(x)	營收, R	未售完成本, C	淨利, P	期望值, E
7,000	0.1	2,100,000	100,000	2,000,000	200,000
8,000	0.25	2,400,000	50,000	2,350,000	587,500
9,000	0.35	2,700,000	0	2,700,000	945,000
10,000	0.2	2,700,000	0	2,700,000	540,000
11,000	0.1	2,700,000	0	2,700,000	270,000
最大淨利					2,542,500

雖然售出9,000張票之獲利比售出8,000張票高,但是根據過去售票資料來看出售票數小於或等於8,000張之機率為0.35,大於或等於9,000張以上之機率為0.65,因此可以得知由訂購8,000張票提高到9,000張票之期望增加獲利為:

$$0.65 \times 1,000 \times (350 - 50) - 0.35 \times 1,000 \times 50 = 177,500 元$$

(四)如果訂製10,000張票

表7-10 訂製10,000張票可能之最大淨利

售票張數, x	售票張數機率分配, f(x)	營收, R	未售完成本, C	淨利, P	期望值, E
7,000	0.1	2,100,000	150,000	1,950,000	195,000
8,000	0.25	2,400,000	100,000	2,300,000	575,000
9,000	0.35	2,700,000	50,000	2,650,000	927,500
10,000	0.2	3,000,000	0	3,000,000	600,000
11,000	0.1	3,000,000	0	3,000,000	300,000
最大淨利					2,597,500

雖然售出10,000張票之獲利比售出9,000張票高,但是根據過去售票資料來看出售票數小於或等於9,000張之機率為0.7,大於或等於10,000張

以上之機率為0.3，因此可以得知由訂購9,000張票提高到10,000張票之期望增加獲利為：

$$0.3 \times 1,000 \times (350-50) - 0.7 \times 1,000 \times 50 = 55,000元$$

(五)如果訂製11,000張票

表7-11　訂製11,000張票可能之最大淨利

售票張數, x	售票張數機率分配, f(x)	營收, R	未售完成本, C	淨利, P	期望值, E
7,000	0.1	2,100,000	200,000	1,900,000	190,000
8,000	0.25	2,400,000	150,000	2,250,000	562,500
9,000	0.35	2,700,000	100,000	2,600,000	910,000
10,000	0.2	3,000,000	50,000	2,950,000	590,000
11,000	0.1	3,300,000	0	3,300,000	330,000
最大淨利					2,582,500

雖然售出11,000張票之獲利比售出10,000張票高，但是根據過去售票資料來看出售票數小於或等於10,000張之機率為0.9，大於或等於11,000張以上之機率為0.1，因此可以得知由訂購10,000張票提高到11,000張票之期望增加獲利為：

$$0.1 \times 1,000 \times (350-50) - 0.9 \times 1,000 \times 50 = -15,000元$$

當期望增加獲利由正轉為負值時，表示獲利會減少，此時就是停止訂購數量，亦即主辦單位應當訂製10,000張票。

上述主辦單位應當訂多少張票的問題，就是典型的賣報紙小販獲利問題，也是決定在製造或是訂購「太多」或是「太少」之間做取捨（tradeoff）的問題，而不管是選擇太多或是太少都有不同的利弊存在。如果選擇訂購太多（overage）會發生預訂數量超過實際需求數量（一張票），換句話說，就是造成庫存（由於預訂數量的關係），我們用c_o表示

如果少訂一張票應當可以增加的利潤；好處則是所有想要購買的觀眾都可以買到票。如果訂購太少（underage）會發生預訂數量少於實際需求數量（一張票），換句話說，就是造成少賣（由於預訂數量的關係），我們用 c_u 表示如果多訂一張票應當可以增加的利潤；好處則是所有票都賣光沒有庫存。

賣報紙小販獲利問題通常有三種特性：

1.對於某項物品的需求量是隨機的。

2.預訂數量必須在需求之前確定。

3.所有的相關成本都是已知。

上述主辦單位應當訂製多少張票是一個離散的（discrete）問題，我們可以用**表7-12**來說明。

表7-12 售票張數之機率分配及累積機率

	需求量, d_i	機率, $p_i = p(D = d_i)$	累積機率, $p(D \leq d_i)$
1	7,000	0.1	0.1
2	8,000	0.25	0.35
3	9,000	0.35	0.7
4	10,000	0.2	0.9
5	11,000	0.1	1

表7-12中 d_i 為事件i（i＝1, 2, ..., 5）出現的結果（outcome），p_i 是出現結果（事件i）的機率，而D則是發生的隨機需求量。例如需求量等於8,000的機率為0.25（$p(D = d_i) = p_i$，i＝1, 2, ..., 5）。

當需求量是離散的時候，我們只需考量預訂8,000張的期望收益是否比預訂7,000張來得高，如是則選擇預訂8,000張。但究竟最佳的預定數量是多少呢？我們可以透過邊際分析來求得，也就是如果將現有訂購量與增加一定數量後得出的期望收益，如果是正值，表示收益會增加，我們繼

續向上增加訂購量的步驟，然後再比較，直到期望收益出現負值時即停止，而最後一個讓期望收益出現正值的訂購量，就是預訂之需求量。

在上述例子當中，當預訂之需求量由7,000張增加到8,000張時的期望收益為：

$$0.9 \times 1,000 \times (350-50) - 0.1 \times 1,000 \times 50 = 265,000\text{元（正值，繼續）}$$

預訂之需求量由8,000增加到9,000張時的期望收益為：

$$0.65 \times 1,000 \times (350-50) - 0.35 \times 1,000 \times 50 = 177,500\text{元（正值，繼續）}$$

預訂之需求量由9,000增加到10,000張時的期望收益為：

$$0.3 \times 1,000 \times (350-50) - 0.7 \times 1,000 \times 50 = 55,000\text{元（正值，繼續）}$$

預訂之需求量由10,000增加到11,000張時的期望收益為：

$$0.1 \times 1,000 \times (350-50) - 0.9 \times 1,000 \times 50 = -15,000\text{元（負值，停止）}$$

因此主辦單位預訂10,000張票應當可以獲得最大收益。

上述計算過程可以用：

$$p(D \geq d_{i+1}) \times (d_{i+1} - d_i) \times (c_u) - p(D \leq d_i) \times (d_{i+1} - d_i) \times (c_o)$$

假設I＝2之期望收益為：

$$p(D \geq d_3) \times (d_3 - d_2) \times (c_u) - p(D \leq d_2) \times (d_3 - d_2) \times (c_o)$$
$$= 0.65 \times 1,000 \times (350-50) - 0.35 \times 1,000 \times 50 = 177,500\text{元}$$

求出最佳解：

由於$p(D \geq d_{i+1}) = 1 - p(D \leq d_i)$
所以$p(D \geq d_{i+1}) \times (d_{i+1} - d_i) \times (c_u) - p(D \leq d_i) \times (d_{i+1} - d_i) \times (c_o)$
$\quad = p(D \geq d_{i+1}) \times (c_u) - p(D \leq d_i) \times (c_o)$

266

$$= [1 - p(D \leq d_i)] \times (c_u) - p(D \leq d_i) \times (c_o)$$

$$c_u - p(D \leq d_i) \times c_u = p(D \leq d_i) \times (c_o)$$

$$p(D \leq d_i) \times (c_o + c_u) = c_u$$

$$p(D \leq d_i) = c_u / (c_o + c_u)$$

上述主辦單位預訂票的例子當中c_u表示如果多定一張票（因為少訂了）應當可以再多賺的錢（$350 - 50 = 300$），c_o表示如果少定一張票（因為多訂了）應當可以省下的錢（50）。代入上式：

$$p(D \leq d_i) = c_u / (c_o + c_u) = 300 / (50 + 300) = 0.86$$

與**表7-12**售票張數之累積機率比較，$p(D \leq d_i) = 0.86$介於9,000（$p(D \leq d_i) = 0.7$）及10,000（$p(D \leq d_i) = 0.9$）張之間，主辦單位選擇等於或最近大於0.86，亦即預訂10,000張票可以獲得最大收益。

以上所討論的是假設需求是離散型的，但是在實際生活當中許多需求都是呈現連續性的，而對於連續性需求很容易算出最佳量：

$$p(D \leq Q) = c_u / (c_o + c_u)$$

我們還是用前述主辦單位應當預訂多少張票才可以獲得最大收益作例子，假設需求呈現常態分配，而平均數為9,000，標準差（σ）為1,118.03，因為$p(D \leq Q) = 0.86$，代入累積標準常態分配表（the cumulative standard normal distribution table）得出z值等於1.08，代入：

$$Q = \mu + z \times \sigma = 9,000 + 1.08 \times 1,118.03 = 10,207.48$$

主辦單位預訂10,207張票可以獲得最大收益。

二、旅館房間分配問題

假設一間旅館有兩種不同房價的客房，一種是全額收費，另一種是廉價收費，這兩種客房準備提供給願意付全額費用的商務旅客及對於價錢敏感的休閒旅客。

假設該旅館共有150間客房，在某一個非假日（亦非旅遊旺季）的週一晚上，旅館經理知道如果將客房全部用廉價收費，可以將房間全數出售給前來觀光的休閒旅客，但是這麼做可能會讓旅館的營收減少，因為按照過去的經驗得知，愈靠近週一的時候願意付全額費用的商務旅客愈有可能會前來訂房，而商務旅客愈多對於旅館的營收就愈有幫助。現在的問題是究竟應當保留多少個房間給商務旅客，而不會發生出現「溢出」——即在週一前的幾天或是幾週就已經賣出太多廉價費用房間，造成在週一前的最後時刻若有願付高額費用的旅客遭到拒絕，或是「扼殺」——為了要將房間保留給週一前最後時刻願付高額費用的旅客，而對於廉價費用旅客房間的數量嚴格限制，但不幸的是直到週一凌晨都沒有夠多的商務旅客來訂房間，兩種情形最後都導致獲利受損。

在計算應當保留多少個房間給商務旅客前，我們假設休閒旅客因為時間相當充裕，因此會在很早的時候就開始預訂房間，而商務旅客卻因為受到時間壓力的影響，必須等到最後一刻才訂房間。

由於同一間房間可以提供商務旅客及休閒旅客住宿，為了要將商務旅客及休閒旅客完全分開，旅館經理採用了價格差異方法，另外為了不讓商務旅客利用休閒旅客的優惠房租，旅館特別制定了預訂週一晚優惠價格房間的旅客必須在週末就開始住宿者。

究竟應當保留多少間房間給願付高額費用的商務旅客呢？在這先介紹一個名詞「預訂限制」（booking limit），代表最多給休閒旅客預訂的房間數量，如同之前所示假設休閒旅客會在很早的時候就開始預訂房間，而商務旅客卻會等到最後一刻才訂房間，而一旦保留給休閒旅客預訂

的房間數量用完時，之後所有訂房旅客只剩下全額費用房間可供住宿。另外一個名詞「保留數量」（protection level），代表在任何情況下都不會賣給廉價收費旅客，因為這些保留數量都是要留給在最後一刻才訂房間的全額費用旅客。

由上述得知保留數量等於旅館總房間數減去預訂限制。

$$保留數量＝150－預訂限制$$

由以上討論可以得知旅館經理的任務就是要制定出保留數量或是預訂限制旅館房間的數量，而知道其中一個就可以由上式得出另一個。

在計算前我們假設保留數量以英文字母P表示，而現有的保留數量為P＋1（P代表由0-149當中的任何值）。假設已經有150－(P＋1)的房間售出（**圖7-2**），現在如果有一個想要付廉價費用的旅客想要訂房，旅館經理要不要接受，如果接受有可能會犧牲掉一位願付全額費用旅客的房間。

現在的狀況是旅館經理要接受額外想要付廉價費用的旅客的訂房，而將保留數量由P＋1減為P個房間，還是拒絕想要付廉價費用的旅客的訂房，而保留該房間至最後一刻才訂房間的全額費用旅客。

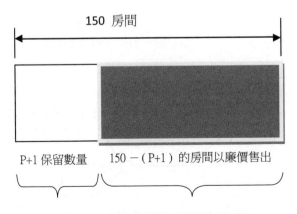

圖7-2　**保留數量及預訂限制關係**

　　這個答案可以由廉價費用和全額費用金額之間的差異大小，及預期全額費用旅客訂房間的需求兩者來討論。以下用決策樹來做說明（**圖7-3**）：

　　從**圖7-3**當中我們可以計算得出每一個決策樹路徑獲得之營收值，但是先決條件是要知道每一條路徑發生的機率，以及在每一條路徑後端之價值為何。

　　在本例中如果假設每天的廉價費用和全額費用金額各為1,600（P_d）及2,500（P_f）元，為了要做進一步之計算，我們需要找出每一條路徑之機率，根據以往的住宿歷史資料可以得到過去每天全額費用旅客的住房需求，我們用隨機變數D表示，假設從過去130天的歷史資料，得出**表7-13**的住房需求資料。

　　在**表7-13**中第一欄顯示全額費用旅客的住房需求，第二欄為某需求量之天數，例如在過去130天當中，有72名全額費用旅客的住房天數為3天，第三欄為需求量之機率分配，第四欄為需求量天數（D）小於或等於全額費用旅客的住房需求（P）的累積機率（F(P)）。

　　再回到**圖7-3**，如果仍然決定要保留數量P+1個房間，等到最後一刻該房間會被出售必須決定於全額費用旅客的住房需求D大於或等於P+1，

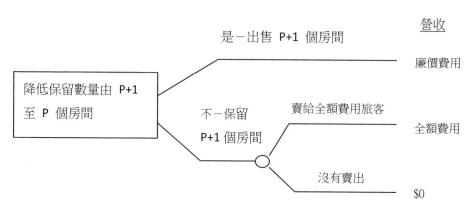

圖7-3　決策樹說明廉價費用旅客訂房或是拒絕之營收變化

表7-13　全額費用旅客的住房需求歷史資料

全額費用旅客的住房需求, P	需求量天數	需求量之機率分配	累積機率, F(P)=prob(D≦P)
0-50	13	0.1	0.1
51	3	0.023	0.123
52	4	0.031	0.154
53	2	0.015	0.169
54	3	0.023	0.192
55	5	0.038	0.231
56	4	0.031	0.262
57	5	0.038	0.3
58	3	0.023	0.323
59	8	0.062	0.385
60	4	0.031	0.415
61	10	0.077	0.492
62	13	0.1	0.592
63	12	0.092	0.685
64	4	0.031	0.715
65	9	0.069	0.785
66	10	0.077	0.862
> 66	18	0.138	1
total	130		

而會發生的機率為$1-F(P)$。同樣，保留數量$P+1$個房間，等到最後一刻該房間不會被出售決定於全額費用旅客的住房需求D小於或等於$P+1$的機率為$F(P)$。

由於決定要將保留數量由$P+1$減為P個房間時，我們至少可以確保會獲得1,600元的營收，因此保留數量$P+1$個房間的期望值等於：

$$[1-F(P)]\times(2,500)+F(P)\times(0)=[1-F(P)]\times(2,500)$$

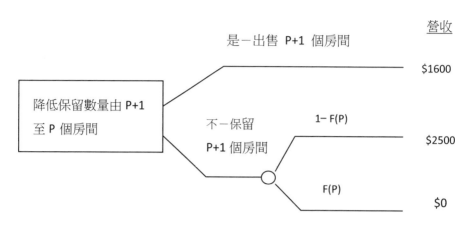

圖7-4　決策樹說明廉價費用旅客訂房或是拒絕之營收金額變化

若由獲利大小來決定要將保留數量由P＋1減為P個房間，只要：

$$[1-F(P)] \times (2,500) \leq 1,600$$

或

$$F(P) \geq (2,500-1600)/2500 = 0.36$$

回到**表7-13**，我們只要從第四欄累積機率（F(P)）的值從上往下找出F(P)大於或等於0.36的相對應最小P值即可。

在此題中F(P)大於或等於0.36的值為0.385，對應最小P值為59，最後可以計算得出預訂限制為150－59＝91。

這也就是說如果選擇較大的P值（大於59），可能的結果是保留給全額費用旅客的住房數量太多，而會產生許多空房間。但是如果選擇較小的P值（小於59），可能的結果是保留給全額費用旅客的住房數量太少，而會產生賣出太多房間給廉價費用旅客，而拒絕全額費用旅客的住宿。

用前述賣報紙小販獲利問題求出最佳解：

當面臨抉擇時，例如要決定在上例當中的保留數量（給全額費用旅客的住房數量）P值，決策者可能遭遇的問題是不知道究竟會有多少全額

費用旅客需求（D），如果保留太多，亦即D < P，那很有可能會產生P－D的空房間數量，此時就發生過多懲罰（overage penalty），指每保留多一間未出售房間導致的損失性懲罰（$c_o = P_d$）。但是如果保留太少，亦即D > P，很有可能發生放棄$P_f - P_d = c_u$之每一間D－P可能的獲利。

求出最佳解：由前面賣報紙小販獲利問題運用到旅館業來看，最佳的保留數量等於最小的P值，因此：

$$F(P) = \frac{c_u}{c_u + c_o} = \frac{P_f - P_d}{P_f - P_d + P_d} = \frac{P_f - P_d}{P_f} = 1 - \frac{P_d}{P_f} = 1 - \frac{1600}{2500} = 1 - 0.64 = 0.36$$

計算得出的值與由決策樹法求出結果相同。

三、兩種艙等座位分配問題

如果在某一架飛機上只有兩種艙等座位，一種是全票乘客，另一種是廉價乘客，保留給全票乘客的機位數量為y等於C－b，C是總座位數，b是訂位上限（廉價乘客最大訂位數）。其中全票乘客付費為P_f，而廉價乘客付費為P_d，並且$P_f > P_d$。

在計算應當保留多少機位給全票乘客前，我們假設廉價乘客因為時間相當充裕，會在很早的時候就開始預訂機位，而全票乘客因為受到時間壓力的影響，會等到最後一刻才訂機位。

由於機位數量有限，因此兩種艙等座位分配問題，實際上是在保留合理的全票乘客機票數量下（y），究竟應當讓多少廉價乘客前來預訂機位（b）。而兩種艙等座位分配問題的目的是要確定允許廉價機位預訂數量的上限為何。

如果設定廉價機位預訂數量太低，有可能會讓想要購買廉價機位的旅客無法訂到座位，在這種情形下很可能也沒有足夠的全票乘客前來訂位，此時就可能發生「扼殺」，為了要將機位保留給起飛前最後時刻願付

全票乘客的旅客，而對於廉價機位數量嚴格限制，但不幸的是直到起飛都沒有夠多的全票乘客來訂機位，造成收益損失。另外如果設定廉價機位預訂數量太高，可能發生「溢出」，亦即航空公司在班機出發前賣出太多廉價機票，在班機出發前的最後時刻願付全票乘客遭到拒絕，也會導致獲利受損。

傳統以決策樹方法表示兩種艙等座位分配問題（**圖7-5**），其中總座位數為C，航空公司設定預購訂位上限為b。

圖7-5顯示兩種艙等劃位問題，其中$F_d(x)$表示廉價乘客小於或等於x的需求機率，而$F_f(x)$則表示全票乘客小於或等於x的需求機率。現在面臨的決定是要不要將預購訂位上限由b增加為b＋1，或是保持b不變。

做這個決定主要是考量如果將預購訂位上限由b增加為b＋1，期望收益是否會增加。

$1-F_f(C-b)$ 是全票乘客需求大於保留機位數y的機率。

$F_f(C-b)$ 是全票乘客需求小於或等於保留機位數y的機率。

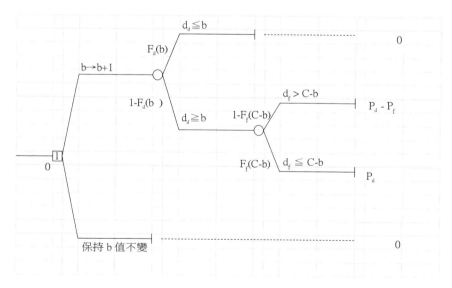

圖7-5　決策樹方法顯示兩種艙等座位分配問題

由決策樹圖得知：

1.如果廉價乘客的需求（d_d）小於或等於b，發生的機率為$F_d(b)$，期望收益不會發生影響。

2.如果廉價乘客的需求（d_d）大於或等於b，發生的機率為$1-F_d(b)$，那將預購訂位上限由b增加為b＋1，會多增加一個廉價乘客搭機。

3.對於收益產生的影響主要是看全票乘客的需求，如果全票乘客需求大於C－b，發生的機率為$1-F_f(C-b)$，那多增加一個廉價乘客搭機會排擠到全票乘客需求。此時就造成「溢出」效應，對於收益的影響是增加一個廉價乘客票價收益（P_d），然而卻減少一個全票乘客票價收益（P_f），由於P_d小於P_f，因此造成收益減少（$P_d-P_f<0$）。

4.另外一個狀況是廉價乘客搭機需求大於b，同時全票乘客的需求（y）小於保留給全票乘客的訂位數C－b，這時增加一個廉價乘客搭機需求會增加一個廉價乘客票價收益（P_d），減少「糟蹋」情形。

上述用決策樹計算出應當保留多少機位給全票乘客的方法，也可以用期望收益方法來求出。

艙等座位數量規劃基本上是用來決定要預留多少個座位給廉價乘客來預訂，同時對於提早劃位的廉價乘客數量加以限制，避免對於後來願意付高額票價的乘客造成排擠，我們可以用期望邊際座位收益（expected marginal seat revenue, EMSR）來解釋：

$$
\begin{aligned}
E[h(b)] &= F_d(b)0 + [1-F_d(b)]\{[1-F_f(C-b)](P_d-P_f) + F_f(C-b)P_d\} \\
&= [1-F_d(b)]\{[1-F_f(C-b)]P_d - [1-F_f(C-b)]P_f + F_f(C-b)P_d\} \\
&= [1-F_d(b)]\{P_d - F_f(C-b)P_d - [1-F_f(C-b)]P_f + F_f(C-b)P_d\} \\
&= [1-F_d(b)]\{P_d - [1-F_f(C-b)]P_f\}
\end{aligned}
$$

如果上式的期望值大於0，那將預購訂位上限由b增加為b＋1，期望收益會增加。而究竟上式的期望值是否大於0，由於$1-F_d(b)$一定大於0，因此$P_d-[1-F_f(C-b)]\times P_f$是否大於0就扮演關鍵角色。

也就是說如果$P_d-[1-F_f(C-b)]\times P_f$大於0，就是$P_d > [1-F_f(C-b)]\times P_f$，應該選擇將預購訂位上限由b增加為b+1。

同理若$P_d-[1-F_f(C-b)]\times P_f$小於0，也就是$P_d <[1-F_f(C-b)]\times P_f$，不應該將預購訂位上限由b增加為b＋1。

當保留數量愈大時$1-F_f(C-b)$的值很小，也就是說廉價座位的訂位限制b值很小；相反若是保留數量愈小時$1-F_f(C-b)$的值變大，此時廉價座位的訂位限制b值增大。

例題7.1

假設有一架有100個座位的飛機，只有兩個艙等，若是願意花費全額票價P_f的旅客之平均數為50，若其標準差為25，試求當票價比率P_d / P_f等於0.13、0.5及0.88時，其最佳廉價座位的訂位限制b值為何？

解答：

C等於100個座位

$F_f(C-b)$是全票乘客需求小於或等於保留機位數y的機率

$1-F_f(C-b)$是全票乘客需求大於保留機位數y的機率

由**表7-14**得知當平均數為50，標準差為25，票價比率P_d / P_f等於0.13、0.5及0.88時的最佳廉價座位的訂位限制b值為25、50及80。

另外由**表7-14**也可得知當$1-F_f(C-b)$也就是P_d / P_f的值愈小時，廉價座位的訂位限制b值愈小。

四、多艙等座位分配問題

前面討論的有關賣報紙小販獲利及旅館房間分配問題，基本上都是

表7-14　兩個艙等訂位限制b值

廉價座位訂位限制, b	C－b	$F_f (C－b)$	$1－F_f (C－b)$
0	100	0.977	0.023
1	99	0.975	0.025
5	95	0.964	0.036
10	90	0.945	0.055
15	85	0.919	0.081
20	80	0.885	0.115
25	75	0.841	0.159
30	70	0.788	0.212
35	65	0.726	0.274
40	60	0.655	0.345
45	55	0.579	0.421
50	50	0.500	0.500
51	49	0.484	0.516
55	45	0.421	0.579
60	40	0.345	0.655
65	35	0.274	0.726
70	30	0.212	0.788
75	25	0.159	0.841
76	24	0.149	0.851
80	20	0.115	0.885
85	15	0.081	0.919
90	10	0.055	0.945
95	5	0.036	0.964
100	0	0.023	0.977

兩種價位或是艙等的問題，對於多艙等多價位的問題並沒有做討論。

　　在本節中首先將針對三艙等價位的問題展開討論，利用期望邊際座位收益（EMSR）觀念做分析，對不同等級艙位規劃下，每增加一個保留機位產生的期望邊際座位收益，換句話說，就是要分析得出若將某一個艙等多增加一個保留機位，額外產生的期望邊際座位收益為何。

計算期望邊際座位收益需要有兩項資訊：預訂某特定艙等座位的統計機率及該特定艙等的平均票價。

EMSR＝機率（預訂某特定艙等座位）×平均票價（該特定艙等）

$EMSR_i = P_i \times F_i$

假設在某特定艙等預訂多一個座位的機率是100%，而該特定艙等的平均票價是5,000元，EMSR就等於5,000元。

例題7.2

假設有一架有62個座位的飛機，有三種艙等（Y、M、V），艙等Y票價10,000元，艙等M票價8,000元及艙等V票價6,000元，已知艙等Y、M、V的平均數為12、20、30，標準差為3、8、12，試求各艙等應保留多少機位。

解答：

計算各艙等應保留多少機位是決定於EMSR是否落在該預訂艙等票價之範圍內，例如預訂艙等（Y）之票價範圍為8,001-10,000元內。

表7-15得知當預訂艙等（Y）內第10個保留機位的EMSR值為7,475元小於8,000元，因此預訂艙等（Y）的保留機位為9個。

同理，預訂艙等（M）之票價範圍為6,001-8,000元內。

表7-15　艙等Y保留機位數量

預訂艙等,Y	機率, P	票價, F_i	期望邊際座位收益	保留艙等,Y ($8,001-10,000)
1	1.00	10,000	9,999	yes
2	1.00	10,000	9,996	yes
3	1.00	10,000	9,987	yes

4	1.00	10,000	9,962	yes
5	0.99	10,000	9,902	yes
6	0.98	10,000	9,772	yes
7	0.95	10,000	9,522	yes
8	0.91	10,000	9,088	yes
9	0.84	10,000	8,413	yes
10	0.75	10,000	7,475	no
11	0.63	10,000	6,306	no
12	0.50	10,000	5,000	no

表7-16得知當預訂艙等（M）內第15個保留機位的EMSR值為5,872元，小於6,000元，因此預訂艙等（M）的保留機位為14個。

表7-16　艙等M保留機位數量

預定艙等, M	機率	票價	期望邊際座位收益	保留艙等, M ($6,001-8,000)
1	0.99	8,000	7,930	yes
2	0.99	8,000	7,902	yes
3	0.98	8,000	7,866	yes
4	0.98	8,000	7,818	yes
5	0.97	8,000	7,757	yes
6	0.96	8,000	7,680	yes
7	0.95	8,000	7,583	yes
8	0.93	8,000	7,466	yes
9	0.92	8,000	7,323	yes
10	0.89	8,000	7,155	yes
11	0.87	8,000	6,958	yes
12	0.84	8,000	6,731	yes
13	0.81	8,000	6,474	yes
14	0.77	8,000	6,187	yes
15	0.73	8,000	5,872	no
16	0.69	8,000	5,532	no

因為飛機上有62個座位，減去Y艙的9個及M艙的14個後剩下的39個就是留給V艙的機位。但是值得注意的是雖然保留給Y艙的機位只有9個，所有低於Y艙票價的座位（M、V）只要有空位（有關Y艙保留及可以購買座位數量問題請參閱第八章），都可以讓願意付Y艙票價的旅客購買。

五、航段期望邊際座位收益（EMSR）分配問題

之前對於多艙等座位分配問題已經做過討論，彼得·貝樂巴巴（1992）也針對不同價格多艙等座位分配問題提出個人的論點，他認為要獲得最大收益，營收管理人員對於未來班機派遣的需求問題要能夠預測，如果能夠獲得不同價格各艙等的需求機率，例如平均數及標準差等，假設是呈現常態分配，就可以算出期望邊際座位收益（EMSR）。

期望邊際座位收益的方法僅適用於巢狀式（nested）多艙等座位，座位數量不是分配給不同的艙等，而是對於較高價格艙等的「保留」（protected），並對價格較低艙等做出訂位限制。

例如一架班機上有100個經濟艙座位依序有三種艙等（Y、B、M），價格由高到低，如果按照一般做法可能做出對Y艙的訂位限制是20，對B艙的訂位限制是30，及對M艙的訂位限制是50。然而在巢狀式艙等訂位法下，全部的100個座位都可以提供作為最高價格的Y艙使用，這種做法是要確保航空公司在只要有空位的狀況下（B、M艙有空位），不會拒絕任何一位願意付高價格票價的乘客。在巢狀式訂位做法下，對於預訂Y艙的保留數量是20，而剩下的80個機位就是B艙的總訂位限制，而預訂B艙的保留數量是30（如果Y艙需求增加也可供Y艙使用），最後對於預訂M艙的保留數量是50。而在巢狀式艙等訂位法下，Y艙的訂位限制是100，B艙的訂位限制是80，而M艙的訂位限制是50。此時如果有兩個B艙的訂位被接受，那剩餘可供使用的座位是：Y艙的訂位限制是98，B艙的訂位限制是78，而M艙的訂位限制是48。

彼得‧貝樂巴巴在運用巢狀式艙等訂位法時做了幾個假設：

1.每個艙等的需求是分開而且相互獨立。

2.每個艙等的需求是隨機的而且可用機率分配表示。

3.最先出售的是價格最低艙位，依序出售次高艙位。

以下舉一個例子來說明如何運用巢狀式艙等訂位法，例如在某一架由桃園飛往北京的班機上，經濟艙的座位數量是固定的，但是有多艙等不同價格（如Y、B、M、Q）存在，在獲得最大期望收益的前提下，不同價格艙等的訂位限制數量應如何分配。

首先假設該班機上有100個經濟艙座位有四種艙等，每個艙等的平均需求及標準差如**表7-17**。

表7-17 四種艙等的平均需求及標準差

艙等	平均需求	標準差	票價
Y	12	4	10,000
B	20	8	8,500
M	28	13	7,200
Q	40	15	6,000

在已知四種艙等平均需求及標準差的狀況下，可求出期望邊際座位收益（$EMSR_i = P_i \times F_i$），要決定Y艙的最佳保留數量取決於Y艙的期望邊際座位收益與B艙的票價比較，當$EMSR_Y \geq B$艙的票價轉變成為$EMSR_Y \leq B$時，得到的就是Y艙的最佳保留數量。

$$EMSR_Y(II_1) = F_Y \times P_Y(S_i) = 10,000 \times P_Y(S_i)$$

因為最佳保留數量（S_i）是當$EMSR_Y \leq B$艙票價時，所以$10,000 \times P_Y(S_i) \leq 8,500$，$P_Y(S_i) \leq 0.85$。

表7-18　Y艙的最佳保留數量

Y艙保留數量	機率
1	1.00
2	0.99
3	0.99
4	0.98
5	0.96
6	0.93
7	0.89
8	0.84
9	0.77
10	0.69
11	0.60

表7-18中計算Y艙保留數量等於1的機率，表示有超過1個以上願意購買Y艙乘客數量的機率，因此我們可以用1-normdist (1, mean, std, true)得出。

當S_i＝7時，$P(S_i)$＝0.89≧0.85

　S_i＝8時，$P(S_i)$＝0.847≦0.85

因此Y艙的最佳保留數量為7個。

同樣B艙的訂位限制等於93個（100-7）。

其次求B艙的最佳保留數量：

最佳保留數量（S_i）是當$EMSR_B$≦M艙票價時，所以$8,500 \times P_B(S_i)$≦7,200，$P_B(S_i)$≦0.847。

表7-19　B艙的最佳保留數量

B艙保留數量	機率
1	0.99
2	0.99
3	0.98

4	0.98
5	0.97
6	0.96
7	0.95
8	0.93
9	0.92
10	0.89
11	0.87
12	0.84
13	0.81

當S_i＝11時，$P(S_i)$＝0.87≧0.847

S_i＝12時，$P(S_i)$＝0.84≦0.847

因此B艙的最佳保留數量為11個。

同樣M艙的訂位限制等於82個（100-7-11）。

接著求M艙的最佳保留數量：

最佳保留數量（S_i）是當$EMSR_M$≦Q艙票價時，所以7,200×$P_M$$(S_i)$≦6,000，$P_M (S_i)$≦0.833。

表7-20　M艙的最佳保留數量

M艙保留數量	機率
1	0.98
2	0.98
3	0.97
4	0.97
5	0.96
6	0.95
7	0.95
8	0.94
9	0.93
10	0.92

11	0.90
12	0.89
13	0.88
14	0.86
15	0.84
16	0.82
17	0.80

當S_i＝15時，$P(S_i)$＝0.84≧0.833

　S_i＝16時，$P(S_i)$＝0.82≦0.833

因此M艙的最佳保留數量為15個。

同樣Q艙的訂位限制等於67個（100-7-11-15）。

綜整班機有100個經濟艙座位有四種艙等安排如**表7-21**。

表7-21　經濟艙座位四種艙等安排

艙等	票價	平均需求	標準差	保留數量	訂位限制
Y	10,000	12	4	7	100
B	8,500	20	8	11	93
M	7,200	28	13	15	82
Q	6,000	40	15		67

 第三節　超額訂位

　　當航空公司過度的將飛機上固定機位數量賣出時，超額訂位的問題就發生了，會導致發生超額訂位的原因很簡單，就是最常見的班機出發前原來已經訂位的乘客「不出現」，導致航空公司發生損失。

　　大多數航空公司都會採取超額訂位的做法，只是超額訂位的比例大

小不同，有的航空公司甚至會採取高出50%的做法，換句話說，在一架只有100個座位的飛機上，航空公司可能會讓150個乘客購買機票。航空公司對於超額訂位通常有兩個說法：

第一，不是每個乘客都會按時前往搭機。

航空公司知道不是每個乘客在購買機票後都會按時前往搭機，他們總是會說出不同理由不前往搭機，商務旅客為了要爭取最大彈性通常會在多個航班上重複訂位，有些乘客可能是在出發前突然生病，而有的乘客則是為了節省機票費用而根本是蓄意不出現，例如美國最常見的就是「背靠背行程」（back-to-back itinerary）旅客，這類旅客會利用購買廉價票規定要在星期六停留一夜的規定來節省機票費用，例如有一個乘客週一從休士頓去洛杉磯，週四回休士頓，如果過兩週後週二又要從休士頓去洛杉磯，週五再回休士頓。以每一個行程來看，都不符合在週六過夜的規定，因此無法購買廉價機票。但是該名乘客可以先購買由週一從休士頓去洛杉磯，週五回休士頓的廉價機票，在抵達洛杉磯後立即購買週四由洛杉磯回休士頓，及週二返回洛杉磯的機票。而在第一次行程抵達洛杉磯後，用第二次購買週四由洛杉磯回休士頓的機票回家，兩週後再用剩下的另一半航程。由於兩份機票都符合廉價票規定要在星期六停留一夜的規定，因此可以節省費用。這些乘客都會造成航空公司無法預期的不出現情形，進而影響到航空公司營收。

無論是哪一種情形，航空公司知道不可能每一個訂位的乘客都會準時出現，為了要降低損失，航空公司最常做的就是將過去類似航班的資料蒐整，在搭配一些無法掌控的因素，例如氣候或是突發事件等，盡可能做出精確的預測，推算出在同樣班機上可能會有多少旅客按時出現或是不出現的機率，在這些估算下航空公司會決定出超額訂位的數量，當然要做到完全正確是相當困難的。

第二，賣出愈多機位可以讓航空公司賺得更多。

站在航空公司的立場來看，機位充其量只是庫存，唯有賣出愈多機

位才可以讓航空公司賺更多的錢。因此如果航空公司採取高出機位50%的做法，超額賣出機位，就不怕在飛機起飛前發生不前往搭機旅客產生空位，而導致航空公司的營收短少情形。當然過多的超額訂位可能會因為乘客無法全部登機，造成部分旅客被迫要延緩登機，如果發生次數太多很容易會引起乘客的抱怨，甚至會讓航空公司的聲譽受損。

究竟超額訂位對航空公司來說是不是必要之惡呢？

如果從增加營收的角度來看，超額訂位對航空公司及乘客都是一個明智的選擇，因為超額訂位的結果可以讓飛機的載客率提升，對航空公司來說，乘客愈多營收增加的機率就高；對乘客來說，如果航空公司的獲利增加，就有可能調降機票價格，因此超額訂位對航空公司及乘客都可能獲利。

另外，當超額訂位發生時，由於機上乘客未必每一個都是對於時間分秒必爭的商務旅客，因此若航空公司可以提供相對優渥的搭機折價券，或免費五星級飯店住宿等補償措施，對許多休閒乘客而言，雖然被迫要延誤行程但他們可能會覺得更加實惠。

由此來看，航空公司對於超額訂位的處理只要做得正確，例如讓付費而且趕時間的乘客都能夠搭上飛機，那對於航空公司或是乘客來說未必是壞事。

如果超額訂位不是壞事，那為什麼許多人提起超額訂位就深惡痛絕呢？

首先在之前我們提到過為了要做超額訂位，航空公司最常做的就是蒐整過去類似航班的資料，盡可能做出會有多少旅客不出現的精確預測，由此來決定要超賣多少機位，但是不論超額訂位數學模式有多麼先進，總是會有一些因素（隨機變數）無法掌握，因此發生錯誤的機率就相對提高。

例如某一個航班受到其他班機取消而發生乘客大增的情形，或是因受到天氣或是機械等因素造成某一航班取消，造成其他航班的旅客大量增

加，這些都是航空公司在做預測時無法掌握之變數，只要發生就會導致預測失準。有的時候航空公司做的超額訂位預測發生錯誤，純粹就是運氣不好，不應該出錯但是發生錯誤，換句話說，是如果有1%的機率會發生錯誤，很不幸的結果就是那1%發生了錯誤。

近年來全球經濟呈現衰退，導致許多航空公司都發生虧損，為了要能增加收入，航空公司大都傾向儘量多做超額訂位，可以預期的是乘客搭機時更容易遇見在一架班機上有過多乘客出現的情形，如果你正好是一名不趕時間的休閒旅客，那要恭喜你，因為你獲得航空公司提供各種優惠的機率增加了。

航空公司預測超額訂位出錯的機率有多高呢？

基本上這不是一個困難的問題，根據美國交通部（DOT）每季公布的資料（**表7-22**），拒絕登機（denied boardings, DB）旅客人數就是購買機票按時抵達機場卻遭遇報到人數過多，航空公司必須請求超過機位容量乘客下機改搭下一般或是延期，其中又包含志願及非志願拒絕登機乘客，志願拒絕登機乘客一般抱怨較少，但非志願拒絕登機乘客則很可能對航空公司的做法懷恨在心，甚至有可能產生訴訟。

根據最近的美國交通部2012年4-6月公布的美國航空公司超額訂位資料顯示，捷藍航空及維珍美國航空的每萬名乘客非志願拒絕登機比例最低，每百萬名乘客當中只有2位乘客為非志願拒絕登機。最高的是美莎航空，每百萬名乘客當中有258位乘客為非志願拒絕登機。全美國航空公司平均每百萬名乘客當中有105位乘客為非志願拒絕登機。

但是若從每萬名乘客志願拒絕登機比例來看，穿越航空及快捷噴射航空則分居一、二名，每萬名乘客當中有20位及18位乘客為志願拒絕登機。而志願及非志願拒絕登機比例高達8.25，即每出現一個非志願拒絕登機乘客就會有8.25個志願拒絕登機乘客，加總起來可以得知美國航空公司平均每萬名乘客當中就有9.25位拒絕登機乘客。

由以上資料顯示美國航空公司因為超額訂位而發生拒絕乘客登機事

表7-22 美國航空公司超額訂位資料

排名	航空公司	拒絕登機		搭機人數	每萬名乘客非志願比例
		志願	非志願		
1	捷藍航空（廉價航空）	114	12	6,832,293	0.02
2	維珍美國航空（廉價航空）	3	4	1,600,351	0.02
3	夏威夷航空	189	11	2,328,787	0.05
4	達美航空	28,487	1,044	27,142,748	0.38
5	阿拉斯加航空	1,281	276	4,478,826	0.62
6	美國航空	15,263	1,349	19,749,730	0.68
7	全美航空	6,791	1,073	14,144,925	0.76
8	穿越航空（廉價航空）	12,026	601	5,990,763	1
9	邊疆航空	798	261	2,597,591	1
10	西南航空（廉價航空）	21,474	3,090	29,290,547	1.05
11	美鷹航空	6,767	528	4,820,334	1.1
12	快捷噴射航空	14,476	1,577	7,989,888	1.97
13	聯合航空	22,500	4,450	21,099,463	2.11
14	天空航空（廉價航空）	10,932	1,630	6,637,699	2.46
15	美莎航空（廉價航空）	2,566	481	1,863,476	2.58
	總計	143,667	16,387	156,567,421	1.05

資料來源：美國交通部2012年4-6月

件在所難免，而因為超額訂位衍生出的乘客抱怨情事亦多所聽聞。如今超額訂位幾乎已成為航空公司行銷手法之一，這個道理很簡單，因為航空公司知道總是會有已經訂位的乘客，會由於某種因素未能遵守班機起飛前出現的約定，為了要防止空機位造成巨大固定成本之浪費，航空公司採取的最佳因應措施就是超額訂位，如此做可以保證飛機起飛前可能的空機位減至最低，讓航空公司獲得更多之收益。

　　另外值得一提的就是，由於機票價格有太多變化，如果某位已經訂位的乘客「不出現」，航空公司的超額訂位可以立即由其他乘客遞補，如果該名不出現乘客購買的是低價格機票，要改搭以後班機可能需要多付一

筆手續費，對航空公司來說除了空出機位有乘客搭乘外，又多獲得一筆收入何樂不為。

雖然超額訂位可以保證飛機起飛前可能的空機位減至最低，讓航空公司獲利增加，但是過多的超額訂位卻會導致拒絕登機問題發生，處理不慎將會損害到航空公司聲譽，因此對於航空公司來說要容忍多少的超額訂位，就成為一個相當重要的課題。一般來說，航空公司在決定超額訂位的數量前，必須要蒐集過去歷史資料，尤其是不出現的機率，並做出搭機乘客數量預測。經驗顯示如果預測精確度提高10%，航空公司的平均收益可以增加1%，如果是發生在高需求的航線，航空公司的平均收益甚至可以增加到4%，由此可知精確超額訂位的重要性。

超額訂位的目的就是要將因為受到乘客取消或是不出現，導致營收損失的風險降至最低，為了達成這個目的，航空公司在日常的班機中都會超賣機上座位，由於如果因為超賣導致發生乘客被拒絕登機，航空公司也要付出代價──賠償被拒絕登機乘客的損失，因此在多賺取利潤及因為超賣導致發生乘客被拒絕登機風險之間，如何取得平衡點也是一件重要的任務。

超額訂位的目的是為了要增加航空公司的營收，而在美國國內航班平均不出現機率大約在10-15%，在假日尖峰時刻更可以高達20%，因此有效的超額訂位是保障航空公司增加營收的重要手段。

彼得‧貝樂巴巴（1992）首先介紹採用AU＝CAP×OV的數學模式找出超額訂位數量。其中AU是准許訂位數量（authorized capacity）、CAP是實際飛機座位數、OV是超額訂位參數，通常大於1。

如果採用直觀的做法，根據市場經驗及最近乘客不出現機率的歷史資料，可以選擇讓OV＝1＋NSR，如果考量避免發生過多的拒絕登機乘客，則可以選擇OV≦1＋NSR。其中NSR表示不出現率（no show rate）。

例如假設CAP＝100，而NSR＝0.2，計算AU＝100×（1.20）＝120，亦即可以准許訂位數量等於120，超額訂位數量等於20。

　　如採用確定性模型（deterministic model），根據歷史資料確實得出NSR，同時假設班機接受訂位乘客數量（BKD）等於准許訂位數量（AU），亦即BKD＝AU，由AU＝CAP / (1－NSR)之公式，假設CAP＝100，而NSR＝0.2，代入得出AU＝125。

　　第一種方法NSR＝0.2，如果用訂位數量等於120乘上NSR，結果是24，亦即有24名乘客可能不出現，因此最多會造成4個空位。第二種確定性模型方法，如果用訂位數量等於125乘上NSR，結果是25，亦即最理想有25名乘客可能不出現，因此可能沒有空位。

　　上述兩種方法都相當簡單，也很容易發生錯誤。

　　為了能更正確的計算超額訂位數量，彼得‧貝樂巴巴又介紹了用機率模式（probabilistic / risk model）的方法。

　　考量乘客不出現率（NSR）存在不確定性，因此除了根據歷史資料推估NSR外，還要計算NSR的標準差，接著運用常態分配特性，找出讓航空公司可以接受的DB值對應出的AU值。

　　如果在一定的信心水準下（如95%），班機處於完全訂位（BKD＝AU）狀態，假設NSR為常態分配的平均值，如果要讓DB＝0，AU值應當為何？

$$AU = \frac{CAP}{1 - NSR + 1.645 * STD}$$

　　其中1－NSR等於平均乘客出現率（SUR），1.645是95%信心水準的Z值，STD是標準差。

　　假設NSR＝0.2，STD＝0.08，CAP＝100代入上式可以得出：

$$AU = \frac{100}{1 - 0.2 + 1.645 * 0.08} = 107$$

　　如果STD的值愈大，則分母愈大，得出的AU值就愈小，表示乘客不

出現率（NSR）的風險高。

　　羅伯・菲利浦（Robert L. Phillips）（2005）也介紹另一個用獲得最大期望淨收益的方法來計算超額訂位數量，以下是例題說明。

例題7.3

　　有一架100個機位（C）的飛機，由桃園飛往香港，票價7,000元，拒絕登機成本15,000元，假設不出現（no show）機率屬於二項式分配，其中p＝0.42，n＝20，期望不出現值為8.4 (p×n)，如果乘客需求高於飛機機位數，試計算獲得最大期望淨收益的超額訂位數量為何？

解答：

　　C＝100（機位）、p＝0.42（no show）、n＝20、b＝訂位數、b－C＝超額訂位數、G (b－C)＝不出現人數小於b－C機率、P＝7,000元（票價）、DB＝15,000元

　　表7-23計算獲得最大期望收益值為686,973.91，相對的超額訂位數量為108。

表7-23　票價小於拒絕登機成本之超額訂位數量與最大期望淨收益比較

B	b－C	累積機率, G(b－C)	總乘客收益	期望DBs	期望DB成本	期望淨收益
100	0	0.000	641,200	0	0	641,200
101	1	0.000	648,200	0.000	0.28	648,199.72
102	2	0.002	655,200	0.000	4.59	655,195.41
103	3	0.010	662,200	0.002	36.64	662163.36
104	4	0.035	669,200	0.013	189.19	669,010.81
105	5	0.092	676,200	0.048	712.62	675,487.38
106	6	0.196	683,200	0.140	2,095.47	681,104.53
107	7	0.346	690,200	0.336	5,034.14	685,165.86
108	8	0.523	697,200	0.682	10,226.09	686,973.91
109	9	0.694	704,200	1.205	18,069.53	686,130.47
110	10	0.830	711,200	1.898	28,473.01	682,726.99

111	11	0.919	718,200	2.728	40,915.71	677,284.29
112	12	0.968	725,200	3.647	54,700.83	670,499.17
113	13	0.989	732,200	4.614	69,215.04	662,984.96
114	14	0.997	739,200	5.604	84,054.13	655,145.87
115	15	0.999	746,200	6.601	99,010.86	647,189.14

上例中如果假設拒絕登機成本小於票價，亦即票價7,000元，拒絕登機成本6,000元，因為票價大於拒絕登機成本，此時超額訂位數量愈多，獲得之期望淨收益愈高（**表7-24**），這個方法顯然與實際作為有差異（**圖7-6**）。

穆罕默德·華德（Mohammed S. Awad）（2011）採取以成本為主的超額訂位計算法，分別求出拒絕登機成本（Cost of DB）以及糟蹋（不出現）成本（Cost of SP）後得出，將上述兩成本相加後得到的最小總成本，根據此值推出最佳的超額訂位數量（最小的期望總成本）。

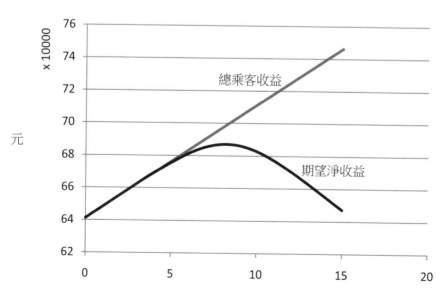

圖7-6　超額訂位數量下總乘客收益及期望淨收益比較

表7-24　票價大於拒絕登機成本之超額訂位數量與最大期望淨收益比較

b	b－C	累積機率, G(b－C)	總乘客收益	期望DBs	期望DB成本	期望淨收益
100	0	0.000	641,200	0	0	641,200
101	1	0.000	648,200	0.000	0.11	648,199.89
102	2	0.002	655,200	0.000	1.84	655,198.16
103	3	0.010	662,200	0.002	14.65	662,185.35
104	4	0.035	669,200	0.013	75.68	669,124.32
105	5	0.092	676,200	0.048	285.05	675,914.95
106	6	0.196	683,200	0.140	838.19	682,361.81
107	7	0.346	690,200	0.336	2,013.66	688,186.34
108	8	0.523	697,200	0.682	4,090.44	693,109.56
109	9	0.694	704,200	1.205	7,227.81	696,972.19
110	10	0.830	711,200	1.898	11,389.20	699,810.80
111	11	0.919	718,200	2.728	16,366.28	701,833.72
112	12	0.968	725,200	3.647	21,880.33	703,319.67
113	13	0.989	732,200	4.614	27,686.01	704,513.99
114	14	0.997	739,200	5.604	33,621.65	705,578.35
115	15	0.999	746,200	6.601	39,604.35	706,595.65

最佳的超額訂位數量＝MIN (Cost of DB＋Cost of SP)

其中，

DB：拒絕登機（Denied Boarding）

SP：糟蹋（Spoilage）

　　如果願擔負糟蹋機位成本的風險（即使在高需求時），那要選擇較小的超額訂位數量；相反的，如果願擔負拒絕登機（DB）成本的風險（即使在高需求時），就可以選擇較大的超額訂位數量。

　　計算拒絕登機成本以及糟蹋（不出現）成本之公式如下：

1. 糟蹋（不出現）成本（Cost of SP）等於不出現乘客數量減去超額訂位乘客數量，乘上不出現乘客數量機率，再乘上單位不出現乘客

座位成本，這是當不出現乘客數量大於超額訂位乘客數量時。

$$C_{no\ show} = (Q_{no\ show} - Q_{overbooking}) \times P(no\ show) \times C_{unit\ cost\ of\ no\ show}$$

其中不出現乘客成本是一個機會損失收益成本，這是因為已經訂位乘客該出現而未出現，導致應賺而未賺到的收益，可以用票價來表示每一個不出現乘客成本。

2.拒絕登機成本（Cost of DB）等於超額訂位乘客數量減去不出現乘客數量，乘上不出現乘客數量機率，再乘上每一個拒絕登機乘客成本，這是當超額訂位乘客數量大於不出現乘客數量時。

$$C_{DB} = (Q_{overbooking} - Q_{no\ show}) \times P(no\ show) \times C_{DB\ per\ passenger}$$

拒絕登機成本（Cost of DB）則是因為航空公司超額訂位政策引發之成本，通常包括對非志願拒絕登機乘客現金補償，及折價券或是餐點、旅館住宿等補貼。

3.當超額訂位乘客數量等於不出現乘客數量時，總成本〔拒絕登機成本加上糟蹋（不出現）成本〕等於0。

●例題7.4

假設由桃園飛往北京，票價12,000元，拒絕登機成本7,000元，從過去班機當中發現不出現乘客機率為卜松分配，假設平均數為3.02，試求出最佳的超額訂位數量為何？

解答：

將平均數代入查表可得**表7-25**。

接著計算糟蹋（不出現）成本及拒絕登機成本：

1.糟蹋（不出現）成本：

表7-25 不出現乘客數量機率分配

不出現乘客數量, d	不出現乘客機率, p(d)	不出現乘客累積機率, p(d≦x)
0	0.049	0.049
1	0.147	0.196
2	0.223	0.419
3	0.224	0.643
4	0.169	0.812
5	0.102	0.914
6	0.051	0.965
7	0.022	0.988
8	0.008	0.996

(1)超額訂位數量等於0時

$= (0 \times 0.049 + 1 \times 0.147 + 2 \times 0.223 + 3 \times 0.224 + ... + 7 \times 0.022) \times 12000 = 34988.7$

(2)超額訂位數量等於1時（不出現乘客數大於超額訂位數量）

$= [(2-1) \times 0.223 + (3-1) \times 0.224 + ... + (7-1) \times 0.022] \times 12000$

$= 23722.5$

以此類推可以計算出所有超額訂位數量下之糟蹋（不出現）成本

2.拒絕登機成本：

(1)超額訂位數量等於1時（超額訂位數量大於不出現乘客數）

$= (1-0) \times 0.0488 \times 7000 = 341.6$

(2)超額訂位數量等於2時

$= (2-0) \times 0.0488 + (2-1) \times 0.14738 \times 7000 = 1714.9$

以此類推可以計算出所有超額訂位數量下之拒絕登機成本。

將糟蹋（不出現）成本及拒絕登機成本相加，得出之最小值就是最佳的超額訂位數量＝MIN[Cost of DB＋Cost of SP]。

由**表7-26**得出最佳的超額訂位數量等於3。

表7-26　糟蹋（不出現）成本及拒絕登機成本

不出現乘客數	不出現乘客機率	超額訂位數量							
		0	1	2	3	4	5	6	7
0	0.0488	0	341.6	683.2	1,024.8	1,366.4	1,708.0	2,049.7	2,391.3
1	0.14738	1,768.6	0	1,031.7	2,063.3	3,095.0	4,126.6	5,158.3	6,189.9
2	0.22254	5,341.0	2,670.5	0	1,557.8	3,115.6	4,673.4	6,231.2	7,789.0
3	0.22403	8,065.0	5,376.6	2,688.3	0	1,568.2	3,136.4	4,704.6	6,272.8
4	0.16914	8,118.7	6,089.1	4,059.4	2,029.7	0	1,184.0	2,368.0	3,551.9
5	0.10216	6,129.6	4,903.7	3,677.8	2,451.9	1,225.9	0	715.1	1,430.3
6	0.05142	3,702.3	3,085.3	2,468.2	1,851.2	1,234.1	617.1	0	359.9
7	0.02218	1,863.5	1,597.3	1,331.1	1,064.9	798.6	532.4	266.2	0
A		34,988.7	23,722.5	14,224.8	7,397.5	3,258.7	1,149.5	266.2	0
B		0	341.6	1,714.9	4,645.9	9,145.2	14,828.4	21,226.8	27,985.1
總成本		34,988.7	24,064.1	15,939.6	12,043.5	12,403.9	15,977.9	21,493.0	27,985.1

註：A＝不出現乘客成本，B＝拒絕登機乘客成本

以成本為主的超額訂位計算法，同樣的也屬於超額訂位數量「太多」或是「太少」的問題，也可以用賣報紙小販獲利問題$p(D \leq d_i) = c_u / (c_o + c_u)$的公式來求出，在上述超額訂位的例子當中：

c_u表示如果多超額訂位一機位（因為少訂了，低估不出現）應當可以再多賺的錢（12,000）；c_o表示如果少訂一張票（因為多訂了）應當可以省下的錢（7,000）。c_o是由於高估不出現乘客數引起的機會成本損失，相當於拒絕登機成本。

代入上式：

$$p(D \leq x) = c_u / (c_o + c_u) = 12,000 / (12,000 + 7,000) = 0.632$$

其中，

x＝超額訂位數量

D＝不出現乘客數

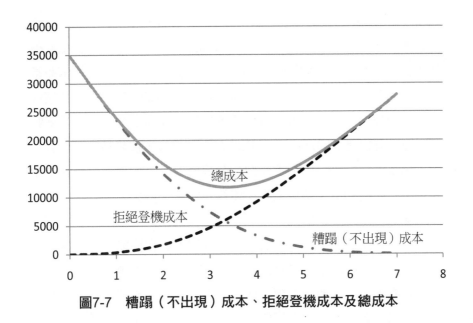

圖7-7　糟蹋（不出現）成本、拒絕登機成本及總成本

　　與**表7-25**比較得出不出現乘客數量等於3時之累積機率等於0.643大於0.632，因此得出當超額訂位數量等於3時可以獲得最低總成本，與上述做法求得結果相同。

第四節　結論

　　與其他平面運輸載具比較，航空運輸業的票價可以說是變化多端，即使是坐在同一個艙等，兩個坐在左右邊的乘客很容易發現他們付的價錢是不一樣的，會發生這種現象的原因很簡單，就是航空公司希望能夠將適當的機位，以合理的價錢，賣給願意付最多錢的乘客，目的當然是賺取最大利潤。

　　為了做到將同樣艙等中的座位，按照乘客需求不同而賦予不同價

位，並且又能夠符合乘客需求數量，這不是一件簡單的任務，航空公司將其稱為機位庫存控制（seat inventory control）。雖然一般在班機上的艙等可分為頭等、商務及經濟艙等三種，但即使在同一艙等，例如經濟艙當中又因為價錢不同，可以再細分出若干艙等，換句話說，若按照票價高低來分，在航空公司的任一班機上可以得出超過十種以上艙位。以美國航空為例，每天有超過3,300個架次的班機在全球飛行，假設每架班機有十種艙位，相當於有三萬三千種不同價位艙等要安排，如果沒有一套運作速度快，可靠度高的電腦系統來幫忙運算，航空公司想要做好艙位設計安排，困難度之高可想而知。

實際上早在1950年代，由於美國國內搭機旅客快速增加（與1940年代相比增加約6.47倍），在面對需求暴增壓力下，美國航空深深感受到需要一套能夠快速處理旅客預訂機票之系統，而在當時電腦訂位系統並不成熟，因此航空公司完全需要以人工方式處理大量旅客預訂票務，而平均處理一位旅客完整之旅程安排平均耗費九十分鐘，整個流程既冗長又容易出錯。為了能夠快速處理大量旅客票務需求，美國航空與IBM在1957年正式簽訂一項針對能夠快速處理訂位及售票的作業系統，稱為半自動商業研究環境（Semi-Automated Business Research Environment），簡稱SABRE，在1960年首度展開連線操作，由於SABRE與全球分銷系統（Global Distribution System, GDS）結合，讓美國航空可以將機位狀況及票價傳送到全球銷售中心接受旅客的預訂。目前全球有超過350,000的旅行社及400家以上的航空公司，都採用SABRE GDS系統協助幫忙處理預訂票務及艙位安排等事宜。

總而言之，由於航空公司的票價結構及艙位安排等與其他平面運具有相當大的差異，簡單說全球航空公司都會遭遇在不同國家的乘客，可以對同一架班機預訂機位，同時在不同國家的乘客也可以做出取消機位的要求，面對這樣一個動態多變的情境，如果沒有一套能夠即時掌握全球機位狀況之電腦系統，僅靠人力是絕對無法應付的。

　　本章舉出之航空公司機位安排方式，僅讓同學對於機位分配有初淺之認識，而實際應用於航空公司的電腦訂位系統及全球分銷系統，其複雜度遠高於本章之介紹，相關運算也超出本章撰寫之範圍，有興趣從事電腦訂位系統及全球分銷系統研究之同學，可以透過航空公司之實務運作獲得更進一步之瞭解。

CHAPTER 8

營收管理

在過去三十年來營收管理（yield management）幾乎已成為許多企業的重要營運策略，營收管理是藉著使用一系列的營收極大化策略運作，幫助企業改善獲利。營收管理的運用流程非常複雜，包含差異化價格管理及銷售管道管理等，也結合了行銷、營運及財務管理等技巧。

在1970年代，由於航空公司的票價受到美國政府的嚴格控制，因此美國航空運輸業幾乎沒有聽說過要使用營收管理。在1978年後，由於解除航空公司管制法案的通過，新航空公司如雨後春筍般加入營運，導致航空公司間的競爭變得相當激烈。為了能夠維持生存，航空公司無不使出渾身解數企圖增加營運收益。在1985年1月17日，為了對抗廉價航空的競爭，美國航空率先推出「超級省票價」（ultimate super saver fares）旅遊計畫，將原來票價打七折，為了要將願意購買高額票價的旅客加以區隔，美國航空做了一些購票上的限制，例如規定要提早若干時間購買等，此舉開啟了美國航空公司採用營收管理的先例，在美國航空公司採用營收管理獲得成功後，幾乎其他所有傳統航空公司也都開始學習如何使用營收管理，當然這也導致航空公司票價變得愈來愈複雜。

第一節　營收管理緣起

營收管理是一種透過對於消費者行為模式的瞭解，進而利用一些商業手段企圖對消費者造成影響，最終的目的是希望讓企業在固定的資源下獲得最大的利潤。尤其是對於航空運輸業或是旅館業，他們的產品像是機位或是旅館房間具有時效性，例如當飛機將艙門關閉或是旅館房間在晚上無人居住，此時產品（機位或房間）就像腐敗的食物或水果一樣只能丟棄，對於航空公司來說是無法帶來收益的。

瑟桂‧雷特辛（Serguei Netessine）及羅伯‧尚斯基（Robert Shumsky）（2005）提到如果企業的環境當中有下列五種特性，就很適合運用

營收管理：

1. 想要將過剩產品儲存起來不是很貴就是無法做到。

2. 在面對不確定的未來需求下，仍然要做出保證承諾，例如航空公司的班表一經發布，就不能因為搭乘乘客太少而隨意更動；另外，雖然不確定商務旅客是否會來，但仍然要預留一些給他們。

3. 可以將不同消費者區隔開來，而對他們收取不同價格，例如航空公司利用商務旅客及休閒旅客對於需求的不同加以區分。

4. 同樣的設施可以提供給不同族群消費者，例如航空公司的座位可以同時提供給商務旅客及休閒旅客。

5. 生產者是以利益為導向，同時對於設施運用擁有足夠自由度，例如航空公司可以自由劃分商務及休閒旅客，可以針對特定消費族群自由訂價不會遭遇消費者控訴。

　　對於庫存做策略性管制是營收管理的重要手段，換句話說，就是利用管理方法將庫存商品在適當時機用適當價格賣給需要的消費者。航空運輸業最常見的就是運用價格差異的方式，將產品（機位）賣給不同需求的消費者來達到營收管理的目的。羅伯‧克羅斯（Robert Cross）（1997）就指出曾任美國航空執行長的羅伯‧克蘭德（Robert Crandall）認為營收管理是自美國航空管制法案解禁以後，運輸業最重要的管理技巧。

　　許多學者都認為美國在1978年通過的航空公司管制解禁法案是造成過去二十年來營收管理成為航空運輸業最重要的營運管理策略的主因，因為在此之前，航空運輸業的票價及航線都受到民用航空委員會（CAB）的管制，航空公司無需也不能對於價格做出變動。解禁後在1981年底對於國內航線及新進入者限制完全取消，到1983年初對於票價規定也完全解除。為了賺取更大利益，美國航空運輸業從此開始了無休無止的各式各類競爭，首先對於票價造成重大影響的就是在1981年進入美國航空運輸業的人民快捷（People Express）航空公司，為了搶奪市場，人民快捷提出

低於主要航空公司70%令人窒息的票價，雖然票價不包括餐點及攜帶行李付費，但是人民快捷仍然吸引了大量對於票價敏感的學生族群及休閒乘客，使得班機載客率大為提升。人民快捷提出的低票價，甚至將原來搭乘巴士或是鐵路的旅客都吸引過來搭乘飛機。

人民快捷低價策略的成功，迫使也是經營同樣航線的傳統美國航空不得不做出回應，由於人民快捷的營運成本低，美國航空知道如果完全採取與人民快捷一樣的低票價，很可能連成本都無法滿足，但是如果不將票價降低，很可能大部分乘客都會被人民快捷搶走。為了做出反擊，當時的美國航空執行長羅伯‧克蘭德幾經思考，終於想出一套將低價票賣給對價格敏感顧客的同時，又能夠將高價票賣給商務旅客的做法。在1985年1月美國航空宣布推出「超級省計畫」，除了要與人民快捷抗衡外，還做出兩點重要的差異：

1. 要購買「超級省計畫」廉價票價的旅客，必須至少在出發前兩星期以及在目的地的週六停留一夜，否則要收取較高票價。反觀人民快捷則沒有任何限制。
2. 美國航空在每一班機上對於廉價票價的旅客數量都有限制，目的是為了要保留機位給要在出發前兩星期內以及願付高額機票的旅客；人民快捷沒有任何限制。

美國航空提出的兩手策略，一方面抓住了對於價格敏感，卻又無時間限制的休閒旅客，另一方面又將對於價錢不計較，但是只希望在出發前能夠有機位的商務旅客留住；而除了上述做法外，美國航空更提高對旅客的服務品質，使得顧客滿意度提高，就在美國航空積極的運作下，終於將人民快捷擊敗，而在1987年宣告破產。當時擔任人民快捷執行長的多納德‧伯爾（Donard Burr）認為人民快捷有最優秀人才，最好的價值以及快速的運量成長，唯一沒有做好的就是營收管理，而這也是導致人民快捷破產的主因。

美國航空推出營收管理的成功，很快的其他美國主要航空公司就紛紛跟進，而在1980-1990年代，聯合航空、達美航空及大陸航空相繼投入上百萬美元開發電腦化營收管理系統以及成立營收管理部門。隨著國際上對航空公司管制的做法逐漸放寬後，營收管理在歐洲及亞洲也逐漸受到重視。

第二節　基本營收管理方法

既然執行營收管理的目的是為了要能夠讓航空公司能夠賺取最大的利潤，那要如何做才能夠讓這個目的落實呢？基本上航空公司要能夠根據目標顧客群的不同行為特性來將市場區隔，接著航空公司還要根據動態的市場供給及需求關係來決定如何分配機上座位，也就是要隨時調整廉價機位及高額票價機位的分配比例，並且確保在這個做法下能夠達成營收管理的目的。

理論上最理想的做法是航空公司將全年乘客需求均勻分配來達到最佳化效果，例如說最佳化需求可能是讓航空公司班機全年都能保持有85%的載客率。做法上是當旺季（夏季）來臨時，廉價機票數量儘量減少到幾乎沒有，讓願付高額票價的旅客儘量可以買到機票，如此可以讓航空公司的獲利增加，這個策略的優點就是利用需求旺盛時多賣高額機票給商務乘客獲取高利潤。同樣的，當淡季（冬季）來臨時，需求減少，要酌量增加廉價機票數量，刺激對於價格敏感的休閒乘客來搭機，儘量減少飛機上空位的數量，讓不願付高額票價的旅客儘量可以買到機票，如此可以讓航空公司的獲利不至下降。然而在需求不旺也不淡的季節（春季及秋季），航空公司可以採取高額機票及廉價機票混合搭配的做法，適度的調整高額及廉價票價機位的分配，當然最大的目的還是盡可能去獲取最大利潤。

在管理機位分配時，航空公司可以根據全年需求的變異狀況，用上

述做法試圖達到最佳載客率。然而，即使在飛機載客率提高的做法下，航空公司的獲利卻有可能並不會達到極大化，導致發生這種情形的可能是出現「溢出」或是「扼殺」，使得航空公司的獲利無法達到可能的極大化。

　　溢出的發生是當航空公司在班機出發前的幾天或是幾週就已經賣出太多廉價機票，這樣就造成在班機出發前的最後時刻願付高額票價的旅客遭到拒絕，導致可能增加的獲利受損。相反的，扼殺的發生是航空公司為了要將機票賣給班機出發前最後時刻願付高額票價的旅客，而對於廉價機票的銷售數量嚴格限制，但是不幸的是直到班機起飛都沒有夠多的商務旅客來搭機，同樣也造成可能的獲利受損。

　　如同在前面所討論的營收管理的主要目的就是決定如何將機位做分配，期望能讓每架飛機都獲得最大收益，除了上述「溢出」或是「扼殺」外，另一個營收管理人員會面對的挑戰就是「糟蹋」，糟蹋的發生是航空公司班機出發前最後時刻遭到乘客取消行程或乾脆不出現，這時本來應當有乘客搭乘的機位變成空位，由於已經起飛航空公司根本無法賣出機位，當然就造成損失。對於如何彌補這種損失，航空公司最常用的就是採用「超賣機位」的做法，至於要超賣多少張機票，一般的做法是會根據歷史資料來計算臨時取消或不出現的機率有多高，然後對某些班機取消或不出現的機率進行預測，最後得出適當的超賣量，希望能讓超賣機票數量與乘客取消或不出現的數量接近，讓班機起飛後的空位減少到最小。

　　採用機位超賣的做法，對於航空公司來說是有一定的風險的，因為一旦購買機票的乘客來的太多，而班機的機位無法完全容納時，這時就有可能發生某些搭機乘客會遭遇「拒絕登機」的命運，而為了要讓班機順利起飛，航空公司除了要賠償遭到拒絕登機乘客的損失外，過多的拒絕登機乘客還會讓航空公司的信譽受損。

　　一個有效的營收管理目的除了要讓乘客的乘載率達到最佳化外，同時還要能夠決定出最佳化的機位分配（不同票價），確保航空公司的獲利

能極大化。另外，精確的乘客取消或不出現數量的預估也是一個重要的課題，因為過多的超賣會導致公司對乘客賠償及信譽受損，而過少的超賣則會導致糟蹋的情事發生，不論是哪種情形，對於公司的營運獲利都會造成傷害。

然而一個成功的營收管理需要有三方面來配合：

1.營收管理策略。
2.營收管理技術。
3.訂位管制。

一、營收管理策略

營收管理策略指的是先要能夠將目標市場的顧客族群做清楚區隔，接著針對不同族群推出不同產品及價格，以便能夠讓不同顧客族群都可以選擇適合自己的產品。羅伯·菲利浦（2005）將休閒旅客及商務旅客的特性及航空公司市場區隔做法列出，如**表8-1**、**表8-2**所示。

如同前面提到的美國航空是最早提出將旅客區分為休閒旅客及商務旅客的說法，**表8-1**亦列出休閒旅客及商務旅客的不同特性，接著航空公司根據上述的不同特性進一步將市場區隔（**表8-2**）。

在航空公司將市場做出區隔後，就可以按照不同市場需求來訂價，讓不同顧客群都能夠而且願意付出相對的價格來購買機票。然而按照上述

表8-1 休閒旅客及商務旅客特性

商務旅客	休閒旅客
對價格不敏感	對價格敏感
購買機票時間晚	購買機票時間早
對於班機出發時間選擇沒有彈性	對於班機出發時間選擇有彈性
對航空公司要求在週末過夜不容易接受	對航空公司要求在週末過夜可以接受

資料來源：Robert L. Phillips

表8-2 航空公司市場區隔

	商務旅客			休閒旅客	
價格敏感度	不在意	中度在意	很在意	中度在意	非常在意
班表彈性	必須有	重要	最好有	有最好	無所謂
機位保留	最後一刻登機	稍有限制	有限制	有限制	數量有限
機票購買	不能有任何限制	公司折扣	商務折扣	一般休閒旅遊	促銷票價限網路購買

資料來源：Robert L. Phillips

將旅客區分來訂價的做法並非航空公司僅有的訂價方式，實際上許多航空公司還會針對不同目標市場採用不同的做法，例如針對政府部門、學校、銀髮族、觀光客等，也都可以提供不同優惠價格票價。另外，國際航空公司最常用的就是參考當地航空公司提供之票價來訂價，亦即同樣一家航空公司在不同國家的機票售價，即使是同樣航線也會有不同的票價出現。例如長榮及華航由台灣飛往溫哥華的機票票價，在台灣或是在溫哥華購買，台灣的價格往往會比加拿大多出近萬元，這種因為國家不同而收取不同票價的做法，在國際間是常見的事。

二、營收管理技術

　　航空公司會運用某些方式來協助達成營收管理目標，例如之前提過的美國航空為了對抗人民快捷，運用了一個人民快捷沒有的技術——電腦訂位系統（CRS），這套系統幫助美國航空可以保留機位給最後訂位的商務旅客，美國航空使用的電腦訂位系統名稱叫做SABRE，它將電腦訂位系統及全球分銷系統（GDS）結合，讓美國航空可以將機位狀況及票價傳送到全球銷售中心接受旅客的預訂。這套電腦訂位系統還能夠安排不同艙位、不同票價的機位數量，以便接受旅客對未來班機訂位。CRS發展至今，其所蒐集的資料及訂位系統本身的功能，都已超越航空公司所使用的系統。旅遊從業人員可以藉著CRS幫客人訂全球大部分航空公司的機位、

主要的旅館連鎖及租車，另外，旅遊的相關服務如旅遊地點的安排、保險、郵輪甚至火車等，也都可以透過CRS直接訂位。

我國在1989年前，對旅行社之航空訂位網路一直是採保護措施，禁止國外之CRS進入。1990年引進ABACUS，其後陸續有其他CRS引進，後來AMADEUA、GALILEO、AXESS陸續進入台灣市場。而每家CRS均有其市場占有率，目前旅行業所利用之系統以ABACUS為最高。

除了電腦訂位系統外，市場區隔也是常用的手法，最常見的是使用變動或是差異價格策略將乘客對於航空公司的需求區隔出來，利用乘客對於價格敏感度的不同，將乘客按照特性或是需求做區分也稱為市場區隔；一部分的市場區隔是根據乘客「願意支付」的概念，例如說商務乘客在意的是能夠在沒有任何限制條件下，擁有在班機起飛前最後一分鐘購買或取消機票的自由，因此商務乘客願意付高昂的機票費用購買舒適的商務客艙，條件是要相當方便。相反的，休閒乘客卻能夠隨時更改出發時間，只要航空公司的機票價格能夠降低。另外，經濟學中常用的價格需求彈性，也就是當價格發生變化造成乘客需求改變的大小，這是一種用來量測需求對於價格敏感度的方式。根據商務乘客價格需求彈性低，而休閒乘客價格需求彈性高的特性。航空公司利用不同的機票價格來吸引不同屬性的乘客，可以獲得更高的收益。

為了讓同學對於差異價格策略有更深瞭解，我們舉一個簡單的例子來說明，假設票價與搭機乘客數量有下列線性關係：

$$P = 130 - Q，邊際成本10元$$

其中P為票價，Q為乘客數量。

如果票價只有一種價格，例如70元，生產者獲利為3,600元（**圖8-1**）。

如果將票價調成為兩種價格，例如90元及50元，此時生產者獲利增加為4,800元（**圖8-2**）。

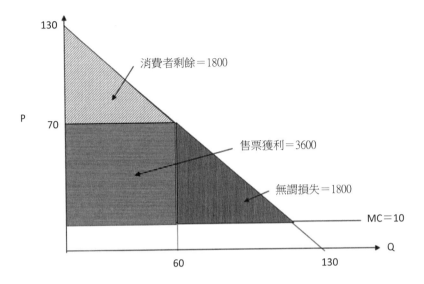

圖8-1　單一票價下的生產者獲利

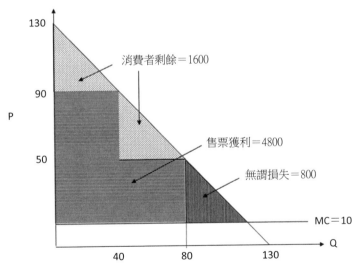

圖8-2　兩種票價下的生產者獲利

　　若再將票價調成為五種價格,例如110、90、70、50及30元,此時生產者獲利增加為6,000元(**圖8-3**)。

　　若是能夠持續的將票價調成為完全連續價格,稱為完美價格歧視(Perfect price discrimination)(**圖8-4**)。此時生產者獲利增加為7,200元,而消費者剩餘及無謂損失都是0。

　　因此當班機的需求變低時,航空公司可以藉著將廉價票價機位增加來吸引休閒旅客前來搭機,以達到增加負載率的目的。同樣的,當班機的需求變高時,航空公司可以藉著限制廉價票價機位數量,讓更多商務旅客可以前來購買機票。上述做法可以達到增加營收的目的。

　　由於航空公司的目標就是盡可能賺取最大的利潤,因此採取差異價格策略的做法就成為航空公司營收管理部門最慣用之手法。

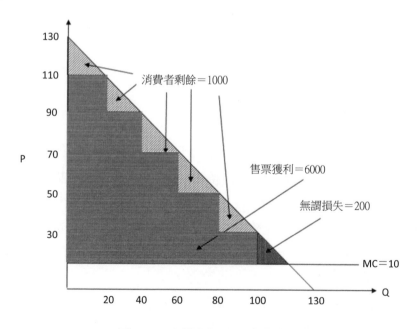

圖8-3　五種票價下的生產者獲利

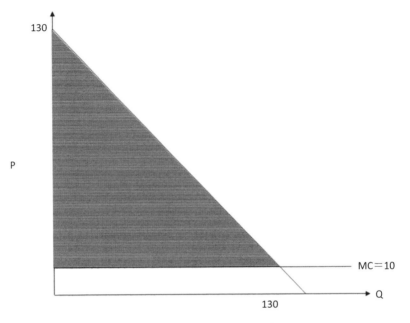

圖8-4　連續票價下的生產者獲利

三、訂位管制

　　最後要談的是訂位管制，在營收管理當中訂位管制是一個即時（real time）的行為，當電腦接收到旅客訂位需求時，訂位管制要立即做出接受或是拒絕的決定，由於訂位需求會從各種管道進入到訂位系統內，而訂位系統必須在極短的時間內（通常以毫秒計算）回傳該筆訂位接受與否，由於作業時間錙銖必較，因此計算流程必須簡單可靠，否則將無法應付大量即時的訂位需求作業。

　　通常當有訂位需求產生時，這個需求會被分送到相對應的票價艙等中，根據輸入時間、特性（何種折扣票價），與航空公司對不同市場區隔設定的訂位數量做比較，如果有空位即接受，如果不夠則拒絕。

(一)訂位管制演進

　　由於航空公司在訂價方面採取彈性做法，同樣一個機位可以用不同價格賣給不同客人，當然在之前我們也介紹過購買廉價票價的旅客總是會有許多限制及規定，這是航空公司用來確保原來可以購買全額票價旅客，不會轉而購買廉價票價所設計的一套目標市場顧客管理機制。然而在某一班飛機上到底要安排多少個廉價機位，以及要將艙等劃分為幾個等級，以及要保留多少全額機位給起飛前最後一分鐘前來搭機的商務旅客，這些都是訂位管制的重要課題。

　　為了要能將航空旅遊需求管理做好，以及將收益極大化，航空公司針對特定的目標市場做區隔，發展出一套不同的產品訂價，在一些限制及規定的前提下，同樣一個機位可以用不同價格賣給目標市場區隔的不同客人。航空公司可以藉著事前排訂好的艙等機票價格及機位數量規劃，並利用電腦訂位系統（CRS）來協助不同等級機票的出售，理想的做法是減少廉價票的銷售，增加全額票銷售來達成營收管理的目標。

　　基本上訂位系統對於艙等安排應當有一個特定的價格區間，不同票價的產品應當擁有不同價值，然後按照票價的高低放入到階層狀的訂位系統中，不同票價的產品根據艙等不同會有相對應的票價基本碼（fare basis codes），一般來說票價基本碼的第一個英文字母代表的是訂位艙等（**表8-3**）。訂位管制的方式是用來限制預訂廉價機位的數量，其目的當然是要保護願意支付高額機票旅客的座位不會受到廉價機票旅客的影響。這些

表8-3　艙等價格的安排

艙等	平均票價	範圍,$
J	1,100	901-1,300
Y	800	701-900
M	600	501-700
B	450	401-500
H	350	301-400

座位數量的分配,可以透過最佳化的方式來處理。

原則上每一個艙位等級都有一定的價格,而艙等價格的賦與也應當具有一定的範圍與價值,基本上會按照階層式的排列,亦即價格由高到低的方式來劃分艙位等級。

表8-3顯示根據價格的高低飛機上有五種艙等的價格規劃,由於價格的範圍從最便宜的301美元到最貴的1,300美元,之間的差亦高達1,000美元,為了防止低價機票被願意支付高價票之商務乘客利用,航空公司加了一些購票的限制規定,如表8-4所述。

(二)訂位管制的方法

◆ 固定配額法

由於飛機上的機位數量是固定的,因此一旦航空公司將各種機票價格確定後,艙位等級及機位數量就可以劃分出來。採用固定配額法,就是

表8-4　不同艙等機票價格差異情形

艙等	產品價格	限制	服務等級	與全額票相比
J	頭等艙	無	座艙分開、機位較寬、24小時免費飲料／餐點、專人服務、優先登機	120-150%
Y	全額票	無	經濟艙——可優先選機位,有升等可能	100%
M	單程廉價票	0-3天以前購買,機位有管制	經濟艙	70-80%
B	團體票	14-21天以前購買、週末停留、取消有罰鍰、機位有管制	經濟艙	50-70%
H	拍賣票（seat sale）	7-21天以前購買、週末停留、不可退錢、機位有管制	經濟艙	30-50%
V	促銷票	變動的特別規定、機位有管制	經濟艙	20-30%

用獨立管理的方式將艙位數量平均分配到各個艙等當中,對於管理者而言
這種將飛機上現有機位平均分配方式非常簡單,例如有一架飛機有100個
機位,而共有五個艙位等級,按照平均分配方式每個艙等有20個機位,如
圖8-5。

Y 20	M 20	B 20	H 20	V 20

圖8-5　平均分配艙位規劃

　　平均分配艙位規劃方法簡單易懂,但是在運作上卻有相當大的缺
點,例如說當M艙的20個機位賣完後,只能關閉,此時如果還有願意付高
額票價乘客想要購買M艙的機位,航空公司只能拒絕。此時如果B艙仍有
空位,由於受到平均分配艙位規劃方法的限制,航空公司不能夠用M艙的
價格將B艙機位賣給上述乘客,這麼做會有兩種後果,第一是該名願意付
高額票價乘客轉而購買其他航空公司機票;第二是願意付高額票價乘客轉
而購買低票價的B艙,不論是哪一種情形,都會造成航空公司營收上的損
失。

◆ 巢狀式（nesting）艙位規劃

　　雖然固定配額法簡單易行,但是本身缺乏彈性的做法讓航空公司遭
受不必要的損失,因此在經過改進後航空公司在訂位管制上推出了巢狀
式艙位規劃法,而許多航空公司也都採用巢狀式艙位規劃來進行訂位作
業。

　　巢狀式艙位規劃法有許多型態,最常見的就是連續的或是線性的巢
狀式艙位規劃（圖8-6）。

　　假設一架飛機上有150個機位分成五種艙等,為方便計算每個艙等各
安排30個機位,雖然表面上看起來每個艙等各安排30個機位的做法與之前
的固定配額法非常近似,但實際上仔細看可以發現在不同艙等代號的第一

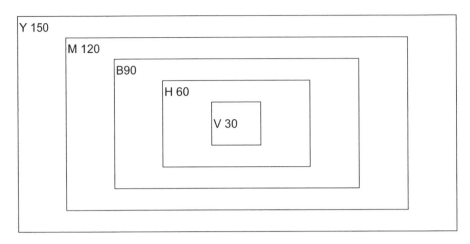

圖8-6　巢狀式艙位規劃法

個字母之後的數字，卻是由小（V30）一直增加，最後到Y150，這就說明在巢狀式艙位規劃法中存在有一種父子關係，簡單說就是在預訂機位時上一層的艙等可以包含下一層艙等的機位，為了讓讀者更容易瞭解，**表8-5**特別列出每個艙等可以運用的機位數量。

　　注意在**表8-5**中的第二欄（艙等保留座位數），指的是明確分給這個艙等的機位數量，第三欄（每個艙等可以出售的座位數），指的是允許這個艙等可以出售的機位數量，實際上在上一級可出售艙位數量是包含下一級的機位數量。

　　例如在H艙中本來保留有30個座位，如果很快的都賣完了，此時有

表8-5　巢狀式艙位規劃法每個艙等可售機位數量

艙等	每個艙等的保留座位數	每個艙等可以出售的座位數
Y	30	30+30+30+30+30 = 150
M	30	30+30+30+30 = 120
B	30	30+30+30 = 90
H	30	30+30 = 60
V	30	30

第31個乘客想要購買H艙機位，在巢狀式艙位規劃法下，只要下一級艙等（V艙）的機位仍有剩餘，就可以被拿來供H艙使用。由此可以推出若有一個乘客想要購買Y艙機位，因為機上所有的機位艙等都是在Y艙之下，所以對於想要購買Y艙機位的乘客來說，只要飛機有空位就可以買得到。

　　這種做法可以讓航空公司不會將任何一個願意付全額機票的乘客拒絕，因此對於營收管理人員來說當然是比較理想的做法。而由於每個艙等可以出售的座位數量分配是由多到少，因此巢狀式艙位規劃法可以讓最下層艙等機位關閉的時機較上層艙位快，這麼做也可以讓願意付高額機票的乘客（只要下層艙等仍有機位）在任何時間都可以買到機票。

　　究竟航空公司是如何做到巢狀式艙位規劃法呢？在前面我們已經介紹過巢狀式艙位規劃法的發展是為了要不讓願意付高額機票的乘客遭到拒絕，為了能更清楚的說明我們將艙等高低用數字區別，其中1表示最高等級，而n代表最低等級：

$b_1 \geq b_2 \geq b_3 \geq \cdots b_n$

在**表8-5**中的b_1艙等可以出售的座位數為150。

在**圖8-7**中b_1代表最高艙等的訂位限制數量，而y_1表示保留給b_1的機位數量，其中y_j表示艙等（$j=1, 2, \cdots, n-1$）的保留機位數量。

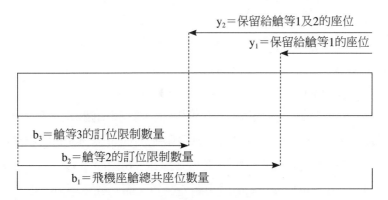

圖8-7　巢狀式艙位規劃及高等艙位保留示意

$y_j = b_1 - b_{j+1}$， $j = 1, 2, \cdots, $ n-1

例如**表8-5**中的b_2艙等可以出售的座位數為120，而

$y_2 = b_1 - b_{2+1} = 150 - 90 = 60$，$y_2$等於保留給1、2艙等的機位數量。

同理$y_n = b_1$，這是因為b_{n+1}等於0，也就是說最大的保留機位數量（y_n）等於最高艙等的訂位限制數量（b_1），飛機上總共有的機位數量。

(三)動態巢狀式訂位管理

當接受到一位乘客要預訂機位時，航空公司如何利用巢狀式艙位規劃來執行接受或是拒絕該筆申請呢？在本節我們將用動態巢狀式訂位管理來說明。

例如有一架班機上共有80個機位及四種艙等，訂位限制數量：(b_1, b_2, b_3, b_4) = (80, 70, 30, 5)，在任何時間當某一艙等的訂位限制數量變成0時該艙等就會關閉，根據保留機位數量公式我們可以得出（**圖8-8**）：

$$(y_1, y_2, y_3, y_4) = (10, 50, 75, 80)$$

對任一艙等j的保留機位數量等於艙等j以下所有小於它的機位總數。例如：

y_1是保留給艙等1的機位

y_2是保留給艙等1加2的機位

同理，y_4是保留給艙等1、2、3、4機位的總和

$y_j = b_1 - b_{j+1}$

而j = 1, 2, $\cdots$n-1

第一次要求訂位是在艙等4預訂2個座位，我們由**圖8-9**最左方（A）往右移動2個座位，在艙位等級訂位數量限制方面可以得出b_1由原來80變為78，b_2由原來70變為68，b_3由原來30變為28，b_4由原來5變為3。另外在保留座位數量方面可以得出y_4由原來80變為78，而其餘各項值不變。

而繼續往下執行第二次要求訂位時，仍然依照前述原則由**圖8-9**最左

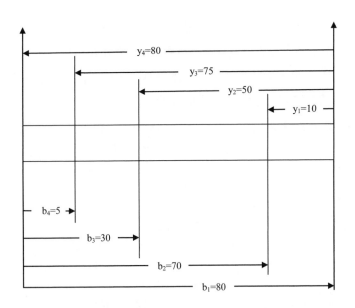

圖8-8　巢狀式艙位規劃訂位限制數量及保留機位數量示意

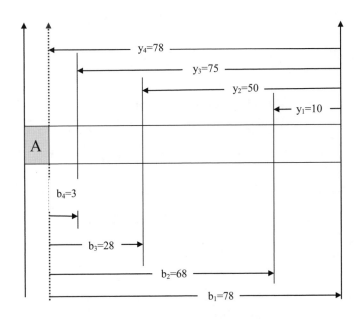

圖8-9　巢狀式艙位規劃訂位第一次艙等4預訂2個座位訂位示意

方再往右移動4個座位，此時可以得出b_1由原來78變為74，b_2由原來68變為64，b_3由原來28變為24，b_4由原來3變為0。另外在保留座位數量方面可以得出y_4由原來78變為74，y_3由原來75變為74，而其餘各項值不變。以此類推即可以得出整個訂票過程發生的變化。

表8-6當中並沒有包含在預訂機票過程當中會發生取消或是退票情形，顯然與常理不符，若將取消或是退票加入考量，可得出**表8-7**。

表8-6　動態巢狀式艙位規劃法示意

	訂位數量限制, b_i				保留座位數量, y_j				要求訂位	接受與否
	1	2	3	4	1	2	3	4		
1	80	70	30	5	10	50	75	80	艙等4，2座位	接受
2	78	68	28	3	10	50	75	78	艙等3，4座位	接受
3	74	64	24	0	10	50	74	74	艙等4，3座位	拒絕
4	74	64	24	0	10	50	74	74	艙等2，4座位	接受
5	70	60	20	0	10	50	70	70	艙等1，3座位	接受
6	67	57	17	0	10	50	67	67	艙等3，4座位	接受
7	63	53	13	0	10	50	63	63	艙等3，5座位	接受
8	58	48	8	0	10	50	58	58		

表8-7　動態巢狀式艙位規劃加入取消機位法示意

	訂位狀況	訂位數量限制, b_i,(a)				狀態	訂位數量限制, b_i, (b)				狀態
		1	2	3	4		1	2	3	4	
1	艙等3，3座位	80	70	10	3	接受	80	70	10	3	接受
2	艙等2，5座位	77	67	7	0	接受	77	67	7	0	接受
3	艙等1，3座位	72	62	2	0	接受	72	62	2	-5	接受
4	4機位取消	69	59	0	0		69	59	-1	-8	
5	艙等3，3座位	73	63	0	0	拒絕	73	63	3	-4	接受
6	艙等2，3座位	73	63	0	0	接受	70	60	0	-7	接受
7	5機位取消	71	61	0	0		67	57	-3	-10	
8		76	66	0	0		72	68	2	-5	

　　據統計，在美國約有30%的機位在起飛前會發生取消情事，而**表8-6**當中並沒有考量預訂機票過程當中會發生取消或是退票情形，因此與現況顯然有很大的偏離，**表8-7**則將取消機位列入考量，加入動態巢狀式艙位規劃法中一併計算，但是在**表8-7**中在考量取消機位時仍舊有兩種做法提供航空公司在訂位過程當中採用，第一種做法（a）的限制是當任何一個艙等的訂位數量減為0時則將該艙等關閉，然而當發生有乘客取消訂位時，已經被關閉的艙等並不被恢復（亦即持續保持關閉），換句話說，只要發生艙等關閉就不會再被打開，這是一種不可逆（irreversible）過程。而（b）則是採取較為彈性的做法，當任何一個艙等的訂位數量減為0時雖然該艙等被關閉，然而當有乘客取消訂位時，已經被關閉的艙等有可能再被重新恢復（亦即可以再接受訂位）。在比較（a）及（b）的做法時，一個明顯的差異就是採取（b）法可以讓航空公司的營收增加，然而究竟要採用何種做法，仍舊是要看航空公司的訂位系統的執行能力而定。

 ## 第三節　營收管理在航空運輸業之運用

　　美國在1978年通過的航空公司管制解禁法案後，新成立的航空公司如雨後春筍般大量進入美國航空運輸市場，造成航空運輸業間的競爭變得十分激烈，為了增加獲利，營收管理已經成為美國航空公司最喜歡運用的工具，同時也不惜付出巨額資金來改善營收管理系統，在航空公司之間有一個共識就是善用營收管理系統可以有效的降低票價，讓更多乘客願意搭乘飛機，以及為公司創造更多利潤。然而，營收管理系統真的對航空公司有這麼大的幫助嗎？以及美國航空公司如何運用營收管理，在本節中將做一深入介紹。

　　王及鮑伊（Wang and Bowie）（2009）認為營收管理主要是透過對票

價策略、庫存控制及可供應率管制等三大範疇的有效管理，來達成收益最大化的目的。其中票價策略是利用票價價格差異將乘客做區隔，目的是要將消費者剩餘減至最低，進而使得航空公司的獲利增加；庫存控制與提供某種特定服務可用的資源有關，例如僱用人力、飛機數量；可供應率管制指的是機上可以提供的機位數量。

一、有效運用營收管理的特性

弗雷德里克‧佛內奇（Frederic Voneche）（2005）提出能夠有效運用營收管理的服務業要有幾種特性：

(一)運量相對固定

如果運量是彈性的，隨時可以增加或減少，換句話說，如果航空公司可以視需要隨時增減機位供給數量，就沒有必要做運量管制。然而，不幸的是飛機上的機位數量是固定的，無法變動，如果乘客需求過多，航空公司唯一能做的是安排多餘乘客改搭下班或其他航空公司的班機。

(二)具有分割市場能力

將乘客搭機需求分配平滑化是營收管理的目標之一，要能夠達成這個目標，航空公司必須要能做到將目標市場乘客區隔成不同類別，最常被航空公司使用將乘客區隔的方法，就是對於時間敏感的商務旅客，該類乘客通常願意付高的票價來換取出發時間的便利性（例如對取消、班機臨時更改等）；另一類是對時間不敏感的休閒旅客，該類乘客通常只願意付便宜的票價，當然也願意犧牲掉出發時間的便利性（例如要在週末停留、變更行程要受罰等），這種策略可以幫助航空公司將原本無人乘坐之機位填滿。

(三)庫存無法保存特性

航空公司的機位可以比喻為庫存商品，實際上也就是航空公司能夠提供的產品。當班機將機門關上，機上仍有未售出之機位（仍有庫存商品）時，這些產品是無法放入庫存的，換句話說，對航空公司是一種損失。因此，如果能夠將庫存商品減少，航空公司就能夠賺取更多利潤。營收管理可以幫助算出讓航空公司營收最大化的乘載率。

(四)產品可預先售出

如果所有機票都需在一次售完，那航空公司將無法利用不同消費者特性而占到便宜，換句話說，航空公司的收益會是固定的。由於消費者的需求特性會隨著時間改變，對於航空公司來說當然就有機可乘，這就是為什麼飛機票價會隨著時間不斷變動，而通常提前（飛機起飛前幾週至幾個月）購買機票的乘客可以買到較廉價的機票，隨著起飛時間接近飛機票價會逐漸變貴，而最後一刻想要購買機票的乘客通常必須支付全額票價。

(五)需求變動大

如果營收管理運用得宜，可以將需求型態平滑化，例如在尖峰時間或是旺季時，航空公司可以將票價提高增加收益；在離峰時間或是淡季時，可以將票價降低增加飛機乘載率。通常由過去的歷史資料，可以非常準確的對於乘客的淡旺季做一預測，再配合上售價的調整，對增加航空公司的收益是不難做到的。

(六)低邊際銷售成本及高運量改變成本

眾所周知航空公司的運量在短期間是固定的，對於能夠將營收管理做到極大化，還有一個條件就是想要增加額外運量的成本非常高，對航空公司來說增加額外運量代表要多增購飛機，不單是成本非常高，等待交機的時間也很長。然而多增加一個乘客的成本卻非常低（多一份餐點、飲

料），與飛機的固定成本比較小到幾乎可以忽略。

　　上述的六種能夠有效運用營收管理的特性在航空運輸業上幾乎都存在，也因為航空運輸業充分具備上述特性，使得營收管理在航空公司的營運上幾乎成為一個重要的課題，其中價格歧視更是全球航空公司最常見的營收管理手段。

　　搭乘飛機的乘客很容易發現在購買機票時有許多不同型態的票價，你可以買一種非常貴但是彈性相當大的機票，這種機票可以讓你隨時更改登機時間，更改行程，更改班機，甚至是取消行程，都不用付任何額外作業成本；當然你也可以購買廉價機票，但是會有許多的限制，例如說航空公司可能會要求你週末要停留，另外要提早若干時間購買，通常是兩週以前。由於每位旅客可以選擇不同型態的票價，因此在討論航空公司的價格歧視策略時，很自然的會將不同型態的票價列入考量。

　　另外一種常見的價格歧視策略就是國內有很多大公司或企業，由於他們對於航空公司機票需求大，因此他們會與航空公司簽約，讓員工在搭乘飛機時可以享受到打折優待的價格。由於這類對於不同族群收取不同票價的做法也是價格歧視的一種，因此在列為討論航空公司的價格歧視策略時的做法之一。最後是常客飛行計畫（FFP），航空公司利用加入會員的做法讓顧客成為FFP的一員，然後將每次飛行里程轉換成為點數，在累積一定的點數時可以兌換一張免費機票，這種做法基本上類似將機票價格打折，所以也是一種價格歧視策略的做法。

　　儘管絕大多數的航空公司都會採用價格歧視策略，但是由於競爭激烈，許多航空公司刻意將真實的訊息保留，這是因為任何一個有效的策略都可能讓航空公司在競爭激烈的環境中獲得優勢，因此他們不願意將有用的資訊與其他同業分享。然而對於如何才能有效的採用價格歧視策略，許多學者都做了很多研究，雪莉‧吉姆斯（Sheryl E. Kimes）（1998）認為動態價格的目的是「將適當的運量，以可以接受的價格，在需要的時間，提供給有需要的乘客」。在這個做法下機票的價格是隨時都會改

變的，以致於常會發生即使緊鄰的乘客，他們的票價可能也會有很大差異。魏納·雷納茲（Werner Reinartz）（2002）對客製化價格（price customization）下了一個定義：「根據終端顧客的差異化需求來收取不同價錢」，有趣的是出售產品的本身幾乎沒有差異。

實際上早在1970年代初期，就已經有一些航空公司開始提供有限制條件的折扣票價，也就是將高額票價乘客與購買折扣票價乘客放在同一個飛機的座艙當中。最有名的例子就是1924年成立的英國海外航空公司（British Overseas Airways Corporation, BOAC），1972年在BOAC任職的肯尼斯·李托伍德（Kenneth Littlewood）對於要賣多少張廉價機票想出了一套遊戲規則，李托伍德的觀念相當直接，就是由於想要購買廉價機票的乘客大於想要購買全額機票的乘客，所以當出售廉價機票獲得的收益與出售少量全額機票的收益相等時，就可以計算出要保留多少張機票賣給願意付全額費用的乘客（詳細運算請參照第七章第二節）。這個看似簡單的運算方式，可以說是開啟營收管理的先驅。BOAC在1973年提出「早鳥」（Earlybird）票價計畫，主要的要求就是必須提早購買機票，票價高低的差異就在於需要即時服務或是能夠預先計畫搭乘的乘客，而BOAC提出早鳥票價的目的是要對抗包機公司。當時BOAC規定購買早鳥票的乘客必須在三個月之前，而且要在當地至少停留十至十四天。

BOAC早鳥票價的推出，顛覆了當時航空運輸業的做法，也讓原來可能不會售出的機位能夠賣出，同時也增加了航空公司的收益。然而，隨之而來的問題就是到底應該保留多少機位給飛機起飛前願意付全額機票的乘客。如果保留太少，航空公司可能會因為無法提供足夠機位給全額票價乘客，導致收益減少；相反的，如果保留太多，航空公司必須拒絕想要搭機廉價票的乘客，而又沒有那麼多全額票價乘客，導致空位過多，同樣的也會使得收益減少。

應該保留多少機位給全額機票的乘客，對航空公司來說是一個困難的問題，因為每位乘客都有不同的訂購機票模式，可能與票價、行程、季

節、時間及各種預想不到的因素都可能有關。但是很明顯的要能夠有效的掌控廉價機位數量，必須做到仔細的蒐集追蹤乘客搭機的歷史資料，加強資訊分析能力，經過運算可以得出需要庫存多少機位的管控規則。

二、如何做好營收管理計畫

在北美正式開始將營收管理技術運用到營運上的應當是美國航空公司，從1960年代初期美國航空就開始著手研究如何做好營收管理計畫，這個計畫太過繁複，為了便於管理美國航空將其分成為三大部分：超額訂位、廉價機票分配（discount allocation）及運量管理（traffic management），計算所得結果則用來決定最後的庫存量。

(一)超額訂位

大多數乘客可能都遭遇過由於超額訂位的結果，造成在班機起飛前航空公司會提出某些優渥的補償條件，例如給予下次搭機的折扣或是免費住一晚飯店，來換取志願改搭其他飛機的乘客。超額訂位是航空公司鑑於訂位乘客在班機起飛前會發生取消或有不出現情形，為了彌補損失長程國際班機常會故意多賣超過班機機位的機票，這就造成超額訂位。

超額訂位雖然可以彌補因為乘客取消或不出現造成的損失，但是值得注意的是如果取消或不出現乘客數量低於超額訂位量，此時就會發生已經預訂機位的乘客在登機時遭到拒絕，為了安撫乘客的不滿，航空公司往往會提出優渥賠償，對於航空公司來說也會是一筆不小的成本。短期來看，可能只是營收上的損失，但長期來看卻有可能損及乘客忠誠度及公司的形象。

表8-8顯示穿越航空的每萬名已經預訂機位乘客被航空公司拒絕登機（包含志願及非志願）比率最高，每萬名就有將近19名乘客被拒絕登機，經營之神西南航空，每萬名也有近10名乘客被拒絕登機，最好的是捷

表8-8　美國航空公司超額訂位資料

排名	航空公司	拒絕登機人數	搭機人數（千）	每萬名乘客拒絕登機比率
1	AIRTRAN AIRWAYS	9,515	7,188.4	18.910
2	PINNACLE AIRLINES	5,425	1,708.7	16.191
3	EXPRESSJET AIRLINES	13,195	2,481.5	16.040
4	SKYWEST AIRLINES	9,485	4,780.1	13.796
5	AMERICAN EAGLE AIRLINES	5,810	19,581.3	13.144
6	MESA AIRLINES	2,371	14,993.2	10.994
7	SOUTHWEST AIRLINES	31,025	3,350.6	10.147
8	DELTA AIR LINES	22,790	27,642.6	8.245
9	UNITED AIRLINES	14,637	19,942.8	7.339
10	AMERICAN AIRLINES	14,256	4,420.1	7.280
11	US AIRWAYS	8,996	5,031.8	6.000
12	FRONTIER AIRLINES	1,265	2,589.7	4.885
13	ALASKA AIRLINES	1,029	30,575.9	2.153
14	HAWAIIAN AIRLINES	505	8,226.1	2.035
15	VIRGIN AMERICA	80	6,875.1	0.468
16	JETBLUE AIRWAYS	141	2,156.6	0.196
	TOTALS	140,525	161,544.5	8.699

資料來源：美國交通部2013年4-6月

藍航空，每萬名僅有不到1名乘客被拒絕登機，表示捷藍航空的超額訂位不是過於保守，就是預估乘客取消或不出現的數量相當精確。

(二)廉價機票分配

　　如果在一架飛機上所有機票價錢都是一樣的，那超額訂位可能是解決營收管理問題的萬靈丹。然而不幸的是，在一開始我們就介紹過在一架飛機上即使是同樣在經濟艙，票價可能就有好幾種不同的價格。為了有效的發揮營收管理功能，在一架飛機上決定要賣多少張廉價機票就是一個關鍵的問題。

有關全額票價與廉價票價的比例是多少，一直都有許多專家學者提出了不同的理論，相關的文章報告亦不勝枚舉，不管如何有一點是可以確定的就是全額票價與廉價票價的比例不會是一個固定值，它會隨著飛機的起飛時間而變，至於是多少則與航空公司過去的歷史資料有極大關係，因為根據歷史資料的分析航空公司可以做出較精確的預測。也就是說，多賣出一張廉價機票（亦即少賣出一張全額機票），當然會存在機會成本的損失，航空公司可以根據上項說法來找出合理的保留全額票價機位數量。

以下是一個簡單的例子（只有一個艙等及兩種價格）來說明航空公司如何決定保留全額票價機位數量。

例題8.1

假設華航想要提高由桃園至泰國航線的需求量，決定出售促銷票，來回票價為8,000元，效期一個月，票價不可退還，而全額來回票價為12,000元。假設華航飛機有150個機位，而過去的資料顯示乘客是呈常態分配，平均值（m）是60，標準差（σ）為15。

解答：

如果c_u是保留太少全額票價機位相關的成本，又稱過剩成本（over-age cost）。c_o表示保留太多全額票價機位相關的成本，又稱虧空成本（shortage cost）。

c_u＝12,000-8,000＝4,000，表示原來可以賣全額票價機位（有更多全額票價乘客），但是卻賣促銷票，少賺了4,000元的機會成本損失。

c_o＝8,000，表示保留過多全額票價機位（沒有那麼多全額票價乘客），導致想買促銷票乘客無法購買，少賺了8,000元的機會成本損失。

代入：

$$p(D \leq d_i) = c_u / (c_o + c_u)$$
$$p(D \leq d_i) = 4,000 / (4,000 + 8,000) = 0.333$$

其中，D表示全額票價乘客需求；d_i表示預訂給全額票乘客機位數量。

從常態分配表中可以得出相對應的z值-0.435，代入計算得出預訂給全額票乘客機位數量：

$$d_i＝m+ z\sigma＝60＋(-0.435)(15)＝53.475$$

由於機位必須為整數，所以取預訂給全額票乘客機位數量為53。

(三)運量（庫存機位）管理

1980年代美國航空公司管制解禁法案實施後，大多數美國傳統航空公司都採取軸輻式系統營運方式，乘客可以透過軸輻中心機場搭乘不同飛機到達目的地，軸輻式系統的設計讓乘客運送方式變得非常複雜，也使得以往由點到點，一次只服務一個市場的設計，迅速擴張到可能同時要服務十幾個市場。這也使得以往對單一市場需求預測，以及對單一市場的票價也因為乘客可能會多增加其他航程而變得複雜。過去航空公司經營點到點航線服務，沒有轉乘的問題，運量（庫存機位）管理不是太大問題，因為航空公司只要將班機的超額訂位及要賣多少廉價機票處理好，就能有效發揮營收管理功能。但是將透過軸輻中心機場搭乘不同飛機飛往目的地考量在內，問題的複雜度就大為增加。例如乘客要由紐約飛往洛杉磯，如果要在達拉斯中停轉接，假設在紐約及洛杉磯各有4個出發及到達城市，由於要經過達拉斯轉機，使得原來單純的8個航班可以變化出16條不同航線，這也使得營收管理的問題變得更難處理。

彼得‧貝樂巴巴（1987）提到許多航空公司對於機上同樣艙等的機位，會制定差異化價格（不同價格機票之機位數量分配），由於受到機位有限的限制，使得庫存機位管理變得重要。貝樂巴巴認為在理想狀況下，航空公司可以從過去乘客搭機模式當中，找到最佳的機票價格及座位分配組合，將結果運用到未來航班上，可以讓航空公司的營收增加。

　　庫存機位管理可以用每段航線（leg-based approach）的方式來控制，可以收到讓每段航線收益極大化之效果。但是如果從整個航線，例如有一個從紐約－達拉斯－洛杉磯的兩段航線，如果採用每段航線的方式來做機位數量分配，假設從紐約－達拉斯的最便宜票價為100美元，從紐約－洛杉磯的最便宜票價為250美元，如果紐約－達拉斯的需求高，航空公司可能會失去一些從紐約－洛杉磯的乘客，結果是收益減少。如果想要增加收益，航空公司必須在第一段航線時就將兩段航線對於最便宜票價機位的數量需求區分出來。

　　另外一種做法是「起點－終點」（origin-destination, O-D）又稱為市場導向的機位數量分配法，這個方法可以彌補每段航線分配方式造成的收益減少缺點，它的做法基本上是將每段票價及乘客旅程結合在一起，在能夠獲得最高收益的條件下，來決定要保留多少機位。由於計算過程過於繁複，因此航空公司都會透過電腦訂位系統（CRS）來完成。在第二節當中對於按照艙等及價格來計算保留機位數量，已經做過介紹，此處不再贅述。

　　介紹過傳統航空公司在營收管理上的做法後，不可忽視的是近年來在全球各地日益壯大的廉價航空，他們是否也重視營收管理呢？

　　回顧過去，在1950年代末期歐美國家對於假日旅遊的需求開始成長，也造成航空運輸需求量的增加。最早的廉價航空是專注於假日旅遊市場的需求，提供所謂的包機，當時在西班牙、法國及希臘等有許多夏季旅遊景點的包機活動。而真正的廉價航空則是從1980年代初期，也就是美國航空公司管制解禁法案後開始成型。

　　在美國最成功的廉價航空是西南航空，而在英國最有名的則是模仿西南航空運作模式的易捷航空。表面來看廉價航空與傳統航空在結構上沒有太大差別，但是若仔細分析兩者之間有相當多的差異。從營運角度來比較，廉價航空使用機場的營運成本較傳統航空為低；另外，廉價航空大都儘量將機隊機型簡化，例如西南航空及易捷航空都採用波音B737型飛

機，營運及維修成本都大幅降低。

　　傳統航空運用營收管理策略已行之有年，然而對於廉價航空而言，如何運用營收管理策略仍然有待努力，但不論如何對廉價航空來說其目的依舊不外乎「盡一切努力，讓每一航班都能夠獲得最大收益」。

　　傑拉爾德‧巴羅（Gerald L. Barlow）（2000）對易捷航空做了許多研究，他表示易捷航空有一套自動營收管理系統，希望能將每一天每一航班飛機的營收都做到極大化。與其他航空公司不同的是，易捷航空是採取直接由公司訂位人員經由電話或是透過網站接受乘客訂位，因此能夠省下旅行社的訂位佣金。另外，易捷航空的營收管理系統是由公司自行研發，並且定期會進行更新。對於傳統航空常用的乘客區隔化，易捷航空並沒有採用，相反的是按照下列兩個條件做區隔化：

1.目的地／航線：
　(1)商務。
　(2)休閒。
2.班機時間：
　(1)早上及傍晚。
　(2)白天。

　　易捷航空將目的地分為商務及休閒目的地，像是蘇格蘭的大城市格拉斯哥（Glasgow），屬於商務目的地，絕大部分比例都是為了生意的商務乘客，停留時間很短；而西班牙的旅遊勝地帕爾馬（Palma）市，屬於休閒目的地，絕大部分比例都是為了觀光的休閒乘客，停留時間可以較長。另外，班機起飛時間在大清早、傍晚或是週日的班機，大部分都是商務乘客；而在中午、晚上及週末的班機，則以休閒乘客居多。而上述兩個條件乘客也具有不同的預訂機位模式。

　　圖8-10及**圖8-11**是易捷航空根據過去乘客搭機預訂機位情形，得出來的休閒及商務乘客在飛機起飛前的預訂機位狀況，很明顯的休閒乘客會提

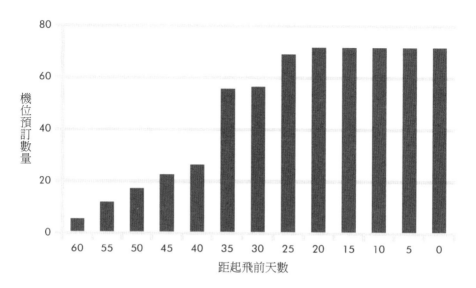

圖8-10 休閒乘客預訂機位情形

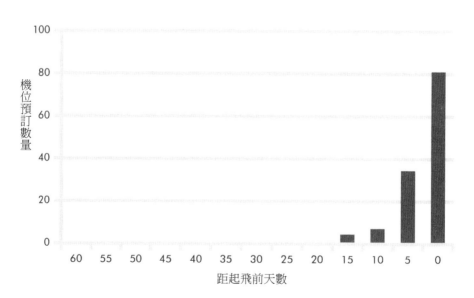

圖8-11 商務乘客預訂機位情形

前購買機票，而商務乘客則會盡可能的拖到飛機即將起飛前來買機票。根據乘客搭機預訂機位情形易捷航空可以制定不同票價，例如最便宜的機票可以提供給前25位預訂機位乘客（大約是在飛機起飛前45天），接著第二便宜機票可以提供給前26-65位預訂機位乘客（大約是在飛機起飛前25天），愈接近飛機起飛時間預訂機位票價愈貴，而在飛機起飛前10天接受全額票價商務乘客預訂機位。

至於傳統航空常用的差異票價策略，廉價航空是否也有這種策略呢？艾瑞卡‧高納（Erica Gornall）（2013）對三家航空公司（一家傳統航空——英國航空，及兩家廉價航空——瑞安及易捷航空）觀察每天機票價格變化，共計六週發現（**圖8-12**），由倫敦飛往柏林、巴塞隆納及羅馬之機票價格實際上是有高有低的在變動。

以由倫敦飛往羅馬之機票價格為例來說，瑞安航空在起飛前六週至少有5次價格是下降的，易捷航空有超過3次，而英國航空只有1次。換句話說，廉價航空的票價策略較傳統航空是更有彈性的。當機位預訂不如預期時，廉價航空會主動降價，而機位預訂超過預期時，則立即調升價格，這種看起來相當簡單的做法，對於廉價航空來說特別適用，因為他們的營收模式不單是銷售機票的收益，還包括旅館、機上餐點及租車等一系列的服務。因此乘客愈多，創造之周邊收益也愈大。

廉價航空與傳統航空在營運管理上有不同的方式，傑拉爾德‧巴羅表示有下列幾個原因：

1. 廉價航空沒有像傳統航空一樣的軸輻式系統，他們大都採取點到點航線。
2. 大部分廉價航空不允許取消或退票。
3. 許多廉價航空（例如西南及易捷航空）不願意透過旅行社來做訂位。
4. 許多廉價航空（例如西南及易捷航空）不用紙本機票，除了節省成

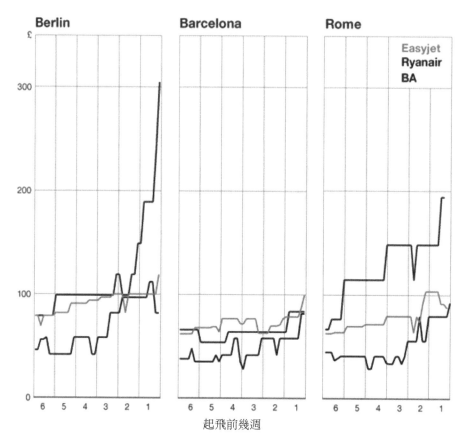

圖8-12 由倫敦飛往柏林、巴塞隆納及羅馬之機票價格

　　本外，也讓起飛前才訂機票變得更容易處理。

5.一般來說廉價航空的營運規模比傳統航空小得多，較容易執行動態
　票價策略。

第四節　營收管理的過去與未來

　　如前所述過去三十年來營收管理策略的運用，幾乎已成為全球航空公司的重要營運策略，營收管理運用得宜可以幫助航空公司改善獲利已是不爭的事實。營收管理不是討論企業要僱多少員工，或是員工的薪資應付多少，也不是企業的投資金額大小。營收管理的目的是要將利潤極大化，它講究的是要將正確的產品，在正確的時間，以最好的價錢，賣給正好需要的顧客。對航空公司來說，就是要將不同票價機位（即使是同一艙等）分配給不同需要的乘客。與其他利潤極大化方法不同的是，營收管理策略不是在制定或是更新價格，而是在設定及更新艙等機位的可用率。

　　理查‧克勞馥斯（Richard Klophaus）（2005）表示，傳統的營收管理是以市場區隔及差異票價為主要手段，其實即使沒有執行營收管理策略，各航空公司對於不同時段或是離、尖峰時間早已有差異票價的規則存在。至於營收管理策略的重視，只是表達航空公司對於獲利極大化的目標追求。乘客在購買機票時，總是會以最便宜的機票為首要選擇，因此在離峰時段的班機通常承載率都會很低，在這個時段的班機通常最多的需求是來自最廉價艙位的乘客。因此傳統的營收管理通常對於尖峰時段最有效，因為乘客需求大所以航空公司能夠在同樣艙等以不同票價賣給需要的乘客。

　　蘇珊妮‧都樂利（Suzanne Donelly）等人（2004）認為在競爭激烈的今天，即使在離峰時段班機的承載率也應當獲得重視，因為這也可以為航空公司帶來額外的獲利增加。若由此來看，傳統的營收管理可能要重新定義，也就是要針對所有班機都要研究同一艙等不同機票價格機位數量的分配，以及在起飛前多少天要對機票價格做調整等，當然在做這些計算時，要將不同時段班機的乘客價格彈性係數考慮進去。

　　以低票價作為策略時（例如促銷）的營收管理，在市場行銷時必須

要讓低票價隨時存在。也就是說即使是需求高時,也必須有一小部分的機位是屬於低票價。當然,為了達成平均收益極大化,營收管理人員必須找出增加機票售價的最佳時機,並且讓那些在起飛前最後時刻想要搭機的商務旅客,即使在需求低時也願意支付高票價。對於只有一種票價,以點到點方式營運的廉價航空公司來說,收益極大化不是來自於同一艙等不同機票價格機位數量的分配,而是對於預訂機票距離起飛時間所制訂的差異價格有關。另外,為了確保預訂機票的乘客不會發生「不出現」問題,許多廉價航空都訂有極為嚴苛的條件,這也使得搭乘廉價航空乘客不出現比率大為降低。在降低搭機乘客不出現比率過高的問題上,或許傳統航空應該向廉價航空參考學習。

弗萊屈(Fletcher S.)(2003)認為會造成廉價航空與傳統航空公司在營收管理上有差異的原因,是出在廉價航空的票價模式與傳統航空迥然不同之故。傳統航空在制訂不同票價時有諸多考量(本章前已敘述不再贅述),但是廉價航空的票價基本上沒有明顯的市場區隔,他們在定價時是採取相當簡單而且持續上漲的方式,亦即隨著起飛時間的接近,機票價格會逐漸上漲,愈接近起飛時間票價愈貴。

對廉價航空來說,機票價格愈接近起飛時間愈貴只是其中之一,通常還會搭配其他方式隨時調整票價,例如瑞安航空有一條規則,就是在星期一時票價會比其他時間高13%,從44英鎊漲到50英鎊。與其他航空公司不同的是,瑞安航空並沒有因為燃油價格上漲而加收燃油附加稅,因此即使在週一有不同價格,但是瑞安航空的乘載率仍然持續成長。

從過去的經驗當中,航空公司高階管理人員都瞭解如果能將營收管理運用得宜,對於公司的收益有極大之幫助。但是如何能將營收管理技術做得更好,仍然有一些問題存在,因此有必要將營收管理系統做進一步之修改,已經成為大多數航空公司經營者的共識。

營收管理是一個相當廣泛的字眼,大多數對於營收管理有研究的學者專家都認為航空運輸業是始作俑者,其他像是旅館業或是租車業雖然也

有類似舉動，但不會像航空運輸業這般投入。眾所周知，美國航空運輸業的營收管理是從1970年代末期，美國通過航空公司管制解禁法案後開始盛行。因為在此之前美國航空運輸業只要遵循民用航空委員會（CAB）的規定限制就可以獲得一定的報酬率。開放之後美國航空運輸市場的競爭變得十分激烈，新航空公司不斷加入，票價可以自由訂定，這些都給傳統航空公司造成極大壓力。大型傳統航空公司知道想要維持獲利就必須增加競爭力，其中將以往由點到點航線，改為軸輻式系統，擴大了航空公司的營運版圖，讓乘客更方便到達想要去的目的地，就成為增加競爭力之手段。但是也因為需要透過軸輻中心機場的連接，讓整個票價及航路系統變得更複雜，為了做好管理工作，開發電腦訂位系統（CRS）及全球分銷系統（GDS）就成為能夠讓大型傳統航空公司保持競爭力之利器。

在此同時，大量廉價航空也加入空運市場營運。在加入之初，由於他們擁有低成本、不提供機上餐點娛樂服務及點到點航線飛行之優勢，因此能夠在提出低票價的同時仍保有獲利。一開始廉價航空鎖定的顧客目標群是家庭旅遊、想在週末出遊的年輕夫婦或情侶、返家的大學生等。他們大部分對於出外旅遊的自主性很高，可以選擇開車或是根本不出門。然而，令人驚訝的是由於機票價格的大幅下降（這些族群的特色是價格彈性係數高），他們紛紛選擇放棄開車而改搭飛機，導致搭乘飛機的需求大幅增加。最有名的例子是1981年成立的廉價航空公司——人民航空，挾著低成本的優勢，以低於當時大型傳統航空公司50-70%的票價加入競爭，很快的就吸引了大批乘客，營收迅速成長，到1984年營收已經接近10億美元，也創下年度最高淨利6,000萬美元的紀錄。

人民航空的成功，導致對於價格敏感（需求價格彈性係數高）的乘客紛紛轉而選擇搭乘廉價航空公司飛機，造成乘客對廉價航空需求大幅上升。此舉對於大型傳統航空公司的營運造成極大壓力，但是他們擁有廉價航空沒有的優勢，就是班次密集、可提供到達更多城市服務及以往建立的品牌形象及好名聲等。對許多商務乘客而言，他們非常在意班次密集的方

便性及服務品質的好壞，對於價格反倒是次要考量，由於這種特性，使得廉價航空對於商務乘客市場這一塊造成的威脅反倒比較小，然而不管怎麼說，光是價格敏感乘客大量流向廉價航空的情事，也已經對大型傳統航空公司的營收造成極大傷害。

為了與廉價航空展開對抗，重新贏回休閒旅客市場，大型傳統航空公司必須對廉價航空展開迎頭痛擊。如果採用全面價格戰，對於營運成本低的廉價航空來說，很可能是一場自殺性戰爭，因為即使在低廉票價的狀況下，廉價航空仍然能夠獲利，但是對於營運成本高的大型傳統航空公司來說，恐怕就注定要賠錢。

當時擔任美國航空執行長的羅伯‧克蘭德想出了一個高招，也被世人公認是破解廉價航空的一大突破，他知道多賣一個機位對美國航空增加的邊際成本根本微乎其微，因為航空公司的固定成本太大（像是資金成本、薪資、燃油等）。在這個想法下，如果有多餘機位，美國航空可以與廉價航空在成本上展開競爭。

雖然這個想法不錯，但是有兩個問題立即浮現。首先，美國航空必須能夠確實知道每一個航班上有多少剩餘機位；因為不希望發生將可能賣給高額票價商務乘客機位，當成低價賣出，這樣做只會讓利潤變得更少。其次，必須確定美國航空原來購買高額票價商務乘客，不會轉而購買原來想要吸引過來的休閒旅客的廉價機票。

對於這些問題，美國航空想出了一個包括購買限制（purchase restrictions）及容量管制的票價（capacity controlled）機制。首先，美國航空列出三項規定：凡是購買廉價票的乘客必須在出發前三十天購買、機票一旦購買不可退款以及到達目的地至少要停留七天以上。這些限制都是針對商務乘客而來，確保他們不會購買想要賣給休閒旅客的廉價機票。同時，美國航空對於每一航班上要賣多少張廉價機票也做出限制，就是採取容量管制。在這兩種限制條件的幫助下，美國航空得以能夠提出低價票價來與廉價航空競爭，而又不會傷及原來屬於高額票價商務乘客的利潤。

美國航空早在1977年4月就推出廣受歡迎的「超級省票價」，一開始只提供由紐約飛往加州的航線，在1978年3月推廣到所有航線。航空公司管制法實施後，美國航空也乘機開拓了許多新航線，航班遍布美國內外。在1981年5月美國航空率先推出「A有利」（AAdvantage）旅遊酬賓計畫，這是一個革命性的常客酬謝計畫，只要旅客累積滿25,000哩程，就可以獲得美國境內經濟艙免費機票一張。

這些計畫的推出的確讓美國航空在對抗廉價航空的競爭中獲得初期的勝利，然而在推動新策略的同時，美國航空也面臨了一些重大的問題。一開始美國航空的容量（機位）控制是將飛機上固定數量的機位以低票價出售，但是在執行的過程中他們發現每架航班的情形並不一樣，在每一天，甚至是不同的時間，乘客的搭機需求都會改變，某些航班可能需要提供多一些低票價機位給休閒旅客；但是某些班機可能根本不需要，或是即使有也只需要提供少量低票價機位給休閒旅客，因為購買正常票價的乘客已經足夠。

美國航空瞭解到要解決上述容量（機位）控制問題，需要有一套更精確的方法來達成。結果是美國航空在1985年研發推出「動態庫存配置及維修最佳化系統」（dynamic inventory allocation and maintenance optimizer system, DINAMO），這是第一個航空運輸業用來執行營收管理的大型系統。在當時，美國航空用DINAMO系統搭配上票價的折扣高達七折的「超級省票價」旅遊計畫，讓美國航空在與廉價航空對抗的市場上大獲全勝。

藉著DINAMO的幫助，美國航空在票價制定上變得更積極，它可以做到對不同班機制定不同的低票價，也可以計算出在每一架飛機上要保留多少低票價機位。更有甚者，如果有競爭對手敢在美國航空的市場上公開宣布要提出特別優惠票價的話，美國航空可以立即推出與她相對應的票價。DINAMO系統強大的運算能力，可以讓美國航空每天數以千計的班機隨時更動票價。美國航空利用DINAMO系統來執行的營收管理模式，

對於航空運輸業的影響可謂是既深且遠。

運用DINAMO系統獲致的效果相當驚人,而美國航空與人民航空在相同市場競爭時,也推出與他們一樣的低票價,而澈底將人民航空擊敗,結果是在1984年營收高達20億美元的人民航空,到1986年時淨損失超過1億6,000萬美元,最後當然遭受到破產的命運。當時擔任第一任執行長的多納德‧布爾(Donald Burr)就認為人民航空的失敗是非戰之罪,多納德‧布爾說從1981-1985年人民航空的獲利是豐碩的,但是到1986年居然落入每月損失超過5,000萬美元,人民航空還是同樣的公司,讓人民航空遭受失敗的是美國航空將營收管理技術運用到每一個與他們競爭的市場當中。在此之前,他們每一年都有獲利,直到美國航空推出「超級省票價」,票價甚至比人民航空還低,對他們造成致命傷,最後終結了人民航空的營運。

很顯然的,按照多納德‧布爾的說法,人民航空的失敗不全然是他們的錯,只是因為他們沒有運用營收管理技術,以及缺乏自動化處理大量資料的能力。布爾甚至暗示如果能夠重來,最重要而且一定會做的就是要擁有最好的資訊技術工具。換句話說,就是要能夠擁有營收管理技術。

事實上,美國航空運用營收管理技術的成功,對其他大型傳統航空公司造成極大震撼,也紛紛的向美國航空學習如何運用營收管理技術。結果造成營收管理技術在美國航空運輸業的盛行以及到目前的技術更加成熟。

目前營收管理技術已經被航空運輸業視為營運能否獲利的重要關鍵因素,例如美國航空預估從1988-1990三年的時間,由於營收管理的正確運用為公司製造了14億美元的額外收益。無獨有偶的是,許多傳統航空公司也紛紛表達,由於採用營收管理技術,為他們帶來更多的收益。

營收管理技術特別適用於航空運輸業嗎?

大型傳統航空公司運用營收管理技術獲得了相當好的成果,對於航空運輸業來說是特別的恩寵,還是有特殊的條件,這個成功可以複製到其

他行業嗎？

在激烈的競爭環境中，現代的傳統航空公司如果不運用營收管理技術，似乎就無法獲利，據估計在全球經濟復甦時，運用營收管理技術可以讓傳統航空公司的營收增加。營收管理技術的複雜度非常高，在運用時航空公司也要付出極高的代價，然而由航空運輸業獲得的成果，已經證明營收管理技術在複雜環境中相當可靠，對於想要採用營收管理技術的企業這是一個好消息。

任何事情不可能全然都是優點，營收管理技術也不例外，由於營收管理技術在航空運輸業被運用得淋漓盡致，因此產生的問題也最多，而許多研究營收管理的專家學者甚至認為沒有任何行業比航空運輸業更適合運用營收管理。運用營收管理時，會用差異價格來銷售相同產品，對於搭乘飛機的乘客來說，當然就容易產生抱怨。道理很簡單，就是每一個人都想要買到最便宜的機票，但是航空公司會利用乘客的需求特性推出不同的票價，甚至是隔幾小時票價就會發生變化，如果緊鄰機位的兩位乘客發現彼此票價差異很大，付出高價的乘客心中對航空公司票價策略的不滿可想而知。由於其他行業沒有像航空運輸業一樣，在營運上有如此多的變化，因此對於是否適用營收管理技術，確實值得三思。

理查‧克勞馥斯表示由於沒有明確市場區隔，廉價航空的票價就沒有像傳統航空一樣有那麼多變化。通常廉價航空的票價變化會隨著起飛時間的接近，呈現逐漸增加的情形，而對於廉價航空來說，票價問題相對簡單，他們的問題是擔心如果價格在距離起飛時間的某個時間點訂得太低，有可能發生過早將機票以低價格賣完，而在接近起飛時間願意花較高價錢購買機票的乘客無法購買。當然也可能發生如果價格訂得較高，或是低價格機票數量太少，那很有可能發生在起飛時飛機有過多的閒置機位無法售出。

克勞馥斯綜合廉價航空的票價模式有下列幾種：

1.在任一特定時間每一航班只有一種票價。

2.只賣單程票價,沒有週六晚上停留或最少停留幾天的限制。

3.依照距離起飛時間的遠近,有不同票價,通常是愈接近愈貴。

4.飛機上只有一種艙等,但是卻有可能有幾種虛擬艙等存在。

5.沒有事先購買限制。

6.一旦訂票不可退費,但是可以加價更改行程。

7.購票幾乎都是透過網路完成,票價完全透明。

8.完全沒有類似傳統航空區隔市場價格的做法。

總結來說,廉價航空的機票是單程的,而且完全沒有限制的機票,唯一有的限制就是從訂票時間到飛機起飛時間之差異,對廉價航空來說,營收管理問題相對簡單,他們只要將票價最佳化處理好就行。

彼得‧貝樂巴巴(2011)表示航空運輸業第一代的營收管理是從1980年代初期開始,主要是蒐集及儲存從電腦訂位系統(CRS)獲得的資料,某些系統可以提供額外的監控功能,會將實際預訂機位狀況與未來期望訂位數量做比較,提供營收管理人員更好的分析能力。第二代營收管理是從1980年代末期開始,航空公司和營收管理供應商共同發展及使用營收管理系統,大量使用精確的預測及最佳化模式來計算每一航班,每一段航線,不同票價艙等的訂位數量限制。到1990年代初期營收管理系統已經進入第三代,據估計由於運用精確的預測模式得出超額訂位數量及每一段航線不同票價艙等的訂位數量限制,讓航空公司營收增加4-6%。到1990年代中期第四代更先進的營收管理系統,包含網狀航線最佳化或是起點-終點(O-D)管制正式被航空公司採用,網狀航線最佳化是根據由每一位乘客的起點-終點行程得到之營收大小,幫助航空公司來管控機位庫存量。據估計如果運用得宜,第四代網狀航線營收管理系統比第三代每段航線營收管理系統得到的營收可以再增加1-2%。

過去大型傳統航空公司由於有營收管理系統的幫助,還能夠保有營

運上的優勢，但是這個優勢大約在2000年以後就逐漸消失，主要的原因是廉價航空的快速成長，除了價格低廉外，廉價航空的行銷策略更強調他們的無限制及更簡化的票價結構。更多的網路配銷管道提供給消費者，讓他們能夠即時獲得比以往更豐富的票價資訊，他們開始變得更不能忍受在同一班機同樣艙等，但是價格差異高達3、5或8倍的票價變化。更糟的是，由於要將成本壓低，大型傳統航空公司的服務品質也每況愈下，許多的研究報告也顯示某些廉價航空的服務甚至比傳統航空公司好，完全顛覆以往廉價航空代表提供差的服務品質印象。

廉價航空領導的簡化價格結構革命，讓許多傳統航空公司都為之心動。票價結構簡化包括取消對於購買低票價的限制、不要求一定要買來回票以及最少停留天數等；為了要求生存，傳統航空公司不得不向廉價航空的票價看齊，同時也必須要將票價結構簡化以增加競爭力。然而此舉雖然得到消費者的認同，但是以往傳統航空公司區分休閒及商務旅客的有效機制卻受到傷害。

簡化票價結構的訴求快速引發學習效應，讓原來運用營收管理系統的傳統航空公司措手不及，而市面上一些現有的預測模式也來不及反應。然而，當愈來愈多的消費者轉向選擇幾乎沒有限制的低價機票時，以往願意購買全額機票的乘客未來會愈來愈少，換句話說，未來將會有更多的機位是以低票價出售，後果當然是營收管理系統的全面向下沉淪，如果放任不管，結果將會是保留給全額機票的機位日益減少，而開放給廉價機票的機位逐漸增加，最後則是航空公司的營收大幅衰退。

由於營收管理系統的效益不彰，在2000年代初期雖然航空公司創造了歷史上的高乘載率，然而獲利卻急遽下降，這全都是傳統的營收管理系統允許將更多機位開放給廉價機票所導致。

航空公司曾經對第三代及第四代營收管理系統的發展投入大量資金研究，而這套系統也曾經對他們的營收做出過極大貢獻。但是為了讓營收管理系統能夠持續運作，必須要做修改。

　　至於未來的營收管理系統究竟應當要在哪些方面做改變，華倫‧李柏曼（Warren H. Lieberman）（2002）提出有四個重要因素必須注意：

1.價格透明度。
2.運算能力及資料庫運作。
3.瞭解消費者行為。
4.消費者接受價格差異的程度。

　　由於資訊科技的發達及網路的普及，過去幾年來消費者可以透過網路商家，例如Expedia、Travelocity及Orbitz的線上即時系統報價，這些資訊的提供讓消費者可以完全掌握各家航空公司的機票價格，經過比較後，消費者才會接受他們願意支付的價格。在這種狀況下航空公司的營收管理系統必須要做得更好，隨時要能掌握競爭者的價格，同時搭配消費者的需求彈性係數立即做出反應，這是因應消費者對於價格透明度增加，營收管理系統必須要做的改進項目之一。

　　而運算能力是否夠快是能否做到將競爭者價格列入考量的重要工具，同時因應市場變化，各航班的即時狀況等，是否能夠立即做出價格更動及調整艙等機位保留數量的決定，都有賴於要有強大的運算能力及資料庫運作處理。

　　要能夠制訂出更符合消費者需求的價格，對於消費者習性就要有更進一步之瞭解。航空公司可以藉著使用他們強大的電腦系統，蒐集到訪他們網站的消費者資訊，再與航空公司以往建立的常客飛行資料庫結合，確實掌握消費者訊息，即時提供他們需要的航班資訊。

　　最後，任何的作為如果沒有獲得消費者的認同，一切都是枉然。對於為何在同樣的艙等會有多種不同票價（高、低價格差異可以高達5倍以上），以及在週末或是節慶假日，例如聖誕節的機票價格都高得離譜，航空公司可以找各種理由來搪塞，但是不要忘了最終是消費者決定要不要買。目前根據營收管理系統所得出之各種價格，都是站在如何為航空公司

創造最大利潤的角度來設計，完全沒有將消費者的感受考量在內，問題是這種不對等的事情消費者還能忍受多久？

　　李柏曼認為未來的營收管理系統必須要改成以消費者為中心的營收管理系統。航空公司要盡一切努力來拉近與消費者的距離，像是對消費者特性、行為及個人喜好等都納入到蒐集的資料庫中，適時提供消費者需要的產品。這樣做可以增加消費者的忠誠度，減少消費者的流動率，開發更多的新顧客，最後當然是可以為公司創造更多的營運利潤。

　　如何才能落實以消費者為中心的營收管理系統呢？李柏曼認為顧客關係管理（customer relationship management, CRM）是一個不可或缺的角色。傳統的管理將CRM看成為航空公司行銷的一部分，在符合成本效益下開拓公司的顧客來源。在今日競爭激烈的環境中，CRM必須與行銷、營收管理及即時庫存控制結合，必須能夠做到一對一鎖定目標的即時服務，讓消費者感受到航空公司提供服務的誠意，而不是一昧的只是要賺取消費者更多的金錢。

CHAPTER 9

財務報表

財務報表（financial statements）是一套會計文件，它反映一家企業過去一段時間的財務表現，並且以量化的財務數字呈現出來。財務報表具有三大功能：(1)顯示企業的獲利能力；(2)顯示企業的經營績效；(3)顯示企業的市場競爭力。

財務報表能幫助投資者和債權人瞭解企業的經營狀況，是管理階層及投資大眾必須瞭解的，也可以幫助投資大眾作為決定是否要繼續投資該企業之參考依據。財務報表是在一般公認會計原則下，企業按照公認會計原則，與會計處理程序，於一定時間內編制有關其財務狀況的報告，而企業編制財務報表的目的，在獲取某一時間之財務狀況，及某一期間之經營成果，以檢討過去的經營成效並且做出適量的決策，以供企業內部的經營者、決策者及企業外界參考之用。

企業財務報表中最重要的就是「財務三表」，指的是最普遍運用的三種財務報表：資產負債表（balance sheet）、損益表（income statement）、現金流量表（cash flow statement），其中「現金流量表」是從「資產負債表」與「損益表」兩者間推算而得，具有驗算效果。

1.資產負債表：它反映企業資產、負債及股東權益的期末狀況。

2.損益表：它反映企業收入、支出及盈利的表現。

3.現金流量表：它反映企業現金流量的來龍去脈，當中分為經營活動、投資活動及融資活動三部分。

本章除了將財務三表分別介紹外，為讓同學能更清楚認識也會舉出實例來討論。

第一節　資產負債表

　　資產負債表（**表9-1**）代表企業在特定時點的財務狀況，值得注意的是其中有兩個重要項目：特定時點及財務狀況。例如在2010年12月31日長榮航空的財務狀況（**表9-2**），亦即有多少資產及多少資金。資產負債表是一個存量的概念，代表企業在一個連續的特定時點累積了多少量的財務狀況，類似一架飛機的歷時檢查，可以由檢查出的數據瞭解飛機的狀況是否安全，也類似一個人的健康檢查，可以瞭解血壓、血脂及肝功能等是否正常。

　　基本上資產負債表可以分成兩大部分——資產（assets）及負債（liabilities）加上股東權益（stockholders' equity）。資產負債表可以用資產＝負債＋股東權益來表示兩者間之關係。

　　由資產負債表可以看出財務管理的四大功能：(1)企業的資金調度，營運資金管理——流動資產及流動負債；(2)企業的投資管理——固定資產；(3)企業長期資金來源，融資管理——長期負債及股東權益。企業必

表9-1　資產負債表

資金用途	資金來源
流動資產	流動負債
現金	應付帳款
應收帳款	其他應付項目
存貨	短期借款
固定資產	長期負債
設備	股東權益
建物	股本
土地	公積
	保留盈餘
總資產	負債與股東權益合計

表9-2　長榮航空2010年12月31日資產負債表

資產	2010年 金額（千）	2009年 金額（千）	2008年 金額（千）
流動資產：			
現金及約當現金	14,145,427	4,218,748	3,228,087
公平價值變動列入損益金融資產－流動		17,247	425,020
備供出售金融資產－流動	1,943,977	4,491,553	1,134,811
應收票據淨額	230,608	289,200	198,684
應收帳款淨額	7,441,116	6,805,453	5,809,225
應收帳款－關係人	190,539	162,968	159,646
其他應收款	75,538	22,449	181,949
其他應收款－關係人	74,920	105,923	74,505
存貨	8,526,069	8,690,370	8,630,804
預付費用		38,661	46,395
預付款項	499,163	525,387	566,018
遞延所得稅資產－流動	1,210,647	199,042	933,933
其他流動資產－其他	35,853	21,373	23,210
流動資產合計	34,373,857	25,588,374	21,412,287
基金及投資：			
備供出售金融資產－非流動	991,131	878,472	385,150
以成本衡量之金融資產－非流動	2,251,437	2,252,588	2,252,588
採權益法之長期股權投資	8,607,454	8,079,974	7,563,622
基金及投資合計	11,850,022	11,211,034	10,201,360
固定資產：			
土地	1,869,572	1,869,572	1,869,784
房屋及建築	4,543,278	4,543,278	4,543,278
機器設備	7,165,744	6,771,808	7,077,378
飛航設備	98,145,977	101,316,455	95,467,577
租賃資產	14,736,589	16,198,639	16,613,171
其他設備		-	7,971
	126,461,160	130,699,752	125,579,159
減：累積折舊	-46,652,712	-42,209,332	-37,185,904
預付設備款	11,297,463	14,116,235	9,480,782

固定資產淨額	91,105,911	102,606,655	97,874,037
無形資產：			
遞延退休金成本	149,633	238,093	81,888
其他資產：			
存出保證金	1,733,899	1,696,935	4,902,304
遞延費用	4,765,125	4,253,871	5,035,517
遞延所得稅資產－非流動	3,332,996	3,624,677	2,357,222
其他資產－其他	718,076	989,434	1,389,606
其他資產合計	10,550,096	10,564,917	13,684,649
資產總計$	148,029,519	150,209,073	143,254,221

負債及股東權益	金額（千）	金額（千）	金額（千）
流動負債：			
短期借款		730,000	1,800,000
應付短期票券		249,994	499,046
公平價值變動列入損益之金融負債－流動		685,797	3,996,048
避險之衍生性金融負債－流動		897,196	2,489,189
應付帳款	1,589,218	1,168,413	938,555
應付帳款－關係人	2,473,943	1,078,180	728,743
應付費用	7,234,011	5,856,614	5,779,960
其他應付款項－關係人	153,394	148,940	107,353
其他應付款項	3,520,070	3,483,026	3,091,025
預收款項	6,620,271	5,980,215	6,512,232
一年內到期長期負債	11,756,574	14,563,908	11,966,941
應付租賃款－流動		1,446,636	1,407,428
其他流動負債－其他	3,044,726	1,443,982	1,911,160
流動負債合計	36,392,207	37,732,901	41,227,680
長期負債：			
公平價值變動列入損益金融負債－非流動		-	1,790,636
避險之衍生性金融負債－非流動		-	1,427,877
應付公司債	5,000,000	9,000,000	7,100,000
長期借款	38,237,583	47,419,036	40,186,253
應付機體價款	15,460,630	8,732,373	9,816,524

應付租賃款－非流動	10,356,464	12,219,387	13,763,331
長期負債合計	69,054,677	77,370,796	74,084,621
其他負債：			
應計退休金負債	398,222	268,961	195,262
其他負債－其他	1,549,151	2,809,302	2,004,520
其他負債合計	1,947,373	3,078,263	2,199,782
負債合計	107,394,257	118,181,960	117,512,083
股東權益：			
普通股股本	29,626,772	29,626,772	39,426,772
資本公積	2,649,436	5,564,505	4,866,753
保留盈餘：			
法定盈餘公積	12,016,736	-	18,864
待彌補虧損		-2,915,074	-16,889,684
累積虧損小計	12,016,736	-2,915,074	-16,870,820
股東權益其他調整項目：			
累積換算調整數	-3,554,690	423,833	1,491,895
未認列為退休金成本之淨損失	-511,128	-157,412	-162,517
金融商品之未實現損益	408,136	-515,511	-3,009,945
股東權益其他調整項目小計	-3,657,682	-249,090	-1,680,567
股東權益淨額	40,635,262	32,027,113	25,742,138
負債及股東權益總計	148,029,519	150,209,073	143,254,221

資料來源：長榮航空

須有長期資金才能穩定經營；(4)財務規劃——由整個資產負債表得知。

　　一般在航空公司的資產是列在資產負債表的左半部，而負債及股東權益是列在資產負債表的右半部，按照會計項目編列最後得到之結果必然是資產會等於負債加上股東權益的總和。

　　資產是公司所擁有的，代表資金用途；流動資產及流動負債代表週轉金管理，固定資產代表投資管理。負債是公司由於借貸產生之欠款，股東權益代表由股東對公司投資的財產淨值，就資金來源面來看屬於財務面範疇，長期負債及自有資金代表融資管理，基本上就是代表一個企業的營運狀況。

一、資產

表9-1概略說明一般資產負債表上常見的四個項目，流動資產、固定資產、流動負債及長期負債加股東權益。在資產負債表上半部的流動資產及流動負債表示企業的營運資金週轉能力。流動資產指的是能夠在短時間（通常一年內）變現（liquidity）的資產，也就是具備高度的資產變現能力，它是一種週轉金的概念。對長榮航空來說流動資產包括現金及約當現金、備供出售金融資產－流動、應收票據淨額、應收帳款淨額、存貨、預付費用、預付款項及遞延所得稅資產等。

對於手上應當握有多少現金基本上並無一定說法，但是過多的現金可能會是因為不敢投資而產生機會損失（擴展航線），而過少的現金可能會讓航空公司在日常的財務營運產生困難。備供出售金融資產－流動屬於短期投資，可能是股票或債券，能夠在短時間內變現。應收票據淨額、應收帳款淨額則是應收而未收之款項，由於有些應付帳款公司有債信不良紀錄，因此並不是所有的應收帳款項目都可以收得到錢，航空公司可以根據過去經驗得知大約有多少款項可能會成為呆帳。存貨係指營業上供內部使用非以出售為目的之消耗性及非消耗性零配件、材料、物料等及空中銷售之商品，存貨可以用來防止因為原物料缺少造成之損失。由於存在當時購買價格及累積折舊的損失，因此存貨價值常常會發生帳面價值及市價的差異，作帳時可由公司自行根據會計原則編製。預付費用是根據費用的認定是當行為完畢後而不是付錢時的會計原則，例如航空公司事先付的保險費用，預付費用代表一種在未來會被履行的價值。遞延所得稅資產是取得未來可以抵減所得稅的權利，例如：今年公司虧損100萬，依照所得稅法規定公司有虧損，得於以後有課稅所得年度（五年內）扣抵所得，亦即100萬×17％＝17萬，將可在五年內抵減所得稅，這17萬就是「遞延所得稅資產」。

長榮航空在2010年的流動資產較2009年及2008年高出約10億台幣，

表示長榮航空在2010年可以立即變現的資產大為增加,如果要進一步瞭解原因,必須配合資產負債表的其他部分,以及其他財務報表來一併分析。

與流動資產不同的是固定資產,指的是不容易在短時間內變現的資產,通常包括土地、房屋及建築、機器設備、飛航設備、租賃資產及其他大型設備等。投資固定資產最大目的是要用來獲利,由於固定資產的僵固性,當面臨需求減少時,航空公司很難對固定資產的運量做出調整。

由上述說明可以得知資金用途可以分為兩種,短期資金主要用於週轉,而長期資金則主要是投資固定資產用來獲利。而資金來源也要與資金用途相呼應,例如用到流動資產的資金必須是流動負債,其中包括應付帳款、應付票據及銀行一年內的短期借款等,主要是用來融通週轉流動資產之需。另外長期資金包括長期負債及股東權益,長期負債主要是用來融通固定資產的投資獲利。企業如果能做到將短期用途用短期資金融通,長期用途用長期資金來融通,可以做到兼顧獲利與風險。換言之,如果企業在資金的用途上發生以長支短,或是以短支長的毛病,例如用長期資金做短期用途,而用短期資金來做長期用途,例如要購買一台十年要使用的機器設備,用半年期的流動負債來購買,可能發生資金到期要償還,而該機器設備還沒有開始獲利,當然就會發生資金償還的風險,導致週轉發生問題。同樣若是將長期負債放到現金、應收帳款或是存貨,對企業會發生犧牲獲利的狀況,這是因為長期資金的資金成本高,而短期投資的獲利低(主要是用來週轉)。

航空公司具有高度資本密集特性,其中最大的固定資產投資就是購買飛機的成本,其他例如維修裝備及場站設施等也都需要大量投資。以長榮航空為例,2010年固定資產當中飛航設備約981億台幣,而總固定資產約911億台幣,會發生飛航設備固定資產大於總固定資產的情形,是因為要從飛航設備固定資產及其他固定資產產生的累積折舊(約466億台幣)扣除之故,然而如果飛機是以租賃方式獲得,成本不會出現在資產負債表

當中。除了購買飛機的成本外，長榮航空的固定資產當中還有土地、房屋及建築、租賃資產及其他設備等；值得注意的是航空公司的固定資產並不一定全是實體資產，還可以包括無形固定資產（intangible fixed assets），例如落地權及機場時間帶（slots）。某些在國際上已經十分擁擠的機場，例如倫敦希斯洛（Heathrow）機場，2009年的英國航空（British Airways）在資產負債表當中就列出有2億500萬英鎊的落地權價值。

一般來說，土地、房屋及建築、機器設備、飛航設備等固定資產價值會超過資產總值的一半以上，以長榮航空2010年的資產負債表來說，土地、房屋及建築、機器設備、飛航設備等共計1,117億台幣占資產總值1,480億台幣的75%；而英國航空2009年的土地、房屋及建築、機器設備、飛航設備等共計69億英鎊占資產總值107億英鎊的65%。在損益表當中上述資產的折舊就占了營運成本的一大部分。

在固定資產當中還有一項重要的項目就是折舊（depreciation），簡單的說折舊就是將原始購買資產的成本平均的分攤到使用的期限當中。基本上折舊是一種非現金項目（noncash items），在損益表當中資產的折舊會使得營收減低，但在現金流量表中也看得到折舊費用。在資產負債表固定資產價值計算，也會因為折舊而將固定資產價值減少，例如新竹貨運兩年前以150萬買了一部貨車，分三年以直線方式折舊，現在的資產價值就剩下50萬元（150－2×50）。一般來說，航空公司對於飛機的折舊計算，是由預計使用年限加上在到達使用年限之後飛機在市場上的殘值來決定；以長榮航空來說飛機折舊係按直線法以成本依估計耐用年數計算，而飛航設備的使用年限約為七年至十八年。在航空公司資產負債表中，在扣除累積折舊（accumulated depreciation）後會反應出固定資產的實際價值。

計算折舊的方式有很多種，最常見的是直線折舊法（straight line depreciation）及雙倍餘額遞減法（double declining balance method）加速折舊法。直線折舊法的做法相當簡單，它是假設資產有一定的使用年限，因此在使用一段時間後價值會降低，直線折舊法計算價值降低多少是

將購買成本平均分攤到產品的使用年限上，也就是資產價值會隨著使用年限直線降低。雙倍餘額遞減法是加速折舊法（accelerated depreciation）的一種，基本上是假設固定資產在使用前期消耗較大，在後期消耗較少，因此選擇在初期提取折舊較多，後期少提折舊，從而相對加速折舊的做法，也是讓固定資產成本在使用年限內儘早得到價值補償的折舊方法。

我們舉波音777-300ER為例來說明直線折舊法及雙倍餘額遞減法在計算折舊時的差異。

● **例題9.1**

假設長榮公司於2012年以315百萬美金購買波音777-300ER一架，預計使用十八年，殘值以5%原始購買價格計算為15.75百萬美金，試以直線折舊法及雙倍餘額遞減法計算每年折舊。

解答：

直線折舊法：

計算公式為：Dep V = (P－V) / Y

其中Dep V是折舊費用、P是購買成本、V是殘值、Y是使用年限。

長榮公司於2012年以315百萬美金購買波音777-300ER一架，預計使用十八年，殘值以5%原始購買價格計算為15.75百萬美金。以直線折舊法每年折舊如**表9-3**所示。

雙倍餘額遞減法：

長榮航空以315百萬美金購買波音777-300ER一架，預計使用十八年，殘值以5%原始購買價格計算為15.75百萬美金。

接著用2乘上100%除以使用期限得出折舊率：2×(100%/18)＝0.111

用折舊率乘上帳面價值得出折舊費用，例如第一年折舊費用是(315,000,000－15,750,000)×0.111＝33,250,000

保持固定折舊率乘上當年之帳面價值，求出下一年以後之折舊費用，以此類推求出所有使用期限之折舊費用及帳面價值（**表9-4**）。

表9-3　長榮航空波音777-300ER直線折舊法

年	帳面價值	折舊	累積折舊
2012	315,000,000		
2013	298,375,000	16,625,000	16,625,000
2014	281,750,000	16,625,000	33,250,000
2015	265,125,000	16,625,000	49,875,000
2016	248,500,000	16,625,000	66,500,000
2017	231,875,000	16,625,000	83,125,000
2018	215,250,000	16,625,000	99,750,000
2019	198,625,000	16,625,000	116,375,000
2020	182,000,000	16,625,000	133,000,000
2021	165,375,000	16,625,000	149,625,000
2022	148,750,000	16,625,000	166,250,000
2023	132,125,000	16,625,000	182,875,000
2024	115,500,000	16,625,000	199,500,000
2025	98,875,000	16,625,000	216,125,000
2026	82,250,000	16,625,000	232,750,000
2027	65,625,000	16,625,000	249,375,000
2028	49,000,000	16,625,000	266,000,000
2029	32,375,000	16,625,000	282,625,000
2030	15,750,000	16,625,000	299,250,000

表9-4　長榮航空波音777-300ER雙倍餘額遞減法

年	帳面價值	折舊	累積折舊	折舊率
2012	315,000,000			
2013	281,750,000	33,250,000	33,250,000	0.11
2014	250,444,444	31,305,556	64,555,556	0.11
2015	222,617,284	27,827,160	92,382,716	0.11
2016	197,882,030	24,735,254	117,117,970	0.11
2017	175,895,138	21,986,892	139,104,862	0.11
2018	156,351,234	19,543,904	158,648,766	0.11
2019	138,978,874	17,372,359	176,021,126	0.11
2020	123,536,777	15,442,097	191,463,223	0.11

2021	109,810,469	13,726,309	205,189,531	0.11
2022	97,609,305	12,201,163	217,390,695	0.11
2023	86,763,827	10,845,478	228,236,173	0.11
2024	77,123,402	9,640,425	237,876,598	0.11
2025	68,554,135	8,569,267	246,445,865	0.11
2026	60,937,009	7,617,126	254,062,991	0.11
2027	54,166,230	6,770,779	260,833,770	0.11
2028	48,147,760	6,018,470	266,852,240	0.11
2029	42,798,009	5,349,751	272,201,991	0.11
2030	38,042,675	4,755,334	276,957,325	0.11

　　直線折舊法與雙倍餘額遞減法在做法上都相當簡單，唯一差別是直線折舊法在最後一期資產帳面價值與當初預估殘值相同；而雙倍餘額遞減法的最後一期資產帳面價值可能會高於當初預估殘值。

二、負債

　　相對於流動資產，流動負債（current liability）指的是要能夠在短時間（通常一年內）償還的債務。典型的流動負債包含應付帳款、短期借款、應付短期票券、一年內到期長期負債及應付費用等。

　　應付帳款指的是應付還未付的帳款，通常是公司已經購買的物品或是服務，而有義務須在一年內清償者。一年內到期長期負債（current portion of long term liabilities）表示在資產負債表上一年內即將到期之長期負債，表9-2中長榮航空2010年的長期負債當中有117億56百萬台幣為一年內到期之長期負債，約占長期負債的14.5%，而流動負債為363億92百萬台幣，約占總負債的33.9%，較2009年的32%及2008年的35%差異不大。

　　長期負債（long term liabilities）表示在資產負債表上到期日超過一年以上之債務，對航空公司來說長期負債是多種變化的財務運用工具，例如銀行貸款、發行公司債、信用債券（debenture）等都是。

　　對公司經理人來說，如何在債及資金當中求取平衡一直是一個重要的責任及挑戰。史迪芬‧羅斯（Stephen A. Ross）（2007）認為債（liabilities）是公司必須要在一定期間內償還金額給向其他公司購買資產或提供服務的義務。對流動負債（短期負債）來說，主要的挑戰是具有立即要償還的風險；而對長期負債來說，由於沒有立即償還的問題，因此一般來說都比流動負債來得高，也因為沒有立即風險，許多公司會傾向多取得長期負債，但由於還是具有償還期限，因此如果忽略到期需要償還借貸金額，很可能會讓公司經營進入危機。

　　表9-5列出航空公司之長期負債大都大於或接近固定資產，唯有西南航空例外（長期負債約占固定資產17.6%），在2009年西南航空之固定資產為15,888百萬美元，長期負債3,325百萬美元（長期負債約占固定資產21%），顯示西南航空固定資產之資金來源與其他航空公司不同。

三、股東權益

　　股東權益是公司擁有者投入的資金價值，股東權益是指公司總資產中扣除負債所餘下的部分，也稱為淨資產。股東權益是一個很重要的財務指標，它反映公司的自有資本，當資產總額小於負債總額，公司的股東權益便消失殆盡。

　　依來源特性股東權益可分為投入資本（contributed capital）與保留盈餘（retained earnings）等兩大類。投入資本包含股東對公司的投資金額與

表9-5　不同航空公司之長期負債（百萬美元）

	流動資產	流動負債	固定資產	長期負債
長榮航空	1,180	1,249	3,128	2,371
中華航空	1,062	1,662	4,881	3,158
達美航空	7,307	11,385	20,307	30,906
西南航空	4,279	3,305	16,343	2,875

其他人對於公司的捐贈。股東進行投資後可以依其投資金額換取權利的證明——股票。因此,每位股東所收到股票上所載的金額皆相同,通稱為股票「票面價值」。在股東所繳納的資本額中,相當於面額的部分稱之為「法定資本」,亦稱為「股本」。以長榮航空來說,投入資本包含普通股股本及資本公積(係指超過於面額的部分);另外,保留盈餘則與公司賺取之淨收益(net income),即總收入扣除業務成本、折舊、利息、稅款及其他開支後之所得有關,淨收益大小可以由損益表上得知。

保留盈餘來自淨收益減去付給股東每股盈餘後之結餘,一般公司可以將保留盈餘投入公司未來營運,但是由於航空公司所需資本龐大,僅靠保留盈餘來資助未來營運可能無法完全做到。

第二節　損益表

損益表係將企業某一會計期間之所有收益、費用、利得及損失帳戶彙總集中,以顯示該期間經營成果之報表,是企業一段時間的經營成果,它是一個流量的概念,例如收入多少,支出多少,以及在經過利息及稅金的支出後,還剩下多少盈餘作為股東利潤,而如果沒有將全部盈餘發放給股東,有多少保留盈餘可以作為內部資金,經過結算後一切歸零。

損益表之安排並無固定之格式,**表**9-6之損益表設計格式是方便供外部人參考,對於外部人來說最可能關心的事情就是過去一年該公司的營業額大小——淨銷貨收入,接著要瞭解的是在吸收各種費用之後,淨銷貨收入還剩多少。由於費用的種類繁多,對於外部人來說最容易瞭解的是用功能別來區分各項費用。對於一般企業來說,最常見的就是按照企業五大管理功能:生產、行銷、人事、研發、財務等管理費用來編列。**表**9-6當中,由淨銷貨收入到營業淨利,其中包括生產、行銷、人事、研發等管理費用,這是屬於企業的營業面。接著扣除利息費用及所得稅後,得到稅後

表9-6　損益表示意圖

單位：XX元新台幣

年度	
營業收入（Revenue）	
營業成本	
營業毛利	
營業費用	
營業淨利（operational profit）（EBIT）	
營業外收入及利益	
營業外費用及損失	
稅前淨利（EBT）	
所得稅費用	
稅後淨利（net profit）	
在外流通股數總計	
每股盈餘（EPS）	

淨利，這是屬於企業的財務面，而稅後淨利是全體股東共享。

另外，由損益表可以得知企業的風險及獲利。由每年淨銷貨收入的變動，營業淨利隨著淨銷貨收入產生的變動，最後得到稅後淨利或是每股盈餘隨著淨銷貨收入產生的變動，由這些關係可以得知利益的變動對於淨銷貨收入變動的敏感度，這是風險；而由每年淨銷貨收入的變動，扣除各項費用得到營業淨利，再扣除利息及稅金後得到稅後淨利就是獲利，這些都是可以用來評估企業價值的有用訊息。

另外從損益表中也可以觀察分析一家企業的經營能力，例如營業淨利高，代表企業經營能力佳。營業淨利低（或出現虧損），但是在扣除掉各種費用、利息及稅金後，居然還有正稅後淨利，表示這家企業靠著「不務正業」賺錢，有營業外的獲利，而通常出現這種現象的公司比較可能：(1)即將倒閉；(2)業務走下坡的夕陽產業；(3)意圖製造「公司很賺錢」的假象，混淆投資人。當然每股盈餘的數字越大，表示股東所能賺到的錢越多，值得投資。而營業成本過高，可能意味生產流程有問題、效率

不佳。最後若營業費用過高，可能意味冗員太多，企業管理效率低落。

損益表可以算是在資產負債表之後對企業來說第二個最重要之財務報表，從損益表當中可以看到在一段特定時間營運成果的好壞，所謂的一段時間可以是一月、一季或一年，端賴企業的用途而定。**表9-7**及**表9-8**分

表9-7　長榮航空2008-2010年度損益表

新台幣千元	2010年 金額	2009年 金額	2008年 金額
營業收入	104,410,011	73,279,511	90,655,666
營業成本	84,789,200	70,191,396	92,755,242
營業毛利	19,620,811	3,088,115	-2,099,576
營業費用	6,972,063	5,908,339	6,507,141
營業淨利（損）	12,648,748	-2,820,224	-8,606,717
營業外收入及利益：			
利息收入	83,542	31,254	124,772
權益法認列之投資收益	1,055,194	278,177	191,550
處分固定資產利益	23,794	52,672	114,903
金融負債評價利益	5,151	638,026	55,462
什項收入	308,796	124,545	478,444
營業外收入及利益合計	1,476,477	1,124,674	965,131
營業外費用及損失：			
利息費用	1,767,564	1,973,576	2,725,605
金融資產評價損失			6,946,649
兌換損失，淨額	286,872	21,184	4,545
什項支出	25,522	35,023	71,905
營業外費用及損失合計	2,079,958	2,029,783	9,748,704
稅前淨利（損）	12,045,267	-3,725,333	-17,390,290
所得稅利益（費用）	-28,531	881,079	500,606
本期淨利（損）	12,016,736	-2,844,254	-16,889,684
基本每股盈餘（虧損）（新台幣元）	4.07	-1.49	-7.72
稀釋每股盈餘（新台幣元）	4.06	-	

資料來源：長榮航空年報

表9-8　中華航空2008-2010年度損益表

新台幣千元	2010年 金額	2009年 金額	2008年 金額
營業收入：			
客運收入	75,721,475	59,130,366	68,545,795
貨運收入	56,758,861	38,404,833	50,902,010
其他收入	5,660,124	5,243,880	5,773,262
營業收入合計	138,140,460	102,779,079	125,221,067
營業成本：			
空運（航務運作）成本	71,796,622	56,006,387	87,132,006
場站及運務成本	19,233,440	16,848,163	16,565,099
旅客服務成本	8,492,098	7,618,603	7,933,732
維修成本	10,458,699	7,411,478	6,376,880
其他營業成本	3,573,222	3,237,427	3,447,981
營業成本合計	113,554,081	91,122,058	121,455,698
營業毛利	24,586,379	11,657,021	3,765,369
營業費用：			
推銷費用	7,126,596	10,974,784	11,691,546
管理費用	2,694,728	2,377,962	2,481,919
營業費用合計	9,821,324	13,352,746	14,173,465
營業淨利（損）	14,765,055	-1,695,725	-10,408,096
營業外收入及利益：			
利息收入	109,043	50,516	123,615
權益法認列之投資收益	905,588	281,713	
股利收入	187,712	287,019	160,645
處分固定資產利益	7,148	3,739	552,963
處分備供出售金融商品利益	118,139		
金融商品評價利益	343,945	2,526,558	
什項收入	500,575	1,018,474	914,729
營業外收入及利益合計：	2,172,150	4,168,019	1,751,952
營業外外費用及損失：			
利息費用	2,655,929	3,429,016	4,220,365
認列投資損失			345,448
兌換淨損	691,284	218,756	645,716

（續）表9-8　中華航空2008-2010年度損益表

減損損失	579,015		157,088
金融資產評價損失			22,594,574
什項支出	1,390,866	2,763,988	70,743
營業外費用及損失合計	5,317,094	6,411,760	28,033,934
稅前淨利（損）	11,620,111	-3,939,466	-36,690,078
所得稅利益（費用）	998,017	-134,554	4,338,680
本期淨利（損）	10,622,094	-3,804,912	-32,351,398
基本每股盈餘（虧損）（新台幣元）	2.53	-1.08	-11.63
稀釋每股盈餘（新台幣元）	2.51	-1.08	

資料來源：中華航空年報

別列出長榮航空及中華航空2008-2010年度的損益表，當中記載企業在一段特定時間營運的收益、支出及盈虧為何。

在損益表的最上端記載企業在一段特定營運時間內產生的營收，而對於長榮航空及中華航空來說營業毛利（gross profit）等於營業收入減去營業成本，例如在2010年度長榮航空及中華航空的營業毛利分別為196億2千萬元及245億86百萬元。營業毛利代表企業核心事業營運所得之收益，並不包含利息費用以及其他投資活動產生之收益。值得注意的是在營業成本當中會包含折舊費用，由於該筆費用並沒有真正被支出，因此在現金流量表中要予以加回。

長榮航空及中華航空的營業收入主要是來自客運、貨運及其他收入，而長榮航空及中華航空的營業成本當中最大部分是空運（航務運作）成本，以中華航空2009及2010年度為例，分別占營業成本（不含營業費用）的61.5%及63.2%（包括人事、折舊及油料成本）。

將營業毛利扣除營業費用後得到營業淨利（損），2010年度長榮航空及中華航空的營業淨利分別為126億49百萬及147億65百萬，較2009年度成長154億69百萬及164億6千萬元。

不同公司所列之損益表項目及格式並不完全相同，長榮航空之損益表上端僅列出營業收入、營業成本、營業費用；而中華航空除了上述項目外還列出營業成本及營業費用之細項，另外**表9-9**西南航空損益表當中

表9-9　西南航空2009-2011年度損益表

百萬美元	2011年	2010年	2009年
OPERATING REVENUES:			
Passenger	14,735	11,489	9,892
Freight	139	125	118
Other	784	490	340
Total operating revenues	15,658	12,104	10,350
OPERATING EXPENSES:			
Salaries, wages, and benefits	4,371	3,704	3,468
Fuel and oil	5,644	3,620	3,044
Maintenance materials and repairs	955	751	719
Aircraft rentals	308	180	186
Landing fees and other rentals	959	807	718
Depreciation and amortization	715	628	616
Acquisition and integration	134	8	
Other operating expenses	1,879	1,418	1,337
Total operating expenses	14,965	11,116	10,088
OPERATING INCOME	693	988	262
OTHER EXPENSES (INCOME):			
Interest expense	194	167	186
Capitalized interest	-12	-18	-21
Interest income	-10	-12	-13
Other (gains) losses, net	198	106	-54
Total other expenses	370	243	98
INCOME BEFORE INCOME TAXES	323	745	164
PROVISION FOR INCOME TAXES	145	286	65
NET INCOME	178	459	99
NET INCOME PER SHARE, BASIC	0.23	0.62	0.13
NET INCOME PER SHARE, DILUTED	0.23	0.61	0.13

資料來源：西南航空年報

有關營業成本則包含營業費用在內，綜合成為總成本支出（total operating expenses），而西南航空的總營業成本當中最大部分是人事成本及油料成本，以2011年為例，分別占總營業成本（含營業費用）的27.2%及37.7%。

然而不論損益表項目及格式如何安排，最終獲得之結果本期淨利（net income）顯示公司一年來之營運所得，以2010年為例，長榮航空及中華航空之本期淨利分別為120億17百萬元及106億22百萬元，較2009年增加148億6千萬元及144億27百萬元。

在損益表最下端列出基本每股盈餘，計算之方式是由本期淨利除以流通在外股數，以中華航空來說，2010年度本期淨利為106億22百萬元，流通在外股數為4,591,971（千股），計算得出稅前每股盈餘（EPS）為2.53元。

最後值得一提的是許多航空公司會將損益表修改成為以營業收入為主要參考依據，進而計算出其他項目與營業收入比較所占百分比（**表9-10**）。

由改良損益表當中很容易看出不同項目對於營業收入所占之比例，其中有兩項重要的營運指標，亦即營運邊際利潤率（operating profit margin）及淨邊際利潤率（net profit margin）兩類，也就是每一百元的營運收入所產生的利潤率，以中華航空2010年為例，營運邊際利潤及淨邊際利潤分別為11%及8%，對於航空公司來說這是一個相當高的比例。

除了資產負債表及損益表之外，股東權益報表也是一個相當重要的財務報表，因為這關係到在一段特定期間股東權益的變動，在第一節中曾提到股東權益可分為投入資本與保留盈餘等兩大類（**表9-11**）。

表9-11所顯示之長榮航空股東權益變動表僅為部分，詳細報表請參閱長榮航空網站公布之年報。資本公積是指投入資本中，不屬於股票面額的部分，由資本交易、貨幣貶值等非營業結果所產生之權益。2009年12月31日長榮航空之資本公積（包含股本溢價、員工認股權、可轉換公司債轉換

表9-10　中華航空2010年度改良損益表

新台幣千元	2010年 金額	%	2009年 金額	%
營業收入：				
客運收入	75,721,475	55	59,130,366	58
貨運收入	56,758,861	41	38,404,833	37
其他收入	5,660,124	4	5,243,880	5
營業收入合計：	138,140,460	100	102,779,079	100
營業成本：				
空運成本	71,796,622	52	56,006,387	54
場站及運務成本	19,233,440	14	16,848,163	16
旅客服務成本	8,492,098	6	7,618,603	7
維修成本	10,458,699	8	7,411,478	7
其他營業成本	3,573,222	3	3,237,427	3
營業成本合計：	113,554,081	82	91,122,058	89
營業毛利	24,586,379	18	11,657,021	11
營業費用：				
推銷費用	7,126,596	5	10,974,784	11
管理費用	2,694,728	2	2,377,962	2
營業費用合計：	9,821,324	7	13,352,746	13
營業淨利（損）	14,765,055	11	-1,695,725	-2
營業外收入及利益：				
利息收入	109,043		50,516	
權益法認列之投資收益	905,588	1	281,713	
股利收入	187,712		287,019	
處分固定資產利益	7,148		3,739	
處分備供出售金融商品利益	118,139			
金融商品評價利益	343,945		2,526,558	2
什項收入	500,575		1,018,474	1
營業外收入及利益合計：	2,172,150	2	4,168,019	4
營業外外費用及損失：				
利息費用	2,655,929	2	3,429,016	3
兌換淨損	691,284	1	218,756	
減損損失	579,015			

（續）表9-10　中華航空2010年度改良損益表

什項支出	1,390,866	1	2,763,988	3
營業外費用及損失合計：	5,317,094	4	6,411,760	6
稅前淨利（損）：	11,620,111	8	-3,939,466	-4
所得稅利益（費用）	998,017	1	-134554	
本期淨利（損）：	10,622,094	8	-3,804,912	-4

資料來源：中華航空

表9-11　長榮航空股東權益變動表之保留盈餘　　　　　　　　　　單位：千元

	普通股股本	資本公積	法定盈餘公積	累積盈餘 （待彌補虧損）
2009年1月1日期初餘額	39,426,772	4,866,753	18,864	-16,889,684
現金增資	7,000,000	420,000	-	-
減資彌補虧損	-16,800,000	-	-	16,800,000
法定盈餘公積彌補虧損	-	-	-18,864	18,864
員工認股權	-	282,100	-	-
2009年度淨損	-	-	-	-2,844,254
依持股比例認列被投資 公司資本公積之變動	-	-4,348	-	-
2009年12月31日餘額	29,626,772	5,564,505	-	-2,915,074
資本公積彌補虧損	-	-2,915,074	-	2,915,074
2010年度淨利	-	-	-	12,016,736
依持股比例認列被投資 公司資本公積之變動	-	5	-	-
2010年12月31日餘額	29,626,772	2,649,436	-	12,016,736

資料來源：長榮航空

溢價及受贈資產轉列資本公積等）為5,564,505千元。法定盈餘公積是依照
公司法規定，在分配保留盈餘時，按照淨利（稅後純益）可提列10%作為
法定盈餘公積，以備日後彌補虧損之用；長榮航空2010年1月1日期初法定
盈餘公積餘額為0元，這是因為2009年長榮航空的淨利為負值之故。2010
年12月31日資本公積為2,649,436千元（彌補虧損加上認列被投資公司資本

公積之變動），而保留盈餘則等於2010年12月31日在損益表當中之淨收益（net income）12,016,736千元。該筆資金是長榮航空在2010年營運創造之財富，可以保留用來作為資助未來公司投資活動之用途，或是分配給持有長榮航空股票之股東（2010年長榮航空每股盈餘4.07元）。

損益表當中之淨利若為正值，表示有獲利，保留盈餘就會增加，當公司有盈餘時，只要負債維持不變，資產當然也會增加了，也就是公司可以使用的資源愈來愈多。若公司虧損，就從保留盈餘或資本公積先行扣抵，資產就會變少，而且股東權益也會相對減少（如**圖9-1**所示），當保留盈餘或資本公積扣到無餘額時，就會出現負值的保留盈餘，這時股東權益就小於股本。所以，隨著公司賺錢或虧錢，股東權益及資產就會上下變動。然而不論股東權益如何變化，股本基本上是不會變化的，因為淨利（虧）是記在股東權益的「保留盈餘」中，股東權益等於「股本」加上「保留盈餘」，公司只有在增資或減資時才會造成股本的變動。

根據長榮航空2009年年報指出：

「為彌補虧損、改善財務結構，辦理減資新台幣168億元，減資後實收資本額由新台幣39,426,772,770元降為22,626,772,770元，本次減少資本依減資基準日股東原持有股份比例，每股換發新股0.574股，減資比例約為42.6%」。長榮航空2009年減資新台幣168億元，實際上就是彌補2008年的虧損新台幣168億元。

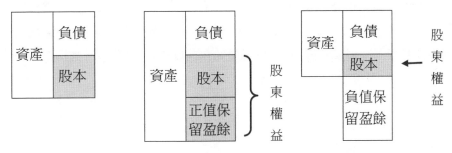

圖9-1　資產、負債及股東權益變化示意圖

　　所謂減資是指減少公司資本額，使流通在外的股數減少。減資並不一定是表示公司財務發生困難。例如當公司資金過多而無法作為妥善利用時，可以透過減資的動作將多餘的資金退還股東，亦可藉此調整財務結構提升股東權益報酬率（即淨利除以股東權益）。例如甲公司原資本額為5億元（每股10元），因短期無投資計畫決定減資1億元，將現金1億元現金退還股東，減資比例為20%，原每千股將減少200股，亦即每千股換發800股與收回現金2,000元；假若淨利為5億元，則減資前的股東權益報酬率為1（5億除以5億），減資後的報酬率將提高為1.25（5億除以4億）（**圖9-2**）。

　　然而，大部分的減資是在公司發生大量虧損時，只能透過股本的減少提高公司每股淨值（即股東權益除以股數），減少原有的資本以進行彌補巨額的虧損改善財務結構。

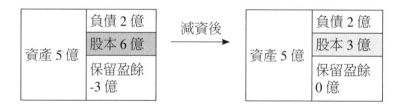

圖9-2　減資及股東權益變化示意圖

　　2009年長榮航空減資168億元，若以每張一千股，而原始發行價格每股十元計算，每張普通股票為一萬元，因此長榮航空總共減少168萬張流通在外股票，經過調整後可以將股票的價值重新回到原始發行價格每股十元。

第三節　現金流量表

　　現金流量表代表公司在一段特定營運期間的現金流量，也是企業在該期間內三大資金的運用狀況，亦即營運活動（operating activities）、投資活動（investing activities）及融資活動（financing activities）等的現金流量（圖9-3）。

　　現金流量表係以現金流入與流出為基準，是說明企業在一特定期間內之營業活動、投資活動及融資活動的會計報表，可以看出企業取得現金的來源及運用資金的方式。其目的有三：(1)讓企業主瞭解企業收取現金的能力；(2)讓銀行或債主判斷企業的償債能力；(3)讓股東或投資者知道企業發放股利的能力。

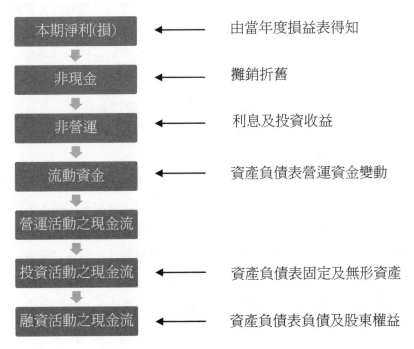

圖9-3　現金流量表示意圖

現金流量表是由營業活動、投資活動及融資活動三大部分組成，其中第一大部分營業活動之現金流量最為重要，對於製造業而言就是產銷活動，因為一家企業是否能夠透過本業的經營來創造資金，如果經由營業活動帶來之現金流量比付出去的多，表示企業透過本業的經營能夠創造更多資金，如果連續幾年都能夠持續創造資金，企業的內部資金會不斷增加，源源不絕，企業必能夠永續經營。反之，若是經由營業活動帶來之現金流量比付出去的少，表示企業透過本業的經營不能夠帶來資金，如果連續幾年都如此，企業的內部資金會不斷消耗，企業很快就會陷入絕境，無法營運。

投資活動代表的是固定資產的增減變化，固定資產的增加代表投資活動動用很多資金，固定資產的減少，代表企業將長期資產變賣得到現金，這是本業以外的投資活動。一般而言，如果企業透過本業的經營能夠創造更多資金，那投資活動可能會不斷進行購買機器設備等固定資產來賺取更大利潤。當然若企業無法透過本業的經營創造合理利潤，那就會發生將長期資產變賣得到現金來支持企業的營業活動，因此投資活動也可以扮演資金調節的功能。

融資活動則是扮演資金補充的角色，與投資活動相同，融資活動也是企業外部資金的來源，當企業需要資金時，可以向銀行借貸或是到資本市場發行債券來籌措營運資金。

對航空公司來說現金流量表尤其重要，因為航空公司的現金流入（cash inflows）及現金流出（cash outflows）的時程並不相同，例如在繁忙的年節假期前乘客購票的現金流入可以早在幾個月前，甚至一直到最後飛機起飛為止；而為班機購買燃油或是維修等現金流出卻可以延後在飛機起飛後一個月至三個月才支出，試想航空公司每日或是每月出發的班機何止百架，加總起來自然會相當繁重的現金流入及流出。

一、營運活動的現金流量

　　營運活動的現金流量是最主要的企業營業活動的資金營運狀況,它是本業的資金循環,如果本業的現金流動順暢,本業的營運可以賺到足夠現金,企業的營運自當沒有問題。若否,則有可能是在消耗現金,企業的營運自然會發生問題。

　　表9-12為長榮航空現金流量表,表中最上端為營業活動之現金流量,一開始是本期淨損〔等於損益表中最下端的本期淨利(損)〕,在本例中長榮航空2010年的本期淨利是12,016,736千元,由於在損益表當中包含有非現金流動之項目,例如折舊及攤銷費用,這些項目對於損益表中的本期淨利會發生影響,但是實際上卻並沒有現金的流出,因此應當要將其加回,例如長榮航空2010年的折舊及攤銷費用共計9,301,645千元,要加回到本期淨利當中。

　　接著再加上其他各項攤銷利息費用、處分及報廢固定資產及營業資產與負債之淨變動數等現金流入及現金流出項目後,最後得到長榮航空2010年的營業活動之淨現金流入為19,272,052千元。

二、投資活動之現金流量

　　顧名思義投資活動之現金流量是因為企業進行投資活動發生的現金流量,例如固定資產增添(由年報中得知可能是2010年12月引進一架B777-300ER客機)導致現金流出3,215,793千元,經過不同投資活動引發的現金流入及現金流出後,計算得出長榮航空2010年的投資活動之淨現金流出為1,377,576千元。

表9-12　長榮航空現金流量表

單位：新台幣千元	2010年	2009年
營業活動之現金流量：		
本期淨損	12,016,736	-2,844,254
調整項目：		
折舊費用	8,159,478	8,144,425
攤銷費用	1,142,167	1,239,578
依權益法認列之投資收益	-1,055,194	-278,177
權益法評價之長期股權投資發放現金股利	367,650	113,916
處分及報廢固定資產	6,127	6,645
遞延所得稅利益		-901,698
各項攤銷利息費用	83,158	33,728
其他遞延利益攤銷	-53,636	-129,598
處分備供出售金融資產利益	-3,376	-6,419
員工認股權		282,100
營業資產與負債之淨變動數：		
	-1,391,058	-6,249,960
營業活動之淨現金流出（入）	19,272,052	-589,714
投資活動之現金流量：		
備供出售之金融資產－流動減少（增加）數	2,625,966	-3,614,340
出售以成本衡量之金融資產－非流動價款		-253,559
被投資公司減資退回股款	12,871	27,052
固定資產增添	-3,215,793	-14,167,167
出售固定資產價款	1,151	3,975
存出保證金減少（增加）	-144,692	3,148,396
遞延費用增加	-928,437	-477,787
其他資產－增加（減少）	271,358	-187,637
投資活動之淨現金流出（入）	-1,377,576	-15,521,067
融資活動之現金流量：		
短期借款增加（減少）	-979,994	-1,319,052
發行公司債		5,000,000
償還公司債	-3,100,000	-2,646,700
舉借長期借款數	20,791,400	21,604,046

（續）表9-12　長榮航空現金流量表

償還長期借款數	-23,222,197	-11,545,521
應付租賃資產款項	-1,457,006	-1,411,331
現金增資		7,420,000
融資活動之淨現金流出（入）	-7,967,797	17,101,442
本期現金及約當現金增加數	9,926,679	990,661
期初現金及約當現金餘額	4,218,748	3,228,087
期末現金及約當現金餘額	14,145,427	4,218,748

資料來源：長榮航空

三、融資活動之現金流量

在現金流量表當中融資活動之現金流量是最後一個項目，但也是企業為籌措資金最倚重的一個活動，長榮航空2010年為了償還長期借款23,222,197千元，也重新舉借長期借款20,791,400千元。由於長榮航空2010年的營業活動之淨現金流入為19,272,052千元，已經遠大於未來營運所需資金，因此利用融資活動來籌措資金便無急切需要，經過不同融資活動引發的現金流入及現金流出後，計算得出長榮航空2010年的融資活動之淨現金流出為7,967,797千元。

在經過營運活動、投資活動及融資活動後，長榮航空2010年的本期現金及約當現金增加數為9,926,679千元，加上由2009年的期末現金及約當現金餘額4,218,748千元，得到2010年資產負債表中的期末現金及約當現金餘額14,145,427千元。

CHAPTER 10

航空公司財務報表分析

　　在第九章我們對航空公司最重要的財務報表——資產負債表、損益表及現金流量表作了詳細說明，本章繼續針對上述財務報表記載之各項數據作進一步之瞭解，希望能夠藉由對財務報表之分析，瞭解公司營運績效之好壞，其結果對於投資大眾可以作為投資之參考依據，也可以提供給公司經營者未來營運需要改進之方向。

　　財務報表分析時有所謂的「內部分析」及「外部分析」。

　　內部分析通常是提供給公司內部人，也就是公司的管理者，他們負責公司的營運規劃，對於企業的內部資訊獲得相當充分，對於成本相當瞭解，可以做成本的習性分析，隨時可以掌握企業的營運狀況。

　　外部分析是公司外部人，通常是指股東及債權人，他們對於企業的營運狀況無法即時掌握，必須依靠財務報表來瞭解。由於財務報表有作假的可能，為了要能取信於人，通常會由獨立客觀可靠之第三者，也就是會計師來查核所做出來之查核意見，若是無保留意見則企業之報表沒有問題，例如長榮航空股份有限公司編製民國99年度及98年度之合併財務報表（詳見長榮航空99年度年報），就有會計師出具「修正式無保留意見」之查核報告在案，備供參考。若是持保留意見，則代表企業在某些會計數字上，會計師認為有意見，例如應收帳款可能有問題或是需要進一步查證等。

第一節　財務比率介紹

　　需要使用財務報表資訊的人相當多，例如債權人，包括短期債權人（一年以內）如銀行就相當注重償債能力及企業財務結構，及七年以上的長期債權人；權益投資人，像是投資人購買股票，成為公司股東後就需承擔企業營運的風險，包括業務及財務面的風險，因為如果企業倒閉，股東的投資就會化為烏有，因此就常理判斷，在投資前股東應當要研讀企業的財務報表分析；企業經營管理人負責管理公司營運，經營者常常要做出決

策，要做企業的內部分析，瞭解企業的營運狀況；企業併購時需要瞭解對方狀況，購併者也需要對財務報表做分析；執行財務稽核的查核人員及會計師等也要深入瞭解財務報表；另外，員工及股東（Stakeholders）更需要對企業的財務報表有清楚認知，如此才不會被企業造假的財務報表矇騙，造成損失。

然而可供作為財務報表比率分析的方法有數十種，要挑選出適合分析財務報表的方法必須審慎，針對航空公司的財務比率分析，本章挑選出四種：獲利能力（profitability）、流動資金（liquidity）、長期風險（long-term risk）及經營能力（operation）。

一、獲利能力

企業營運的最終目的就是獲利，而透過獲利能力比率可以得知企業營運效率之好壞，投資報酬率也是獲利能力比率的一種，對於投資者而言，投資報酬率的高低，代表投資的正確與否。由於獲利能力比率代表企業的整體效益及績效，因此可以分作為兩大類來說明：邊際效益及報酬率。

(一)邊際效益

邊際效益顯示的是企業將銷售金額轉變成為獲利的能力，對於航空公司來說可以使用營運邊際利潤率（operating profit margin）及淨邊際利潤率（net profit margin）。

◆營運邊際利潤率

營運邊際利潤率的計算公式為：

$$營運邊際利潤率 = \frac{營運利潤}{總收益}$$

營運利潤（operating profit）指的是企業在扣除息稅前的利潤

（EBIT），總收益（total revenue）則是除了企業在本業的營運收益外（航空公司的客、貨運），也包含企業在其他方面的收益（例如股票、轉投資事業、利息）。不論是總收益或是企業在扣除息稅前的利潤都可以在損益表上得知。

◆淨邊際利潤率

淨邊際利潤率的計算公式為：

$$淨邊際利潤率 = \frac{淨利潤}{總收益}$$

如果只用邊際效益來看企業營運獲利能力的好壞，淨利潤（net profit）是最常被使用的工具之一，淨邊際利潤率代表的是淨利潤占總收益的百分比。該指標反映每一元總收益會帶來多少的淨利潤，假設淨邊際利潤率為3%，表示每100元總收益就會產生3元的淨利潤。

為了能讓讀者有更深的認識，以下舉出西南航空、美國航空及長榮航空的例子來說明。

將**表10-1**、**表10-2**及**表10-3**西南航空、美國航空及長榮航空的各項數值代入上式可以計算出營運邊際利潤率及淨邊際利潤率（**表10-4**）。

由**表10-4**明顯看出2009-2011年西南航空的營運邊際利潤率及淨邊際利潤率始終都是正值，表示營運都有獲利；美國航空的淨邊際利潤率全為負

表10-1　2009-2011年西南航空簡明損益表　　　　　　　單位：百萬美元

	2009年	2010年	2011年
總收益	10,350	12,104	15,658
總營運支出	10,088	11,116	14,965
營運利潤	262	988	693
稅及利息	163	529	515
淨利	99	459	178

資料來源：作者改編自西南航空損益表

值,表示無論企業營運或是投資人都遭受損失;長榮航空在2010年的淨邊際利潤率高達11.5%,比IATA公布全球航空公司的2.9%高出甚多,而其中貢獻最大的是來自長榮航空在2009年8月31日開始的兩岸直飛航線,與2009年比較,長榮航空2010年在亞洲的客、貨運分別成長38.32%及64.82%。

表10-2　2009-2011年美國航空簡明損益表　　　　單位:百萬美元

	2009年	2010年	2011年
總收益	19,917	22,170	23,979
總營運支出	20,921	21,862	25,033
營運利潤	-1,004	308	-1,054
稅及利息	464	779	925
淨利	-1,468	-471	-1,979

資料來源:作者改編自美國航空損益表

表10-3　2009-2011年長榮航空簡明損益表　　　　單位:千元台幣

	2009年	2010年	2011年
總收益	73,279,511	104,410,011	102,192,051
總營運支出	76,099,735	91,761,263	101,744,498
營運利潤	-2,820,224	12,648,748	447,553
稅及利息	24030	632012	238,525
淨利	-2,844,254	12,016,736	209,028

資料來源:作者改編自長榮航空損益表

表10-4　西南航空、美國航空及長榮航空的營運邊際利潤率及淨邊際利潤率

		2009年	2010年	2011年
西南航空	營運邊際利潤率	2.5%	8.2%	4.4%
	淨邊際利潤率	1.0%	3.8%	1.1%
美國航空	營運邊際利潤率	-5.0%	1.4%	-4.4%
	淨邊際利潤率	-7.4%	-2.1%	-8.3%
長榮航空	營運邊際利潤率	-3.8%	12.1%	0.4%
	淨邊際利潤率	-3.9%	11.5%	0.2%

(二)報酬率

報酬率顯示的是企業回報給投資者的能力,由於計算報酬率的方式甚多,畢捷‧瓦賽(Bijan Vasigh)等人(2010)認為航空公司可以使用資產報酬率(return on assets, ROA)、股東權益報酬率(return on equity, ROE)、資產週轉率(asset turnover ratio)及杜邦分析法(DuPont Analysis)。

史迪芬‧羅司(Stephen A. Ross)(2007)認為資產報酬率(ROA)主要是計算在某一段時間內(通常為一年),公司利用每一塊錢資產能夠為股東所創造的利潤;資產報酬率(ROA)是一個重要的企業獲利指標,因為它代表企業在管理上對投資的資產運用是否有效率。股東權益報酬率(ROE)則是代表在某一段時間內(通常為一年),公司為股東所創造的利潤,它代表企業對股東投資所做的回報,也可以作為股東是否要對該企業進行投資的參考依據,ROA及ROE通常以百分比表示,而值愈高表示企業的營運績效愈佳。

◆ 資產報酬率

資產報酬率的計算公式為:

$$資產報酬率 = \frac{淨利潤}{平均總資產}$$

◆ 股東權益報酬率

股東權益報酬率的計算公式為:

$$股東權益報酬率 = \frac{淨利潤}{平均股東權益總額}$$

上式中的總資產(total assets)及股東權益總額(total equity)都可以從資產負債表當中找到。由於資產負債表是代表企業在某特定時點的財務

狀況,而損益表代表企業在一段特定時間內營運成果的好壞,兩者特性並不相同,為了能夠對上述兩表資料做運算,我們對於資產負債表上的總資產及股東權益總額採取平均值的做法。為了讓讀者有更清楚的認識,我們還是舉出西南航空、美國航空及長榮航空的例子來說明。

將**表**10-5、**表**10-6及**表**10-7西南航空、美國航空及長榮航空的各項數值代入公式可以計算出資產報酬率、股東權益報酬率(**表**10-8)。

由**表**10-8明顯看出2009-2011年西南航空的資產報酬率及股東權益報酬率始終都是正值,表示公司能夠利用資產創造利潤,以及公司對股東投

表10-5　2009-2011年西南航空總資產及股東權益總額　　單位:百萬美元

	2009年	2010年	2011年
淨利	99	459	178
平均總資產	14,169	14,866	16,766
平均股東權益總額	5,210	5,852	6,557

資料來源:作者改編自西南航空資產負債表

表10-6　2009-2011年美國航空總資產及股東權益總額　　單位:百萬美元

	2009年	2010年	2011年
淨利	-1,468	-471	-1,979
平均總資產	25,307	25,263	24,468
平均股東權益總額	-3,212	-3,717	-5,528

資料來源:作者改編自美國航空資產負債表

表10-7　2009-2011年長榮航空總資產及股東權益總額　　單位:千元台幣

	2009年	2010年	2011年
淨利	-2,844,254	12,016,736	209,028
平均總資產	146,731,647	149,119,296	143,637,716
平均股東權益總額	28,884,626	36,331,188	39,254,269

資料來源:作者改編自長榮航空資產負債表

表10-8　西南航空、美國航空及長榮航空的資產報酬率及股東權益報酬率

		2009年	2010年	2011年
西南航空	資產報酬率	0.7%	3.1%	1.1%
	股東權益報酬率	1.9%	7.8%	2.7%
美國航空	資產報酬率	-5.8%	-1.9%	-8.3%
	股東權益報酬率	—	—	—
長榮航空	資產報酬率	-1.9%	8.1%	0.1%
	股東權益報酬率	-9.8%	33.1%	0.5%

資都有正回報；美國航空的資產報酬率全為負值，表示公司不能夠利用資產創造利潤，而由於淨利及股東權益總額都為負值，因此計算股東權益遭受之損失已無意義；長榮航空在2010年的股東權益報酬率高達33.1%，理由與**表10-4**所述相同，但在2011年又迅速跌至0.5%。

◆ 資產週轉率

　　資產週轉率是顯示企業是否有效運用資產來創造收益的指標，資產週轉率的計算公式為：

$$資產週轉率 = \frac{總收益}{平均總資產}$$

　　將**表10-9**、**表10-10**及**表10-11**之西南航空、美國航空與長榮航空的各項數值代入公式，即可以計算出資產週轉率（**表10-12**）。

表10-9　2009-2011年西南航空總收益及平均總資產　　　　單位：百萬美元

	2009年	2010年	2011年
總收益	10,350	12,104	15,658
平均總資產	14,169	14,866	16,766

資料來源：改編自西南航空資產負債表

表10-10　2009-2011年美國航空總收益及平均總資產　　　單位：百萬美元

	2009年	2010年	2011年
總收益	19,917	22,170	23,979
平均總資產	25,307	25,263	24,468

資料來源：改編自美國航空資產負債表

表10-11　2009-2011年長榮航空總收益及平均總資產　　　單位：千元台幣

	2009年	2010年	2011年
總收益	73,279,511	104,410,011	102,192,051
平均總資產	146,731,647	149,119,296	143,637,716

資料來源：作者改編自長榮航空資產負債表

表10-12　2009-2011年西南航空、美國航空及長榮航空的資產週轉率

	2009年	2010年	2011年
西南航空	73.0%	81.4%	93.4%
美國航空	78.7%	87.8%	98.0%
長榮航空	49.9%	70.0%	71.1%

　　資產週轉率的值愈高，表示企業利用資產產生的收益就愈高，例如在2009年西南航空的資產週轉率為73.0%，表示每100元的資產可以創造73元的收益。有趣的是從2009-2011年美國航空的資產週轉率都相當高，但是並沒有改善美國航空的報酬率，顯示單一指標並不能夠決定報酬率的好壞。

◆杜邦分析法

　　杜邦分析法是在1920年代由杜邦公司（DuPont Corporation）利用幾種主要的財務比率之間的關係來綜合分析企業的財務狀況。杜邦分析法是一種用來評價企業獲利能力和股東權益報酬率，從財務角度評價企業績效的一種方式，有助於深入分析比較企業營運業績。

首先可以將資產報酬率由原有的公式改寫成：

$$資產報酬率 = \frac{淨利}{平均總資產} = \frac{總收益}{平均總資產} \times \frac{淨利}{總收益}$$
$$= 資產週轉率 \times 淨邊際利潤率$$

上式將資產報酬率（ROA）分開成為兩部分：資產週轉率及淨邊際利潤率。

淨邊際利潤率代表營運效益（operating efficiency），而資產週轉率則是資產效益（asset use efficiency）。營運效益代表營業收益可以達成獲利目的之比率，用邊際獲利來表示；而資產效益為投入與產出之比率，用資產週轉率來表示，兩者相乘則可求出企業整體營運績效之好壞。

例如由**表10-8**得知西南航空在2009年的資產報酬率為0.7%，要想進一步知道是哪部分表現欠佳可以由資產週轉率及淨邊際利潤率分開來看，其中資產週轉率為73.0%，而淨邊際利潤率為1.0%，顯然造成2009年的資產報酬率不佳的主要因素是出自於淨邊際利潤率，因此可以針對淨邊際利潤率做改善。

另外股東權益報酬率（ROE）的計算也可以改寫成：

$$股東權益報酬率 = \frac{淨利}{平均股東權益總額}$$
$$= \frac{淨利}{總收益} \times \frac{總收益}{平均總資產} \times \frac{平均總資產}{平均股東權益總額}$$
$$= 淨邊際利潤率 \times 資產週轉率 \times 股東權益乘數$$

我們舉西南航空作為例子，2011年的股東權益報酬率為2.7%，其中淨邊際利潤率為1.1%，資產週轉率為93.4%，股東權益乘數為2.56，顯然如果認為2011年的股東權益報酬率不夠好的主要因素也是出自於淨邊際利

潤率，因此只要針對淨邊際利潤率做改善就可以提高股東權益報酬率。

另外，股東權益乘數表示企業的負債程度，代表公司利用財務槓桿進行營運活動的程度。資產負債率高（公司負債程度高），權益乘數就大，但風險也高；反之，資產負債率低，權益乘數就小，但相對的承擔的風險也低。

二、流動資金

流動資金比率是指流動資產與流動負債的比率，用來衡量公司的短期償債能力，顯示公司變賣資產成為現金去償還短期債項的能力。流動資金比率越高，代表公司能夠即時變賣獲得現金的資產多，公司面對的財務風險愈小。該比率有許多不同的計算方法，由於航空公司之特性與一般公司不同，本章僅列出下列三種方法：

(一)營運資金

營運資金（working capital）指的是可以提供給公司作為營運所需的資金，包括現金、有價證券、存貨以及應收帳款等流動資產。計算方式為：

> 淨營運資金（Net Working Capital）＝流動資產（Current Assets）
> －流動負債（Current Liabilities）

流動資產指的是容易變現的資產，而流動負債指的是要在短期內償付的債務，因此營運資金就等於流動資產減去流動負債結餘的資金，能夠隨時提供公司作為營運之用。如果流動資產小於流動負債，公司很可能會發生債務到期無法償還的窘境，也就是會出現償付能力（solvency）問題。

表10-13顯示無論是西南航空、美國航空或是長榮航空2011年的淨營運資金皆為負值，表示在償還短期債務上可能會出現問題，而美國航空短

表10-13 2011年西南航空、美國航空及長榮航空的淨營運資金

單位：百萬美元

	流動資產	流動負債	淨營運資金
西南航空	4,345	4,533	-188
美國航空	6,757	8,630	-1,873

單位：百萬台幣

	流動資產	流動負債	淨營運資金
長榮航空	32,841.4	33,383.7	-542.2

缺近19億美元淨營運資金最為嚴重。

(二)流動比率

流動比率（current ratio）是分析公司的營運資金是否能夠滿足短期債務，也是反映企業的短期償債能力，與淨營運資金不同的是，淨營運資金會受到公司大小的影響，而流動比率呈現的是比率關係，與公司大小無關，計算方法是：

流動比率（Current ratio）＝流動資產（Current Assets）
÷流動負債（Current Liabilities）

流動比率是用來分析一家公司流動負債由流動資產償還的比率，流動比率愈高，表示該公司短期償債能力的強度越強，對該公司短期債權人越有保障，但若該比率過高時，也顯示該公司資金未能有效運用。一般銀行希望的流動比率是2，表示1塊錢的負債可以有2塊錢的資產來償還。流動比率大於1表示公司在償還短期債務上沒有問題。而小於1則表示公司必須要去籌措資金來償還短期到期債務。

表10-14顯示無論是西南航空、美國航空或是長榮航空2011年的流動比率皆小於1，西南航空及長榮航空的流動比率接近1，問題較不嚴重，但美國航空的流動比率僅為0.78，表示在償還短期債務上可能會出現問題，

表10-14　2011年西南航空、美國航空及長榮航空的流動比率

	流動資產	流動負債	流動比率
西南航空（百萬美元）	4,345	4,533	0.96
美國航空（百萬美元）	6,757	8,630	0.78
長榮航空（百萬台幣）	32,841.44	33,383.69	0.98

必須立即籌措資金。

(三)速動比率

速動比率（acid test ratio / quick ratio）也是衡量公司的短期償債能力指標，與計算流動比率不同的是，由於並不是所有流動資產在短期內都容易變現，因此在計算速動資產時僅從流動資產中挑選出較容易在短期內變現的資產（扣除流動資產中的存貨、預付費用），例如現金、約當現金、短期投資、應收票據、應收帳款、其他應收款項等。計算方法是：

速動比率（Quick ratio）＝速動資產（Quick Assets）

÷流動負債（Current Liabilities）

速動比率主要的意義是當緊急狀況發生時，是否有足夠的速動資產可以用來還債。一般銀行希望速動比率的值是1，低於該數值，在緊急狀況發生時可能會有問題。由於速動比率的計算比流動比率更為嚴苛，因此速動比率一定會小於流動比率，用速動比率來看營運資金是否能夠滿足短期債務的償還問題也更為嚴謹。**表10-15**為2011年西南航空、美國航空及長榮航空的速動比率。

表10-15　2011年西南航空、美國航空及長榮航空的速動比率

	速動資產	流動負債	速動比率
西南航空（百萬美元）	3,443	4,533	0.76
美國航空（百萬美元）	5,641	8,630	0.65
長榮航空（百萬台幣）	23,140.7	33,383.7	0.69

三、長期風險

前述流動資金比率探討的是公司的短期償債能力,長期風險比率則是衡量公司是否有能力維持長期營運,一般來說,用來計算長期風險比率的指標有三個:負債股東權益比(debt-to-equity ratio)、負債資產比(debt-asset ratio)及利息保障率(times interest earned ratio)。

(一)負債股東權益比

由總負債除以股東權益得出,反映公司的債務與資本結構關係。由這個比率可以看出公司對於債務的依賴有多深,因為如果公司資金太過依賴借貸,那所衍生的利息費用也會相當可觀,如果企業獲利不佳時,可能就會因為無法背負利息而遭遇營運危機,其計算方式如下:

$$負債股東權益比 = 總負債 \div 股東權益$$

負債股東權益比愈高,意味著公司依賴債務融資的程度愈高。負債股東權益比值多少為宜,並無定論,然而因為空運業是資本密集行業,一架新飛機動輒需要數億美元,因此所需向外借貸資金比例本就偏高,在2011年西南航空的負債股東權益比為1.63,應屬正常,而美國航空為-4.35,顯示美國航空的負債相當高,如有意外將會遭遇營運困難(**表10-16**)。

表10-16 2011年西南航空、美國航空及長榮航空的負債股東權益比

	總負債	股東權益	負債股東權益比
西南航空(百萬美元)	11,191	6,877	1.63
美國航空(百萬美元)	30,959	-7,111	-4.35
長榮航空(百萬台幣)	101,372.6	37,873.3	2.68

(二)負債資產比

簡單說就是公司負債與資產的比例,其計算方式如下:

負債資產比=總負債÷總資產

負債資產比由於沒有將股東權益考量在內,因此這個比率顯示的就是運用負債來增購公司資產的情形。如果比率小於1則表示公司資產可以不依靠向外界舉債,即使有舉債的比例也不需要多;如果比率大於1則表示公司資產必須依靠向外界舉債獲得,而一個公司的負債與資產比愈高,表示一旦資方要回收資金,公司的營運將立刻陷入困境。在2011年西南航空的負債與資產比為0.62,應屬正常,而美國航空為1.3,顯示美國航空的負債比例高,不利營運(**表10-17**)。

表10-17 2011年西南航空、美國航空及長榮航空的負債資產比

	總負債	總資產	負債與資產比
西南航空(百萬美元)	11,191	18,068	0.62
美國航空(百萬美元)	30,959	23,848	1.30
長榮航空(百萬台幣)	101,372.6	139,245.9	0.73

(三)利息保障率

是指企業扣除息稅前的利潤(EBIT)與利息費用之比,用以衡量償付借款利息的能力,它是衡量企業支付負債利息能力的指標,其計算方式如下:

利息保障率=扣除息稅前的利潤÷利息費用

利息保障率主要是在分析一家公司以營業活動所產生的盈餘用來支付利息費用的能力,該比率越高,表示該公司以營業活動獲利支付借款利息

的能力越強。至於標準的高低則視產業的營運狀況的穩定度而有差別,若
是產業的營運穩定度高,例如中華電信及自來水公司,則比率不高不需擔
心,但是若產業的營運變化大,則需要有較高之比率來保障利息收入。

基本上利息保障率愈高愈好,但是在分母項的利息如果將其資本化,
則利息的費用支出就會變小,自然利息保障率就會變高。而且這麼做完全
合法,這是依據固定資產的成本,在達可供使用狀態前,一切合理且必要
的支出。所以,在資產達可供使用狀態前,利息支出也要列為固定資產成
本,亦即所謂的利息資本化。例如營建資產,由於必須經過一段期間的建
造,方能達到可供使用狀態,當然可將該利息支出視為取得資本成本的一
部分。**表10-18**是2011年西南航空、美國航空及長榮航空的利息保障率。

表10-18　2011年西南航空、美國航空及長榮航空的利息保障率

	扣除息稅前的利潤	利息費用	利息保障率
西南航空(百萬美元)	693	194	3.57
美國航空(百萬美元)	-1,054	826	-1.28
長榮航空(百萬台幣)	447.6	1,666.5	0.27

四、營運能力

營運能力是衡量公司對於資產的使用是否有效率,包括應收帳款
週轉率(accounts receivable turnover ratio)、平均收現日數(days of ac-
counts receivable)、應付帳款週轉率(accounts payable turnover ratio)、
平均付現日數(days of accounts payable)、存貨週轉率(inventory
turnover ratio)、平均銷貨日數(days of inventory)等,都可以作為用來
衡量公司營運能力之指標。

(一)應收帳款週轉率

受到資訊科技進步的影響,商場上已經很少使用現金做交易,代之而

起的是信用（credit）交易，因此就會產生應收帳款的問題。由於金錢具有時間價值，當下現金的價值高於一個月或是一年後的現金價值。因此應收帳款時間愈長，對於公司的資金價值是不利的。應收帳款週轉率主要的用途就是瞭解公司在一段時間平均收到應收帳款的次數。其計算方式如下：

$$應收帳款週轉率 = \frac{淨信用交易}{平均應收帳款}$$

由於在損益表的總收益上很難分辨出哪些是淨信用交易（net credit sales），哪些是現金交易，因此使用總收益當作淨信用交易應屬可行，另外平均應收帳款（average accounts receivable）則可以由資產負債表當中獲得。

應收帳款週轉率是瞭解公司收到信用交易帳款的效率，基本上應收帳款週轉率愈高對公司愈好，愈低則表示在收信用交易帳款方面欠缺效率。同樣的，由於總收益是從損益表上得來，代表一段時間的流量，而平均應收帳款是從資產負債表得知，代表某特定時點的存量，兩者並不對等，因此須將應收帳款改為期初期末平均量。**表**10-19是2011年西南航空、美國航空及長榮航空的應收帳款週轉率。

表10-19　2011年西南航空、美國航空及長榮航空的應收帳款週轉率

	總收益	平均應收帳款	應收帳款週轉率
西南航空	15,658百萬美元	322百萬美元	48.63
美國航空	23,979百萬美元	820百萬美元	29.24
長榮航空	102,192.1百萬台幣	7,503.2百萬台幣	13.62

(二)平均收現日數

使用應收帳款週轉率時會產生一個問題就是對於比率大小的好壞很

難清楚解釋，因此若將其轉換成為平均收現日數，也就是平均在多少時間內可以收到信用交易帳款，對於衡量公司在收帳方面是否有效率則容易得多，其計算方式如下：

$$平均收現日數 = 365 \div 應收帳款週轉率$$

平均收現日數是瞭解公司收到信用交易帳款的效率，基本上愈低對公司愈好，表示公司收到現金的時間短，愈高則表示在收信用交易帳款方面欠缺效率。**表**10-20是2011年西南航空、美國航空及長榮航空的平均收現日數。

表10-20　2011年西南航空、美國航空及長榮航空的平均收現日數

	應收帳款週轉率	平均收現日數
西南航空	48.63	7.51
美國航空	29.24	12.48
長榮航空	13.62	26.80

(三)應付帳款週轉率

應付帳款週轉率指的是在一段時間內公司平均付給供應商帳款的次數，主要是探討公司管理應付帳款的好壞，應付帳款週轉率愈高表示公司付給供應商帳款愈快，愈低則表示公司付給供應商帳款愈慢。計算公式為：

$$應付帳款週轉率 = \frac{年度採購金額}{平均應收帳款}$$

對航空公司來說，從損益表當中很難立即獲得精確的年度採購金額，畢捷‧瓦賽（Bijan Vasigh）等人（2010）認為使用總營運成本減去折舊費用可以用來當作年度採購金額，代入上式可以求出應付帳款週轉率（**表**10-21）。

表10-21　2011年西南航空、美國航空及長榮航空的應付帳款週轉率

	年度採購金額	平均應付帳款	應付帳款週轉率
西南航空（百萬美元）	14,250	898	15.87
美國航空（百萬美元）	23,947	1081.5	22.14
長榮航空（百萬台幣）	92,230.6	7,800.3	11.82

(四)平均付現日數

同樣的，使用應付帳款週轉率時也會產生比率大小的好壞很難清楚解釋的問題，因此若將其轉換成為平均付現日數，也就是平均在多少時間內要付出應付帳款，其計算方式如下：

$$平均付現日數＝365÷應付帳款週轉率$$

一般來說平均付現日數愈長，表示能將資金留在公司內部運用的時間愈長，換句話說，比較不會發生每天都需要籌錢去還債的問題。**表10-22**是2011年西南航空、美國航空及長榮航空的平均付現日數。

表10-22　2011年西南航空、美國航空及長榮航空的平均付現日數

	應付帳款週轉率	平均付現日數
西南航空（百萬美元）	15.87	23.00
美國航空（百萬美元）	22.14	16.48
長榮航空（百萬台幣）	11.82	30.87

(五)存貨週轉率

對一般公司來說，存貨週轉率是一個相當重要的象徵營運能力好壞的指標，但是對航空公司來說卻並不一定適用，這是因為出售給乘客的座位，本身就沒有辦法儲存，也無法作為存貨。由於航空公司並無真正的銷貨成本，因此在計算存貨週轉率時，要如何找到相對應之銷貨成本呢？

畢捷‧瓦賽認為航空公司的飛機需要按時維修，如果假設存貨都是零附件，那用維修成本項目作為銷貨成本的替代，就可以計算出航空公司的存貨週轉率。其計算方式如下：

存貨週轉率＝銷貨成本（cost of goods sold）÷平均存貨

基本上存貨週轉率是愈高愈好，由**表10-23**得知西南航空的存貨週轉率較美國航空及中華航空都好。

表10-23　2011年西南航空、美國航空及中華航空的存貨週轉率

	維修成本	平均存貨	存貨週轉率
西南航空（百萬美元）	955	322	2.97
美國航空（百萬美元）	1,284	605.5	2.12
中華航空（百萬台幣）	11,882.49	7,626.78	1.56

(六)平均銷貨日數

同樣的使用存貨週轉率時很難清楚解釋好壞的問題，因此若將其轉換成為平均銷貨日數，也就是平均在多少時間內要將存貨出清，其計算方式如下：

‧平均銷貨日數＝365÷存貨週轉率

由**表10-24**得知西南航空的平均銷貨日數較美國航空及中華航空好，

表10-24　2011年西南航空、美國航空及中華航空的平均銷貨日數

	存貨週轉率	平均銷貨日數
西南航空	2.97	123.07
美國航空	2.12	172.12
中華航空	1.56	234.28

約為123天，這個數字對一般公司來說應該是無法接受，但是由於航空公司的特性與一般公司不同，因此該比率的重要性不如一般公司高。

 ## 第二節　水平分析vs.垂直分析

比較分析是將經過比率分析算出來的數字來做比較，得知營運狀況的真實情形，這又可分為跟自己比及跟同業比；跟自己比可以知道在過去幾年來的營運狀況是變好或變差，跟同業比，例如將華航及長榮做比較，甚至與韓航及日航做比較，可以得知何者營運較好，當然也可以跟標準做比較，可以瞭解產業的整體狀況。

在第一節已經針對財務報表分析的方法有了基本介紹，接下來要由財務報表分析的結果對航空公司本身，以及同業之間做進一步之比較，也就是進行水平分析及垂直分析，瞭解航空公司本身以及同業之間的營運績效好壞。

一、水平分析

水平分析是對航空公司本身營運績效的好壞做瞭解，是從時間構面來做分析，例如將過去五年的財務報表拿來做趨勢分析，先挑選其中某一年的營運收益當作指標，再將其他幾年的營運收益與它來做比較，如此可以瞭解航空公司本身的營運狀況是變差還是變好。

由**表10-25**及**表10-26**長榮航空及西南航空的2005-2011年資產負債表－水平分析中得知長榮航空的總資產變化不大，2011年僅比2005年增加8.34%，而西南航空2011年的總資產比2005年增加74.02%，成長相當驚人，這可以從飛機數量上看出，2005年長榮航空的飛機數量51架，2011年增加到59架，成長15.69%；2005年西南航空的飛機數量445架，2011

增加到698架,成長56.85%,兩相比較西南航空的總資產當然增加幅度大(圖10-1)。

另外就長期負債來看,長榮航空2011年僅比2005年增加27.43%,而西南航空2011年的長期負債比2005年增加122.88%,成長也相當驚人,當然這也顯示西南航空的營運策略相當積極,例如在2005年底,西南航空擁有445架波音737客機,對全美國31州61機場提供服務。到2012年底,西南航空機隊已經增加到694架客機(606架波音737及88架波音717),國內航線增加到41州97機場,再加上國際航線如墨西哥、牙買加、巴哈馬及多明尼加共和國等,充分反映出積極的營運策略。

從資本額的變化來看,不論是西南航空或是長榮航空,從2005年到2011年的變化都不大,西南航空幾乎沒有變化,長榮航空在2008年到2009

表10-25　2005-2011年長榮航空的資產負債表－水平分析　單位:百萬台幣

	2005年	2006年	2007年	2008年	2009年	2010年	2011年
流動資產	26,425	28,646	27,700	21,413	25,588	34,374	32,841
指標	100%	8.40%	4.82%	-18.97%	-3.17%	30.08%	24.28%
固定資產	67,947	78,892	94,867	97,874	102,607	95,802	87,530
指標	100%	16.11%	39.62%	44.04%	51.01%	41.00%	28.82%
總資產	128,523	138,150	149,138	143,255	149,937	148,030	139,246
指標	100%	7.49%	16.04%	11.46%	16.66%	15.18%	8.34%
流動負債	31,375	31,233	31,486	41,229	37,733	36,392	33,384
指標	100%	-0.45%	0.35%	31.41%	20.26%	15.99%	6.40%
長期負債	50,969	58,641	70,767	74,085	78,143	69,055	64,952
指標	100%	15.05%	38.84%	45.35%	53.31%	35.48%	27.43%
總負債	84,547	92,010	104,950	117,513	117,910	107,394	101,373
指標	100%	8.83%	24.13%	38.99%	39.46%	27.02%	19.90%
資本額	33,899	38,750	38,750	39,427	29,627	29,627	32,589
指標	100%	14.31%	14.31%	16.31%	-12.60%	-12.60%	-3.86%
股東權益	43,976	46,141	44,188	25,742	32,027	40,635	37,873
指標	100%	4.92%	0.48%	-41.46%	-27.17%	-7.60%	-13.88%

表10-26 2005-2011年西南航空的資產負債表－水平分析　單位：百萬美元

	2005年	2006年	2007年	2008年	2009年	2010年	2011年
流動資產	3,620	2,601	4,443	2,653	3,358	4,279	4,345
指標	100%	-28.15%	22.73%	-26.71%	-7.24%	18.20%	20.03%
固定資產	9,212	10,094	10,874	11,040	10,634	10,578	12,127
指標	100%	9.57%	18.04%	19.84%	15.44%	14.83%	31.64%
總資產	10,383	10,859	12,329	14,068	14,269	15,463	18,068
指標	100%	4.58%	18.74%	35.49%	37.43%	48.93%	74.02%
流動負債	3,848	2,887	4,838	2,806	2,676	3,305	4,533
指標	100%	-24.97%	25.73%	-27.08%	-30.46%	-14.11%	17.80%
長期負債	1,394	1,567	2,050	3,498	3,325	2,875	3,107
指標	100%	12.41%	47.06%	150.93%	138.52%	106.24%	122.88%
總負債	7,328	7,011	9,831	9,115	8,803	9,226	11,191
指標	100%	-4.33%	34.16%	24.39%	20.13%	25.90%	52.72%
資本額	802	808	808	808	808	808	808
指標	100%	0.75%	0.75%	0.75%	0.75%	0.75%	0.75%
股東權益	6,675	6,449	6,941	4,953	5,466	6,237	6,877
指標	100%	-3.39%	3.99%	-25.80%	-18.11%	-6.56%	3.03%

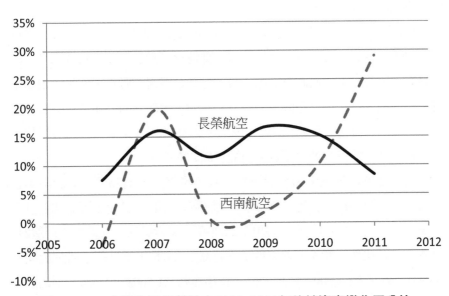

圖10-1　西南航空及長榮航空2006-2011年的總資產變化百分比
　　　　（與2005年比較）

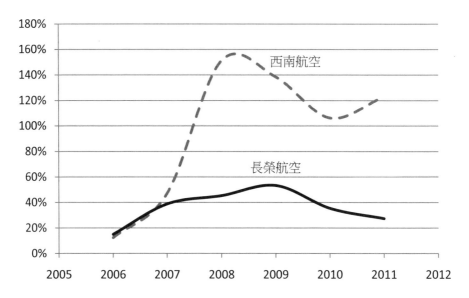

圖10-2　西南航空及長榮航空2006-2011年的長期負債變化百分比
（與2005年比較）

年的變化減資高達24.86%。

　　所謂減資是指減少公司資本額，使流通在外的股數減少，公司進行減資並不一定表示公司財務困難，有一種情形是當公司手中資金過多，無法妥善運用時，可透過減資的動作將多餘資金退還予股東，亦可收到調整財務結構提升股東權益報酬率的效果；然而，大部分的公司進行減資的動作是因為公司發生大量虧損時，想要透過股本的減少提高公司每股淨值改善財務結構，便只好動用減資來彌補巨額的虧損。

　　為將上述兩種減資情形說清楚，我們舉美美公司為例，假設美美公司原以每股面額10元發行1,000萬股，籌得資本額為1億元，因短期無投資計畫決定先減資4,000萬元，將現金2,000萬元退還股東，亦即每股退還2元現金，減資比例為20%，因為每千股將減少200股，所以每千股只能換發800股與收回現金2,000元；假若公司當年淨利為1,500萬元，減資前的股東權益報酬率為15%（1,500萬除以1億），減資後的報酬率將提高為18.75%

（1,500萬除以8,000萬）。

　　但是若美美公司資本額1億元，因虧損嚴重損失高達3,000萬元，淨值只剩7,000萬元，故公司決定減資3,000萬元，減資後資本額為7,000萬元，減少比例為30%，原每千股將減少300股，亦即每千股只能換發700股。而每股淨值由原先的7元（7,000萬元除以1,000萬股），將提升為10元（7,000萬元除以700萬股）。

　　長榮航空在2008年到2009年的減資是屬於彌補巨額的虧損，想要透過股本的減少，提高公司每股淨值改善財務結構。

　　股東權益部分，在2008年不論是長榮航空或是西南航空都遭受重大損失，其中長榮航空的損失更高達41.46%。值得注意的是股東權益包含資本額在內，從資本額的變化來看長榮航空，除了2006-2007年及2009-2010年沒有變動外，幾乎年年都有變化，亦即經常需要借助增、減資做融資管理；而西南航空除了在2005年辦理過增資外，從2006年到2011年資本額都沒有變化，顯示幾乎不需要靠增、減資，從西南航空擁有的巨額保留

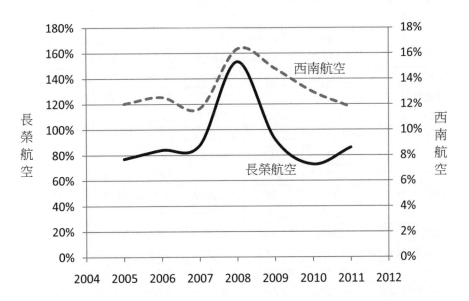

圖10-3　2005-2011年長榮航空及西南航空之資本額占股東權益比率

航空經濟概論

盈餘就已經足夠讓其做好融資管理。

　　另外我們也可以從2005年到2011年資本額占股東權益比率來看，長榮航空資本額占股東權益的比重相當高，幾乎都在80%以上，在2008年時更高達153%，顯示長榮航空的營運並沒有為股東創造太多權益；相反的西南航空資本額占股東權益的比重相當低，幾乎都在13%上下，2008年時最高，也只有16%，顯示西南航空的營運確實為股東創造許多價值。

　　由**表10-27**及**表10-28**西南航空及長榮航空的2006-2011年損益表－水平分析中，得知長榮航空的客運收益變化不大，2011年比2006年增加28.46%，而西南航空2011年的客運收益比2006年增加68.40%，成長很大。西南航空及長榮航空的貨運收益變化都不大。

表10-27　2006-2011年長榮航空的簡明損益表－水平分析　單位：百萬台幣

	2006年	2007年	2008年	2009年	2010年	2011年
客運收益	46,325.6	48,956.2	50,057.0	43,950.2	56,397.4	59,510.5
指標	100%	5.68%	8.05%	-5.13%	21.74%	28.46%
貨運收益	41,382.2	38,238.2	35,310.4	24,207.5	41,293.6	36,563.8
指標	100%	-7.60%	-14.67%	-41.50%	-0.21%	-11.64%
其他	6,196.2	5,908.6	5,288.5	5,121.3	6,719.0	6,117.8
指標	100%	-4.64%	-14.65%	-17.35%	8.44%	-1.27%
營運收益	93,904	93,103	90,656	73,279	104,410	102,192.1
指標	100%	-0.85%	-3.46%	-21.96%	11.19%	8.83%
營運成本	97,241.3	95,377.6	99,262.4	76,099.7	91,761.3	101,744.5
指標	100%	-1.92%	2.08%	-21.74%	-5.64%	4.63%
扣除息稅前利潤	-3,337.3	-2,274.6	-8,606.4	-2,820.7	12,648.7	447.6
指標	100%	31.85%	-157.88%	15.48%	479.01%	113.41%
淨利	-3,333.6	-2,271.7	-16,889.7	-2,844.3	12,016.7	209.0
指標	100%	31.85%	-406.65%	14.68%	460.48%	106.27%
營運邊際利潤率	-3.55%	-2.44%	-9.49%	-3.85%	12.11%	0.44%
指標	100%	31.26%	-167.12%	-8.31%	440.87%	112.32%
淨邊際利潤率	-3.55%	-2.44%	-18.63%	-3.88%	11.51%	0.20%
指標	100%	31.27%	-424.81%	-9.34%	424.20%	105.76%

表10-28　2006-2011年西南航空的簡明損益表－水平分析　　單位：百萬美元

	2006年	2007年	2008年	2009年	2010年	2011年
客運收益	8,750	9,457	10,549	9,892	11,489	14,735
指標	100%	8.08%	20.56%	13.05%	31.30%	68.40%
貨運收益	134	130	145	118	125	139
指標	100%	-0.03	0.12	-0.19	0.06	0.11
其他	202	274	329	340	490	784
指標	100%	35.64%	62.87%	68.32%	142.57%	288.12%
營運收益	9,086	9,861	11,023	10,350	12,104	15,658
指標	100%	8.53%	21.32%	13.91%	33.22%	72.33%
營運成本	8,152	9,070	10,574	10,088	11,116	14,965
指標	100%	11.26%	29.71%	23.75%	36.36%	83.57%
扣除息稅前利潤	934	791	449	262	988	693
指標	100%	-15.31%	-51.93%	-71.95%	5.78%	-25.80%
淨利	499	645	178	99	459	178
指標	100%	29.26%	-64.33%	-80.16%	-8.02%	-64.33%
營運邊際利潤率	0.103	0.080	0.041	0.025	0.082	0.044
指標	100%	-21.97%	-60.37%	-75.37%	-20.59%	-56.95%
淨邊際利潤率	0.055	0.065	0.016	0.010	0.038	0.011
指標	100%	19.10%	-70.60%	-82.58%	-30.95%	-79.30%

　　在營運成本方面，長榮航空2011年比2006年增加4.63%，而西南航空2011年比2006年增加83.57%，這是因為在2006年時西南航空的飛機數量為481架，到2011年增加到698架，導致營運成本大量增加。

　　從扣除息稅前的利潤及淨利來看，2011年與2006年相較，西南航空呈現大幅減少，而長榮航空反倒呈現增加的狀況。會出現這種現象，主要是因為在2006年時，長榮航空的扣除息稅前的利潤及淨利都是負值，因此只要恢復正值，當然就會出現大幅成長情形。

二、垂直分析

　　垂直分析則是在同一年度的比較，又稱為結構分析，將資產負債表中的總資產當作百分之百，來計算其他資產占總資產的百分比，例如流動資產、固定資產、流動負債或是長期負債各占總資產的比率。若是對損益表則將營運收益當作為百分之百，來計算其他費用所占比例，例如銷貨成本、營業費用或是營業利潤等各占多少比重。

　　由**表10-29**及**表10-30**長榮航空及西南航空的2007-2011年資產負債表－垂直分析中，得知兩公司之固定資產占資產總額比率大約都是60-70%左右（**圖10-4**），顯示航空公司投資在固定資產上的比率是很高的。

　　長榮航空的各項數據變化不大，而2007-2011年負債總額占資產總額比率西南航空的固定資產都大於資產總額，這是由於西南航空的運量每年都在成長，飛機數量由2006年的481架，到2011年增加至698架，導致固定資產成本大增的緣故。

表10-29　2007-2011年長榮航空的資產負債表－垂直分析　　　　單位：百萬台幣

	2007年		2008年		2009年		2010年		2011年	
	金額	%	金額	%	金額	%	金額	%	金額	%
流動資產	27,700	19	21,412	15	25,588	17	34,374	23	32,841	24
固定資產	94,867	64	97,874	68	102,607	68	91,106	62	87,530	63
無形資產	109	0	82	0	238	0	150	0	301	0
其他資產	15,518	10	13,685	10	10,293	7	10,550	7	5,123	4
資產總額	149,138	100	143,254	100	149,937	100	148,030	100	139,246	100
流動負債	31,486	21	41,228	29	37,733	25	36,392	25	33,384	24
長期負債	70,767	47	74,085	52	78,143	52	69,055	47	64,952	47
其他負債	2,696	2	2,200	2	2,033	1	1,947	1	3,037	2
負債總額	104,950	70	117,512	82	117,910	79	107,394	73	101,373	73
股東權益總額	44,188	30	25,742	18	32,027	21	40,635	27	37,873	27

表10-30　2007-2011年西南航空的資產負債表－垂直分析　　單位：百萬美元

	2007年		2008年		2009年		2010年		2011年	
	金額	%	金額	%	金額	%	金額	%	金額	%
流動資產	4,443	26	2,653	19	3,358	24	4,279	28	4,345	24
固定資產	10,874	65	11,040	78	10,634	75	10,578	68	12,127	67
無形資產	0	0	0	0	0	0	0	0	970	5
其他資產	1,455	9	375	3	277	2	606	4	626	3
資產總額	16,772	100	14,068	100	14,269	100	15,463	100	18,068	100
流動負債	4,838	29	2,806	20	2,676	19	3,305	21	4,533	25
長期負債	2,050	12	3,498	25	3,325	23	2,875	19	3,107	17
其他負債	2,943	18	2,811	20	2,802	20	3,046	20	3,551	20
負債總額	9,831	59	9,115	65	8,803	62	9,226	60	11,191	62
股東權益總額	6,941	41	4,953	35	5,466	38	6,237	40	6,877	38

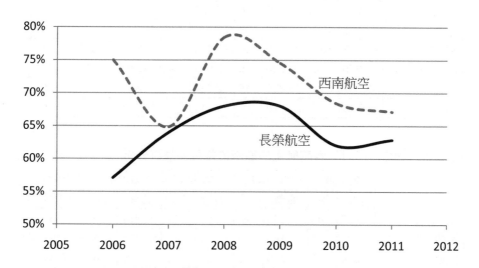

圖10-4　2006-2011年長榮航空及西南航空之固定資產／資產總額比率

由**表**10-31及**表**10-32長榮航空及西南航空的2007-2011年損益表－垂直分析中，得知西南航空及長榮航空的各項數據變化都不大，例如長榮航空的客運收益及貨運收益的比例都維持在50比40的規模，但是西南航空的營運收益幾乎都是來自客運。另外，2007-2011年長榮航空的營運成本與營運收益比平均為100.6%，而西南航空為95%，顯示西南航空的營運成本小於營運收益，這也是西南航空始終能夠維持獲利的原因。

最後，由扣除息稅前利潤及淨利來看，2007-2009年長榮航空都是負

表10-31　2007-2011年長榮航空的簡明損益表－垂直分析　　單位：百萬台幣

	2007年		2008年		2009年		2010年		2011年	
	金額	%	金額	%	金額	%	金額	%	金額	%
客運收益	48,956	53	50,057	55	43,950	60	56,397	54	59,510	58
貨運收益	38,238	41	35,310	39	24,207	33	41,294	40	36,564	36
其他	5,909	6	5,289	6	5,121	7	6,719	6	6,118	6
營運收益	93,103	100	90,656	100	73,279	100	104,410	100	102,192	100
營運成本	95,378	102	99,262	109	76,100	104	91,761	88	101,744	100
扣除息稅前利潤	-2,275	-2	-8,606	-9	-2,821	-4	12,649	12	448	0
淨利	-2,272	-2	-16,890	-19	-2,844	-4	12,017	12	209	0
每股盈餘	-0.48		-7.48		-1.14		3.69		0.06	

表10-32　2007-2011年西南航空的簡明損益表－垂直分析　　單位：百萬美元

	2007年		2008年		2009年		2010年		2011年	
	金額	%	金額	%	金額	%	金額	%	金額	%
客運收益	9,457	96	10,549	96	9,892	96	11,489	95	14,735	94
貨運收益	130	1	145	1	118	1	125	1	139	1
其他	274	3	329	3	340	3	490	4	784	5
營運收益	9,861	100	11,023	100	10,350	100	12,104	100	15,658	100
營運成本	9,070	92	10,574	96	10,088	97	11,116	92	14,965	96
扣除息稅前利潤	791	8	449	4	262	3	988	8	693	4
淨利	645	7	178	2	99	1	459	4	178	1
每股盈餘	0.84		0.24		0.13		0.62		0.23	

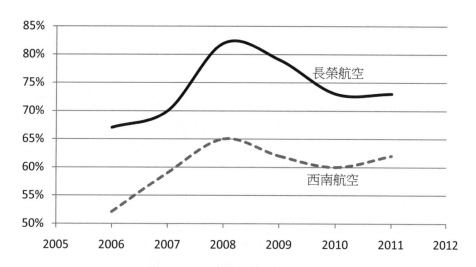

圖10-5　2006-2011年長榮航空及西南航空之負債總額／資產總額比率

值，反觀年西南航空則全是正值。

　　上述由資產負債表及損益表來做垂直及水平分析，可以看出公司在過去的營運當中有哪些方面值得注意，本節我們以西南航空及長榮航空的資產負債表及損益表的某些項目作為例子來說明，如果公司對於某些方面認為有必要做更進一步之分析，例如增加營運成本之細項，像是燃油成本、維修成本、折舊成本等，都可以做更細之劃分，而做垂直及水平分析的最終目的就是要瞭解自己的優缺點，以及與同業的標準比較是否達到。

第三節　破產指數預測

　　近年來由於資本市場的發達，在世界各國幾乎都有股票證券交易市場，而許多民眾也會選擇信用良好或是公司發展前景看好的公司進行

投資。然而在進行投資標的的選擇上，許多民眾不是聽信所謂名嘴的建議，就是盲目跟從大盤當中熱門個股買進，因此常會發生誤導投資錯誤最後遭致血本無歸。

為了能夠讓投資大眾能夠安心的對個股進行投資，愛德華‧阿特曼（Edward Altman）（1968）提出一個可以預估公司在兩年內會發生破產的公式，稱為Z分數（Z-score），也是一個預測公司財務是否健全的公式：

$$Z = 3.3\frac{EBIT}{total\ assets} + 1.0\frac{sales}{total\ assets} + .6\frac{market\ value\ of\ equity}{total\ book\ debt}$$
$$+ 1.4\frac{retained\ earnings}{total\ assets} + 1.2\frac{working\ capital}{total\ assets}$$

其中：

total assets：資產總額

sales：總收益

EBIT：營運利潤

retained earnings：保留盈餘

total book debt：帳面負債

working capital：營運資金

market value of equity：股東權益市值

由於上式是針對資產超過百萬美元的製造業所做的研究，用在非製造業，例如空運業可能會有失偏頗，因此在經過修正後，阿特曼再度發展出針對私人企業所做的Z分數，公式如下：

$$Z = 6.56 \frac{\text{working capital}}{\text{total assets}} + 3.26 \frac{\text{retained earnings}}{\text{total assets}} + 6.72 \frac{\text{EBIT}}{\text{total assets}}$$
$$+ 1.05 \frac{\text{market value of equity}}{\text{total book debt}}$$

其中營運資金除以資產總額，反映公司資產的變現能力。一個公司營運資本如果過少，顯示公司可能發生資金週轉不靈或出現短期償債危機。

保留盈餘除以資產總額，反映公司的累積獲利能力。因為保留盈餘是淨利減去全部股利的餘額。淨利越多，顯示公司支付股利的能力越大。

營運利潤除以資產總額，稱為總資產息稅前報酬率，反映一年中資產的獲利能力。股東權益市值除以帳面負債，反映公司的市場價值及償債能力，分母為流動負債加上長期負債的帳面價值，分子則以股票市場價值取代帳面價值，能夠客觀地反映實際的公司市值。

阿特曼的研究分析得出Z值與公司發生財務危機的可能性成反比，Z值越小，公司發生財務危機的可能行就越大；反之，Z值越大，公司發生財務危機的可能性就越小。

在經過運算後，所得到的Z分數值表示：

Z > 2.6：公司財務健全

1.1 < Z < 2.6：公司財務可能有潛在危險，但很難簡單說企業是否會破產；

Z < 1.1：公司財務不健全

總而言之，Z分數的值愈高，表示公司財務愈健全，但由於每個國家的經濟環境不同，判斷標準也不盡相同，因此在其他國家Z分數的值應僅供參考。

 第四節　國籍航空公司各項財務比率分析

在第一節我們挑選出四種分析財務報表的方法：獲利能力、流動資金、長期風險及經營能力。本節我們將這四種方法針對國籍航空公司做進一步之比較分析。

一、獲利能力

2007-2009年中華航空、長榮航空營運邊際利潤率及淨邊際利潤率都是負值，表示營運都是虧損，2008年尤其嚴重，顯示高漲的油價確實會對航空公司造成傷害；中華航空、長榮航空在2010年的營運邊際利潤率高達10%以上，比IATA公布全球航空公司的2.9%高出甚多，然而2011年中華航空營運邊際利潤率及淨邊際利潤率都是負值，長榮航空則勉強維持在正值，但是也幾乎無利可圖。

2007-2009年中華航空、長榮航空資產報酬率及股東權益報酬率始終都是負值，表示公司不能夠利用資產創造利潤，而股東的投資都遭受損失；中華航空、長榮航空在2010年的資產報酬率及股東權益報酬率都是正值，長榮航空的股東權益報酬率高達33.1%，股東的投資獲利豐碩，但在2011年中華航空的資產報酬率及股東權益報酬率又迅速跌至負值，長榮航空的資產報酬率及股東權益報酬率也只剩下0.15%及0.53%，勉強打平。

資產週轉率的值愈高，表示企業利用資產產生的收益就愈高，有趣的是2009年的資產週轉率居然較2008年更低，最主要的原因是受到歐洲金融風暴影響，導致全球航空公司的收益乘客公里（RPK）及可用座位公里（ASK）都下滑的影響。

由圖10-6到圖10-10獲利能力的各項指標顯示，2007-2011年長榮航空的獲利能力幾乎都高於中華航空，在資產週轉率方面更是大幅領先，由此看出長榮航空的獲利能力優於中華航空。

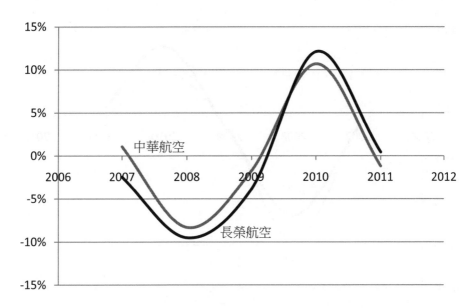

圖10-6　2007-2011年中華航空、長榮航空的營運邊際利潤率

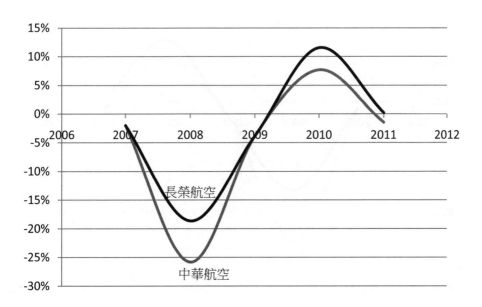

圖10-7　2007-2011年中華航空、長榮航空的淨邊際利潤率

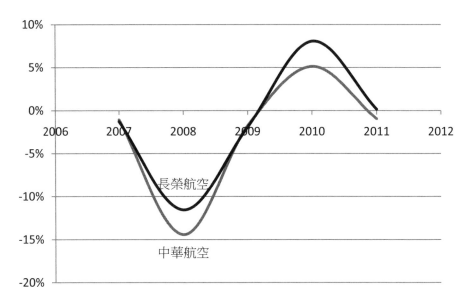

圖10-8　2007-2011年中華航空、長榮航空的資產報酬率

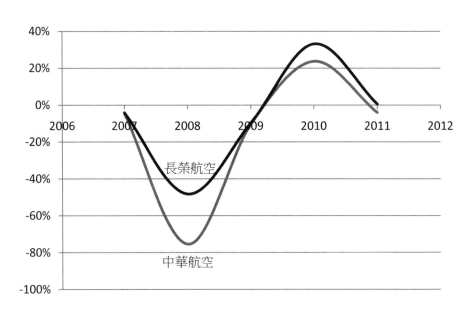

圖10-9　2007-2011年中華航空、長榮航空的股東權益報酬率

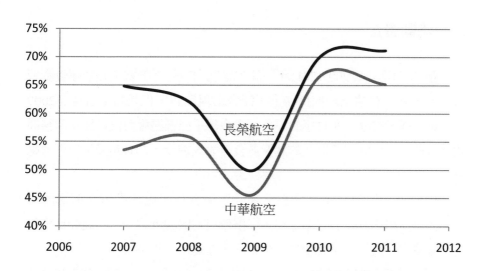

圖10-10　2007-2011年中華航空、長榮航空的資產週轉率

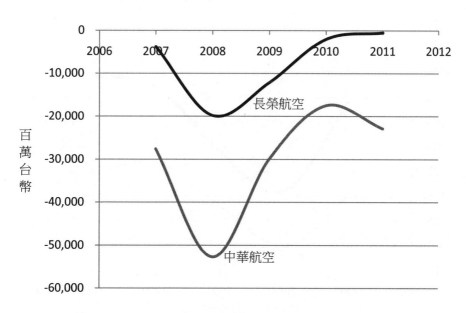

圖10-11　2007-2011年中華航空、長榮航空的營運資金

二、流動資金

　　圖10-11顯示從2007-2011年不論中華航空或是長榮航空淨營運資金皆為負值，表示在償還短期債務上可能會出現問題。但是長榮航空自2009年開始有逐步改善，2011年的淨營運資金幾乎已經擺脫負值，顯示債務問題已有改善，反觀中華航空的狀況並沒有太大進步，2011年又呈現下滑趨勢。

　　由於流動比率是用來分析一家公司流動負債由流動資產償還的比率，流動比率愈高，表示該公司短期償債能力的強度越強，而速動比率是將流動資產在短期內不易變現部分扣除，在運用上更為嚴苛。

　　圖10-12和圖10-13顯示，無論是中華航空或是長榮航空2007-2011年的流動比率及速動比率皆小於1，但是長榮航空的流動比率及速動比率有趨近於1的趨勢，顯示問題逐漸改善中，但中華航空的流動比率及速動比率並沒有太大改善，顯示在償還短期債務上可能會出現問題，必須立即做出改善。

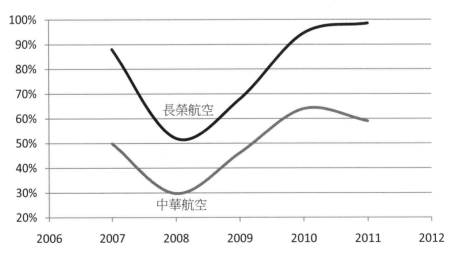

圖10-12　2007-2011年中華航空、長榮航空的流動比率

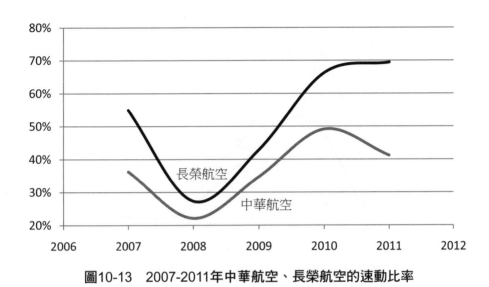

圖10-13　2007-2011年中華航空、長榮航空的速動比率

　　由圖10-10到圖10-12流動資金的各項指標顯示，2007-2011年長榮航空的流動資金能力幾乎都高於中華航空，在營運資金方面更是優於中華航空。

三、長期風險

　　負債股東權益比愈高，公司依賴債務融資的程度愈高。因為空運業是資本密集行業，所需向外借貸資金比例本就偏高，2007-2011年中華航空、長榮航空的負債股東權益比皆大於2，2008年中華航空的負債股東權益比更高於6，實屬偏高（圖10-14）。

　　負債資產比沒有將股東權益考量在內，顯示的是運用負債來增購公司資產的情形。如果比率小於1表示公司資產可以不依靠向外界舉債獲得，2007-2011年中華航空、長榮航空的負債資產比皆小於1，舉債情形應屬正常（圖10-15）。

　　利息保障率主要是在分析一家公司以營業活動所產生的盈餘用來支

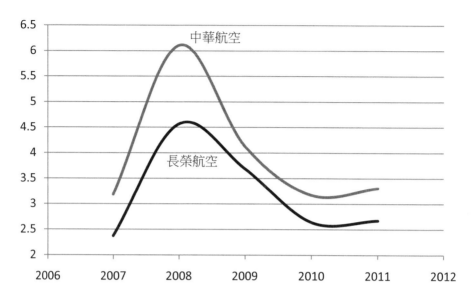

圖10-14　2007-2011年中華航空、長榮航空的負債股東權益比

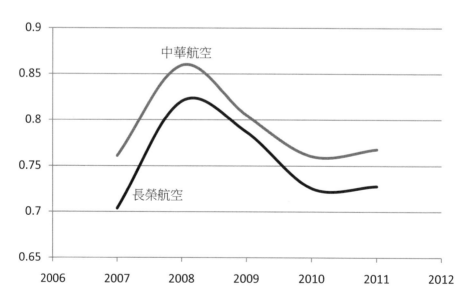

圖10-15　2007-2011年中華航空、長榮航空的負債資產比

付利息費用的能力，該比率越高，表示該公司以營業活動獲利支付借款利息的能力越強。**圖10-16**中除了2010年利息保障率高以外，其餘幾年都小於1，2008年更是出現負值，顯示在償還銀行利息上可能出現問題。

四、經營能力

應收帳款週轉率是瞭解公司收到信用交易帳款的效率，應收帳款週轉率愈高對公司愈好，愈低則表示在收信用交易帳款方面欠缺效率。2007-2011年中華航空、長榮航空的應收帳款週轉率維持在9-14次之間（**圖10-17**），比2011年西南航空的48.63次及美國航空的29.24次為低。

平均收現日數是瞭解公司多久可以收到信用交易帳款，平均收現日數愈低對公司愈好，愈高則表示在收信用交易帳款方面欠缺效率，2007-2011年中華航空、長榮航空的平均收現日數在26-41日之間（**圖10-18**），比2011年西南航空的23日次及美國航空的16日高。

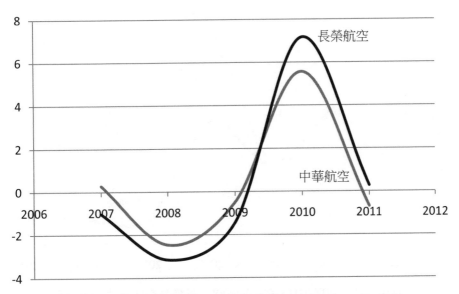

圖10-16　2007-2011年中華航空、長榮航空的利息保障率

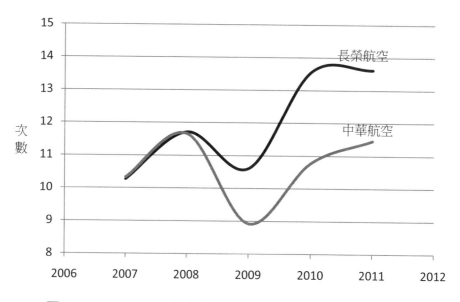

圖10-17　2007-2011年中華航空、長榮航空的應收帳款週轉率

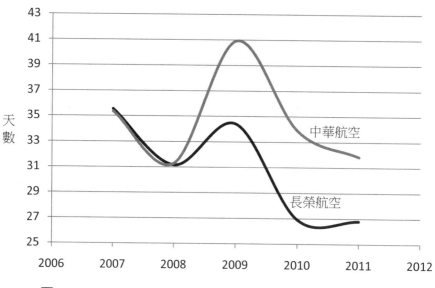

圖10-18　2007-2011年中華航空、長榮航空的平均收現日數

　　圖10-19及圖10-20應付帳款週轉率及平均付現日數主要是探討公司管理應付帳款時間的長短,週轉率愈高表示公司付給供應商帳款愈快,愈低則表示公司付給供應商帳款愈慢。而平均付現日數愈長,表示能將資金留在公司內部運用的時間愈長,換句話說,比較不會發生每天都需要籌錢去還債的問題。圖10-20顯示2007-2011年長榮航空的平均付現日數超過56日,比中華航空的平均47日多9日,顯示長榮航空的應付帳款的時間壓力較低。

　　如前所述,對一般公司來說,存貨週轉率是一個象徵營運能力好壞相當重要的指標,但是對航空公司來說卻並不一定適用,這是因為航空公司的座位無法儲存作為存貨。因此在計算存貨週轉率時,是用維修成本項目作為銷貨成本,計算出的存貨週轉率及平均銷貨日數,很難清楚解釋航空公司經營能力的好壞,因此本項目只適合用做參考。圖10-21及圖10-22分別是2007-2011年中華航空、長榮航空的存貨週轉率和平均銷貨日數。

　　綜合獲利能力、流動資金、長期風險及經營能力等四種航空公司的財務比率分析之結果,發現長榮航空的各項指標幾乎都較中華航空為

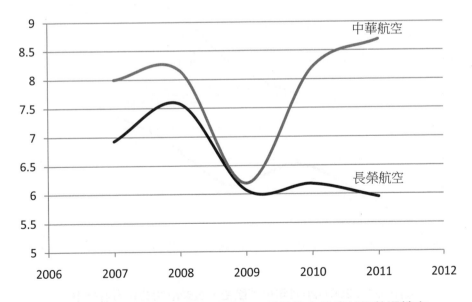

圖10-19　2007-2011年中華航空、長榮航空的應付帳款週轉率

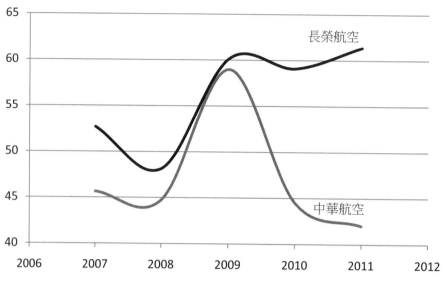

圖10-20　2007-2011年中華航空、長榮航空的平均付現日數

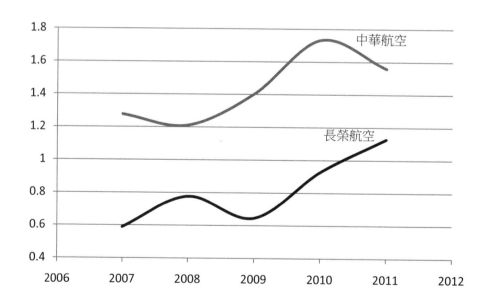

圖10-21　2007-2011年中華航空、長榮航空的存貨週轉率

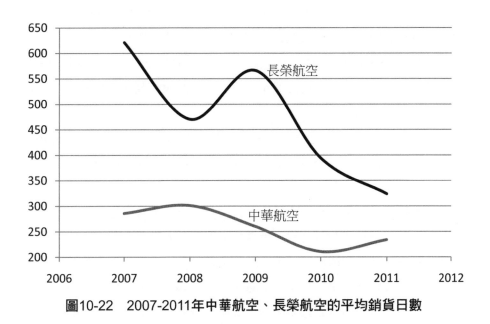

圖10-22　2007-2011年中華航空、長榮航空的平均銷貨日數

佳，因此可以合理預期未來長榮航空的營運將會逐漸超越中華航空。

　　最後一項指標，就是破產指數預測，我們用阿特曼針對私人企業所做的Z分數公式：

$$Z = 6.56 \frac{\text{working capital}}{\text{total assets}} + 3.26 \frac{\text{retained earnings}}{\text{total assets}} + 6.72 \frac{\text{EBIT}}{\text{total assets}}$$

$$+ 1.05 \frac{\text{market value of equity}}{\text{book value of debt}}$$

total assets：總資產

EBIT：營運利潤

retained earnings：保留盈餘

book value of debt：帳面負債

working capital：營運資金

market value of equity：股東權益市值

航空經濟概論

股東權益市值就是市場股票價值乘上公司發行在外之股數。2011年12月31日長榮航空股票每股19.2元，中華航空股票每股13.2元。長榮航空發行股數32,589,450股，中華航空發行股數46,316,224股，計算得出長榮航空股東權益市值625.7174百萬元，中華航空股東權益市值611.3742百萬元。

帳面負債可以從資產負債表中求得，包括應付短期票券（notes payable）、應付帳款（accounts payable）、一年內到期公司債、一年內到期長期負債及超過一年之長期負債。

如果按照前述當Z < 1.1時，表示公司財務不健全有發生破產危機，那中華航空及長榮航空的財務狀況應當是不理想，尤其是中華航空的財務更是屬於隨時會破產的情形。若再做進一步之分析，可以發現中華航空的資產變現能力（營運資金除以資產總額），是造成Z分數出現負值的主要因素，顯示中華航空的營運資本過少，公司隨時都有可能發生資金週轉不靈或出現短期償債危機（**表**10-33、**表**10-34）。

表10-33　2007-2011年中華航空、長榮航空的Z分數

	中華航空	長榮航空
2007	-0.65	-0.26
2008	-2.29	-1.69
2009	-1.04	-0.72
2010	0.06	0.76
2011	-0.72	0.15

表10-34　2011年中華航空、長榮航空及西南航空的Z分數細項分析

	營運資金／資產總額	保留盈餘／資產總額	營運利潤／資產總額	股東權益市值／帳面負債	Z分數
中華航空	-0.740	0.067	-0.052	0.004	-0.720
長榮航空	-0.026	0.148	0.022	0.006	0.150
西南航空	-0.068	0.973	0.258	0.649	1.812

CHAPTER **11**

飛機租賃與購買

　　飛機租賃可以說是起源自1970年代，當民用航空業開始蓬勃發展的同時，而造成飛機租賃行業興起的最大因素就是航空業本身需要大量的資金營運的特點，對於航空公司來說，除了飛機本身的價格高昂外，其他如人員、裝備、設施、場站、維修等，也都需要大量資金來運作。為了能夠賺取更多利潤，全球航空公司無不想盡辦法將成本降低，因此價格高昂的飛機自然就成為航空公司想要做到節省成本的首選，而將以往的用大量資金購買飛機的做法改為向飛機租賃公司租賃，既能達到有飛機可供營運又能夠達到節省資金的目的，可說是一舉兩得，也受到航空公司的喜愛，由於商機龐大當然也就造就了飛機租賃公司的快速成長。

✈ 第一節　緒論

　　由於航空公司如果將以往的用大量資金購買飛機的做法，改為向飛機租賃公司租用，可以讓航空公司輕易地將多餘的資金挪作他用，因此導致全球飛機租賃業快速興起。航空公司採取飛機租賃方式的原因很多，其中最重要的是對於資金的運用可以有更多選項。如前所述，由於商機龐大導致飛機租賃公司的成長快速，目前通用電氣金融航空服務公司（GE Capital Aviation Services, GECAS）以及國際租賃財務公司（International Lease Finance Corporation, ILFC）是全球最大的兩家飛機租賃公司。

　　通用電氣金融航空服務公司於1993年在美國康乃狄克州（Connecticut）成立，主要負責提供全球航空公司民航機之租賃，擁有超過1,700架商用客機，在全球75個國家有大約220個顧客。國際租賃財務公司則是在1973年由萊斯利·甘達（Leslie Gonda）、路易斯·甘達（Louis L. Gonda）父子及史提芬·烏伐希斯（Steven F. Udvar-Hazy）成立，1990年被美國國際集團（AIG）併購，ILFC擁有超過1,000架各式商用客機，並且已經向空中巴士預定229架高燃油效益A-320新型客機，在全球80個

國家有大約200家航空公司是ILFC的顧客。

根據航太及防禦新聞（Aerospace & Defense News）在2013年2月12日的報導，2011年全球商用客機租賃市場高達2,330億美元，而儘管全球經濟仍然未能完全恢復，但是由全球商用客機租賃市場發達的情況看來，未來的幾年商用客機租賃市場將仍會持續蓬勃發展。

對於航空公司的營運來說，商用客機租賃在資金的運用上非常重要，這是因為商用客機的售價昂貴，例如波音公司網站公布2012年一架737-800商用客機要價8,910萬美元，而空中巴士網站公布2013年一架A320neo商用客機要價9,150萬美元，至於一架747-8商用客機要價3億5,140萬美元，而一架A380-800要價更高達4億390萬美元。而航空公司按照其營運規模大小，擁有飛機數量可能高達數百架，例如到2011年底為止西南航空共有698架商用客機，如果全部用自有資金購買，恐怕沒有一家航空公司能夠拿出如此豐厚的資金，而即使是向銀行借貸，由於金額龐大，即使是利息的支出也將會成為航空公司的一大負擔。

在這種要購置飛機加入營運，但卻又無法或是不願負擔龐大債務的狀況下，航空公司將購買飛機的方式改為租賃，將原本需要一次付出龐大購機成本，變成為按月支付租金，在營運資金的調度上當然是一大解脫。其次，航空公司的營運並非都是滿載，換句話說，航空公司的營運是會受到季節性因素影響，而有所謂的淡旺季之分，因此如果以旺季時的載客量來計算需要飛機的架數，很可能會發生在淡季時有許多飛機因為載客量太低，而發生閒置的情形，對於成本龐大的商用客機而言，將會造成一筆龐大的損失。而如果維持一定數量飛機，當尖峰時刻來臨時，以租機方式向租機公司租用，而在尖峰時刻過去後，可以將飛機歸還，避免因龐大機隊運用不當造成浪費。

另外，當航空運輸業陷入景氣循環谷底時，航空公司對於飛機的需求相對減低，會造成飛機租賃公司的飛機過剩，此時如果採取租機策略，應當可以獲得相當優渥之折扣優待；最後，向飛機租賃公司租機，在

合約到期要換約時，可以向飛機租賃公司要求將老舊飛機更換成為新型飛機，節省可觀的維修經費。

　　就在全球航空公司對於飛機租賃的需求日益增加之際，威明頓信託公司（Wilmington Trust）副總裁派翠西亞・依凡（Patricia Evans）在探討航空公司選擇採取租機策略正確與否時，指出採取租機策略的確可以為航空公司帶來若干好處，但是也與公司的能力及實際需求密切相關，派翠西亞指出下列幾點是航空公司應當考慮的情形：

一、掌控及彈性

　　派翠西亞認為如果自己擁有飛機，那航空公司幾乎可以完全掌控飛機的所有使用權，而且根據市場出售二手機的殘餘價值，公司可以訂定出使用年限及分年攤提折舊費用。然而相對於租賃飛機，自己擁有飛機就缺乏彈性，例如當飛機使用年限過久變得老舊，或是隨著時間發展公司的營運產生變化，需要有不同運量的飛機時，若飛機是自己擁有的，想要更換就相當困難。另外，購買飛機需要有一筆為數不小的頭期款，可能會榨乾公司的營運資金，對於資產負債表上的負債股東權益比當然也會升高。更糟的狀況是，由於購買飛機產生的費用支出，可能會高於租賃飛機衍生的費用，這些都是航空公司不願意自己購買飛機的原因。

　　相對於自己擁有飛機，一個理想的飛機租賃合約就顯得相當有彈性，最簡單的就是透過合約可以讓航空公司對於飛機的使用與否更加容易，例如當航空公司只是想短暫使用飛機時，可以簽署短期合約，另外所有因為擁有一架飛機所需擔負的風險，飛機承租人都不需要承受。

　　從稅務角度來看，若是自己擁有飛機，公司可以訂定使用年限及分年攤提折舊費用，當然也可以藉著折舊費用的編列獲得額外的稅款折扣，達到節稅目的。此外，如果採取租賃飛機的方式，航空公司資產負債表上的現金流量也可以降至最低，因為此時航空公司僅有飛機的使用

權，而飛機也不會成為公司的資產，因此也不會需要支付因為借貸而產生的利息。據派翠西亞表示，目前全球航空公司使用的商用客機中，約有一半是來自租賃。

傅來德‧史坦戈爾德（Fred S. Steingold）（2012）對於裝備的獲得，應當用購買或是租賃的方式提出了個人的看法，他認為沒有一個標準答案，必須要視當時的狀況而定，如果企業主的資金有限，或是該項裝備會在短時間內需要升級，那以租賃的方式可能是一個較佳選擇；但是若該項裝備一用就是數十年，或許以購買的方式會是一個較佳選擇。然而每個行業都有不同特性，因此用購買或是租賃的方式獲得裝備，必須以個案的方式來做探討。

二、租賃資產方式之優缺點

傅來德認為用租賃的方式有下列之優缺點：

(一)租賃資產的優點

◆頭期款較低

用租賃的方式獲得資產最大的優點就是在一開始不需支付大筆成本，這是因為租賃可以按照期程來支付租金，因此對於企業的現金流不會造成太大衝擊。

◆稅金可以扣抵

在許多國家支付的租金會當成費用，可以從納稅申報表當中扣除。

◆靈活度高

用租賃的方式獲得資產，比用貸款方式更容易也更有彈性，尤其是當企業的債信不良，或是想要獲得更長時間貸款來降低成本時，用租賃的方式更顯得有意義。

◆增加信用貸款的運用彈性

將原來購買飛機成本改為租賃，對於航空公司原來獲得之信貸額度絲毫不會發生影響，因此可以將節省下來之信貸額度挪作其他用途。

◆容易將裝備性能提升

租賃可以讓企業更容易處理裝備性能提升問題，例如企業用租賃方式獲得電腦或是高科技裝備，很可能在一段時間後這些裝備就會過時，這時企業只要用一紙新的合約將裝備更換，那些惱人的裝備老舊問題就會迴歸到資產所有人身上，企業可以在合約到期後重新獲得新的裝備。

◆保留更多營運資金

以租賃方式來獲得飛機，可以減少大量資金的流出，也可以保留更多的營運資金來處理航空公司非計畫性之支出。

◆改善公司現金流

以租賃方式來獲得飛機裝備，現金流的支出相對較少，無形中可以讓公司的現金流獲得改善。

◆快速、容易及能夠負擔

目前租賃市場發展非常快速，設計的租賃流程對於承租人來說相當快速、簡單及比企業本身去尋求資金借貸更要省錢，可以將承租人的風險降至最低。

◆美化資產負債表

租賃飛機也可以將資產負債表上的長期借貸金額降低，因為按照會計法則，許多公司會將租金當成為費用，而非債務，因此可以將長期借貸金額降低，將資產負債表的帳面美化。

(二)租賃資產的缺點

◆ 獲利與否，均需支付租金

在承租期間，不論營運是否獲利，承租人都必須要支付租金

◆ 提前解約須支付賠償金

雖然某些租賃合約會同意當發生無法抗拒之情事，可以解除租賃關係；但大多數租賃合約對於提前解約都會要求承租人必須付一筆數目龐大的提前終止契約賠償金。

◆ 需求成長時，可能需付出較高租金

與市場供需原理類似，當租機市場需求大時，例如全球經濟復甦，航空運輸業需求成長快速時，承租人（航空公司）可能需要付出較高的租金才能夠租到飛機。

◆ 額外的負擔

租約到期要將飛機歸還給租機公司時，承租人（航空公司）可能要支付一筆費用將飛機回復到租約開始時的原貌，對承租人造成額外的負擔

三、購買資產方式之優缺點

相對於資產租賃來說，以購買方式獲得資產有下列之優缺點：

(一)購買資產之優點

◆ 有所有權

以購買方式獲得資產最明顯之優點就是擁有所有權，尤其是當該項裝備的生命週期比較長，並且比較不容易產生老舊過時問題之裝備，例如家具或是農場耕耘機具。

◆稅金誘因

美國國內稅收法（Internal Revenue Code, IRC）179條款允許企業購買某些新資產在第一年可以完全抵稅，在2012年及2013年，企業購買某些新資產可以抵繳稅金額度高達500,000美元，例如企業以100,000美元購買某些新資產，假設稅率為25%，那扣除掉稅金部分，企業實際只需支付75,000美元。

◆折舊也可以抵稅

幾乎所有企業購買的機器設備都可以透過折舊方式來扣抵稅金。

(二)購買資產之缺點

◆頭期款大小與資產價值成正比

雖然購買資產擁有資產所有權，以及能夠獲得折抵稅金的好處，但是購買機器設備時往往需要支付一筆為數不小之款項，例如購買價值昂貴之民航客機，需支付之頭期款對航空公司來說絕對是一個沉重的負擔；另外，企業可以借貸金額也有一定額度，任何一筆貸款都會壓縮信用貸款的額度，對於企業未來財務營運會造成影響。

◆面臨裝備老舊問題

擁有資產所有權是好處可能也是壞處，尤其是購買價格昂貴的科技產品時，企業必須冒著該項資產設備可能會因為技術更新，而面臨老舊過時的命運，更糟糕的是某些價格昂貴的科技產品可能會在使用壽期結束前，就已經需要重新更換，而過時的科技產品幾乎沒有剩餘殘值可言。

第二節　商用客機租賃合約種類及限制

由前述得知對於增加航空公司在資金運用的彈性上，商用客機租賃

扮演著重要的角色。由於商用客機要價昂貴，幾乎所有的航空公司如要購買飛機都需要向外舉債，因此當資金籌措困難或是面臨全球經濟不景氣時，商用客機租賃往往就會成為航空公司獲得飛機的重要途徑，然而市場上相關之商用客機租賃合約有相當多種，航空公司應當如何選擇才可以發揮最大效益，就成為航空公司的重要課題。

近年來商用客機租賃市場日益壯大，而租賃市場的存在對於航空公司、飛機製造業及商用客機租賃業三方都可以獲利，創造了三贏局面。

根據財務字典對於租賃（lease）的定義是：兩造之間達成的同意，其中一方在收取若干費用後，允許另外一方在一段特定時間內使用特定資產的權利。畢捷·瓦賽等人（2010）表示，租賃是出租人在收取費用後，同意在一段特定時間內將資產使用權利轉移給承租人（lessee）的協議。在1980年代之前，航空公司普遍採用購買飛機的方式；但到了1990年代，航空公司採用租賃商用客機的方式逐漸普及，尤其是新成立的航空公司更喜歡用租賃的方式。

一、常見之購機財務獲得方式

全球市場上有許多種不同的租賃契約，企業可以根據本身所需選擇適合自己的租賃契約。對於航空公司來說，由於客機的造價昂貴，而機隊的組成少則數十架，多則數百架飛機，例如中華航空到2013年4月為止，有客、貨機共73架；西南航空2013年3月為止，有574架波音737客機。光由飛機數量來看，就知道如果完全由航空公司自己出資購買客機組成機隊，恐怕沒有一家航空公司做得到。好在客機使用年限長，航空公司可以利用租賃契約的方式來獲得飛機，因此對於財務上的壓力可以獲得舒緩，對於航空公司如何獲得他們的機隊呢？《航空財務期刊》（*Airfinance Journal*）列出了一些航空公司透過外界財務資助獲得機隊的方式：

(一)現金

對於資金雄厚的航空公司（例如西南航空），用現金購買飛機應該還是最便宜的方式。然而問題是如果動用所有的現金去購買飛機，一旦遭遇景氣低迷，需要有大筆資金來應急時，航空公司將會面臨無現金可供運用的窘境。

(二)營運租賃（operating lease）及售後租回

與常見的租車類似，出租公司不是向飛機製造商購買飛機，就是航空公司先將飛機賣給出租公司，並隨即以租機方式向出租公司租回，稱為sale-leasebacks。承租人（航空公司）利用營運租賃，可能是在營運旺季時需要租借幾個月，也可能是按月付租金而租借三至五年。選擇營運租賃可以增加航空公司彈性，但是飛機的日常營運、維護費和保險費是由承租人支付，租賃到期時退還飛機，因此租金費用相當高。

營運租賃中又可分為濕租（wet lease）和乾租（dry lease），濕租指出租公司除了提供飛機的資金融通外，也提供所需的飛機（aircraft）、機組員（complete crew）、維修（maintenance）及保險（insurance）（簡稱為ACMI）等方面的支援，承租人可以節省大量生產準備投資。乾租是僅僅租賃飛機，不包括機組員和零附件，承租人必須自己提供機組員及維修服務。

(三)銀行貸款（bank loans）或是融資租賃（capital lease）

就像是房屋貸款一樣，航空公司用飛機當抵押品向銀行貸款，而如果因為週轉不靈導致航空公司無法按時償還貸款，此時銀行有權逕行將飛機做處分（拍賣），但是由於航空公司的貸款金額太高，為了降低風險，銀行常會找尋其他銀行進行聯合貸款（亦即將航空公司的貸款拆成幾分）。此種模式就是所謂的銀行團貸款（syndicated loan），由一家或數家銀行帶頭，多家銀行參與組成的銀行集團，由兩位或以上貸款銀行按相

同的貸款條件，共同向一位或以上借款人提供貸款，並簽署同一貸款協定的貸款業務。一般銀行團貸款的期限較長，大約在十二年左右。

融資租賃與貸款類似，航空公司按期繳付租金，而在租約期滿後飛機的所有權歸航空公司所有，相當類似我們用分期付款購買房子，通常銀行會按飛機價值提供85%的貸款，航空公司會用現金支付剩下的15%，這部分又稱為股東權益（equity）。

(四)出口信用貸款（export credit guaranteed loans）

製造一架飛機不是只靠少數人就能夠做到，像空中巴士客機就至少有法國、德國及英國的參與，而飛機賣到世界各地不同的國家，也會依照國情的不同，會有不同程度風險的發生，為了降低債信不良國家可能發生違約的風險，製造飛機國家的政府就需要對出口飛機提供保證。例如阿富汗航空（Ariana Afghan Airlines）想要購買波音客機，恐怕很少銀行願意對這個被列為風險極高國家的航空公司進行貸款，這個時候美國進出口銀行（Export-Import Bank of the United States, Ex-Im Bank）就有責任出面擔保這筆貸款。當銀行將錢貸給阿富汗航空後，果真發生阿富汗航空付不出租金的情事時，進出口銀行就要出面彌補銀行遭遇的損失。

通常出口信用貸款最多會負責償還高達85%飛機價值的貸款金額。當發生經濟衰退，銀行不敢同意貸款時這種模式的貸款就更顯重要。

(五)減稅租賃（tax leases）

每個國家的政府都會希望他們的產業具有競爭力，而改善企業競爭力的一個好辦法就是能夠獲得先進的設備。但由於購買先進的設備需要有大量資金，為了鼓勵企業進行投資，許多國家政府往往會採取減稅措施（例如折舊就是一種減稅的方式）。但問題是光靠折舊補貼，對航空公司來說想要產生足夠獲利是不夠的，因此航空公司會選擇將飛機出售再租回來的方式，把上述好處轉嫁給需要支付大筆稅金的公司或個人，而這些

投資者大多只會支付15%的飛機價款，剩餘的部分則會由銀行團來負責借貸，此種租賃模式又稱為槓桿租賃（leverage leases）。

(六)飛機製造商支援（manufacturer support）

大多數飛機製造商並不喜歡對飛機進行融資，但是有時候為了要達成將飛機出售的目的，也會不得不接受以融資方式出售飛機。最典型的就是飛機製造商以融資租賃或是營運租賃的方式將飛機租借給航空公司。

(七)增級設備信託憑證（enhanced equipment trust certificates, EETCs）

是一種由航空公司發行債來購買飛機的模式。作法是航空公司會先成立一個具有特殊目的的公司（special purpose company），又稱為SPV（唯一的目的就是擁有飛機），SPV會發行債券給投資大眾，接著將出售債券募集到的資金向航空公司購買飛機，接著再透過售後租回的方式將非交還給航空公司，接著航空公司會按時付租金給SPV，SPV再將利息發給購買債券的投資大眾。

據2013年4月25日《星島日報》的報導，加拿大航空公司（Air Canada）就以私募（private offering）方式發行A、B和C三種級別的EETC，融資7.145億美元，購買五架波音777客機，而在美國，各航空公司使用EETC融資已有二十年之久的歷史。

二、主要飛機租賃方式

租賃市場對於航空運輸業（包括航空公司及飛機製造商）的發展影響非常大，一般來說，商用客機的租賃交易包括有：(1)出租人：商用客機租賃公司、由財團機構成立具有特殊目的的公司、飛機製造商的子公司；(2)承租人：航空公司；(3)飛機製造商、保險公司等。雖然根據《航

空財務期刊》報導，航空運輸業有多種不同之租賃模式，然而由不同航空公司之報導顯示，全球航空公司最常使用的飛機租賃有兩種：融資租賃及營運租賃。

融資租賃通常租期較長，而在租約結束後，出租資產的所有權會移轉到承租的航空公司手中。營運租賃的租期較短，而出租人始終保有出租資產的所有權。由於航空公司在採用融資租賃及營運租賃時對於公司的營運，尤其是對於在財務報表上的數據有不同程度的影響，因此對於如何區分融資租賃及營運租賃就成為航空公司必須先要瞭解的課題。

根據美國財務會計標準報告書第13號（Statement of Financial Accounting Standards No. 13, FAS 13）的規定，區分融資租賃及營運租賃有四個準則：

1.租約期滿後，資產所有權有沒有移轉給承租人之條款。
2.租約有沒有包含可以用優惠購買權（bargain purchase option）（優惠價格是指在租約到期時，遠低於市場公允價值之價格）。
3.租約年限是否大於75%租用資產經濟使用年限。
4.租約生效時，最小租金（minimum lease payments）的現值（present value）是否大於或等於90%的當時租賃資產市場公允價值（fair value）。

只要上述四項準則當中有一條滿足，該項租賃即屬於融資租賃，若否，則是營運租賃。而準則4中所謂的公允價值又稱合理價值，是指產品或服務在公開自由市場上出售的價格。在此類市場，買賣雙方都掌握有相關的資訊，且交易是在自由意願基礎上進行。

圖11-1是以圖示方式告訴我們如何用上述四個測試準則（criteria）來區分融資租賃及營運租賃，而只要滿足其中任何一個條件外，再加上具備不可取消（noncancelable）特性，該項租賃即屬於融資租賃，否則就是營運租賃。以下舉例子來說明。

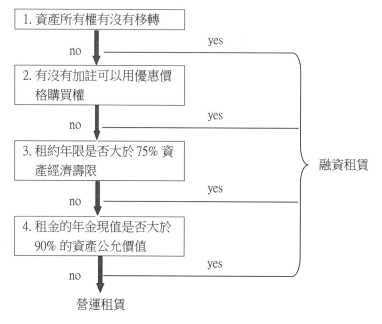

圖11-1　融資租賃及營運租賃區別圖

假設小民想要向租車公司租TOYOTA CAMRY2.0轎車一台（見租賃報價單），如果用現金購買需要849,000元，如果向租車公司租賃每月租金15,500元，租期三年，若向銀行貸款購買汽車年利率為6%，估計三年後汽車公允價值為550,000元，假設一部汽車之使用經濟年限為十五年，租約上無載明租約到期資產所有權可以移轉，試按四個測試準則檢驗是融資租賃或是營運租賃。

解答：

一、資產所有權移轉─無。

二、租約無載明租約到期可以用優惠價格購買資產，不符合。

三、以租約期限三年除以資產經濟年限十五年等於20%小於75%，不符合大於75%資產經濟壽限。

436

汽車租賃股份有限公司

CARPLUS AUTO LEASING CORPORATION

104台北市中山區濱江街
電話：(02)
傳真：(02)

報　價　單
Quotation

Binjiang St., Jhongshan District,
Taipei City 104, Taiwan (R.O.C.)
TEL：(02)　　　；FAX：(02)2515

張先生　　　　　　台啟　　　　　　　　　　　　　　　　2013年5月22日

租賃品名 Description	年份 Year	排氣量 CC	車輛牌價 Vehicle	數量 QTY	每輛月租金 Monthly Rental	租期(月) Period	保證金 Deposit	備註 Remarks
TOYOTA CAMRY2.0E	2013	2000	849,000	壹	$15,500	36	$170,000	期滿還車
LUXGEN SEDAN2.0旗艦型	2013	2000	910,000	壹	$15,500	36	$185,000	期滿還車
	2013			壹		36	$0	期滿還車
	2013			壹		36	$0	期滿還車

月租金說明：
1.月租金額含：
(A)牌照稅、燃料稅、監理規費、車輛檢驗費
(B)保養維修費：保用里程：每月1,112公里內，每40,000公里更換4條胎
　　依照原廠原訂之定期保養及消耗性零組件之更換與維修服務
(C)加裝配備：隔熱紙
(D)保險費：車損險：乙式免自負額
　　　　　　竊盜險自負額10%　　　　　　　強制險
　　　　　　第三人責任傷害：400萬/800萬　　第三人責任財損：100萬
　　　　　　駕駛險：每人100萬　　　　　　　乘客險：每人100萬
(E)代步車(同等級)服務：含 檢修接送、維修代步、出險代步、失竊代步。

四、代入每月租金15,500元，求出租金的年金現值＝pv (rate, nper, pmt) = pv (0.06/12, 36, 15500) = 493,065元小於90%的資產公允價值（764,100元）。

　　根據上述四個測試準則計算結果，各項條件都不符合，此項租賃是營運租賃。

例題11.2

　　與例題11.1的條件相同，租車公司將每月租金調高至22,900元，租期三年，但是租約上載明期滿後可以用250,000元購買該車，其餘條件不變，試按四個測試準則檢驗是融資租賃或是營運租賃：

租賃品名 Description	年份 Year	排氣量 CC	車輛牌價 Vehicle	數量 QTY	每輛月租金 Monthly Rental	租期(月) Period	保證金 Deposit	備註 Remarks
TOYOTA CAMRY2.0E	2013	2000	849,000	壹	$22,900	36	$250,000	期滿汰舊
	2013			壹		36		期滿汰舊
	2013			壹		36		期滿汰舊
	2013			壹		36		期滿汰舊

汽車租賃股份有限公司
CARPLUS AUTO LEASING CORPORATION

報　價　單
Quotation

104台北市中山區濱江街
電話：(02)2518
傳真：(02)2515

Binjiang St., Jhongshan District,
Taipei City 104, Taiwan (R.O.C.)
TEL:(02)2518　; FAX:(02)2515

張先生　　　　台啟　　　　　2013年5月22日

月租金說明

1. 月租金額含：
   (A)牌照稅、燃料稅、監理規費、車輛檢驗費
   (B)保養維修費：保用里程為每月1,112公里內，每40,000公里更換4條胎
      依照原廠所訂之定期保養及消耗性零組件之更換與維修服務
   (C)加裝配備：隔熱紙
   (D)保險費：車損險：乙式免自負額
      竊盜險自負額10%　　　　　　　強制險
      第三人責任傷客：400萬/800萬　　第三人責任財損：100萬
      駕駛險：每人100萬　　　　　　　乘客險：每人100萬
   (E)代步車(同等級)服務：含 檢修接送、維修代步、出險代步金、失竊代步金。

解答：

一、資產所有權移轉—無。

二、租約載明期滿後可以用250,000元購買該車，根據美國財務會計
　　準則13號優惠價格是遠低於市場公允價值之價格，三年後汽車公
　　允價為550,000元，符合以優惠價格購買之要件。

三、以租約期限三年除以資產經濟年限十五年等於20%小於75%，不
　　符合大於75%資產經濟壽限。

四、代入每月租金22,900元，用租金的年金現值公式求出租金的年金
　　現值為752,746元小於90%的資產公允價值（764,100元）。

根據上述四個測試準則計算結果，第二項準則符合，此項租賃是融資
租賃。

例題11.3

與例題11.2的條件相同，若向銀行貸款購買汽車年利率降低為4.5%，其餘條件不變，試按四個測試準則檢驗是融資租賃或是營運租賃：

解答：

檢視前三項準則與例題11.2相同

第二項準則符合

第四項代入每月租金22,900元，年利率4.5%，用租金的年金現值公式求出租金的年金現值為769,827元大於90%的資產公允價值（764,100元）根據上述四個測試準則計算結果，第二、四準則皆符合，是融資租賃。

例題11.4

假設漢亞航空想要跟國際租賃財務公司租一架客機，租賃條件如下表，試按四個測試準則檢驗是融資租賃或是營運租賃：

資產所有權移轉	無
年租金	120,000美元
租約期限	20年
預估資產經濟壽限	30年
優惠價格購買權	無
資產公允價值（租約開始時）	12,000,000美元
出租人資產成本	12,000,000美元
殘值：	無
租約利率	12%

解答：

一、資產所有權移轉—無。

二、租約載明優惠價格購買權—無。

三、以租約期限二十年除以資產經濟壽限三十年等於66.67%小於75%。

四、代入每年租金120,000美元，並用租金的年金現值公式pv = (rate, nper, pmt)，其中rate表示利率、nper表示次數、pmt表示租金金額，求出租金的年金現值為863,333美元小於90%的資產公允價值（10,800,000美元）。

根據上述四個測試準則計算結果，各項條件都不符合，因此是此項租賃是營運租賃。

在營運租賃的條件下，出租人擁有飛機，承租人在繳交一定的保證金狀況下，按期交付租金以獲得對飛機的使用權。此類租賃的租金比融資租賃高，租期會比資產實際使用年限短很多，舉例來說如果一架商用客機的使用年限為二十五年，那營運租賃通常可能是五年左右。企業選擇營運租賃時，資產價值不會出現在承租人的資產負債表當中（只認列租金費用），租金一般按月或按季交付。此外，飛機的日常運行、維護費和保險費也是由承租人支付的，租賃到期時退還飛機。

營運租賃主要用於臨時性的滿足運輸需要，或是航空公司在經驗不足時來獲得對某型飛機或設備的使用經驗。

由於租期較短，加上出租人要承擔資產設備未來剩餘殘值多少的風險，因此營運租賃的費用通常較融資租賃高。營運租賃費用在汽車出租業相當普遍，許多承租人租借汽車都會選擇三年左右的租賃契約，在租約期滿後，不是選擇將汽車歸還就是重新簽訂另外一份租約。

三、企業選擇營運租賃之考量

企業是否應當選擇營運租賃通常要視企業本身的實際需求狀況而定，一般來說，在考量選擇營運租賃前，下列幾個問題應當要先釐清：預計要支付多少錢、企業本身的現金流是否足夠、租期大約多久、租賃對於

稅務是否有幫助等。

(一)營運租賃之助益

而選擇營運租賃對於企業的助益如下：

1. 該項資產設備不是長期需要：如果資產設備只是短時間需要，當然沒有必要支付大量資金去購買。
2. 該項資產設備很快就會過時：由於科技的快速發展，某些產業的資產設備在很短時間內就會被淘汰，如果使用短期租賃契約可以讓企業一直保持在領先地位。
3. 企業本身的現金流不充裕：購買昂貴資產簽約後往往立即需要支付一大筆資金，但如果選擇以租賃方式，你可以按照企業的資金流狀況來支付租金。
4. 美化資產負債表：購買昂貴資產會出現在資產負債表上，會增加企業的負債比及降低可支配現金；相反的，選擇營運租賃，資產不會出現在資產負債表的負債上，只會被當成是營運費用處理。
5. 可享受稅金減少好處：營運租賃的另一項優點就是可以獲得稅金減免，因為營運租賃的租金可以被當成營運費用來抵扣，因此可以獲得稅金減少的好處。

(二)營運租賃之限制

然而營運租賃也不是全然對企業有利，例如：

1. 企業必須按照合約載明之付款期程按時支付，否則會有嚴重罰則。
2. 該項租賃資產不會出現在資產負債表的固定資產當中，也就是不能享受到資產殘餘價值之好處。
3. 如果租期過長，企業將會支付比直接購買更高之金額，這是因為出租人要承擔稅金、保費及風險等因素，因此租金會較高。

總之，雖然融資租賃或是營運租賃都是航空公司經常使用的飛機租賃方式，但是這兩種方式對於企業的財務報表會發生不同之影響，因此在選擇用何種租賃時航空公司應當先衡量自己的需求為何。

 ## 第三節　航空公司對於租賃之選擇

前節已經針對融資租賃或是營運租賃做了充分介紹，而全球航空公司在租賃飛機時，喜歡選擇何種租賃，在本節中舉出美國航空、西南航空、達美航空、新加坡航空及長榮航空之機隊組合逐一探討。

由**表11-1**至**表11-5**得知美國航空及長榮航空的機隊當中租賃比重較高，超過四成以上，長榮航空的租賃比重更高達五成以上。新加坡航空機隊租賃比重由2003年的19.4%逐步上升到2012年的37.2%，顯示新航愈來愈依重飛機租賃。

表11-1　2002-2012年美國航空機隊租賃狀況

	自有	融資租賃	營運租賃	總計	租賃自有比	融資租賃營運租賃比	租賃占機隊比重
2002	468	70	281	819	75.0%	24.9%	42.9%
2003	412	99	259	770	86.9%	38.2%	46.5%
2004	402	94	231	727	80.8%	40.7%	44.7%
2005	395	91	213	699	77.0%	42.7%	43.5%
2006	398	89	210	697	75.1%	42.4%	42.9%
2007	387	84	184	655	69.3%	45.7%	40.9%
2008	369	76	181	626	69.6%	42.0%	41.1%
2009	349	80	181	610	74.8%	44.2%	42.8%
2010	348	70	202	620	78.2%	34.7%	43.9%
2011	345	60	203	608	76.2%	29.6%	43.3%
2012	366	33	215	614	67.8%	15.3%	40.4%

表11-2　2002-2012年西南航空機隊租賃狀況

	自有	融資租賃	營運租賃	總計	租賃自有比	融資租賃 營運租賃比	租賃占機隊比重
2002	278	7	90	375	34.9%	7.8%	25.9%
2003	292	7	89	388	32.9%	7.9%	24.7%
2004	322	7	88	417	29.5%	8.0%	22.8%
2005	352	9	84	445	26.4%	10.7%	20.9%
2006	388	9	84	481	24.0%	10.7%	19.3%
2007	425	9	86	520	22.4%	10.5%	18.3%
2008	446	9	82	537	20.4%	11.0%	16.9%
2009	440	9	88	537	22.0%	10.2%	18.1%
2010	451	5	92	548	21.5%	5.4%	17.7%
2011	499	7	192	698	39.9%	3.6%	28.5%
2012	505	2	187	694	37.4%	1.1%	27.2%

表11-3　2003-2012年達美航空機隊租賃狀況

	自有	融資租賃	營運租賃	總計	租賃自有比	融資租賃 營運租賃比	租賃占機隊比重
2003	485	39	309	833	71.8%	12.6%	41.8%
2004	500	48	297	845	69.0%	16.2%	40.8%
2005	403	43	203	649	61.0%	21.2%	37.9%
2006	369	65	166	600	62.6%	39.2%	38.5%
2007	359	82	137	578	61.0%	59.9%	37.9%
2008	684	81	258	1023	49.6%	31.4%	33.1%
2009	677	93	213	983	45.2%	43.7%	31.1%
2010	591	113	111	815	37.9%	101.8%	27.5%
2011	574	111	90	775	35.0%	123.3%	25.9%
2012	540	109	68	717	32.8%	160.3%	24.7%

　　2002-2012年西南航空機隊租賃比重一直維持在三成以下，部分原因是因為西南航空的自有資金豐沛，較不依重飛機租賃，值得注意的是融資租賃與營運租賃比例，西南航空從2002年的7.8%，到2012年時降低到

表11-4 2003-2012年新加坡航空機隊租賃狀況

	自有	融資租賃	營運租賃	總計	租賃自有比	融資租賃營運租賃比	租賃占機隊比重
2003	87	4	17	108	24.1%	23.5%	19.4%
2004	75	5	18	98	30.7%	27.8%	23.5%
2005	79	5	19	103	30.4%	26.3%	23.3%
2006	80	5	21	106	32.5%	23.8%	24.5%
2007	78	4	26	108	38.5%	15.4%	27.8%
2008	81	4	27	112	38.3%	14.8%	27.7%
2009	78	4	33	115	47.4%	12.1%	32.2%
2010	80	4	35	119	48.8%	11.4%	32.8%
2011	72	4	43	119	65.3%	9.3%	39.5%
2012	71	4	38	113	59.2%	10.5%	37.2%

表11-5 2002-2011年長榮航空機隊租賃狀況

	自有	融資租賃	營運租賃	總計	租賃自有比	融資租賃營運租賃比	租賃占機隊比重
2002	17		20	37	117.6%	0.0%	54.1%
2003	18		27	45	150.0%	0.0%	60.0%
2004	17	3	30	50	194.1%	10.0%	66.0%
2005	16	3	32	51	218.8%	9.4%	68.6%
2006	19	3	27	49	157.9%	11.1%	61.2%
2007	22	8	22	52	136.4%	36.4%	57.7%
2008	25	6	22	53	112.0%	27.3%	52.8%
2009	30	6	19	55	83.3%	31.6%	45.5%
2010	31	6	19	56	80.6%	31.6%	44.6%
2011	29	6	24	59	103.4%	25.0%	50.8%

1.1%，與其他航空公司比例約為20%左右，差異甚大。

與其他航空公司不同的是達美航空機隊的租賃與自有飛機比例，從2003年的71.8%，降低到2012年的32.8%，與其他航空公司比較租賃比例相當低，顯示達美航空比較傾向自己擁有飛機。

　　由圖11-2得知上述五家航空公司自有飛機數量大都大於租賃飛機數量，然而長榮航空卻是一個例外，除了2009年及2010年租賃飛機數量略少於自有飛機數量外，其餘幾年都是租賃飛機數量大於自有飛機，而且客機租賃幾乎都是選擇用營運租賃，它的優點是租期短，隨時可以租到最先進之飛機，又不會造成公司的負債大幅增加。

　　由圖11-3得知總體來說，除了達美航空外，在選擇租賃飛機時，各航空公司用營運租賃獲得之飛機數量遠比融資租賃來得多，主要因素是營運租賃租期短、彈性大，雖然租金較貴但不用承擔風險。達美航空從2010年開始，改變租賃策略，用融資租賃獲得之飛機數量大幅增加，這些改變對於財務報表造成之影響，我們將於下節逐一討論。

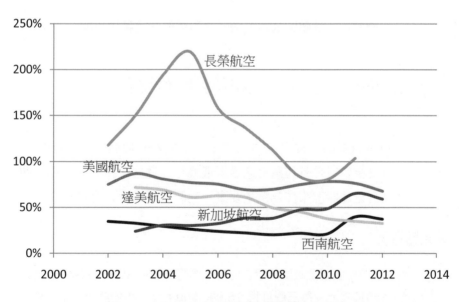

圖11-2　各航空公司飛機租賃與自有比率

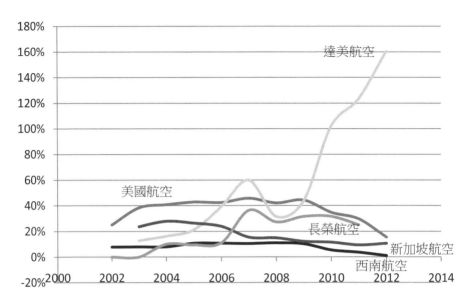

圖11-3　各航空公司飛機融資租賃與營運租賃比率

 第四節　融資、營運租賃與財務報表

　　由於租賃方式的改變可以達到美化財務報表的功能,因此航空公司在選擇以融資租賃或是營運租賃來獲得飛機時,應當對於本身需要何種財務報表及結合營運狀況來作為考量要素,我們還是舉例來說明。

● 例題11.5

　　假設漢亞航空想要跟國際租賃財務公司租一架A320neo商用客機,公允價值9,150萬美元,每三個月租金5,000,000美元,租約期限三年,預付保證金2,500,000美元,客機經濟使用年限為十五年,到期後資產歸還承租人,向銀行貸款之年利率為6%,試計算各項費用。

解答：

首先用四個測試準則測試：

準則一：資產所有權移轉一無。

準則二：租約無載明租約到期可以用優惠價格購買資產，不符合。

準則三：租約期限三年除以資產經濟年限十五年等於20%小於75%，不符合大於75%資產經濟壽限。

準則四：代入每三個月租金5,000,000美元，用租金的年金現值公式 pv = (rate, nper, pmt)，其中rate表示三個月利率（1.5%）、nper表示次數（12）、pmt表示三個月租金金額（5,000,000美元），求出租金的年金現值為54,537,526美元小於90%的資產公允價值（82,350,000美元）。

測試準則一、二、三、四皆不滿足，屬於營運租賃。

由於營運租賃的資產並不列入企業的資產負債表當中，對於資產及負債都不會發生影響，企業按時支付之租金直接列入營運費用即可。

例題11.6

假設漢亞航空想要跟國際租賃財務公司租一架A320neo商用客機，公允價值9,150萬美元，每半年租金5,000,000美元，租約期限十二年，租約不可撤消，客機經濟使用年限為十五年，到期後沒有任何殘餘價值，折舊採用直線折舊法，假設國際租賃財務公司的租賃年利率為5%，試計算各項費用。

解答：

首先用四個測試準則測試：

準則一：資產所有權移轉一無。

準則二：租約無載明租約到期可以用優惠價格購買資產，不符合。

準則三：租約期限十二年除以資產經濟年限十五年等於80%大於75%，符合大於75%資產經濟壽限。

準則四：代入每半年租金5,000,000美元，用租金的年金現值公式 pv = (rate, nper, pmt)，其中rate表示半年利率（2.5%）、nper表示次數（24）、pmt表示租金金額（5,000,000美元），求出租金的年金現值為89,424,929美元大於90%的資產公允價值（82,350,000美元）。

滿足測試準則三、四，屬於融資租賃。

接著比較年金現值與資產公允價值大小，由於公允價值大於年金現值，因此採用將年金現值當作資產開始之帳面價值。

接著計算出折舊，由於該項資產沒有註明租約結束後要轉移產權，因此折舊計算要採用資產經濟年限與租賃資產年限較小者，當作折舊年限來計算，代入直線折舊法求出每半年折舊等於3,726千美元（殘值為0）（**表11-6**）。

表11-6　資產及負債在約定融資租賃期間變化狀況（無殘值）單位：千美元

期數	租約起始價值(1)	利息費用 (2)=(1)×2.5%	租賃負債減少 (3)=(4)-(2)	每半年租金(4)	租賃負債餘額= (1)-(3)	半年折舊	資產帳面價值（固定資產）
0					89,425		89,425
1	89,425	2,236	2,764	5,000	86,661	3,726	85,699
2	86,661	2,167	2,833	5,000	83,827	3,726	81,973
3	83,827	2,096	2,904	5,000	80,923	3,726	78,247
4	80,923	2,023	2,977	5,000	77,946	3,726	74,521
5	77,946	1,949	3,051	5,000	74,894	3,726	70,795
6	74,894	1,872	3,128	5,000	71,767	3,726	67,069
7	71,767	1,794	3,206	5,000	68,561	3,726	63,343
8	68,561	1,714	3,286	5,000	65,275	3,726	59,617
9	65,275	1,632	3,368	5,000	61,907	3,726	55,891
10	61,907	1,548	3,452	5,000	58,455	3,726	52,165
11	58,455	1,461	3,539	5,000	54,916	3,726	48,439
12	54,916	1,373	3,627	5,000	51,289	3,726	44,712
13	51,289	1,282	3,718	5,000	47,571	3,726	40,986
14	47,571	1,189	3,811	5,000	43,760	3,726	37,260
15	43,760	1,094	3,906	5,000	39,854	3,726	33,534

16	39,854	996	4,004	5,000	35,851	3,726	29,808
17	35,851	896	4,104	5,000	31,747	3,726	26,082
18	31,747	794	4,206	5,000	27,541	3,726	22,356
19	27,541	689	4,311	5,000	23,229	3,726	18,630
20	23,229	581	4,419	5,000	18,810	3,726	14,904
21	18,810	470	4,530	5,000	14,280	3,726	11,178
22	14,280	357	4,643	5,000	9,637	3,726	7,452
23	9,637	241	4,759	5,000	4,878	3,726	3,726
24	4,878	122	4,878	5,000	0	3,726	0

例題11.7

同上題，但是十二年後飛機殘價為5%資產公允價值，假設租賃期滿漢亞航空需支付殘值後，國際租賃財務公司會將A320neo客機所有權移轉，按上述條件計算各項費用。

解答：

準則一：資產所有權移轉一有。

準則二：租約無載明租約到期可以用優惠價格購買資產，不符合。

準則三：租約期限十二年除以資產經濟年限十五年等於80%大於75%，符合大於75%資產經濟壽限。

準則四：代入每半年租金5,000,000美元，用租金的年金現值公式pv = (rate, nper, pmt)，其中rate表示半年利率（2.5%）、nper表示次數（24）、pmt表示租金金額（5,000,000美元），求出租金的年金現值為89,424,929美元大於90%的資產公允價值（82,350,000美元）。

滿足測試準則一、三、四，屬於融資租賃。

計算折舊，採用直線折舊法求出每半年折舊等於2,832千美元（殘值為4,471千美元）（**表11-7**）。

表11-7 資產及負債在約定融資租賃期間變化狀況（有殘值）單位：千美元

期數	租約起始價值(1)	利息費用(2)=(1)×2.5%	租賃負債減少(3)=(4)-(2)	每半年租金(4)	租賃負債餘額=(1)-(3)	半年折舊	資產帳面價值（固定資產）
0					89,425		89,425
1	89,425	2,236	2,764	5,000	86,661	2,832	86,593
2	86,661	2,167	2,833	5,000	83,827	2,832	83,761
3	83,827	2,096	2,904	5,000	80,923	2,832	80,930
4	80,923	2,023	2,977	5,000	77,946	2,832	78,098
5	77,946	1,949	3,051	5,000	74,894	2,832	75,266
6	74,894	1,872	3,128	5,000	71,767	2,832	72,434
7	71,767	1,794	3,206	5,000	68,561	2,832	69,602
8	68,561	1,714	3,286	5,000	65,275	2,832	66,771
9	65,275	1,632	3,368	5,000	61,907	2,832	63,939
10	61,907	1,548	3,452	5,000	58,455	2,832	61,107
11	58,455	1,461	3,539	5,000	54,916	2,832	58,275
12	54,916	1,373	3,627	5,000	51,289	2,832	55,443
13	51,289	1,282	3,718	5,000	47,571	2,832	52,612
14	47,571	1,189	3,811	5,000	43,760	2,832	49,780
15	43,760	1,094	3,906	5,000	39,854	2,832	46,948
16	39,854	996	4,004	5,000	35,851	2,832	44,116
17	35,851	896	4,104	5,000	31,747	2,832	41,285
18	31,747	794	4,206	5,000	27,541	2,832	38,453
19	27,541	689	4,311	5,000	23,229	2,832	35,621
20	23,229	581	4,419	5,000	18,810	2,832	32,789
21	18,810	470	4,530	5,000	14,280	2,832	29,957
22	14,280	357	4,643	5,000	9,637	2,832	27,126
23	9,637	241	4,759	5,000	4,878	2,832	24,294
24	4,878	122	4,878	5,000	0	2,832	21,462
25				4,471		2,832	18,630
26						2,832	15,798
27						2,832	12,967
28						2,832	10,135
29						2,832	7,303
30						2,832	4,471
總計		30,575	89,425	124,471		84,954	4,471

接下來要探討的是融資租賃或是營運租賃對於財務報表會發生何種影響，由前述我們得知融資租賃會將租賃資產列入到企業的資產負債表中，以下舉長榮航空為例來說明：

表11-8中應付租賃負債，例如2011年，指的是到2011年底為止，長榮航空與國外他公司訂有飛航設備租賃契約，截至2011年12月31日止，合併公司應付之租賃款總額及其現值。

至於融資租賃按時應付之租金及利息，按照《長榮航空年報・附註二（十二）》之說法「資本（融資）租賃之會計處理，係以各期租金給付額之現值總額或租賃開始日租賃資產公平市價較低者作為成本入帳，並同時認列應付租賃負債。每期所支付租賃款中之隱含利息列為當期之利息費用。以資本（融資）租賃方式承租資產應按期支付之租金，除包含取得資產之價款外，尚含融資或分期付款利息在內，故應攤銷租賃負債，並承認利息費用。」由上述文字來看，融資租賃之利息費用應當列入在流動負債的「應付費用」項目當中。當期支付總額中減除利息費用，其餘額為當期償還之「應付租賃款」。而租賃負債依到期日之遠近劃分為流動負債及長期負債，亦即分別列入到「應付租賃款－流動（短期負債）」，及「應付租賃款－非流動（長期負債）」項目內。

融資租賃或是營運租賃對於損益表都會發生何種影響，我們舉例題11.6為例來說明：

表11-8　長榮航空資產負債表中涵蓋融資租賃項目　　　　單位：百萬台幣

	2011年	2010年	2009年	2008年
資產：				
固定資產：				
租賃資產	17,403	14,737	16,199	16,613
減：累積折舊	5,133	3,495	2,629	1,490
負債及股東權益：				
應付租賃款－流動	1,523	1,438	1,256	1,697
應付租賃款－非流動	9,003	10,356	12,219	13,763

航空經濟概論

表11-9中由於融資租賃衍生出的折舊及利息費用，如果按照長榮航空年報中損益表之做法，其中折舊費用列入到營業費用項目，而利息費用則列入營業外費用及損失項目下的「利息費用」內。有關營運租賃部分衍生出的租金費用，則直接列入到「營業費用」項目下。

表11-9　融資租賃及營運租賃對損益表之影響　　　　　單位：千美元

期數	融資租賃			營運租賃	
	營運費用（折舊）（EBIT）	非營運費用（利息）（EBT）	總成本	營運費用（EBIT）	融資租賃－營運租賃
1	3,726	2,236	5,962	5,000	962
2	3,726	2,167	5,893	5,000	893
3	3,726	2,096	5,822	5,000	822
4	3,726	2,023	5,749	5,000	749
5	3,726	1,949	5,675	5,000	675
6	3,726	1,872	5,598	5,000	598
7	3,726	1,794	5,520	5,000	520
8	3,726	1,714	5,440	5,000	440
9	3,726	1,632	5,358	5,000	358
10	3,726	1,548	5,274	5,000	274
11	3,726	1,461	5,187	5,000	187
12	3,726	1,373	5,099	5,000	99
13	3,726	1,282	5,008	5,000	8
14	3,726	1,189	4,915	5,000	-85
15	3,726	1,094	4,820	5,000	-180
16	3,726	996	4,722	5,000	-278
17	3,726	896	4,622	5,000	-378
18	3,726	794	4,520	5,000	-480
19	3,726	689	4,415	5,000	-585
20	3,726	581	4,307	5,000	-693
21	3,726	470	4,196	5,000	-804
22	3,726	357	4,083	5,000	-917
23	3,726	241	3,967	5,000	-1,033
24	3,726	122	3,848	5,000	-1,152

值得注意的是在例題11.6的運算過程中，不難發現當租期短時，營運租賃所付租金較融資租賃便宜，但隨著租期增長，融資租賃則較營運租賃便宜。

最後要討論的是融資租賃或是營運租賃對於現金流量表會發生何種影響，我們還是舉例題11.6為例來說明。

表11-10中由於融資租賃衍生出的折舊及利息費用，如果按照《長榮

表11-10　融資租賃及營運租賃對現金流量表之影響

期數	融資租賃			營運租賃		
	營運活動現金流（利息）（CFO）	融資活動現金流（CFF）	總現金流	營運活動現金流（CFO）	融資活動現金流（CFF）	總現金流
1	2,236	2,764	5,000	5,000		5,000
2	2,167	2,833	5,000	5,000		5,000
3	2,096	2,904	5,000	5,000		5,000
4	2,023	2,977	5,000	5,000		5,000
5	1,949	3,051	5,000	5,000		5,000
6	1,872	3,128	5,000	5,000		5,000
7	1,794	3,206	5,000	5,000		5,000
8	1,714	3,286	5,000	5,000		5,000
9	1,632	3,368	5,000	5,000		5,000
10	1,548	3,452	5,000	5,000		5,000
11	1,461	3,539	5,000	5,000		5,000
12	1,373	3,627	5,000	5,000		5,000
13	1,282	3,718	5,000	5,000		5,000
14	1,189	3,811	5,000	5,000		5,000
15	1,094	3,906	5,000	5,000		5,000
16	996	4,004	5,000	5,000		5,000
17	896	4,104	5,000	5,000		5,000
18	794	4,206	5,000	5,000		5,000
19	689	4,311	5,000	5,000		5,000
20	581	4,419	5,000	5,000		5,000
21	470	4,530	5,000	5,000		5,000
22	357	4,643	5,000	5,000		5,000
23	241	4,759	5,000	5,000		5,000
24	122	4,878	5,000	5,000		5,000

航空年報》中現金流量表之做法，其中利息費用列入到營運活動現金流下
「應付費用」項目中，而償還本金（租賃負債減少量）費用則列入融資活
動之現金流量當中的「應付租賃資產款償還」項目下。有關營運租賃部分
衍生出的租金費用，則直接列入到營運活動現金流下的「應付費用」項目
中。

綜合以上融資租賃及營運租賃對財務報表之影響，可以得出**表11-11**
至**表11-12**之結果。

由**表11-2**西南航空機隊租賃狀況顯示，融資租賃與營運租賃比例從
2009年的10.2%顯著下降為2012年的1.1%，飛機租賃方式由融資性租賃
轉向經營性租賃，與西南航空的飛機租金從2009年的186百萬美元上升到
2012年的355百萬美元剛好相對應。

表11-11　融資租賃及營運租賃對財務報表之影響

	融資租賃	營運租賃
資產	較高	較低
負債	較高	較低
淨利（開始幾年）	較低	較高
營運活動現金流	較高	較低
融資活動現金流	較低	較高
總現金流	相同	相同

表11-12　融資租賃及營運租賃對營運績效之影響

	融資租賃	營運租賃
流動比率（Current Ratio）	較低	較高
營運資金	較低	較高
資產週轉率	較低	較高
資產報酬率（ROA）	較低	較高
股東權益報酬率（ROE）	較低	較高
負債股東權益比（Debt to equity）	較高	較低

根據會計準則，融資租賃可以將全部租金按照合理利率資本化確認為長期負債，同時確認為固定資產在以後年度計提折舊費用。而經營性租賃僅在每期直接確認為費用，不確認當期負債。對於航空公司來說，確實提供了一個用租賃方式的美化報表的機會。

因為如**表11-11**、**表11-12**所顯示，對新飛機使用融資租賃直接增加公司的資產及負債，可能導致較低的資產報酬率（ROA）及股東權益報酬率（ROE），但使用營運租賃則對資產負債的結構不會產生直接影響。另外，營運租賃對公司財務、營運的靈活性高，從由**表11-1**至**表11-5**不難得知幾乎航空公司都偏好利用營運租賃，而大規模利用營運租賃，可以達到隱藏負債，增加資產報酬率的目的。

第五節　全球商用客機租賃市場現況

根據2012年飛機財務（AIRCRAFT FINANCE 2012）之報導，通用電氣金融航空服務公司（GECAS）及國際租賃財務公司（ILFC）無論從機隊價值或是機種來看，都仍然是全球最大的兩家飛機租賃公司，但是最近年度航空公司商務租賃調查卻顯示，緊跟在後的幾家飛機租賃公司由於成長快速，已經逐漸接近通用電氣金融航空服務公司及國際租賃財務公司。

表11-13為波音金融公司（Boeing Capital Corporation）整理從1970-2011年全球航空公司營運租賃與客機數量比率變化，在1970年代時租賃飛機占全球航空公司飛機的比例大約是0.5%，目前已經成長到36%，在四十年內成長速率高達72倍，波音金融公司預估全球租賃飛機趨勢會持續成長，到2020年時營運租賃比率會增加到45-50%（**圖11-4**）。波音金融公司認為飛機租賃業者在航空公司及飛機製造商之間扮演著重要角色。

全球租賃飛機持續受到航空公司歡迎，主要的原因是因為航空公司

表11-13　1970-2011年全球航空公司營運租賃與客機數量比

	1970年	1980年	1990年	2000年	2011年
營運租賃	17	100	1,343	3,715	7,943
飛機總數	3,722	6,037	9,160	15,032	21,741
營運租賃比率	0.5%	1.7%	14.7%	24.7%	36.5%

資料來源：2013 and Realignment of Aircraft Finance, BOEING CAPITAL
　　　　　CORPORATION

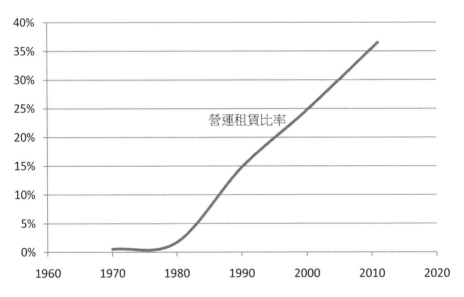

圖11-4　1970-2011年全球航空公司營運租賃比率變化
資料來源：2013 and Realignment of Aircraft Finance, BOEING CAPITAL
　　　　　CORPORATION

發現他們很難隨時保持高獲利，因此無法獲得足夠資金來購買需要的飛機。航空公司努力營運，無非是想要讓公司運轉順利，以及設法儘量降低資產負債表上的負債。飛機租賃公司提供的營運租賃飛機，無論是濕租或乾租，對於航空公司來說都是由飛機租賃公司提供一架或數架飛機租約，給航空公司使用一段時間（可能數月或數年），當租約到期後，飛機

會由租賃公司收回,重新找尋另外一間需要租賃的航空公司繼續租用。

波音商用飛機(Boeing Commercial Airplanes)租賃及資產管理部門副總裁比爾‧柯林斯(Bill Collins)說:「對於新加入的航空公司,或是資金成本不夠雄厚的公司,利用租賃飛機的方式來開展營運,對他們來說相當具有吸引力。因為利用租賃飛機的方式可以讓公司需要的資金成本大量降低,也可以讓公司的營運計畫變得更有彈性,更可以讓公司印證所選擇的產品(飛機)及營運方式,是否能夠發揮效率,如果事與願違,公司也能夠保有做出退場計畫的能力。相反的,對於在一開始就投入大量資金購買飛機的公司來說,即使事後證明營運計畫錯誤,想要退出就沒那麼簡單。」

除了提供飛機租賃及相關服務外,飛機租賃公司通常還會對承租人(航空公司)提供有關財務諮詢服務。某些飛機租賃公司通常也會同時扮演融資公司的角色,對承租人提供其他需要的資金,例如發動機融資。另外千萬不要低估飛機租賃公司對於售後租回(sale and leaseback)扮演的重要角色,因為航空公司藉著將飛機賣給租賃公司再租回的動作,可以讓航空公司獲得一筆資金,並繼續保有使用該飛機的權力。

其次,對於航空公司來說,飛機租賃公司對於他們提供的融資服務通常都非常有彈性,能夠讓航空公司獲得更多的好處。在某種程度上,航空公司與飛機租賃公司常常會保持著良好的互動關係,飛機租賃公司不僅僅是只會提供融資服務,對於航空公司在做決策時,他們也常會扮演諮詢顧問的角色,這也是為什麼飛機租賃公司如此受到航空公司歡迎的原因之一。

飛機財務2009-2013公布之全球前10名飛機租賃公司飛機資產價值如**表11-14**至**表11-18**所示。

表11-14　2009年全球前10名飛機租賃公司飛機資產價值

2008	飛機租賃公司	機隊價值（百萬美元）	機隊數量
1	ILFC	44,699	1,095
2	GECAS	35,552	1,436
3	CIT Group	10,070	300
4	RBS Aviation Capital	7,772	205
5	Babcock & Brown	7,387	280
6	AWAS	5,844	214
7	Aviation Capital Group	5,614	234
8	AerCap	4,762	212
9	Boeing Capital	4,537	310
10	Aircastle Investment	4,155	132

資料來源：飛機財務2009

表11-15　2010年全球前10名飛機租賃公司飛機資產價值

2009	飛機租賃公司	機隊價值（百萬美元）	機隊數量
1	ILFC	39,382	1,137
2	GECAS	33,911	1,508
3	CIT Group	8,566	289
4	RBS Aviation Capital	8,120	241
5	Babcock & Brown	6,757	285
6	BOC Aviation	5,884	130
7	Aviation Capital Group	5,058	239
8	AerCap	4,965	216
9	AWAS	4,878	208
10	Boeing Capital	3,515	301

資料來源：飛機財務2010

表11-16　2011年全球前10名飛機租賃公司飛機資產價值

2010	飛機租賃公司	機隊價值（百萬美元）	機隊數量
1	GECAS	34,650	1,692
2	ILFC	29,135	1,079
3	BBAM	6,915	296
4	RBS Aviation Capital	6,899	250
5	AerCap	6,352	290
6	CIT Aerospace	6,264	241
7	BOC Aviation	6,203	184
8	Aviation Capital Group	4,064	215
9	AWAS	3,995	196
10	Macquarie AirFinance	3,716	159

資料來源：飛機財務2011

表11-17　2012年全球前10名飛機租賃公司飛機資產價值

2011	飛機租賃公司	機隊價值（百萬美元）	機隊數量
1	GECAS	34,581	1,755
2	ILFC	27,801	1,031
3	AerCap	8,447	326
4	BBAM	7,849	327
5	CIT Aerospace	7,493	263
6	BOC Aviation	6,742	179
7	RBS Aviation Capital	6,692	246
8	AWAS	5,168	224
9	Aviation Capital Group	4,781	245
10	Aircastle Advisor	3,729	140

資料來源：飛機財務2012

表11-18　2013年全球前10名飛機租賃公司飛機資產價值

2012	飛機租賃公司	機隊價值（百萬美元）	機隊數量
1	GECAS	34,096	1,742
2	ILFC	26,123	1,033
3	BBAM	8,622	332
4	AerCap	7,707	297
5	BOC Aviation	7,276	198
6	CIT Aerospace	7,179	268
7	AWAS	6,131	244
8	SMBC Aviation Capital	5,913	232
9	Air Lease Corporation	5,618	151
10	Aviation Capital Group	5,582	270

資料來源：飛機財務2013

　　由**表11-14**至**表11-18**公布之資料顯示，從2008-2012年的全球前10名飛機租賃公司飛機資產價值中，GECAS及ILFC始終都是分占一、二名，兩家飛機租賃公司飛機資產價值加起來超過全球前10名飛機租賃公司飛機資產價值的一半以上（**圖11-5**）。

　　值得注意的是，雖然GECAS及ILFC兩家飛機租賃公司加起來的飛機資產價值，在過去五年來始終都保持重要的地位，但是**圖11-5**也透露出另一個訊息就是，GECAS加上ILFC占全球前10名飛機租賃公司飛機資產價值比例，已經有明顯的逐年下降趨勢，透露出全球飛機租賃公司競爭相當激烈，例如在2012年分占全球前10名飛機租賃公司飛機資產價值的第3、4名公司，BBAM以及AerCap飛機租賃公司，BBAM於1989年成立於美國舊金山，而AerCap則是於1995年成立於荷蘭阿姆斯特丹，上述兩家飛機租賃公司擁有的飛機資產價值，分別從2007年的66億美元及42億美元，成長到2012年的86億美元及77億美元，成長幅度為29.7%及81.6%，尤其是AerCap，在2011年時曾經是全球第三大飛機租賃公司。反觀同樣的GECAS及ILFC，分別從2007年的329億美元及422億美元，到2012年的340

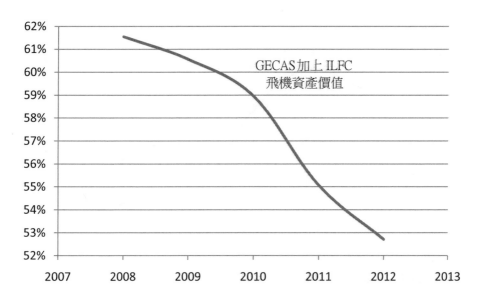

圖11-5　GECAS加上ILFC占全球前10名飛機租賃公司飛機資產價值比例

億美元及261億美元，成長幅度為3%及-38.1%，尤其是ILFC的飛機資產價值減少的幅度相當驚人。而如果針對2012年全球前5名飛機租賃公司飛機資產價值成長幅度做比較，從**圖11-6**和**圖11-7**可以看出，雖然到目前為止GECAS及ILFC兩家飛機租賃公司的飛機資產價值仍然占有全球飛機租賃業的前兩名，但是緊追在後的幾家飛機租賃公司成長速度驚人，若是能夠保持目前的成長幅度，在未來十年內，相當有可能超越GECAS及ILFC的飛機資產價值。

　　最後值得一提的是根據維基百科網站及中國資金管理網訊2012年12月9日發布資料顯示，美國國際集團（AIG）宣布將旗下飛機租賃公司——國際租賃財務公司90%股權出售給新華信託（New China Trust）牽頭的中國企業集團，這筆交易的價值高達52.8億美元。根據雙方已經達成的初步協定，新華信託、China Aviation Industrial Fund和P3 Investments三家公司將首期以42.3億美元的出價收購國際租賃財務公司80.1%的股權，

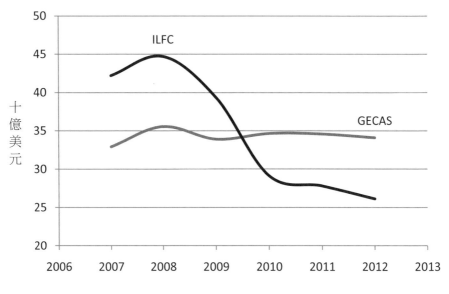

圖11-6　2007-2012年GECAS及ILFC飛機資產價值變化

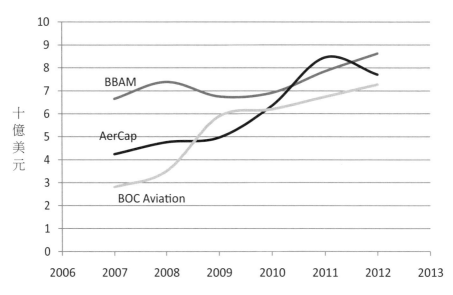

圖11-7　2007-2012年BBAM、AerCap及BOC Aviation飛機資產價值變化

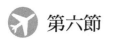

並獲得另外收購9.9%股權的選擇權。該筆交易預計在2013年第二季度完成。交易後，AIG計畫保留在國際租賃財務公司的近10%股權，洛杉磯總部也不會搬遷。

第六節　結論

　　飛機租賃一直都是美國航空業在成立機隊時另外一個重要的財務來源選項，早在1960-70年代，許多美國航空公司就已經開始採用一種稱之為「融資」（financial）租賃的方式，作為獲得購買飛機資金的另一種選項。在當時，使用這種方式有一個重要的優點就是在租賃合約的包裝下，該筆負債是可以不需要記載在公司的資產負債表上的（off-the-balance sheet financing），只要在附註欄加註即可。這種情形在過去三十年已經有了重大改變。

　　1976年美國財務會計標準委員會（Financial Accounting Standards Board）發布財務會計標準報告書第13號（Statement of Financial Accounting Standards No.13, FAS13）其中對於融資租賃或是營運租賃做了明確定義，也解決了是否要詳細記載到資產負債表上的爭議。

　　對於一個充滿變數的行業（例如燃油價格大幅波動造成航空公司營運成本失控），如果可以用租賃的方式籌組機隊，可以增加航空公司的營運彈性，因為航空公司可以針對本身的航線需要來獲得適合的飛機，而一旦航線有更動，需要更換其他種類飛機時，航空公司擁有終止營運租賃契約的選項，將飛機交還給出租人，而重新租一架適合新航線營運的飛機。

　　相較於全球持續低迷的經濟，全球商用飛機租賃市場在2010-2011年卻有著強勁的成長，而在可以預見的未來，只要乘客對於航空旅行的需求不減，這種向上發展的趨勢仍然可以預期。在亞太地區，主要是在中國及

中東地區，目前仍然在大力發展新的國際及國內機場，可以預期的是他們對於客機的需求將會大幅增加，對於全球商用飛機租賃公司來說，無疑的是一大利多。

在航空旅行的需求持續成長，廉價航空的快速擴張，中國及中東地區對於客機的需求大幅增加，加上目前全球航空公司對於飛機的獲得由買轉租等因素的刺激下，未來全球商用飛機租賃業的蓬勃發展也是不難預期。

在2009年，全球商用飛機租賃公司擁有的飛機占全球航空公司現有飛機的31%，而飛機租賃公司擁有的飛機數量由2008年的5,757架，到2009年時成長到6,180架，成長率為7.35%。在2011年全球商用飛機租賃公司擁有的飛機數量為6,864架，而市場價值也高達2,330億美元。來自中國及中東地區的成長需求，可以確保全球商用飛機租賃公司在未來的三至五年仍然維持良好獲利。

在2010年，目前全球航空公司對於營運租賃的興趣愈來愈高，一次只需要租個三至五年，除了可以滿足營運需求外，又可以將二手機折價的問題交給飛機租賃公司去煩惱。目前據統計全球航空公司租賃飛機的數量已經超過總數的三分之一，而這個比例很有可能會持續上升。

如果飛機租賃的好處有那麼多，那航空公司為什麼要用買的呢？達美航空機隊策略及交易副總裁納特‧皮柏（Nat Pieper）表示，小型或是缺乏資金的新航空公司非常適合用飛機租賃；而當大型航空公司想要用不同機型去開拓新航線，或是當飛機製造商的訂單已經爆滿，無法立即獲得時，飛機租賃都是非常適合的選項。但是皮柏還是認為對於大型航空公司來說，購買飛機並且儘量全壽期的運用飛機，對大型航空公司的好處比較多。這就像買房子一樣，長久來看買應當是比租便宜。然而如果僅就短期來看，租應當是比買划算。

從21世紀初期到現在，全球航空公司的處境相當艱難，三不五時就會聽到有航空公司宣告破產，這個時候原來與飛機租賃公司簽訂的租賃合

約有可能會失效，對於租賃公司來說這當然是一個惡夢。另外，當愈來愈多的飛機被留置在地面上時，飛機或是租賃的市場價格一定會受到波及，這些都是飛機租賃公司所不願意見到的事。因此，儘管全球航空公司對於飛機租賃的興致愈來愈高，但是飛機租賃公司的前景是不是如許多專家學者預期的好，實際上還是充滿了許多變數。

參考文獻

一、中文部分

〈淺談股東權益〉，林金賢，中興大學企管系教授。

〈航空公司租賃飛機目的分析 降低資產負債率〉，http://www.sirenji.com/article/201203/12215.html

二、英文部分

A4A, Annual Crude Oil and Jet Fuel Prices, http://www.airlines.org/Pages/Annual-Crude-Oil-and-Jet-Fuel-Prices.aspx

AAE 451 Spring 2004, Method for Calculating Direct Operating Cost.pdf

Acharjee, P., K. Lumsden, 1999, "Airfreight from a process concept", Annual Conference of the Air Transport Research Society, Hong Kong

Advance! Business Consulting B.V., 2009, "The Rise of Southwest Airlines"

Aer Lingus Group Plc., http://corporate.aerlingus.com/

Airbus Global Market Forecast, 2010-2029.pdf.

Aircraft compare, http://www.aircraftcompare.com/helicopter-airplane/Airbus-A340-300/55

Airline Data Project, Traffic and capacity by operating region, http://web.mit.edu/airlinedata/www/Revenue&Related.html

Airline guide: food and drink, 201004, http://www.telegraph.co.uk/travel/travelnews/7544143/Airline-guide-food-and-drink.html

Airport Business, 2009, "Making RFID work–the most effective solution to lost baggage?" http://www.airport-business.com/2009/03/

AMR CORP, 10-K, Annual report pursuant to section 13 and 15(d), Filed Period 12/31/2004

AMR CORP, 10-K, Annual report pursuant to section 13 and 15(d), Filed Period 12/31/2005

AMR CORP, 10-K, Annual report pursuant to section 13 and 15(d), Filed Period 12/31/2006

AMR CORP, 10-K, Annual report pursuant to section 13 and 15(d), Filed Period 12/31/2007

AMR CORP, 10-K, Annual report pursuant to section 13 and 15(d), Filed Period 12/31/2008

AMR CORP, 10-K, Annual report pursuant to section 13 and 15(d), Filed Period 12/31/2009

AMR CORP, 10-K, Annual report pursuant to section 13 and 15(d), Filed Period 12/31/2010

AMR CORP, 10-K, Annual report pursuant to section 13 and 15(d), Filed Period 12/31/2011

AMR Corporation 2003 annual report, http://library.corporate-ir.net/library/11/117/117098/items/279644/ar2003.pdf

Annual Crude Oil and Jet Fuel Prices, http://www.airlines.org/Pages/Annual-Crude-Oil-and-Jet-Fuel-Prices.aspx

ASEAN Plan of Action in Transport and Communications, http://www.aseansec.org/7373.htm

Brealey, Myers, and Marcus, 2007, *Fundamentals of Corporate Finance* (Fifth Edition), McGraw Hill

Barry C. Smith, 2000, "e-Commerce and Operations Research in Airline Planning, Marketing, and Distribution" , *Sabre Inc. USA*

Barry C. Smith, John F. Leimkuhler, Ross M. Darrow,Yield management at American airlines, 1992, The Institute of Management Sciences

Ben Rooney, 2010, "2009 airline revenue: Worst drop ever", http://money.cnn.com/2010/01/20/news/economy/air_traffic_2009/index.htm

Bijan Vasigh, Ken Fleming, Thomas Tacker, 2008, *Introduction to Air Transport Economics: From Theory to Applications*, Ashgate Publishing Limited

Bijan Vasigh, Ken Fleming, Liam Mackay, 2010, *Foundations of Airline Finance: Methodology and Practice*, Ashgate Publishing Limited, 60-74

BLS, "North American Industry Classification System (NAICS)", U.S. Bureau of Labor Statistics, http://www.bls.gov/bls/naics.htm

Boeing Capital Sees $104 Billion in Total 2013 Leases - 24/7 Wall St. http://247wallst.com/2012/12/04/boeing-capital-sees-104-billion-in-total-2013-

leases/#ixzz2VhAANKqQ

Boeing, "Current market outlook, 2010-2029", http://www.boeing.com/commercial/cmo/pdf/

Boeing, "WORLD AIR CARGO FORECAST 2010-2011"

Brandon Fried, 2011, "Air Cargo Security: New Challenges and Opportunity in International Screening", American Airlines Cargo

Bitran, G. & Caldentey, R., 2003, An overview of pricing models for revenue management. *Manufacturing & Service Operations Management, 5*(3), 203-229. doi: 10.1287/msom.5.3.203.16031

Brian Sumers, Airlines reveal ticket pricing strategies, *Los Angeles Daily News*, 06/30/2013

Bruce Ashby, "Soapbox: Staying Relevant", 2012, http://www.iata.org/publications/airlines-international/june-2012/Pages/soapbox.aspx

BTS, "2012 Press Releases", http://www.bts.gov/press_releases/

BTS, Annual U.S. Domestic Average Itinerary Fare, http://www.bts.gov/programs/economics_and_finance/air_travel_price_index/html/annual.html

BTS, Domestic and International Revenue Passenger Miles (Jan 1996 - Mar 2012), http://www.bts.gov/xml/air_traffic/src/datadisp.xml

Bureau of Transportation Statistics RITA, 2012, http://www.transtats.bts.gov/

Charles Fishman, Which Price is Right? February 28, 2003, http://www.fastcompany.com/node/46061/print

China Airlines Annual Report 2002

China Airlines Annual Report 2003

China Airlines Annual Report 2006

China Airlines Annual Report 2007

China Airlines Annual Report 2009

China Airlines Annual Report 2010

Christopher Hinton, 2010, "legacy carriers losing domestic playing field to low-cost airlines", http://www.eturbonews.com/15361/

CNN International, 17 Dec., 2011, Boeing 747-8 vs. Airbus A380 -- the airline giants face off, http://www.cnngo.com/explorations/life/boeing-747-8-and-airbus-a380-death-match-152563

Conway, P., 2003, "Selective Customers", Airline Business

Cray Research Inc., http://en.wikipedia.org/?title=Cray

Dave Brooks, 2011, "Air Cargo in 2012–Opportunities and Challenges", American Airlines cargo

David J. Wardell, Understanding Yield Management, 1989, http://www.wardell.org/understanding_yield_management.htm

David Pearson, 2010, "IATA: Airline Industry Margins 'Pathetic'", http://online.wsj.com/article/

Deeek Thompson, Feb 28 2013, How Airline Ticket Prices Fell 50% in 30 Years (and Why Nobody Noticed)

Dennis Schaal and Jason Clampet, "Low-cost airlines captured a larger slice of every market except one in 2012", Skift, Apr 16, 2013 http://skift.com/2013/04/16/low-cost-carriers-captured-a-larger-slice-of-every-market-in-2012/

Department of Finance Canada, Air Travel Demand Elasticities: Concepts, Issues and Measurement: 1, 2008, http://www.fin.gc.ca/consultresp/Airtravel/airtravStdy_1-eng.asp#1

Department of Information Systems and Operations Management, Michael G. Foster School of Business, University of Washington, Seattle, WA 98195-3200, November 15, 2007

Douglas Jacobson, 2004,"The Economic Impact of the Airline Industry in the South", The Council of State Governments

Ed Kim, 2008, "Why The Delta-Northwest Merger Doesn't Make Financial Sense", Practical Risk Management, http://riskyops.blogspot.tw/2008/04/why-delta-northwest-merger-doesnt-make.html

EIA, International Energy Outlook 2011, http://www.eia.gov/forecasts/ieo/liquid_fuels.cfm

Elizabeth Louise Williamson, Airline Network Seat Inventory Control: Methodologies and Revenue Impacts, 05/11/1992, Department of Aeronautics and Astronautics

Erica Gornall, Low cost air fares: How ticket prices fall and rise, June 2013, http://www.bbc.co.uk/news/business-22882559

Ernst-Jan Bouter, Pricing: The Third Business Skill, FirstPrice

Eva 2001 annual report.pdf

Eva 2002 annual report.pdf

Eva 2003 annual report.pdf

Eva 2004 annual report.pdf

Eva 2005 annual report.pdf

Eva 2006 annual report.pdf

Eva 2007 annual report.pdf

Eva 2008 annual report.pdf

Eva 2009 annual report.pdf

Eva 2010 annual report.pdf

FAA, The Economic impact of Civil Aviation on the U.S. Economy DEC. 2009, http://www.faa.gov/air_traffic/publications/media/

Fletcher S., 2003, "Why Revenue Management is Solving the Wrong Problem in a "Low cost" World", Mimeo

Flint P., 2001, "Hard Times", *Air Transport World*, November, 23-27

Fred S. Steingold, 2012, Business Equipment: Buying vs. Leasing, http://www.nolo.com/legal-encyclopedia/business-equipment-buying-vs-leasing-29714.html

Frederic Voneche, Yield management in the airline industry, 2/28/2005, UC Berkeley

Frode Steen and Lars Sørgard, PRICE DISCRIMINATION IN THE AIRLINE INDUSTRY, 2002, Department of Economics Norwegian School of Economics and Business Administration Helleveien 30, 5045 Bergen NORWAY

Gal Luft, 2003, "Fueling the dragon: China's race into the oil market", Institute for the Analysis of Global Security

Geoffrey Thomas, 2011, "Qantas reaches $26.5 million settlement on US class action lawsuit"

Geoff Riley, Price discrimination, 23 September, 2012, http://www.tutor2u.net/economics/revision-notes/a2-micro-price-discrimination.html

Gerald L. Barlow, 2000, Yield management in budget airlines: The case of easyJet, Chapter 8, London: Thomson Learning

Guillaume Lanquepin-Chesnais, Revenue Management in the airline industry: problems and solutions, 23th November 2012

Harold Evans, 2004, "They made America", http://www.pbs.org/wgbh/theymadeamerica/whomade/fsmith_hi.html

Harumi Ito, Darin Lee, 2003, "Low Cost Carrier Growth in the U.S. Airline Industry: Past, Present, and Future", Department of Economics, Brown University, http://www.brown.edu/Departments/Economics/Papers/2003-12_paper.pdf

Heimlich, John, 2011, "The Unrelenting Quest for Sustained Profitability", http://www.airlines.org/Economics/ReviewOutlook/

Helen Jiang and R. John Hansman, 2006, "An Analysis of Profit Cycles in the Airline Industry", AIAA 2006-7732

Herrmann, N., D. Trefzger, A. Crux, 1998, "Challenges for tomorrow's successful air freight providers: nothing is as permanent as change", Aviation Week Group, USA

Hilde Meersman, "The future air transport sector", *Critical Issues in Air Transport Economics and Business*, 2011, Routledge Studies

How to Calculate Incremental Cost, eHow.com http://www.ehow.com/how_6002965_calculate-incremental-cost.html

IATA Economics, 2012, "Jet Fuel Price Development", http://www.iata.org/whatwedo/economics/fuel_monitor/Pages/price_development.aspx

IATA Economics, Jet Fuel Price Monitor, http://www.iata.org/whatwedo/economics/fuel_monitor/Pages/index.aspx

IATA, 2010, "Special Report-History Lessons", http://www.iata.org/pressroom/airlines-international/

IATA, Special Report - History Lessons, http://www.iata.org/pressroom/airlines-international/june-2010/Pages/10.aspx

International Energy Outlook 2011, http://www.eia.gov/forecasts/ieo/liquid_fuels.cfm

International Labor Organization, 1988, http://www.ilo.org/public/english/bureau/stat/isco/index.htm

Jad Mouawad, Delta Buys Refinery to Get Control of Fuel CostsApril 30, 2012, http://www.nytimes.com/2012/05/01/business/delta-air-lines-to-buy-refinery.html

Jan K. Brueckner, Fare determination in airline hub-and-spoke network, *The RAND Journal of Economics Vol. 23*, No. 3 (Autumn, 1992), pp. 309-333

Jeff Fulton, 2010, "Policies Affecting the Airline Industry", eHow Contributor, http://www.ehow.com/facts_7509200_policies-affecting-airline-industry.html

JetBlue Airways 2001 annual report

JetBlue Airways 2002 annual report

JetBlue Airways 2003 annual report

JetBlue Airways 2004 annual report

JetBlue Airways 2005 annual report

JetBlue Airways 2006 annual report

JetBlue Airways 2007 annual report

JetBlue Airways 2008 annual report

JetBlue Airways 2009 annual report

JetBlue Airways 2010 annual report

John B. Taylor, 2004, *Economics*, 4th edition, Houghton Mifflin Company, Boston New York, 132-285

John B. Taylor, 2004, *Economics*, 4th edition, Houghton Mifflin Company, Boston New York, 48-64, 87-91, 185-210

John D. Kasarda, 2008, "The Evolution of Airport Cities and the Aerotropolis", *Airport Cities: The Evolution*, London: Insight Media

JUSTICE DEPARTMENT SUES AMERICAN AIRLINES FOR MONOPOLIZING DALLAS AIRPORT HUB, FOR IMMEDIATE RELEASE THURSDAY, MAY 13, 1999 WWW.USDOJ.GOV

Justin Bachman, 2008, "Southwest Sees Fuel Hedges' Pesky Side", *Bloomberg BusinessWeek*

Karen E. Thuermer, 2007, "Air Cargo: Challenges Ahead", AviationPros.com

Kate Rice, 2011, "IATA Analyzes Long-Term Impact of 9/11 on Aviation Industry", *Travel Pulse*

Kaysha Sahai, 2013, Why Airlines Use Price Discrimination, eHow Contributor, http://www.ehow.com/facts_7383180_airlines-use-price-discrimination. html#ixzz2as61q9up

La Quinta Inns & Suites, http://www.lq.com/lq/about/ourhotels/inns/index.jsp

Lisa Harrington, 2006, "Air Cargo's Top Challenges", http://www.inboundlogistics.com/ cms/article/high-5-air-cargos-top-challenges/

Mark Kadar and John Larew, 2007, "securing the future of air cargo", Oliver Wyman, http://www.oliverwyman.com/pdf_files/MOTL-SecuringFutureAirCargo.pdf

Martin Roll, 2009, "Perspectives on Corporate Branding Strategy", Return on Behavior Magazine, http://www.venturerepublic.com/resources/

Matt Rosenberg, 2008,"Gas Prices Rising, An Overview of High Gas Prices and Their Cause", http://geography.about.com/od/globalproblemsandissues/a/gasoline.htm

Micco A., T. Serebrisky, 2004, "Infrastructure, competition regimes, and air transport costs: cross-country evidence", No 3355, policy research working paper series, Washington, USA

Michael D. Irwin and John D. Kasarda, Air passenger linkages and employment growth in US metropolitan areas, *American sociological review, Volume 56*, Number 4, 8/1991

Michael W. Tretheway, Tae H. Oum, 1992, *Airline Economics: Foundations for Strategy and Policy*, 11-24

Michael Parkin, 2008, *Economics*, 8th edition, 33-44, 296-335

Micheline Maynard, 2008, "Airlines look for new ways to cut weight-and fuel costs", *The New York Times*

Mike Moffatt, "Definition of Market", Economics, http://economics.about.com/cs/economicsglossary/g/market.htm

Minho Cho, Ming Fan, Yong-Pin Zhou, An Empirical Study of Revenue Management Practices in the Airline Industry

MIT Global Airline Industry Program, 2007, "Airline Industry Overview", http://web.mit.edu/airlines/analysis/analysis_airline_industry.html

Mohammed S. Awad, Revenue management in air transport cost-based overbooking model,09/2011, http://www.slideshare.net/wings_of_wisdom/overbooking-policy-revenue-management1

Morrison, Steven A. and Clifford Winston, Causes and consequences of airline fare wars, Brookings Papers on economic activity: Microeconomics, 1996, 85-131

Mukund_Srinivasan, 2005, "Southwest Airlines Operations-A Strategic Perspective", *EzineArticles*

OAG FACTS, August Executive Summary, http://www.oagaviation.com/OAG-FACTS/2012/August-Executive-Summary

Owen Hembry, 2010, "Sky-high cost facing airlines", September 17, 2010, http://www.nzherald.co.nz/markets/news/article

Patricia Evans, 2012, Aircraft Leasing Is it Right for Your Company?, http://www.

wilmingtontrust.com/wtcom/index.jsp?fileid=3000124

Paul Krugman, 2000, Reckonings; What price fairness? *The New York Times*. http://www.nytimes.com/2000/10/04/opinion/reckonings-whatprice-fairness.html

Peter Belobaba, 2009, *The Global Airline Industry*, John Wiley & Sons, Ltd. 60-64, 114-122

Peter Belobaba, Amedeo Odoni, Cynthia Barnhart, 2009, *The Global Airline Industry*, Wiley, 114-117

Peter Belobaba, 2011, "Did LCCs save airline revenue management? ", *Journal of Revenue and Pricing Management, 10*, 19-22

Peter Belobaba, Air Travel Demand and Airline Seat Inventory Management, Flight Transportation Laboratory, Massachusetts Institute of Technology, May 1, 1987

Peter Conway, 2007, "Sea change: is air cargo about to reach maturity?", http://www.flightglobal.com/news/articles/

Peter Conway, 2008, "Air cargo faces uncertain future", http://www.flightglobal.com/news/articles/

Peter Kangis, Dolores O'Reilly, 1998, "Strategic responses to competitive pressures: European air transport", *Strategic Change, Volume, 7*, Issue, 3, Publisher: John Wiley & Sons, Inc. / Business, 167-182

Peter Kangisa,, M. Dolores O'Reilly, 2003, "Strategies in a dynamic marketplace: A case study in the airline industry", *Journal of Business Research 56*, 105-111

Poling, B., 1993, "Airline expert concludes industry has entered "mature" phase", *Travel Weekly, 52*(17), 31

PRWEB, 13 Nov., 2012, Global Aircraft Leasing Market to Reach $279 Billion by 2015, According to New Report by Global Industry Analysts, Inc http://www.prweb.com/releases/2009/02/prweb2021874.htm

Procter & Gamble, P & G, http://www.pg.com/en_US/worldwide_sites.shtml

Qantas says two airline strategy balances well, Sep 4, 2010 http://www.nzherald.co.nz/business/news/article.cfm?c_id=3&objectid=10670973

R. Shelton Moynahan, 2009,"Grounded for Takeoff... The Future for Legacy Airlines", http://www.fentonreport.com/2009/07/06

R. Glenn Hubbard, 2006, *Economics*, 412-421, Pearson Education

Ray Massey, 2010, "Ryanair to sell standing room only tickets for £4... funded

by charging passengers to use the toilet", http://www.dailymail.co.uk/news/ article-1291103/

Rasha H.J. Dierckx, Airline price discrimination: A practice of yield management or customer profiling? , University of Twente, P.O. Box 217, 7500AE Enschede, The Netherlands, June 27th, 2013

Raymond E. Miles, Charles Curtis Snow, 1978, *Organizational Strategy, Structure, and Process*, New York, McGraw-Hill

Reinartz, W., 2002, "Customizing prices in online markets", *SYMPHONYA Emerging Issues in Management, 1*, 55-65

Renwick E. Curry, Optimal Airline Seat allocation with fare classes nested by origins and destinations, 2001, Aeronomics Incorproated, California 94301

Reuters, 2009, "Grounded for Takeoff... The Future for Legacy Airlines", http://www. fentonreport.com/2009/07/06/

Richard Klophaus, AIRLINE REVENUE MANAGEMENT IN A CHANGING BUSINESS ENVIRONMENT, Trier University of Applied Sciences and Centre of Aviation Law and Business (ZFL) Umwelt-Campus Birkenfeld, D-55768 Neubrücke, Germany, 2005

Richard Cobb, Carl W. Gooding, Jeffrey A. Parker, 2005, "THE PROPOSED MERGER OF AMERICA WEST AND US AIRWAYS: WILL IT FLY?" *Proceedings of the International Academy for Case Studies, Volume 12,* Number 2, 31-36

Richard Cobb, 2005, "TODAY'S AIRLINES SHOULD ADOPT A LOW-COST STRATEGY: CAN THIS POPULAR IDEA BE SUPPORTED BY THE FACTS?", *Academy of Strategic Management Journal, Volume 4*

Richard Cobb, 2005, "Today's airlines should adopt a low-cost strategy: can this popular idea be supported by the facts?", Academy of Strategic Management Journal, Annual, 2005

Richard D. Gritta, Brian Adams, Bahram Adrangi, R.B. Pamplin Jr., 2006, "An Analysis of the Effects of Operating and Financial Leverage on the Major U.S. Air Carriers' Rates of Return: 1990-2003", Transportation Research Forum

Rigas Doganis, 2001, *The Airline Business in the Twenty-first Century*, London: Routledge

Rigas Doganis, 2002, *Flying off Course-The economics of international airlines*, London

and New York, 3rd edition, 75-120, 305-326

Rigas Doganis, 2006, *The Airline Business*, 2nd edition,18-50, 118-126

Robert Cross, 1997, *Revenue Management: Hard-Core Tactics for Market Domination.* New York, NY: Broadway Books

Robert Herbst, 2010, "How Fast Are The Old Legacy Airlines Losing U.S. Domestic Capacity?", *Wall st.*

Robert B. Ekelund, Jr., Rand W. Ressler, Robert D. Tollison. , 2006, *Economics*, 171-184

Robert L. Phillips, 2005, *Pricing And Revenue Optimization*, Stanford Business Books, 38-65

Rodrigo Garcia-Verdu, What is Engel's Law? 2012, http://works.bepress.com/rodrigo_garciaverdu/25/

Romelda Ascutia, 2012, "IATA: Euro crisis threatening aviation's weak profits", PortCalls Asia

Ryanair, http://en.wikipedia.org/wiki/Ryanair

Scott, 20% of Airline Passengers Drive 70% of the Airline Flight Revenues!, July 19, 2013 by http://communityflights.com/author/scott/

Serguei Netessine, Robert Shumsky, 2005, "Introduction to the Theory and Practice of Yield Management", *INFORMS Transactions on Education, Vol. 3*, No. 1

Severin Borenstein, Nancy L. Rose, 2006, "How Airline Markets Work, Or Do They Regulatory Reform in the Airline Industry", October 30, 2006

Simon Rogers, 2010, "BP energy statistics: the world in oil consumption, reserves and energy production.", http://www.guardian.co.uk/profile/simonrogers

Smith, G., 2004, "An evaluation of the corporate culture of Southwest Airlines", *Measuring Business Excellence, 8*(4), 26-33

SOUTHWEST AIRLINES CO. 2001 ANNUAL REPORT

SOUTHWEST AIRLINES CO. 2002 ANNUAL REPORT

SOUTHWEST AIRLINES CO. 2003 ANNUAL REPORT

SOUTHWEST AIRLINES CO. 2004 ANNUAL REPORT

SOUTHWEST AIRLINES CO. ANNUAL REPORT 2000

SOUTHWEST AIRLINES CO. ANNUAL REPORT 2005

SOUTHWEST AIRLINES CO. ANNUAL REPORT 2006

SOUTHWEST AIRLINES CO. ANNUAL REPORT 2007

SOUTHWEST AIRLINES CO. ANNUAL REPORT 2008

SOUTHWEST AIRLINES CO. ANNUAL REPORT 2009

SOUTHWEST AIRLINES CO. ANNUAL REPORT 2010

Special Report-History Lessons http://www.iata.org/pressroom/airlines-international/ june-2010/Pages/10.aspx

Starry, Claire, Bernstein, Gerald W., 2008, "The economics of private business jet travel: new ownership models expand available choices"

Statement of Financial Accounting Standards No. 13, FAS 13, http://www.fasb.org/ pdf/fas13.pdf

Stephen Holloway, 2003, *Straight And Level: Practical Airline Economics*, 259-279

Stephen A. Ross, Randolph Westerfield, Bradford D. Jordan, 2007. *Essentials of Corporate Finance*, 6th edition. McGraw-Hill

Suzanne Donelly, Alan James, Chris Binnion, Bmi's Response to the Changing European Airline Marketplace, *Journal of Revenue and Pricing Management, Vol. 3*, 2004, pp. 10-17

Tae H. Oum and David W. Gillen, 1983, Air Travel Demand Elasticities: Concepts, Issues and Measurement, Department of Finance Canada

Terry Maxon, 2008, "Airlines have lost much of their market value", http://www. eturbonews.com/3427/airlines-have-lost-much-their-market-value

The Air Transport Association of Canada, "Airport Landing Fees", 2004, http://www. atac.ca/en/ourissues/advocacy/landing_fees.html

The Best Time to Book Your Travel is…, Kayak, 11/14/2012, http://www.kayak.co.uk/ news/the-best-time-to-book-your-travel-is.bd.html

The Boeing Company, 2008, Fuel Consumption Analysis of the Boeing 767-200ER and Airbus 330-200in Commercial Service when operated at High Take-off Gross Weight with Oil at $130, $140 and $150 per Barrel, http://zh.scribd.com/ doc/3737274/B767-and-A330-Fuel-Cons-Report-June-26

The Cranky Flier, 2012, "A Dark Future for Europe's Legacy Airlines", http:// crankyflier.com/2012/05/21/a-dark-future-for-europes-legacy-airlines/

The high cost of a legacy airline, the economist, London, Apr. 7, 2009 http://www. economist.com/blogs/gulliver/2009/04/the_high_cost_of_a_legacy_airl

The World Bank, "Air transport, freight(million ton-km)", http://data.worldbank.org/

参考文獻

indicator/IS.AIR.GOOD.MT.K1?page=1

Thomas C. Lawton, 2012, "How Legacy Airlines Can Be Competitive Again"

Thomas I. Barkin , O. Staffan Hertzell , Stephanie J. Young, 1995, "Facing low-cost competitors: lessons from US airlines"

US Airways Group, Inc., ANNUAL REPORT PURSUANT TO SECTION 13 OR 15(d) OF THE SECURITIES EXCHANGE ACT OF 1934, For the fiscal year ended December 31, 2004

US Airways Group, Inc., ANNUAL REPORT PURSUANT TO SECTION 13 OR 15(d) OF THE SECURITIES EXCHANGE ACT OF 1934, For the fiscal year ended December 31, 2005

Warren H. Lieberman, 07/2002, "Revenue management: What lies ahead? ", *Journal of Revenue & Pricing Management, 1*, 189-195,

Werner Reinartz, 2002. Customizing prices in online markets. *SYMPHONYA Emerging Issues in Management*, 1, 55-65

Werner Haas, 2007, "How Southwest Airlines Plans for Success", YAHOO! VOICES

What is airfinance? http://www.airfinancejournal.com/aboutus/stub/whatisairfinance.html

Why Do Airlines Lease Aircraft? eHow.com, http://www.ehow.com/facts_6906615_do-airlines-lease-aircraft_.html#ixzz2KaBKMQ9X

Willem-Jan Zondag, 2006, "Competing for air cargo, A Qualitative Analysis of Competitive Rivalry in the Air Cargo Industry", http://www.tiaca.org/images/TIACA/PDF/

William F. Glueck, 1976, *Business Policy, Strategy Formation And Management Action*, New York, McGraw Hill

William E. O'Connor, 2001, *An Introduction to Airline Economics*, 69-86

World Airline Awards, http://www.skytraxresearch.com/

Xuan Lorna Wang and David Bowie, 2009, "Revenue Management: the Impact on Business-to-business Relationships" , *Journal of Services Marketing, 23*(1), 31-41

XYNS:LCC US Airways Group Inc Annual Report, 2003, http://quote.morningstar.com/stock-filing/Annual-Report/2003/12/31/

Zintro, Feb. 1, 2011, "How does the increased use of airplane leasing impact the airlines industry?", http://blog.zintro.com/2011/02/01/does-increased-airplane-leasing-mean-increased-airplane-fares/

航空經濟概論

作　　者／張哲銘
出版者／揚智文化事業股份有限公司
發行人／葉忠賢
總編輯／閻富萍
特約執編／鄭美珠
地　　址／22204 新北市深坑區北深路三段 260 號 8 樓
電　　話／(02)8662-6826
傳　　真／(02)2664-7633
網　　址／http://www.ycrc.com.tw
　E-mail ／service@ycrc.com.tw
印　　刷／鼎易印刷事業股份有限公司
ISBN ／978-986-298-135-1
初版一刷／2014 年 3 月
定　　價／新台幣 550 元

國家圖書館出版品預行編目（CIP）資料

航空經濟概論 / 張哲銘著. -- 初版. -- 新北
市 : 揚智文化, 2014.03
　面 ；　公分

ISBN 978-986-298-135-1 (平裝)

1.交通經濟 2.運輸經濟學 3.航空

557.1   103004251